HISTOIRE

DE LA DÉCADENCE ET DE LA CHUTE

DE

L'EMPIRE ROMAIN,

TRADUITE DE L'ANGLAIS

D'ÉDOUARD GIBBON;

NOUVELLE ÉDITION,

ENTIÈREMENT REVUE ET CORRIGÉE,

PRÉCÉDÉE D'UNE NOTICE SUR LA VIE ET LE CARACTÈRE DE GIBBON,
ET ACCOMPAGNÉE DE NOTES CRITIQUES ET HISTORIQUES
RELATIVES, POUR LA PLUPART, A L'HISTOIRE
DE LA PROPAGATION DU CHRISTIANISME,

PAR M. F. GUIZOT.

Tome Troisième.

A PARIS,

CHEZ LEDENTU, LIBRAIRE,

QUAI DES AUGUSTINS, N° 31.

1828.

HISTOIRE

DE LA DÉCADENCE ET DE LA CHUTE

DE L'EMPIRE ROMAIN.

III.

ON TROUVE CHEZ LE MÊME LIBRAIRE:

DICTIONNAIRE DE L'ACADÉMIE-FRANÇAISE, revu, corrigé et augmenté par l'Académie elle-même, cinquième édition, 1825; 2 volumes in-4°. 36 fr.

LE PETIT CARÊME DE MASSILLON; 1 vol. in-8°, imprimé sur papier fin des Vosges. 5 fr.

Le même, papier satiné. 5 fr. 50 c.

ŒUVRES COMPLÈTES DE J. RACINE, avec les notes de tous les commentateurs, deuxième édition, publiée par M. Aimé-Martin, imprimée chez M. Didot aîné, sur papier superfin d'Annonay satiné; 6 vol. in-8°, ornés de 12 belles gravures. *Paris, Lefebvre*, 1822. 54 fr.

BOSSUET. *Discours sur l'Histoire universelle*, édition augmentée des additions nouvelles et des variantes, imprimée par M. Didot aîné, sur papier superfin d'Annonay satiné. *Paris, Lefebvre*, 1823; 2 vol. in-8°. 12 fr.

LA ROCHEFOUCAULD. *Pensées, Maximes et Réflexions morales*; édition conforme à celle publiée par l'Auteur, avec les variantes au bas des pages; suivies d'un Examen critique des Pensées et Maximes, par M. Aimé-Martin. *Paris, Lefebvre*, 1822; 2 parties en 1 vol. in-8°, imprimé chez M. Crapelet, sur papier superfin d'Annonay sat., orné du portrait de La Rochefoucauld. 7 fr. 50 c.

BLAIR. *Cours de Rhétorique et de Belles-Lettres*; nouvelle traduction en français par M. Guénot, suivie des opinions de Voltaire; Buffon, Marmontel, La Harpe, etc., sur les principales questions de Littérature, traitées par Blair. *Paris, Lefebvre*, 1821; 3 vol. in-8°. 15 fr.

MONTAIGNE. *Ses Essais*, nouv. et belle édit., impr. chez M. Crapelet, sur papier superfin des Vosges satiné. *Paris, Lefebvre*, 1823; 5 vol. in-8° avec portrait. Il n'en reste que quelques exemplaires. 35 fr.

HISTOIRE DE GIL BLAS DE SANTILLANE, par Lesage, avec un Examen préliminaire, de nouveaux sommaires des chapitres, et des notes historiques et littéraires, par M. le comte François de Neufchâteau, de l'Académie-Française; 3 vol. in-8°, imprimés chez M. Crapelet, sur papier fin. *Paris, Lefebvre*, 1820. 21 fr.

Le même, papier satiné. 22 fr. 50 c.

PASCAL. *Les Provinciales et les Pensées*; nouvelle édition augmentée: 1° de l'*Essai sur les meilleurs Prosateurs français*, par M. François de Neufchâteau; 2° de son *Introduction aux Pensées de Pascal*; 3° des Remarques de Voltaire et de Condorcet; 4° d'une *Nouvelle Table analytique des Pensées*. *Paris, Lefebvre*, 1821; 2 forts vol. in-8°, très-bien imprimés chez M. Crapelet, sur papier fin d'Auvergne. 15 fr.

CONTES DE LA FONTAINE, nouvelle édition, revue et mise en ordre, et accompagnée de Notes par C. A. Walckenaër, membre de l'Institut; 1 vol. in-8°, imprimé sur papier fin par Didot aîné, et orné de belles figures. *Paris, Lefebvre*, 1822. 12 fr.

Papier satiné. 12 fr. 50 c.

TABLE DES MATIÈRES.

	Pages		Pages
Préfets du prétoire.	337	L'impératrice Fausta.	414
Préfets de Rome et de Constantinople.	340	Les fils et les neveux de Constantin.	417
Les proconsuls, vice-préfets.	344	Leur éducation.	419
Les gouverneurs des provinces.	345	Mœurs des Sarmates.	421
Officiers militaires.	352	Guerre des Goths. A. D. 331.	427
Distinction des troupes.	356	Expulsion des Sarmates. A. D. 334.	430
Réduction des légions.	358		
Difficulté des enrôlemens.	360	Factions à la cour.	434
On augmente le nombre des Barbares auxiliaires.	363	Massacre des princes.	436
		Division de l'empire. A. D. 337.	438
Sept ministres du palais.	365		
Le chambellan.	366	Sapor, roi de Perse. A. D. 310.	439
Le grand-maître des offices.	367		
Le questeur.	368	État de la Mésopotamie et de l'Arménie.	441
Le trésorier public.	371		
Le trésorier particulier.	372	Guerre de Perse. A. D. 337-360.	444
Les comtes des domestiques.	374		
Agens ou espions de la cour.	375	Bataille de Singara. A. D. 348.	446
L'usage des tortures.	377		
Le tribut général ou l'indiction.	381	Guerre civile et mort de Constantin. A. D. 340.	451
Tribut en forme de capitation.	387	Meurtre de Constans. A. D. 350.	453
Impôt sur le commerce et l'industrie.	394	Magnence et Vetranio prennent la pourpre. A. D. 350.	456
Dons gratuits.	397		
Caractère de Constantin.	400	Constance refuse de traiter. A. D. 350.	457
Ses vertus.	401		
Ses vices.	403	Constance dépose Vetranio. A. D. 350.	459
Vertus de Crispus.	408		
Jalousie de Constantin. A. D. 324.	409	Fait la guerre à Magnence. A. D. 351.	462
Disgrâce et mort de Crispus. A. D. 326.	411	Dernière défaite et mort de Magnence. A. D. 353.	471

FIN DE LA TABLE DES MATIÈRES.

TABLE DES MATIÈRES.

	Pages		Pages
Il est exilé. Ann. 257.	203	Les chrétiens sont accusés d'avoir mis le feu au palais de Nicomédie.	253
Et condamné à mort.	205		
Son martyre.	207		
Divers motifs qui portaient les chrétiens à rechercher le martyre.	209	Exécution du dernier édit.	255
		Destruction des églises.	257
		Autres édits.	259
Ardeur des premiers chrétiens.	212	Idée générale de la persécution.	261
Le relâchement s'introduit par degrés.	215	Dans les provinces occidentales, sous Constance et sous Constantin.	262
Trois moyens d'éviter le martyre.	216	En Italie et en Afrique, sous Maximien et sous Sévère.	264
Le gouvernement emploie tour à tour la sévérité et la tolérance.	219		
		Sous Maxence.	265
Les dix persécutions.	220	Dans l'Illyrie et en Orient, sous Galère et sous Maximin.	269
Édits supposés de Tibère et de Marc-Aurèle.	221		
État des chrétiens sous le règne de Commode et sous celui de Sévère. Ann. 180.	223	Galère publie un édit de tolérance.	270
		Paix de l'Église.	272
Sous le règne des successeurs de Sévère. Ann. 211-249.	225	Maximin se prépare à renouveler la persécution.	273
Sous le règne des empereurs Maximin, Philippe et Dèce. Ann. 244, 249.	229	Fin des persécutions.	275
		Relation probable des souffrances des martyrs et des confesseurs.	276
Sous le règne de Valérien, de Gallien et de ses successeurs. Ann. 253-260.	231		
		Nombre des martyrs.	281
		Conclusion.	285
Paul de Samosate. Ses mœurs. Ann. 260.	233	Plan d'une nouvelle capitale. A. D. 314.	289
Il est dégradé de la dignité épiscopale. Ann. 270.	235	Situation de Byzance.	290
		Description de Constantinople.	291
Aurélien fait exécuter la sentence. Ann. 274.	237	Le Bosphore.	Ibid.
Paix et prospérité de l'Église sous Dioclétien. Ann. 280-303.	Ibid.	La Propontide.	296
		L'Hellespont.	297
		Avantages de la situation de Constantinople.	301
Progrès du zèle et de la superstition des païens.	240	Fondation de la ville.	303
Maximien et Galère punissent un petit nombre de soldats chrétiens.	243	Étendue de Constantinople.	305
		Progrès des travaux.	309
		Édifices.	311
Galère détermine Dioclétien à commencer une persécution générale.	246	Population.	316
		Priviléges.	319
		Dédicace. A. D. 330 ou 334.	322
Destruction de l'église de Nicomédie. Ann. 303.	249	Forme du gouvernement.	324
		Hiérarchie de l'État.	325
Premier édit contre les chrétiens. Ann. 303.	250	Trois ordres de dignités.	328
		Les consuls.	329
Zèle et supplice d'un chrétien.	252	Les patriciens.	333
		Les plébéiens.	334

TABLE DES MATIÈRES.

	Pages		Pages
Prééminence des églises métropolitaines.	93	Examen de leurs motifs.	147
Ambition du pontife romain.	94	Esprit rebelle des Juifs.	148
Laïques et clergé.	97	La religion juive tolérée.	150
Offrandes et revenus du clergé.	98	Les Juifs étaient un peuple qui suivait la religion de leurs ancêtres, les chrétiens étaient une secte qui l'abandonnait.	152
Distribution du revenu.	103		
Excommunication.	105		
Pénitence publique.	108		
Dignité du gouvernement épiscopal.	109	Les philosophes accusent les chrétiens d'athéisme, et ont une fausse idée de leur religion.	154
Récapitulation des cinq causes.	111		
Faiblesse du polythéisme.	112	L'union et les assemblées des chrétiens regardées comme une conspiration dangereuse.	159
Le scepticisme du monde païen devient favorable à la nouvelle religion.	114		
Aussi bien que la paix et l'union de l'empire romain.	116	Leurs mœurs sont calomniées.	161
		Leur défense imprudente.	162
Vue historique des progrès du christianisme.	118	Idées de la conduite des empereurs envers les chrétiens.	165
En Orient.	Ibid.	Les chrétiens sont négligés comme une secte de Juifs.	167
L'Église d'Antioche.	120		
En Égypte.	122	Incendie de Rome sous le règne de Néron.	170
A Rome.	124		
En Afrique et dans les provinces occidentales.	126	Punition cruelle infligée aux chrétiens comme incendiaires de la ville.	172
Au-delà des limites de l'empire romain.	130		
Proportion générale des chrétiens et des païens.	132	Remarques sur le passage de Tacite concernant la persécution des chrétiens par Néron.	174
S'il est vrai que les premiers chrétiens aient été ignorans et de basse condition.	133		
		Les chrétiens et les Juifs opprimés par Domitien.	181
Quelques exceptions relativement aux connaissances.	134	Exécution du consul Clemens.	184
Relativement au rang et à la fortune.	135	Ignorance de Pline au sujet des chrétiens.	187
Le christianisme très-favorablement reçu par les pauvres et par les simples.	137	Trajan et ses successeurs établissent une forme légale de procédure contre les chrétiens.	188
Rejeté par quelques personnages éminens du premier et du second siècle.	138		
		Clameurs du peuple.	190
		Jugemens des chrétiens.	192
Leur peu d'égard pour les prophéties.	139	Humanité des magistrats romains.	195
Silence général des anciens sur les ténèbres de la passion.	142	Nombre peu considérable des martyrs.	197
		Exemple de saint Cyprien, évêque de Carthage.	200
Le christianisme persécuté par les empereurs romains.	145	Danger qu'il court. Sa fuite.	201

TABLE DES MATIÈRES
CONTENUES DANS CE VOLUME.

	Pages		Pages
Importance de l'examen.	1	Doctrine des millenaires.	50
Quelles en sont les difficultés.	2	Conflagration de Rome et du monde.	53
Cinq causes de l'accroissement du christianisme.	*Ibid.*	Les païens dévoués aux supplices éternels.	55
Première cause. Zèle des Juifs.	4	Troisième cause. Le don des miracles attribué à l'Église primitive.	59
Accroissement successif de ce zèle.	9	Vérité des miracles contestée.	62
Leur religion plus propre à se défendre qu'à faire des conquêtes.	11	Notre embarras à déterminer la période où ils ont été opérés.	*Ibid.*
Zèle plus généreux des chrétiens.	14	Usage des premiers miracles.	65
Opiniâtreté et raisons des Juifs croyans.	15	Quatrième cause. Vertus des premiers chrétiens.	66
Église nazaréenne de Jérusalem.	17	Soin qu'ils avaient de leur réputation.	68
Les ébionistes.	21	Principes de la nature humaine.	71
Les gnostiques.	24	Les premiers chrétiens condamnent les plaisirs et le luxe.	72
Leurs sectes, leurs progrès et leur influence.	27	Leurs sentimens concernant le mariage et la chasteté.	74
Les démons considérés comme les dieux de l'antiquité.	31	Leur aversion pour les objets de la guerre et du gouvernement.	78
Horreur des chrétiens pour l'idolâtrie.	33	Cinquième cause. Activité des chrétiens dans le gouvernement de l'Église.	81
Cérémonies.	34		
Arts.	35		
Fêtes.	37		
Zèle pour le christianisme.	39	Liberté et égalité primitives de ce gouvernement.	83
Seconde cause. La doctrine de l'immortalité de l'âme parmi les philosophes.	*Ibid.*	Institution des évêques comme présidens du collége des prêtres.	85
Parmi les païens de la Grèce et de Rome.	42		
Parmi les Barbares.	43	Conciles provinciaux.	88
Parmi les Juifs.	44	Union de l'Église.	90
Parmi les chrétiens.	48	Progrès de l'autorité épiscopale.	91
Fin prochaine du monde.	*Ibid.*		

TABLE DES CHAPITRES

CONTENUS DANS LE TROISIÈME VOLUME.

Pages

CHAPITRE XV. Progrès de la religion chrétienne. Sentimens, mœurs, nombre et condition des premiers chrétiens. 1

CHAP. XVI. Conduite du gouvernement romain envers les chrétiens depuis le règne de Néron jusqu'à celui de Constantin. 145

CHAP. XVII. Fondation de Constantinople. Système politique de Constantin et de ses successeurs. De la discipline militaire. De la cour et des finances. . . 288

CHAP. XVIII. Caractère de Constantin. Guerre des Goths. Mort de Constantin. Partage de l'empire entre ses trois fils. Mort tragique de Constantin le jeune et de Constans. Usurpation de Magnence. Guerre civile; victoire de Constance. 400

FIN DE LA TABLE DES CHAPITRES.

obtint du moins une mort plus douce et plus honorable que celle qu'il pouvait attendre des mains d'un ennemi, maître de colorer sa vengeance du prétexte spécieux de la justice et de la piété fraternelle. L'exemple de Magnence fut imité par Decentius, qui s'étrangla aussitôt qu'il eut appris la mort de son frère. Marcellinus, premier auteur de la conspiration, avait disparu à la bataille de Mursa (1), et l'exécution du reste des chefs assura la tranquillité publique. On fit une recherche sévère de tous ceux qui avaient pris part à la révolte, ou volontairement ou par nécessité. Paul, surnommé Catena, en raison de ses talens barbares dans l'exercice juridique de la tyrannie, fut chargé de découvrir les restes obscurs de la conspiration dans la province éloignée de Bretagne. On fit passer l'honorable indignation de Martin, vice-préfet de l'île, pour une preuve de son crime, et cet estimable gouverneur fut forcé de plonger dans son propre sein l'épée dont il avait frappé dans sa colère le ministre des vengeances impériales. Les citoyens les plus innocens furent exposés à l'exil, à la confiscation, aux tortures et à la mort; et comme la timidité est toujours barbare, l'âme de Constance fut inaccessible à la pitié (2).

---

(1) Julien (*orat.* 1, p. 58; 59) paraît embarrassé de dire s'il s'infligea lui-même le châtiment de ses crimes, s'il se noya dans la Drave, ou si les démons vengeurs le portèrent du champ de bataille au lieu où il devait subir des tourmens éternels.

(2) Ammien, XIV, 5; XXI, 16.

FIN DU TOME TROISIÈME.

veloppé par une armée de Germains, que les artifices de Constance avaient intéressée aux dissensions des Romains (1). Dans le même temps, les troupes impériales forcèrent les passages des Alpes Cottiennes, et le combat sanglant de *Mons Seleucus* marqua pour jamais le parti de Magnence du titre de rebelle (2). L'usurpateur n'avait plus d'armée à opposer, ses gardes étaient corrompus; et quand il paraissait en public, on le saluait unanimement des cris de *vive l'empereur Constance!* Il vit bien qu'on se préparait à mériter le pardon et des récompenses par le sacrifice du principal coupable; il prévint l'exécution de ce projet; et, se jetant sur sa propre épée (3), il

---

frère appelé Desiderius. *Voyez* Tillemont, *Hist. des Emper.*, t. IV, p. 157.

(1) Julien, *orat.* 1, p. 40; 11, p. 74; et Spanheim, p. 263. Le Commentaire de ce dernier jette du jour sur les opérations de la guerre civile. *Mons Seleuci* était une petite place située dans les Alpes Cottiennes, à peu de milles de Vapineum ou de Gap, ville épiscopale du Dauphiné. *Voyez* d'Anville, *Notice de la Gaule*, p. 464; et Longuerue, *Description de la France*, p. 327.

(2) Zozime, l. 11, p. 134; Libanius, *orat.* x, p. 268, 269. Le dernier accuse d'un ton véhément cette politique cruelle et égoïste de Constance.

(3) Julien, *orat.* 1, p. 40; Zozime, l. 11, p. 134; Socrate, l. 11, c. 32; Sozomène, l. 1v, c. 7. Victor le jeune décrit la mort du tyran avec des détails horribles: *Transfosso latere, ut erat vasti corporis, vulnere naribusque et ore cruorem effundens, expiravit.* Si nous pouvons ajouter foi à Zonare, le tyran, avant d'expirer, eut le plaisir d'égorger, de sa propre main, sa mère et son frère Desiderius.

déclara son inflexible résolution de punir un perfide assassin qu'il allait accabler de tous côtés par l'effort de ses armes victorieuses. Une flotte impériale prit aisément possession de l'Afrique et de l'Espagne, soutint la fidélité chancelante des nations moresques, et débarqua des forces considérables qui passèrent les Pyrénées et s'approchèrent de Lyon, où Magnence trouva son dernier refuge et devait trouver la mort (1). Dans l'extrémité où il était réduit, l'usurpateur, naturellement peu disposé à la clémence, fut obligé d'employer contre les villes de la Gaule tous les genres d'oppression, pour en tirer les secours que demandait un si pressant danger (2). La patience des peuples s'épuisa enfin, et Trèves, le siége du gouvernement prétorien, donna le signal de la révolte en fermant ses portes à Decentius, que son frère avait élevé au rang de César ou à celui d'Auguste (3). De Trèves, Decentius fut obligé de se retirer à Sens, où il fut en-

---

sieurs endroits des deux discours, sur la clémence de Constance envers des rebelles.

(1) Zozime, l. II, p. 133; Julien, *orat.* 1, p. 40; II, p. 74.
(2) Ammien, xv, 6; Zozime, l. II, p. 113. Julien, qui (*orat.* 1, p. 40) déclame contre les cruels effets du désespoir du tyran, parle (*orat.* 1, p. 34) des édits vexatoires que lui dictèrent ses besoins ou son avarice. Il obligea ses sujets à acheter les domaines de l'empire, espèce de propriété incertaine et dangereuse, dont l'acquisition, dans une révolution, pouvait être présentée comme un crime de lèse-majesté.
(3) Les médailles de Magnence célèbrent les victoires des *deux* Augustes et du César. Le César était un autre

ployer sur leurs murs l'étendard impérial de Constance. Les vétérans, enrichis par les libéralités du père, signalèrent leur reconnaissance et leur fidélité pour le fils. La cavalerie, les légions et les auxiliaires d'Italie, renouvelèrent leur serment d'obéissance à Constance ; et l'usurpateur, alarmé par la désertion générale, fut forcé de se retirer dans les Gaules, au-delà des Alpes, avec le petit nombre de troupes qui lui restaient fidèles. Les détachemens qui reçurent ordre d'arrêter ou de poursuivre Magnence dans sa fuite, se conduisirent avec la négligence trop ordinaire dans le succès ; ils lui fournirent l'occasion de faire face à ceux qui le suivaient, et de satisfaire sa fureur, dans les plaines de Pavie, par le carnage d'une victoire inutile (1).

L'orgueilleux Magnence, partout malheureux et partout abandonné, fut forcé de demander la paix et de la demander en vain. Il envoya d'abord un sénateur dont les talens avaient obtenu sa confiance, et ensuite plusieurs évêques. Leur caractère sacré, l'offre qu'il faisait de quitter la pourpre et de dévouer les restes de sa vie au service de l'empereur, lui faisaient espérer que ces prélats lui obtiendraient une réponse plus favorable. Mais quoique Constance reçût en grâce, à des conditions très-douces, tous ceux qui abandonnaient les drapeaux du rebelle (2), il

Dernière défaite et mort de Magnence. A. D. 353, 10 août.

───────────

(1) Zozime, l. II, p. 133; Victor, *in Epitome*. Les panégyristes de Constance oublient, avec leur bonne foi ordinaire, de faire mention de cette défaite.

(2) Zonare, t. II, l. XIII, p. 17. Julien s'étend, en plu-

imprudent, fils de la princesse Eutropia, et neveu de Constantin, avait vu avec indignation un Barbare perfide usurper le sceptre de l'Occident : suivi d'une troupe d'esclaves et de gladiateurs désespérés, il s'était aisément rendu maître de la faible garde qui faisait la police à Rome pendant la paix. Il avait reçu l'hommage du sénat, pris le titre d'Auguste, et l'avait porté pendant un règne précaire et tumultueux de la durée de vingt-huit jours. La marche de quelques troupes régulières mit fin à ses espérances ; la révolte fut éteinte dans le sang de Népotien, de sa mère Eutropia et de tous ses partisans. On étendit même la proscription sur tous ceux qui avaient contracté la moindre alliance avec la famille de Constantin (1). Mais dès que Constance, après la bataille de Mursa, devint le maître de la côte maritime de la Dalmatie, une troupe d'illustres exilés, qui avaient équipé une flotte dans un port de la mer Adriatique, vinrent dans le camp du vainqueur chercher protection et vengeance. Ce fut par la secrète intelligence qu'ils entretinrent avec leurs concitoyens, que Rome et les villes d'Italie se laissèrent engager à dé-

---

(1). Victor l'ancien décrit en termes pathétiques la malheureuse condition de Rome : *Cujus stolidum ingenium adeo P. R. patribusque exitio fuit, uti passim domus, fora, viæ templaque, cruore, cadaveribusque opplerentur bustorum modo.* Saint Athanase (t. 1, p. 677) déplore le sort de plusieurs illustres victimes ; et Julien (*orat.* 2, p. 58) parle avec exécration de la cruauté de Marcellinus, l'implacable ennemi de la maison de Constantin.

mis. Pensant alors à sa sûreté personnelle, il se dépouilla des ornemens impériaux, et ce ne fut pas sans peine qu'il échappa aux détachemens de cavalerie légère qui le poursuivirent depuis les bords de la Drave jusqu'au pied des Alpes Juliennes.(1).

L'approche de l'hiver fournit à l'indolence de Constance des prétextes spécieux de discontinuer la guerre jusqu'au printemps. Magnence avait fixé sa résidence dans la ville d'Aquilée, et paraissait résolu de disputer le passage des montagnes et des marais qui défendaient l'approche du pays des Vénètes; il n'aurait pas même quitté l'Italie lorsque les impériaux se furent emparés, par une marche secrète, d'une forteresse située sur les Alpes, si les peuples eussent été disposés à soutenir la cause de leur tyran (2); mais le souvenir des cruautés que ses ministres avaient exercées après la malheureuse révolte de Népotien, avait laissé dans l'âme des Romains une profonde impression d'horreur et de ressentiment. Ce jeune

---

(1) On doit préférer ici le témoignage non suspect de Zozime et de Zonare aux assertions flatteuses de Julien. Magnence a un caractère singulier sous la plume de Victor le jeune : *Sermonis acer, animi tumidi, et immodice timidus; artifex tamen ad occultandam audaciæ specie formidinem.* Mais lors de la bataille de Mursa se laissa-t-il conduire par la nature ou l'art? Je pencherais pour le dernier.

(2) Julien, orat. 1, p. 38, 39. En cet endroit, ainsi que dans le discours 2, p. 97, il laisse entrevoir la disposition générale du sénat, du peuple et des soldats de l'Italie, en faveur de l'empereur.

monter le nombre des morts à cinquante-quatre mille, et la perte des vainqueurs fut supérieure à celle des vaincus (1). Cette circonstance prouve l'acharnement du combat, et justifie l'observation d'un ancien écrivain, qui prétend que la fatale bataille de Mursa avait épuisé les forces de l'empire, par la perte d'une armée de vétérans suffisante pour défendre les frontières ou pour ajouter à la gloire de Rome de nouveaux triomphes (2). Malgré les invectives d'un orateur servile, on ne trouve aucun motif de croire que Magnence ait déserté ses drapeaux dès le commencement de la bataille; il paraît au contraire qu'il s'acquitta de son devoir, comme capitaine et comme soldat, jusqu'au moment où son camp fut au pouvoir des enne-

---

Ménélas, qui lançait trois flèches en même temps; avantage qui, selon ses idées sur l'art militaire, aurait beaucoup contribué à la victoire de Constance.

(1) Zonare dit que Constance perdit trente mille hommes, sur les quatre-vingts qui composaient son armée, et que Magnence en perdit vingt-quatre mille sur trente-six. Les autres détails de sa narration paraissent probables et authentiques; mais l'auteur ou les copistes doivent s'être trompés sur le nombre des troupes du tyran. Magnence avait rassemblé toutes les forces de l'Occident, les Romains et les Barbares, et il en avait formé une armée redoutable, qu'on ne peut estimer à moins de cent mille hommes. Jul., orat. 1, p. 34-35.

(2) *Ingentes R. I. vires eâ dimicatione consumptæ sunt, ad quælibet bella externa idoneæ, quæ multum triumphorum possent, securitatisque conferre.* Eutrope, x, 13. Victor le jeune parle dans le même sens.

dignes de sa confiance par leur valeur et par leurs savantes manœuvres. Ils engagèrent sagement l'action par la gauche ; et avançant leur aile entière de cavalerie sur une ligne oblique, ils la tournèrent précipitamment sur le flanc droit de l'ennemi, qui n'était point préparé à soutenir l'impétuosité de leur attaque. Mais les Romains de l'Occident se rallièrent bientôt par l'habitude de la discipline ; et les Barbares de la Germanie soutinrent la réputation de leur intrépidité nationale. L'affaire devint générale, se soutint avec des succès variés et de singuliers retours de fortune, et finit à peine avec le jour. On accorde à la cavalerie l'honneur de la victoire éclatante que remporta Constance. Ses cuirassiers sont représentés comme autant de colonnes d'acier massif ; leurs armures brillantes éblouissaient les légions gauloises, dont ils rompaient l'ordre serré avec leurs lances d'une énorme pesanteur. Dès que les légions furent en désordre, la cavalerie légère pénétra dans les rangs l'épée à la main, et acheva la déroute. Cependant les grands corps des Germains se trouvaient exposés presque nus à la dextérité des archers orientaux, et des troupes entières de ces Barbares se jetaient, de douleur et de désespoir, dans le cours large et rapide de la Drave (1). On fait

---

équivaut quelquefois au témoignage le plus authentique et le plus positif.

(1) Julien, *orat.* 1, p. 36, 37 ; et *orat.* 2, p. 59, 60 ; Zonare, t. II, l. XIII, p. 17 ; Zozime, l. II, p. 130-133. Le dernier de ces écrivains vante la dextérité de l'archer

a toujours été considérée, dans les guerres de Hongrie, comme une place importante. Magnence, dirigeant sa marche sur Mursa, fit mettre le feu aux portes, et, par un assaut précipité, avait presque escaladé les murs de la ville. La vigilante garnison éteignit les flammes. L'approche de Constance ne lui laissa pas le temps de continuer le siége, et l'empereur détruisit bientôt l'obstacle qui gênait seul les mouvemens de son armée, en forçant un corps de troupes qui s'était posté dans un amphithéâtre voisin de la ville. Le champ de bataille qui environnait Mursa était une plaine unie et découverte. L'armée de Constance s'y rangea en bataille : elle avait à sa droite la Drave ; et sa gauche, soit à raison de l'ordre de bataille ou de la supériorité en cavalerie, dépassait de beaucoup la droite des ennemis (1). Les deux armées restèrent une partie de la matinée sous les armes dans une inquiète attente ; et le fils de Constantin, après avoir animé ses soldats par un discours éloquent, se retira dans une église, à quelque distance du champ de bataille, et remit à ses généraux la conduite de cette journée décisive (2). Ils se montrèrent

---

(1) Julien (*orat.* 1, p. 36) décrit nettement, mais en peu de mots, cette position et les évolutions subséquentes.

(2) Sulpice-Sévère, liv. II, p. 405. L'empereur passa la journée en prières avec l'arien Valens, évêque de Mursa, qui gagna sa confiance en prédisant le succès de la bataille. M. de Tillemont (*Hist. des Emper.*, t. IV, p. 1110) remarque avec raison le silence de Julien sur les exploits personnels de Constance à la bataille de Mursa. Le silence de la flatterie

ter un traité de paix qui aurait assuré à l'assassin de Constans la souveraineté des provinces au-delà des Alpes. Philippe, l'ambassadeur impérial, appuya ces propositions de toute son éloquence : le conseil et l'armée de Magnence étaient disposés à les accepter; mais le présomptueux usurpateur, méprisant les conseils de ses amis, fit retenir Philippe en captivité, ou du moins en ôtage, tandis qu'il envoyait un officier reprocher à Constance la faiblesse de son règne, et lui offrir un pardon insultant, s'il quittait, sans hésiter, la pourpre et l'empire. La seule réponse que l'honneur permît à Constance fut « qu'il mettait sa confiance dans la justice de sa cause, et la protection d'un Dieu vengeur. » Il sentait si vivement le danger de sa situation, qu'il n'osa pas punir, sur l'insolent envoyé de Magnence, la détention de son ambassadeur. La négociation de Philippe ne fut cependant pas inutile, puisqu'il engagea Silvanus le Franc, général d'une réputation distinguée, à déserter avec un corps considérable de cavalerie; peu de jours avant la bataille de Mursa.

La ville de Mursa ou Essek, célèbre dans les temps modernes par un pont de bateaux de cinq milles de longueur sur la Drave et sur les marais adjacens (1),

---

(1) Ce pont remarquable, qui est flanqué de tours, et qui repose sur de grandes piles de bois, fut construit A. D. 1566, par le sultan Soliman, pour faciliter la marche de ses troupes en Hongrie. *Voyez* les *Voyages de Browne*, et le *Système de Géographie de Busching*, vol. II, p. 90.

mois de l'été les opérations de la guerre civile furent traînées en longueur par l'habileté ou la timidité des combattans (1). Constance avait annoncé son intention de décider la querelle dans les plaines de Cibalis, dont le nom devait animer ses troupes par le souvenir de la victoire de Constantin son père, remportée sur le même terrain. Cependant les fortifications inattaquables dont il environnait son camp annonçaient plutôt l'envie d'éviter la bataille que celle de la chercher. L'objet de Magnence était d'obliger son adversaire, par la ruse ou par la force, à quitter cette position avantageuse, et il y employa les différentes marches, évolutions et stratagêmes que la connaissance de l'art militaire pouvait suggérer à un officier expérimenté. Il emporta d'assaut l'importante ville de Siscia, attaqua la ville de Sirmium, qui était située derrière le camp, essaya de forcer un passage au-dessus de la Save pour entrer dans les provinces orientales de l'Illyrie, et tailla en pièces un gros détachement qu'il avait attiré dans les défilés d'Adarne. Pendant presque tout l'été l'usurpateur des Gaules fut maître de la campagne. Les troupes de Constance étaient harassées et découragées ; sa réputation se perdait, et son orgueil descendit à sollici-

---

(1) Zozime raconte longuement la guerre et les négociations (l. 11, p. 123-130); mais comme il n'annonce pas des connaissances bien sûres touchant l'art militaire ni la politique, il faut examiner son récit avec soin, et ne l'admettre qu'avec précaution.

La conduite de Constance dans cette occasion mémorable, fut célébrée avec une apparence de justice ; et ses courtisans comparèrent les discours étudiés qu'un Périclès et un Démosthènes adressaient à la populace d'Athènes, avec l'éloquence victorieuse qui avait persuadé à une multitude armée d'abandonner et de déposer l'objet de son propre choix (1). Les démêlés de Magnence allaient être plus sanglans et plus dangereux : l'usurpateur s'avançait par des marches rapides, à la tête d'une armée nombreuse, composée d'Espagnols, de Gaulois, de Francs, de Saxons, de ces habitans des provinces qui recrutaient les légions, et de ces Barbares qu'on regardait comme les plus formidables ennemis de la république. Les plaines fertiles (2) de la Basse-Pannonie, entre la Drave, la Save et le Danube, offraient un vaste théâtre ; mais durant les

Fait la guerre à Magnence. A. D. 351.

---

pereur, et qui semble prouver que Vetranio était en effet *prope ad stultitiam simplicissimus*.

(1) *Eum Constantius.... facundiæ vi dejectum imperio in privatum otium removit. Quæ gloria, post natum imperium, soli processit eloquio, clementiáque*, etc. Aurelius – Victor. Julien et Themistius (*orat*. 3 et 4) chargent cet exploit de toute l'enluminure de leur rhétorique.

(2) Busbequius (p. 112) traversa la Basse-Hongrie et l'Esclavonie dans un temps où les hostilités réciproques des Turcs et des chrétiens avaient rendu ces deux contrées presque désertes. Toutefois il parle avec admiration de l'indomptable fertilité du sol ; il observe que l'herbe y était assez haute pour soustraire à la vue un chariot chargé. *Voyez* aussi les *Voyages de Browne*, dans la Collection de Harris, vol. II, p. 762, etc.

et de l'éloquence, et ils saluèrent l'empereur Constance comme leur légitime souverain. Le sentiment du repentir et de la fidélité gagna de rang en rang, et bientôt la plaine de Sardica retentit de l'acclamation unanime de : « A bas ces parvenus usurpateurs ! longue vie et victoire au fils de Constantin ! ce n'est que sous ses drapeaux que nous voulons combattre et vaincre. ». Le cri universel, les gestes menaçans et le cliquetis des armes, subjuguèrent le courage étonné de Vetranio, qui contemplait dans un silence stupide la défection de son armée. Au lieu d'avoir recours au dernier refuge d'un généreux désespoir, il se soumit docilement à son sort, et, se dépouillant du diadême à la vue des deux armées, il se prosterna aux pieds de son vainqueur. Constance usa de la victoire avec une prudente modération, et, relevant lui-même ce vieillard suppliant qu'il affectait d'appeler du tendre nom de père, il lui prêta la main pour descendre du trône. La ville de Pruse fut assignée pour retraite au monarque détrôné, qui y vécut six ans dans l'opulence et dans la tranquillité. Il se félicitait souvent des bontés de Constance, et conseillait à son bienfaiteur, avec une aimable simplicité, de quitter le sceptre du monde et de chercher le bonheur dans une obscurité paisible, qui pouvait seule le procurer (1).

---

(1) Victor le jeune, en parlant de l'exil de Vétranio, emploie cette expression remarquable : *voluptarium otium*. Socrate (l. II, c. 28) atteste la correspondance avec l'em-

vaste plaine à la proximité de la ville ; on éleva dans le centre, selon les lois de l'ancienne discipline, le tribunal, ou plutôt l'échafaud, d'où les empereurs avaient coutume de haranguer les troupes dans les occasions solennelles ou importantes. Les Romains et les Barbares, régulièrement rangés, l'épée nue à la main ou la lance en arrêt, les escadrons de cavalerie et les cohortes d'infanterie distingués par la variété de leurs armes et de leurs enseignes, formaient un cercle immense autour du tribunal ; tous gardaient un silence attentif, interrompu quelquefois par les clameurs ou les applaudissemens. Les deux empereurs furent sommés d'expliquer la situation des affaires publiques en présence de cette formidable assemblée. On accorda la préséance du rang à la naissance royale de Constance ; et, quoique peu versé dans l'art de la rhétorique, il mit dans son discours de la fermeté, de l'adresse et de l'éloquence. La première partie ne semblait attaquer que le tyran des Gaules ; mais, après avoir déploré le meurtre de Constans, il insinua que son frère avait seul le droit de réclamer sa succession ; et, s'étendant avec complaisance sur les actions glorieuses de la race impériale, il rappela aux soldats la valeur, les triomphes et la libéralité du grand Constantin, dont les fils avaient reçu leur serment de fidélité, qu'ils n'avaient rompu qu'entraînés par l'ingratitude de ses plus intimes favoris. Les officiers qui environnaient le tribunal, instruits du rôle qu'ils devaient jouer dans cette scène extraordinaire, parurent entraînés par le pouvoir irrésistible de la justice

l'honneur et l'intérêt, découvrit au monde l'inconstance de son caractère, et fut insensiblement engagé dans les piéges d'une négociation artificieuse. Constance le reconnut pour son collègue légitime et son égal, à condition qu'il renoncerait à la honteuse alliance de Magnence, et qu'il choisirait un endroit sur les frontières de leurs provinces respectives où ils pussent, dans une entrevue, assurer leur amitié par un serment de fidélité mutuelle, et régler d'un commun accord les opérations de la guerre civile. En conséquence de cet arrangement, Vetranio s'avança vers la ville de Sardica (1), à la tête de vingt mille chevaux et d'un corps d'infanterie plus nombreux. Ces forces étaient si supérieures à celles de Constance, que l'empereur d'Illyrie semblait avoir à sa disposition la fortune et la vie de son rival, qui, comptant sur le succès de ses sourdes négociations, avait séduit les troupes et miné le trône de Vetranio. Les chefs, qui avaient secrètement embrassé le parti de Constance, préparaient en sa faveur un spectacle propre à éveiller et à enflammer les passions de la multitude (2). Les deux armées réunies furent assemblées dans une

---

(1) Zonare, t. II, l. XIII, p. 16. La position de Sardica, près de la ville moderne de Sophia, paraît plus propre à cette entrevue, que Naissus et Sirmium, où elle est placée par saint Jérôme, Socrate et Sozomène.

(2) *Voyez* les deux premiers discours de Julien, surtout p. 31 ; et Zozime, l. II, p. 122. La narration de l'historien, qui est nette, éclaircit les descriptions étendues, mais vagues, de l'orateur.

l'importance de justifier aux yeux du peuple la nécessité d'une guerre civile, il tint le discours suivant à son conseil ; qui l'entendit avec une crédulité réelle ou affectée.

« Cette nuit, dans mon sommeil, l'ombre du grand Constantin m'est apparue : il tenait embrassé le corps sanglant de mon frère ; j'ai reconnu sa voix, elle criait vengeance. Mon père m'a défendu de désespérer de la république, et m'a promis que les armes couronneraient la justice de ma cause d'un prompt succès et d'une gloire immortelle. »

L'autorité de cette vision, ou plutôt celle du prince qui la racontait, fit taire les doutes et cesser les négociations. Les conditions ignominieuses de la paix furent rejetées avec mépris ; on renvoya un des ambassadeurs chargé de la dédaigneuse réponse de Constance ; les trois autres furent mis aux fers comme indignes de jouir de leurs priviléges, et les puissances rivales se préparèrent à une guerre implacable (1).

Telle fut la conduite, et tel était peut-être le devoir du frère de Constans vis-à-vis du perfide usurpateur des Gaules. Le caractère et la situation de Vetranio admettaient plus de ménagemens ; la politique de l'empereur d'Orient s'occupa de désunir ses ennemis et de priver les rebelles des forces de l'Illyrie. Il réussit aisément à tromper la franchise et la simplicité de Vetranio, qui, flottant quelque temps entre-

Constance dépose Vetranio. A.D. 350, 25 déc.

---

(1) *Voyez* Pierre Patrice, dans les *Excerpta legationum*, page 27.

soin des provinces orientales, qu'il confia bientôt après à son cousin Gallus, qu'il fit passer de la prison sur le trône, il marcha vers l'Europe, agité par la crainte et par l'espérance, par la douleur et par l'indignation. Arrivé à Héraclée en Thrace, il donna audience aux ambassadeurs de Magnence et de Vetranio. Le premier auteur de la conspiration, Marcellinus, qui avait, en quelque façon, donné la pourpre à son nouveau maître, s'était audacieusement chargé de cette dangereuse commission ; et ses trois collègues avaient été choisis dans le nombre des *illustres* de l'État et de l'armée. On leur recommanda d'adoucir Constance sur le passé et de l'épouvanter sur l'avenir. Ils étaient autorisés à lui offrir l'alliance et l'amitié des princes d'Occident, à cimenter leur union par un double mariage de Constance avec la sœur de Magnence, et de Magnence avec l'ambitieuse Constantina; et à reconnaître par un traité la prééminence qui appartenait de droit à l'empereur d'Orient. Dans le cas où son orgueil ou une délicatesse mal placée lui ferait refuser des conditions si équitables, les députés avaient ordre de lui représenter qu'il courait inévitablement à sa ruine, s'il provoquait le ressentiment des souverains de l'Occident; et les obligeait à employer contre lui des forces supérieures, leur valeur, leurs talens militaires, et les légions qui avaient fait triompher tant de fois le grand Constantin. Ces propositions, appuyées de tels argumens, méritaient une attention sérieuse : Constance différa sa réponse jusqu'au lendemain; et comme il sentait

champ les plus fortes assurances au seul fils qui restât de son ancien maître, qu'il exposerait avec une invariable fidélité sa personne et ses troupes pour l'aider à prendre de l'usurpateur de la Gaule une juste et sévère vengeance. Mais ses légions furent plus séduites qu'irritées par l'exemple de la rebellion; leur commandant manqua bientôt ou de fermeté ou de fidélité, et son ambition s'autorisa de l'approbation de la princesse Constantina. Cette femme ambitieuse et cruelle, qui avait obtenu de Constantin le Grand, son père, le titre d'Augusta, plaça de ses propres mains le diadême sur la tête du général d'Illyrie, et semblait attendre de sa victoire l'accomplissement des espérances désordonnées qu'elle avait perdues par la mort d'Annibalianus, son époux. Mais ce fut peut-être sans l'aveu de Constantina que le nouvel empereur fit une alliance honteuse, quoique nécessaire, avec l'usurpateur de l'Occident, dont la pourpre avait été teinte si récemment du sang de son frère (1).

Des événemens de cette importance, et qui menaçaient si sérieusement l'honneur et la sûreté de la maison impériale, rappelèrent les armes de Constance de la guerre de Perse, où elles avaient perdu beaucoup de leur réputation. Laissant à ses lieutenans le

Constance refuse de traiter.
A. D. 350.

---

(1) La conduite incertaine et variable de Vetranio est racontée par Julien dans son premier discours, et exposée avec exactitude par Spanheim, qui discute la position et la conduite de Constantina.

cavalerie légère, dont le commandant, sans respect pour la sainteté d'un temple, exécuta sa commission en assassinant le fils de Constantin (1).

<small>Magnence et Vetranio prennent la pourpre. A. D. 350, 1er mars.</small>

Aussitôt que la mort de Constans eut affermi cette facile et importante révolution, l'exemple de la cour d'Autun fut suivi par toutes les provinces de l'Occident. Les deux grandes préfectures des Gaules et de l'Italie reconnurent l'autorité de Magnence, et l'usurpateur s'occupa du soin d'amasser par toutes sortes d'exactions un trésor qui pût suffire aux immenses libéralités qu'il avait promises, et aux frais d'une guerre civile. Les contrées guerrières de l'Illyrie, depuis le Danube jusqu'à l'extrémité de la Grèce, obéissaient depuis long-temps à Vetranio, vieux général qui avait su se faire aimer par la simplicité de ses mœurs, et dont l'expérience et les services militaires avaient obtenu quelque considération (2). Affectionné par habitude, par devoir et par reconnaissance, à la maison de Constantin, il donna sur-le-

---

actuelle du Roussillon. *Voyez* d'Anville, *Notice de l'ancienne Gaule*, p. 380; Longuerue, *Description de la France*, p. 223; et la *Marca hispanica*, l. 1, c. 2.

(1) Zozime, l. 11, p. 119, 120; Zonare, tome 11, l. XIII, p. 13; et les abréviateurs.

(2) Eutrope (x, 10) fait le portrait de Vetranio avec plus de modération, et vraisemblablement avec plus de justesse que les deux Victor. Vetranio était né d'une famille obscure, dans les cantons sauvages de la Mœsie, et son éducation avait été si négligée, que ce fut après son élévation qu'il apprit à lire.

pable et dangereuse liberté de conversation : tout d'un coup les portes s'ouvrent avec fracas; et Magnence, qui s'était retiré depuis quelques instans, rentre revêtu de la pourpre et du diadême. Les conspirateurs se lèvent à l'instant, et le saluent des noms d'Auguste et d'empereur. La surprise, la frayeur, l'ivresse, les espérances ambitieuses, et l'ignorance du reste de l'assemblée, contribuèrent à rendre l'acclamation unanime. Les gardes se hâtèrent de prêter le serment de fidélité. On ferma les portes de la ville; et, avant le retour de l'aurore, Magnence se trouva maître des troupes, du trésor, du palais et de la ville d'Autun. Il eut quelque espérance de s'emparer de la personne de Constans avant que ce prince fût informé de la révolution. Il s'amusait, à son ordinaire, à courir la chasse dans la forêt voisine, ou prenait peut-être quelque plaisir plus secret et plus coupable ; le vol agile de la renommée lui laissa cependant un instant pour la fuite : c'était sa seule ressource, puisque la désertion de ses troupes et l'infidélité de ses sujets ne lui laissaient aucun moyen de résistance. Mais avant d'avoir pu atteindre à un port d'Espagne où il se proposait de s'embarquer, il fut arrêté auprès d'Helena (1), au pied des Pyrénées, par un parti de

---

(1) Cette ancienne ville avait été florissante sous le nom d'Illiberis (Pomponius-Mela, 11, 5); Constantin lui rendit de l'éclat, et lui donna le nom de sa mère. Helena (elle est encore appelée Elne) devint le siége d'un évêque, qui, longtemps après, transféra sa résidence à Perpignan, capitale

d'extraction barbare, fut encouragé par le mécontentement public à soutenir l'honneur du nom romain (1). Les bandes choisies des joviens et des herculiens, qui reconnaissaient Magnence pour leur chef, tenaient toujours la place d'honneur dans le camp impérial. L'amitié de Marcellinus, comte des largesses sacrées, suppléait libéralement aux moyens de séduction. On sut convaincre les soldats, par les argumens les plus spécieux, que la république les sommait de briser les liens d'une servitude héréditaire, et de récompenser par le choix d'un prince actif et vigilant, les mêmes vertus qui de l'état de citoyen avaient élevé sur le trône du monde les ancêtres dont avait dégénéré Constans. Quand on crut avoir suffisamment préparé les esprits, Marcellinus, sous prétexte de célébrer le jour de la naissance de son fils, donna une fête magnifique aux personnages *illustres* et *honorables* de la cour des Gaules, qui résidait alors à Autun. Les excès du festin furent prolongés avec adresse bien avant dans la nuit, et les convives, sans défiance, se laissaient aller à une cou-

---

(2) Julien, *orat.* 1 et 2; Zozime, l. II, p. 134; Victor, *in Epitom*. Il y a lieu de croire que Magnence avait reçu le jour au milieu d'une de ces colonies de Barbares, établies par Constance-Chlore dans la Gaule (*voyez* son histoire, chapitre XIII de cet ouvrage). Sa conduite nous rappelle le patriote comte de Leicester, le fameux Simon de Montfort, qui vint à bout de persuader au peuple d'Angleterre que lui, Français de naissance, avait pris les armes pour le délivrer des favoris étrangers.

sépulcre impérial; mais ses provinces reconnurent le vainqueur pour maître, et firent serment de fidélité à Constans; qui, refusant de partager ses nouvelles acquisitions avec son frère, posséda sans contestation plus des deux tiers de l'empire romain (1).

Le terme fatal de Constans lui-même fut encore retardé d'environ dix ans, et la mort de son frère fut vengée par la main ignoble d'un serviteur perfide. La mauvaise administration des trois princes, les vices et les faiblesses qui leur firent perdre l'estime et l'affection des peuples, découvrirent la tendance pernicieuse du système introduit par Constantin. L'inapplication et l'incapacité de Constans rendaient ridicule et insupportable l'orgueil que lui donnèrent des succès guerriers qu'il n'avait pas mérités. Sa partialité pour quelques captifs germains qui n'avaient d'autre mérite que les grâces de leur figure, était un sujet de scandale (2). Magnence, soldat ambitieux,

Meurtre de Constans. A. D. 350, février.

---

(1) Les historiens racontent avec beaucoup d'embarras et de contradictions les causes et les effets de cette guerre civile: j'ai suivi principalement Zonare et Victor le jeune. La *monodie* (*ad calcem Eutrop.*, édit. Havercamp) prononcée à la mort de Constantin, aurait pu être instructive; mais la prudence et le mauvais goût ont jeté l'orateur dans de vagues déclamations.

(2) *Quarum* (GENTIUM) *obsides pretio quæsitos pueros venustiores, quod cultius habuerat, libidine hujusmodi arcisse,* PRO CERTO *habetur!* Si les goûts dépravés de Constans n'avaient pas été publics, Victor l'ancien, qui exerçait un emploi considérable sous le règne de son frère, ne se serait pas exprimé d'une manière si positive.

incapables de suffire à leur ambition. L'aîné de ces princes se plaignit qu'il n'avait pas assez profité du meurtre de ses cousins, et qu'on avait fait de leurs dépouilles une répartition inégale : il ne réclamait rien de Constance, qui avait à ses yeux le mérite du crime; mais il exigeait de Constans la cession des provinces de l'Afrique, comme un équivalent des riches contrées de Grèce et de Macédoine, qu'il avait obtenues à la mort de Dalmatius. Irrité du peu de sincérité d'une longue et inutile négociation, Constantin suivit les conseils de ses favoris, qui tâchaient de lui persuader que son honneur et son intérêt lui défendaient également d'abandonner cette réclamation. A la tête d'un mélange confus de soldats tumultuairement assemblés, et plus faits pour piller que pour conquérir, il fondit sur les États de Constans par la route des Alpes Juliennes, et fit tomber sur les environs d'Aquilée les premiers effets de son ressentiment. Les mesures de Constans, qui résidait alors en Dacie, furent dirigées avec plus de sagesse et d'intelligence. Ayant appris l'invasion de son frère, il détacha un corps choisi et discipliné de troupes illyriennes, qu'il se proposait de suivre lui-même avec le reste de ses forces. Mais la conduite de ses lieutenans termina la querelle de ces frères dénaturés. En feignant artificieusement de fuir devant Constantin, ils l'attirèrent dans une embuscade au milieu d'un bois. Le jeune imprudent mal accompagné fut surpris, environné et tué. Quand on eut retiré son corps des eaux bourbeuses de l'Alsa, on le déposa dans un

succès de son entreprise, fit à regret donner le signal de la retraite, et suspendit l'attaque jusqu'au lendemain. Mais les vigilans défenseurs de Nisibis profitèrent avec activité des ombres de la nuit, et le lever de l'aurore découvrit un nouveau mur déjà haut de six pieds, qu'ils continuaient à élever pour remplir la brèche. Trompé dans son espérance, Sapor ne perdit point courage; et, malgré la perte de vingt mille hommes, il continua le siége avec une obstination qui ne put céder qu'à la nécessité de défendre les provinces orientales de la Perse contre la formidable invasion des Massagètes (1). Alarmé de cette nouvelle, il abandonna le siége précipitamment, et courut avec rapidité des bords du Tigre à ceux de l'Oxus. Les embarras et les dangers d'une guerre contre les Scythes l'engagèrent bientôt à conclure ou du moins à observer une trêve avec l'empereur. Elle fut également agréable à l'un et à l'autre de ces monarques. Constance, après la mort de ses deux frères, se trouva sérieusement occupé des révolutions de l'Occident, et d'une guerre civile qui demandait et semblait surpasser les vigoureux efforts de toutes ses forces réunies.

Trois ans s'étaient à peine écoulés depuis le partage de l'empire, et déjà les fils de Constantin semblaient impatiens de montrer au monde qu'ils étaient

Guerre civile, et mort de Constantin. A. D. 340, mars.

---

(1) C'est Zonare (t. II, l. XIII, p. 11) qui raconte cette invasion des Massagètes, bien d'accord avec la série générale des événemens que l'histoire interrompue d'Ammien fait entrevoir d'une manière obscure.

sur les terres adjacentes. A force de travaux, les Persans arrêtèrent le cours de la rivière au-dessous de la ville, et de solides montagnes de terre furent élevées pour retenir de tous côtés les eaux. Sur ce lac artificiel, une flotte de vaisseaux armés, chargés de soldats et de machines qui lançaient des pierres du poids de cinq cents livres, s'avança en ordre de bataille, et combattit presque de plain pied les troupes qui défendaient les remparts. La force irrésistible des eaux fut alternativement fatale aux deux partis, jusqu'à ce que le mur, ne pouvant soutenir un poids qui augmentait à chaque instant, s'écroula enfin en partie, et présenta une énorme brèche de cent cinquante pieds de longueur. Les Persans furent aussitôt conduits à l'assaut, et l'événement de cette journée devait décider du destin de Nisibis. La cavalerie pesamment armée qui conduisait la tête d'une profonde colonne s'embourba dans le limon des terres délayées, et un grand nombre de cavaliers furent engloutis dans des trous recouverts par les eaux. Les éléphans, furieux de leurs blessures, augmentaient le désordre, et écrasaient sous leurs pieds des milliers d'archers persans. Le grand roi, qui, de la hauteur où l'on avait placé son trône, contemplait avec indignation le mauvais

---

lequel il a vu un pont de *douze* arches, il est difficile cependant d'imaginer qu'il ait eu quelque raison de comparer cette petite rivière à un grand fleuve. Il y a plusieurs détails obscurs et presque inintelligibles dans ces immenses travaux sur le lit du Mygdonius.

citoyens secondait la résistance intrépide du comte Lucilianus et de la garnison. Les habitans de Nisibis étaient animés par les exhortations de leur évêque (1), endurcis à la fatigue des armes par l'habitude du danger, et persuadés que l'intention de Sapor était de les emmener captifs dans quelque pays éloigné, et de repeupler leur ville d'une colonie de Persans. L'événement des deux premiers siéges avait augmenté leur confiance et irrité l'orgueil du grand roi, qui, avec toutes les forces réunies de la Perse et de l'Inde, s'avançait une troisième fois pour attaquer Nisibis. L'intelligence supérieure des Romains rendait inutiles toutes les machines ordinaires, inventées pour battre ou pour saper les murs ; et bien des jours s'étaient passés sans succès, quand Sapor prit une résolution digne d'un monarque oriental, qui croit que tout, jusqu'aux élémens, doit se soumettre à son pouvoir. A l'époque de la fonte des neiges en Arménie, la rivière de Mygdonius, qui sépare la ville de Nisibis de la plaine, forme, comme le Nil (2), une inondation

---

Mosul et jusqu'au Tigre, sont couvertes de ruines de villes et de villages. *Voyez* Niebuhr, *Voyages*, t. II, p. 300-309.

(1) Les miracles que Théodoret (l. II, c. 30) attribue à saint Jacques, évêque d'Édesse, se firent du moins pour une digne cause, pour la défense de son pays. Il parut sur les murs sous la figure d'un empereur romain, et lâcha des millions de cousins, qui piquèrent les éléphans et mirent en déroute l'armée du nouveau Sennachérib.

(2) Julien, *orat.* 1, p. 27. Quoique Niebuhr (t. II, p. 307) donne un accroissement considérable au Mygdonius, sur

Quelques avantages que Sapor eût obtenus par neuf victoires consécutives qui avaient répandu chez les nations la renommée de sa valeur et de ses talens militaires, il ne pouvait cependant espérer de réussir dans ses desseins, tant que les Romains conserveraient les villes fortifiées de la Mésopotamie, et surtout l'ancienne et forte cité de Nisibis. Dans l'espace de douze ans, Nisibis, regardée avec raison, depuis le temps de Lucullus, comme le boulevard de l'Orient, soutint trois siéges mémorables contre toutes les forces de Sapor; et le monarque humilié, après avoir inutilement renouvelé ses attaques à trois reprises différentes de soixante, quatre-vingts et cent jours, fut contraint de se retirer trois fois avec perte et ignominie (1). Cette ville, vaste et peuplée, était située à environ deux journées du Tigre, dans le milieu d'une plaine agréable et fertile, au pied du mont Masius. Un fossé profond défendait sa triple enceinte construite en briques (2), et le courage désespéré des

A. D. 338, 346, 350.

---

(1) *Voyez* Julien, orat. 1, p. 27; orat. 2, p. 62, etc., avec le *Commentaire* de Spanheim, p. 188-202, qui éclaircit les détails et fixe l'époque des trois siéges de Nisibis. Tillemont (*Hist. des Emper.*, t. IV, p. 668, 671, 674) examine aussi les dates de ces siéges. Zozime (l. III, p. 151) et la *Chron. d'Alexandrie* (p. 290) ajoutent quelques faits sur ces différens points.

(2) Salluste, *fragment* 84, édit. du président de Brosses; et Plutarque, *in Lucull.*, t. III, p. 184. Nisibis n'a plus aujourd'hui que cent cinquante maisons. Ses terres marécageuses produisent du riz, et ses fertiles prairies, jusqu'à

du fruit de leurs travaux. Mais le prudent Sapor guettait le moment de la victoire. Son armée, dont la plus grande partie, secrètement postée sur les hauteurs, était restée spectatrice du combat, s'avança en silence à la faveur de l'obscurité; et les archers persans, guidés par la clarté du camp, lancèrent une grêle de traits sur cette foule en désordre. Les historiens (1) avouent avec sincérité qu'il y eut un grand carnage de Romains, et que le reste des légions fugitives n'échappa qu'avec des peines et des fatigues intolérables. Les panégyristes mêmes conviennent que la gloire de l'empereur fut obscurcie par la désobéissance de ses soldats, et ils tirent le voile sur les détails de cette retraite humiliante. Cependant un de ces orateurs mercenaires, si jaloux de la renommée de Constance, raconte avec la plus froide indifférence une action si barbare, qu'au jugement de la postérité, elle doit imprimer sur l'empereur une tache infiniment plus honteuse que celle de sa défaite. Le fils de Sapor et l'héritier de sa couronne avait été pris dans le camp des Perses. Ce jeune infortuné, qui aurait obtenu la compassion de l'ennemi le plus sauvage, fut fustigé, mis à la torture, et publiquement exécuté par les barbares Romains (2).

---

(1) *Acerrimâ nocturnâ concertatione pugnatum est, nostrorum copiis ingenti strage confossis.* Ammien, XVIII, 5. *Voyez* aussi Eutrope, x, 10; et Sextus-Rufus, c. 27.

(2) Libanius, *orat.* 3, p. 133; Julien, *orat.* 1, p. 24; et le *Commentaire* de Spanheim, p. 179.

aux Romains ; mais à la bataille de Singara, leur imprudente valeur fut sur le point de remporter une victoire complète et décisive. Les troupes qui occupaient Singara s'étaient retirées à l'approche de Sapor. Ce monarque passa le Tigre sur trois ponts, et campa près du village de Hilleh dans une position avantageuse. Ses nombreux pionniers l'environnèrent, en un seul jour, d'un fossé profond et d'un rempart élevé. Lorsque ses innombrables soldats furent rangés en bataille, ils couvrirent les bords de la rivière, les hauteurs voisines, et toute l'étendue d'une plaine de douze milles qui séparait les deux armées. Elles désiraient le combat avec une ardeur égale ; mais, après une légère résistance, les Barbares prirent la fuite en désordre, soit qu'ils ne pussent soutenir le choc des Romains, ou dans l'intention de fatiguer les pesantes légions, qui, bien qu'accablées par la soif et par la chaleur, les poursuivirent dans la plaine, et taillèrent en pièces un corps de cavalerie pesamment armée, qui avait été posté devant la porte du camp pour protéger la retraite. Constance, entraîné lui-même dans la poursuite, tâchait inutilement d'arrêter l'impétuosité de ses soldats, en leur représentant les dangers de la nuit qui approchait, et la certitude de compléter leur succès au point du jour. Se fiant plus à leur propre valeur qu'à l'expérience ou à l'habileté de leur chef, ils imposèrent silence par leurs clameurs à ses sages remontrances, s'élancèrent dans le fossé, et se répandirent dans les tentes pour y réparer leurs forces épuisées et jouir

de la guerre contre les Persans. Les incursions des troupes légères semaient le ravage et la terreur au-delà du Tigre et de l'Euphrate, des portes de Ctésiphon à celles d'Antioche. Les Arabes du désert étaient chargés de ce service actif. Divisés d'intérêts et d'affections, quelques-uns de leurs chefs indépendans tenaient pour le parti de Sapor, et d'autres avaient engagé à l'empereur leur douteuse fidélité (1). Des opérations militaires plus sérieuses furent conduites avec une égale vigueur, et les armées persane et romaine se disputèrent le terrain dans neuf journées sanglantes (2), où Constance commanda deux fois en personne. Ces actions furent presque toujours fatales

---

(1) Ammien (XIV, 4.) fait une description animée de la vie errante de ces voleurs arabes, qu'on trouvait des confins de l'Arabie aux cataractes du Nil. Les aventures de Malchus, racontées par saint Jérôme d'une manière si agréable, font croire que ces voleurs infestaient le grand chemin entre Bérée et Édesse. *Voyez* saint Jérôme, t. 1, p. 256.

(2) Eutrope (x, 10.) nous donne une idée générale de la guerre : *A Persis enim multa et gravia perpessus, sæpe captis oppidis, obsessis urbibus, cæsis exercitibus, nullumque ei contra Saporem prosperum prælium fuit, nisi quod apud Singaram*, etc. Ce récit sincère se trouve confirmé par quelques mots d'Ammien, de Rufus, de saint Jérôme. Les deux premiers discours de Julien, et le troisième de Libanius, présentent un tableau plus flatteur ; mais la rétractation de ces deux orateurs, après la mort de Constance, avilit leur caractère et celui de l'empereur ; en même temps qu'elle rétablit la vérité. Spanheim a été prodigue d'érudition dans son Commentaire sur le premier discours de Julien. *Voyez* aussi les observations judicieuses de Tillemont, *Hist. des Emper.*, t. IV, p. 656.

sur le trône de ses pères, de distribuer des honneurs et des récompenses aux fidèles serviteurs de la maison des Arsacides, et de publier une amnistie générale, qui fut acceptée par la plus grande partie des satrapes rebelles. Mais les Romains tirèrent plus d'honneur que d'avantage de cette révolution. Chosroès, prince d'une petite taille, d'un corps faible et d'un esprit pusillanime, incapable de supporter les fatigues de la guerre, et détestant la société, quitta sa capitale; et se retira dans un palais qu'il bâtit sur les bords de l'Eleutherus, au milieu d'un bocage épais et solitaire, où ses journées oisives s'écoulaient dans l'exercice de la chasse, soit aux chiens, soit à l'oiseau. Pour s'assurer ce honteux loisir, il accepta les conditions de paix qu'il plut à Sapor de lui imposer; et, consentant à payer un tribut annuel, il lui restitua la riche province de l'Atropatène, que la valeur de Tiridate et les armes victorieuses de Galère avaient annexée à la monarchie arménienne (1).

Guerre de Perse. A. D. 337-360. Pendant la longue durée du règne de Constance, les provinces de l'Orient eurent beaucoup à souffrir

---

(1) Julien, *orat.* I, p. 20, 21; Moïse de Chorène, l. II, c. 89; l. III, c. 1-9, p. 226-240. L'accord parfait qu'on remarque entre les mots vagues de l'orateur contemporain, et le récit détaillé de l'historien national, jette du jour sur les passages de l'orateur, et ajoute du poids aux détails de l'historien. Il faut observer, à l'avantage de Moïse, qu'on trouve le nom d'Antiochus, peu d'années auparavant, dans la liste de ceux qui exerçaient un emploi civil d'un rang inférieur. *Voyez* Godefroy, *Cod. Theodos.*, t. VI, p. 350.

En Arménie, le fameux Tiridate jouissait depuis longtemps de la paix et de la gloire que méritaient sa valeur et sa fidélité pour les Romains. Sa solide alliance avec Constantin lui avait procuré des avantages spirituels aussi bien que temporels. La conversion de Tiridate ajoutait le nom de saint à celui de héros, et la foi chrétienne, prêchée et établie depuis l'Euphrate jusqu'aux rives de la mer Caspienne, attachait l'Arménie à l'empire par le double lien de la politique et de la religion ; mais la tranquillité publique était troublée par un grand nombre de nobles arméniens qui refusaient encore de renoncer à la pluralité des dieux et des femmes. Cette faction turbulente insultait à la caducité du monarque, et attendait impatiemment l'heure de sa mort. Il cessa de vivre après un règne de cinquante-six ans, et la fortune du royaume d'Arménie fut ensevelie avec Tiridate. Son légitime héritier fut banni ; les prêtres chrétiens furent immolés ou chassés de leurs églises, les barbares tribus d'Albanie furent invitées à descendre de leurs montagnes ; et deux des plus puissans gouverneurs, usurpant les marques et le pouvoir de la royauté, implorèrent l'assistance de Sapor, ouvrirent les portes de leurs villes, et reçurent des garnisons persanes. Le parti chrétien, sous la conduite de l'archevêque d'Artaxata, successeur immédiat de saint Grégoire l'Illuminé, eut recours à la piété de Constance. Après des désordres qui durèrent trois ans, Antiochus, un des officiers de l'empire, exécuta avec succès la commission qui lui fut confiée de remettre Chosroès, fils de Tiridate ;

reconnu les talens politiques et militaires, brûlait du désir de venger la honte de ses ancêtres, et d'arracher aux Romains les cinq provinces situées au-delà du Tigre. La brillante renommée de Constantin, et les forces réelles ou apparentes de ses États, suspendirent l'entreprise; et les négociations artificieuses de Sapor surent amuser la patience de la cour impériale, dont sa conduite provoquait le ressentiment. La mort de Constantin fut le signal de la guerre (1); et l'état des frontières de Syrie et d'Arménie semblait promettre aux Persans de riches dépouilles et une conquête facile. L'exemple des massacres du palais avait répandu l'esprit de licence et de sédition parmi les troupes de l'Orient, qui n'étaient plus retenues par l'habitude d'obéissance qu'elles avaient eue pour la personne de leur ancien chef. Constance eut la prudence de retourner sur les bords de l'Euphrate aussitôt après son entrevue avec ses frères en Pannonie; et les légions rentrèrent peu à peu dans leur devoir; mais Sapor avait profité du moment d'anarchie pour former le siége de Nisibis, et s'emparer des plus importantes places de la Mésopotamie (2).

---

(1) Sextus-Rufus (c. 26), qui, dans cette occasion, n'est pas une autorité méprisable, assure que les Persans demandèrent en vain la paix, et que Constantin se préparait à marcher contre eux. Mais le témoignage d'Eusèbe, qui a plus de poids, nous oblige à admettre les préliminaires, sinon la ratification du traité. *Voyez* Tillemont, *Hist. des Emper.*, t. IV, p. 420.

(2) Julien, *orat.* 1, p. 20.

Si l'on peut ajouter foi à ce récit merveilleux, qui paraît cependant assez conforme aux mœurs de la nation et confirmé par la durée extraordinaire de ce règne, nous serons forcés d'admirer également le bonheur et le génie du roi Sapor. Élevé dans la douce et solitaire retraite d'un harem, le jeune prince sentit la nécessité d'exercer la vigueur de son corps et celle de son esprit, et il fut digne, par son mérite personnel, d'un trône sur lequel on l'avait assis avant qu'il pût connaître les devoirs et les dangers du pouvoir absolu. Sa minorité fut exposée aux calamités presque inévitables de la discorde intestine; sa capitale fut surprise et pillée par Thaïr, puissant roi d'Yémen ou d'Arabie, et la majesté de la famille royale fut dégradée par la captivité d'une princesse, sœur du dernier roi. Mais aussitôt que Sapor eut atteint l'âge viril, le présomptueux Thaïr, sa nation et son royaume, succombèrent sous le premier effort du jeune guerrier, qui profita de sa victoire avec un si judicieux mélange de clémence et de rigueur, qu'il obtint de la crainte et de la reconnaissance des Arabes le surnom de *Dhoulacnaf*, ou protecteur de la nation (1).

État de la Mésopotamie et de l'Arménie.

Le monarque persan, dont les ennemis même ont

Sergius s'était procurés, et avait traduits durant son ambassade à cette cour. Schikard (*Tarikh*, p. 116) et d'Herbelot (*Biblioth. orient.*, p. 763) parlent aussi du couronnement de la mère de Sapor.

(1) D'Herbelot, *Biblioth. orient.*, p. 764.

suivaient les étendards de ses frères, Constance, à la tête des troupes efféminées de l'Asie, resta seul chargé de tout le poids de la guerre de Perse. A la mort de Constantin, le trône était occupé par Sapor, fils d'Hormouz ou Hormisdas, petit-fils de Narsès, qui, après la victoire de Galère, avait humblement reconnu la supériorité de la puissance romaine. Quoique Sapor fût dans la trentième des longues années de son règne, il était encore dans toute la vigueur de la jeunesse; un étrange hasard avait rendu la date de son avénement antérieure à celle de sa naissance. La femme d'Hormouz était enceinte quand son mari mourut, et l'incertitude de l'événement de la grossesse et du sexe de l'enfant qui devait naître, excitait les ambitieuses espérances des princes de la maison de Sassan; mais les mages firent à la fois cesser leurs prétentions et les craintes de la guerre civile dont on était menacé, en assurant que la veuve d'Hormouz était enceinte et accoucherait heureusement d'un fils. Dociles à la voix de la superstition, les Persans préparèrent sans différer la cérémonie du couronnement. La reine parut publiquement dans son palais, couchée sur un lit magnifique; le diadème fut placé sur l'endroit que l'on supposait cacher le futur héritier d'Artaxercès, et les satrapes prosternés adorèrent la majesté de leur invisible et insensible souverain (1).

---

(1) Agathias, qui vivait au sixième siècle, rapporte cette histoire (l. IV, p. 135, édit. du Louvre). Il l'a tirée de quelques extraits des chroniques de Perse, que l'interprète

nouvelle division des provinces, ratifiée dans une entrevue des trois frères. Constantin, l'aîné des Césars, obtint, avec une certaine prééminence de rang, la possession de la nouvelle capitale qui portait son nom et celui de son père (1). La Thrace et les contrées de l'Orient furent le patrimoine de Constance, et Constans fut reconnu légitime souverain de l'Italie, de l'Afrique et de l'Illyrie occidentale. L'armée souscrivit à ce partage, et, après quelques délais, les trois princes daignèrent recevoir du sénat romain le titre d'Auguste. Quand ils prirent en main les rênes du gouvernement, l'aîné était âgé de vingt-un ans, le second de vingt, et le troisième de dix-sept (2).

Tandis que les nations belliqueuses de l'Europe

Sapor, roi de Perse. A. D. 310.

---

(1) Ses États comprenaient la Gaule, l'Espagne et l'Angleterre, que son père lui avait données en le nommant César: il paraît aussi qu'il eut la Thrace. (*Chron. Alex.*, p. 670.) Ce premier partage eut lieu à Constantinople, l'an de J.-C. 337. L'année suivante, les trois frères se réunirent de nouveau dans la Pannonie, pour faire quelques changemens à cette première distribution. Constance obtint alors la possession de Constantinople et de la Thrace. Les mutations qui s'opérèrent dans les États de Constantin et ceux de Constans, sont expliquées si obscurément, que je ne hasarderai pas de les déterminer. *Voyez* Tillemont, *Histoire des Empereurs, vie de Constance*, art. 2. (*Note de l'Éditeur.*)

(2) Euseb., *in Vit. Constant.*, l. IV, c. 69; Zozime, l. II, p. 117; Idat., *in Chron.* Voyez deux notes de Tillemont, *Histoire des Empereurs*, t. IV, p. 1086-1091. La Chronique d'Alexandrie fait seule mention du règne du frère aîné à Constantinople.

différentes branches de la maison impériale, servirent seulement à prouver au monde que ces princes étaient aussi insensibles à l'affection conjugale, qu'ils étaient sourds à la voix du sang et aux supplications d'une jeunesse innocente. D'une si nombreuse famille, Gallus et Julien, les deux plus jeunes enfans de Julius-Constance, furent seuls dérobés aux mains de ces assassins féroces jusqu'au moment où leur rage rassasiée de sang commença à se ralentir. L'empereur Constance, qui, pendant l'absence de ses frères, se trouvait le plus chargé du crime et du reproche, fit paraître dans quelques occasions un remords faible et passager des cruautés que les perfides conseils de ses ministres et la violence irrésistible des soldats avaient arrachées à sa jeunesse sans expérience (1).

Le massacre de la race Flavienne fut suivi d'une

Division de l'empire. A. D. 337, 11 septemb.

---

la loi civile, et la loi commune de l'Europe. *Voyez* sur ces mariages *Taylow's civil Law*, p. 331; Brorer, *de Jure connub.*, l. II, c. 12; Héricourt, *des Lois ecclésiastiques*, part. 3, c. 5; Fleury, *Institutions du droit canonique*, t. I, p. 331, Paris, 1767; et Fra Paolo, *Istoria del concilio Trident.*, l. VIII.

(1) Julien (*ad. S. P. Q., Athen.*, p. 270) attribue à son cousin Constance tout le crime d'un massacre dans lequel il manqua de perdre la vie. Saint Athanase, qui, par des raisons très-différentes, avait autant d'inimitié pour Constance (tome I, p. 856), confirme cette assertion; Zozime se réunit à eux dans cette accusation; mais les trois abréviateurs, Eutrope et les deux Victor, se servent d'expressions très-remarquables : « *Sinente potius quàm jubente…* » « *Incertum quo suasore,……* » « *Vi militum.* »

pussent alléguer ces malheureux princes pour défendre leur vie et leur honneur contre une accusation peu croyable, ils furent réduits au silence par les clameurs des soldats qui se montrèrent à la fois leurs ennemis, leurs juges et leurs bourreaux. Les lois et toutes les formes légales de la justice furent violées par des iniquités multipliées; dans le massacre général qui enveloppa les deux oncles de Constance, sept de ses cousins, dont Dalmatius et Annibalianus étaient les plus illustres, le patricien Optatus, qui avait épousé la sœur du dernier empereur, et le préfet Ablavius, qui, par sa puissance et par ses richesses, avait conçu l'espoir d'obtenir la pourpre. Nous pourrions ajouter, si nous voulions augmenter l'horreur de cette scène sanglante; que Constance avait épousé lui-même la fille de son oncle Julius, et qu'il avait donné sa sœur en mariage à Annibalianus. Ces alliances, que la politique de Constantin, indifférente pour le préjugé du peuple (1), avait formées entre les

---

(1) *Conjugia sobrinarum diù ignorata, tempore addito percrebuisse*. (Tacite, *Annal.*, xii, 6; et Lipse; *ad loc.*) La révocation de l'ancienne loi, et un usage de cinq cents ans, ne suffirent pas pour détruire les préjugés des Romains, qui regardaient toujours un mariage entre des cousins germains comme une espèce d'inceste (saint August., *de Civ. Dei*, xv, 6); et Julien, que la superstition et le ressentiment rendaient partial, donne à ces alliances contraires à la nature l'épithète ignominieuse de γαμων τε ου γαμων (*orat.* 7, p. 228). La jurisprudence canonique a depuis ranimé et renforcé cette prohibition, sans pouvoir l'introduire dans

Massacre des princes.

La voix de l'empereur mourant avait recommandé le soin de ses funérailles à la piété de Constance; et ce prince, par la proximité de sa résidence en Orient, pouvait aisément prévenir l'arrivée de ses frères, dont l'un était en Italie et l'autre dans les Gaules. Quand il eut pris possession du palais de Constantinople, son premier soin fut de tranquilliser ses cousins en se rendant caution de leur sûreté par un serment solennel, et le second fut de trouver un prétexte spécieux qui pût soulager sa conscience du poids d'une si imprudente promesse. La perfidie vint au secours de la cruauté, et le plus odieux mensonge fut attesté par l'homme le plus vénérable par la sainteté de son ministère. Constance reçut un funeste rouleau des mains de l'évêque de Nicomédie, et le prélat affirma qu'il contenait le véritable testament de Constantin. L'empereur y annonçait le soupçon d'avoir été empoisonné par ses frères; il conjurait ses fils de venger sa mort et de pourvoir à leur propre sûreté par le châtiment des coupables (1). Quelques raisons que

---

(1) J'ai rapporté cette singulière anecdote d'après Philostorgius, l. ii, c. 16 (*); mais si Constantin et ses adhérens firent jamais valoir un pareil prétexte, ils y renoncèrent avec mépris dès qu'il eut rempli leur dessein immédiat. Saint Athanase (t. 1; p. 856) parle du serment qu'avait fait Constance pour garantir la sûreté de ses parens.

(*) L'autorité de Philostorgius est si suspecte, qu'elle ne suffit pas pour établir un fait pareil, que Gibbon a inséré dans son histoire comme certain, tandis que dans la note même il paraît en douter. (*Note de l'Éditeur.*)

menacée par la discorde inévitable de tant de princes rivaux, qui n'étaient point liés par la sympathie de l'affection fraternelle. Cette intrigue, conduite avec zèle, fut tenue secrète jusqu'au moment où l'armée fut amenée à déclarer d'une voix bruyante et unanime qu'elle ne souffrirait pour souverains dans l'empire que les fils du monarque qu'elle regrettait (1). Le jeune Dalmatius, auquel on accorde des talens presque égaux à ceux de Constantin le Grand, était lié avec ses cousins d'amitié autant que d'intérêt. Il ne semble pas qu'il ait pris en cette occasion aucune mesure pour soutenir par les armes les droits que lui et le prince son frère tenaient de la libéralité de leur oncle. Étourdis et accablés des cris d'une populace en fureur, ils ne pensèrent ni à faire résistance ni à s'échapper des mains de leurs implacables ennemis. Leur sort demeura incertain jusqu'à l'arrivée de Constance, le second et peut-être le plus chéri des fils de Constantin (2).

---

(1) Eusèbe (l. IV, c. 6) termine son récit par ce témoignage de la fidélité des troupes, et il a soin de taire les circonstances odieuses du massacre qui suivit.

(2) Eutrope (x, 9) a fait un portrait avantageux, mais en peu de mots, de Dalmatius: *Dalmatius Cæsar, prosperrimâ indole, neque patruo absimilis,* HAUD MULTO POST *oppressus est factione militari.* Comme saint Jérôme et la *Chronique d'Alexandrie* parlent de la troisième année du César, qui ne commença qu'au 18 ou au 24 septembre A. D. 337, il est certain que ces factions militaires durèrent plus de quatre mois.

Factions à la cour.

Mais ce prétendu règne n'était qu'une comédie; et l'on s'aperçut bientôt que le plus absolu des monarques fait rarement respecter ses volontés dès que ses peuples n'ont plus rien à espérer de sa faveur ou à craindre de son ressentiment. Les ministres et les généraux qui avaient plié le genou devant les restes inanimés de leur souverain, s'occupaient secrètement des moyens d'exclure ses neveux Dalmatius et Annibalianus de la part qu'il leur avait assignée dans la succession de l'empire. Nous n'avons qu'une connaissance trop imparfaite de la cour de Constantin, pour pénétrer les motifs réels qui déterminèrent les chefs de cette conspiration; à moins qu'on ne les suppose animés d'un esprit de jalousie et de vengeance contre le préfet Ablavius, favori orgueilleux qui avait longtemps dirigé les conseils et abusé de la confiance du dernier empereur. Mais on conçoit aisément les argumens qu'ils durent employer pour obtenir le concours du peuple et de l'armée. Ils en trouvèrent dont ils pouvaient se servir avec autant de décence que de vérité, dans la supériorité de rang due aux enfans de Constantin, dans le danger de multiplier les souverains, et dans les malheurs dont la république était

---

P. R. ægerrimè tulit. (Aurelius-Victor.) Constantin avait préparé un magnifique tombeau pour lui dans l'église des Saints-Apôtres. (Eusèbe, l. iv, c. 60.) Le meilleur récit, et presque le seul que nous ayons de la maladie, de la mort et des funérailles de Constantin, se trouve dans le quatrième livre de sa vie par Eusèbe.

survécut environ dix mois à cette fête solennelle, et à l'âge de soixante-quatre ans, après une courte indisposition, il termina sa mémorable vie au palais d'Aquyrion, dans les faubourgs de Nicomédie, où il s'était retiré à cause de la salubrité de l'air, et dans l'espérance de ranimer, par l'usage des bains chauds, ses forces épuisées. Les excessives démonstrations de la douleur, ou du moins du deuil public, surpassèrent tout ce qui avait eu lieu jusqu'alors en pareille occasion. Malgré les réclamations du sénat et du peuple de l'ancienne Rome, le corps du défunt empereur fut transporté, selon ses ordres, dans la ville destinée à perpétuer le nom et la mémoire de son fondateur. Orné des vains symboles de la grandeur, revêtu de la pourpre et du diadême, il fut déposé sur un lit d'or, dans un des appartemens du palais qu'on avait, à cette occasion, meublé et illuminé somptueusement. Les cérémonies de la cour furent strictement observées; chaque jour, à des heures fixes, les grands officiers de l'État, de l'armée et du palais, s'agenouillaient auprès de leur souverain, et lui offraient gravement leurs respectueux hommages, comme s'il eût été encore vivant. Des raisons de politique firent continuer pendant quelque temps cette représentation théâtrale, et l'ingénieuse adulation ne négligea point l'occasion de dire que, par une faveur particulière de la Providence, Constantin avait encore régné après sa mort (1).

---

(1) *Funus relatum in urbem sui nominis; quod sane*

En châtiant l'orgueil des Gôths, et en acceptant l'hommage d'une nation suppliante, Constantin assura la gloire de l'empire romain; et les ambassadeurs de l'Éthiopie, de la Perse et des pays les plus reculés de l'Inde, le félicitèrent sur la paix et sur la prospérité de son règne (1). En effet, s'il a compté la mort de son fils aîné, de son neveu et peut-être de sa femme, au nombre des faveurs de la fortune, il a joui d'un cours continuel de félicité publique et personnelle jusqu'à la trentième année de son règne; avantage dont, après l'heureux Auguste, n'avait pu se glorifier aucun de ses prédécesseurs. Constantin

---

j'ai été obligé de comparer les écrivains cités à la fin de cette note, qui s'appuient, se corrigent et s'éclairent mutuellement. Ceux qui prendront la même peine auront le droit de critiquer mon récit. *Voyez* Ammien, l. XVII, c. 12; Anonyme de Valois, p. 715; Eutrope, x, 7; Sextus-Rufus, *de Provinciis*, c. 26; Julien, *orat.* 1, p. 9, et le *Commentaire* de Spanheim, p. 94; saint Jérôme, *in Chron.*; Eusèbe, *in Vit. Constant.*, l. IV, c. 6; Socrate, l. I, c. 18; Sozomène, l. I, c. 8; Zozime, l. II, p. 108; Jornandès, *de Rebus geticis*, c. 22; Isidore, *in Chron.*, p. 709; *in Hist. Gothorum Grotii*; Constantin Porphyrogénète, *de Administratione imperii*, c. 53, p. 208, éd. de Meursius.

(1) Eusèbe (*in vitâ Const.*, l. IV, c. 50) fait trois remarques sur ces Indiens : 1° ils venaient des côtes de l'océan Oriental, ce qui peut s'appliquer à la côte de la Chine et à celle de Coromandel; 2° ils offrirent à Constantin des pierres précieuses et des animaux inconnus; 3° ils assurèrent que leurs rois avaient élevé des statues en l'honneur de la majesté suprême de Constantin.

tre un ennemi domestique, et plus dangereux et plus implacable. Se rappelant avec fureur leur ancienne servitude, et s'animant par la gloire qu'ils venaient d'acquérir, les esclaves, sous le nom de *Limigantes*, prétendirent à la possession du pays qu'ils avaient sauvé, et l'usurpèrent. Leurs maîtres, trop faibles pour s'opposer aux fureurs d'une populace effrénée, préférèrent l'exil à la tyrannie de leurs esclaves. Quelques Sarmates fugitifs sollicitèrent une protection moins ignominieuse sous les étendards des Goths leurs ennemis. Un nombre plus considérable se retira derrière les montagnes Carpathiennes chez les Quades, peuple germain, leurs alliés, et ils furent admis sans difficulté à partager le superflu des terres incultes et inutiles. Mais la plus grande partie de cette malheureuse nation tourna les yeux vers les provinces romaines. Implorant l'indulgence et la protection de l'empereur, ils promirent solennellement, comme sujets en temps de paix, et comme soldats à la guerre, la plus inviolable fidélité à l'empire, s'il daignait les recevoir dans son sein. D'après les maximes adoptées par Probus et par ses successeurs, les offres de cette colonie barbare furent acceptées avec empressement, et l'on partagea une quantité suffisante des terres des provinces de la Pannonie, de la Thrace, de la Macédoine et de l'Italie, entre trois cent mille Sarmates fugitifs. (1).

---

(1) Les guerres des Goths et des Sarmates sont racontées d'une manière si imparfaite et avec tant de lacunes, que

leur magistrat et ses successeurs. Leurs vaisseaux de commerce furent exempts de tous droits dans les ports de la mer Noire, et on leur accorda un subside régulier de fer, de blé, d'huile et de tout ce qui peut être utile dans le temps de paix ou de guerre. Mais on jugea que les Sarmates étaient suffisamment récompensés par leur délivrance du danger pressant qui les menaçait; et l'empereur, poussant peut-être trop loin l'économie, déduisit une partie des frais de la guerre de la gratification qu'on avait coutume d'accorder à cette nation turbulente.

<small>Expulsion des Sarmates. A. D. 334.</small> Irrités de ce mépris apparent, les Sarmates oublièrent, avec la légèreté ordinaire aux Barbares, le service qu'on venait de leur rendre, et les dangers qui les menaçaient encore. De nouvelles incursions sur le territoire de l'empire excitèrent l'indignation de Constantin et le déterminèrent à les abandonner à leur destinée; il ne s'opposa plus à l'ambition de Geberic, guerrier renommé, qui venait de monter sur le trône des Goths. Wisumar, roi vandale, quoique seul et sans secours, défendit son royaume avec un courage intrépide; une bataille décisive lui enleva la victoire avec la vie, et moissonna la fleur de la jeunesse sarmate. Ce qui restait de la nation prit le parti désespéré d'armer tous les esclaves, composés d'une race robuste de pâtres et de chasseurs. A l'aide de ce ramas confus de troupes indisciplinées, ils vengèrent leur défaite, et chassèrent les usurpateurs hors de leurs frontières. Mais ils s'aperçurent bientôt qu'ils n'avaient fait que changer un ennemi étranger con-

d'une colonie grecque. Elle était gouvernée par un magistrat perpétuel, aidé d'un conseil de sénateurs pompeusement appelés les pères de la cité. Les habitans de la Chersonèse étaient irrités contre les Goths par le souvenir des guerres que dans le siècle précédent ils avaient soutenues, avec des forces inégales, contre les usurpateurs de leur pays. Liés avec les Romains par les avantages d'un commerce d'échange, ils recevaient des provinces d'Asie des blés et des objets d'industrie, et les payaient avec le produit de leur sol, qui consistait en cire, en sel et en cuirs. Dociles à la réquisition de Constantin, ils préparèrent, sous la conduite de leur magistrat Diogène, une nombreuse armée, dont la principale force consistait en chariots de guerre et en arbalétriers. Leur marche prompte et leur attaque intrépide partagèrent l'attention des Goths et facilitèrent les opérations des généraux de l'empire. Les Goths, vaincus de tous les côtés, furent chassés dans les montagnes. On fait monter à cent mille le nombre de ceux qui y périrent de faim et de froid dans le cours de cette désastreuse campagne. La paix fut enfin accordée à leurs humbles supplications. Alaric donna son fils aîné comme le plus précieux ôtage qu'il pût offrir, et Constantin essaya de prouver aux chefs, en les comblant d'honneurs et de récompenses, que l'alliance des Romains valait mieux que leur inimitié. Plus magnifique encore dans les preuves qu'il donna de sa reconnaissance aux fidèles Chersonites, il flatta l'orgueil de la nation par les décorations brillantes et presque royales dont il revêtit

vilés et étrangères. Il eut la mortification de voir fuir ses troupes devant une poignée de Barbares, qui les poursuivirent jusqu'à l'entrée de leur camp fortifié, et les obligèrent à chercher leur sûreté dans une fuite prompte et ignominieuse. L'événement d'une seconde bataille rétablit l'honneur des armes romaines : après un combat long et opiniâtre, l'art et la discipline l'emportèrent sur les efforts d'une valeur irrégulière. L'armée vaincue des Goths abandonna le champ de bataille et la province dévastée, et renonça au passage du Danube; et quoique le fils aîné de Constantin eût tenu dans cette journée la place de son père, on attribua aux heureux conseils de l'empereur tout le mérite et l'honneur de la victoire, qui répandit une joie universelle.

Il sut au moins en tirer avantage par ses négociations avec les peuples libres et guerriers de la Chersonèse (1), dont la capitale, située sur la côte occidentale de la Crimée, conservait quelques vestiges

---

(1) Je dois me justifier d'avoir employé sans scrupule le témoignage de Constantin Porphyrogénète, dans tout ce qui a rapport aux guerres et aux négociations des Chersonites. Je sais que c'était un Grec du dixième siècle, et que ce qu'il dit des anciens événemens est souvent confus et fabuleux ; mais sa narration est ici bien liée et vraisemblable, et il n'est pas difficile de concevoir qu'un empereur ait pu consulter des monumens secrets qui ont échappé aux recherches des autres historiens. Quant à la position et à l'histoire de Cherson; voyez Peyssonel, *des Peuples barbares qui ont habité les bords du Danube*, c. 16, p. 84-90.

Ces motifs d'inimitié envenimèrent sans doute les contestations qui ne peuvent manquer de s'élever souvent sur les frontières entre deux nations guerrières et indépendantes. Les princes vandales étaient excités par la crainte et par la vengeance, et les rois des Goths aspiraient à étendre leur domination depuis l'Euxin jusqu'aux confins de la Germanie. Les eaux du Maros, petite rivière qui se jette dans la Theiss, furent souvent teintes du sang des Barbares. Après avoir éprouvé la supériorité du nombre et des forces de leurs adversaires, les Sarmates implorèrent les secours du monarque romain, qui voyait avec plaisir les discordes des deux nations, mais à qui les progrès des Goths donnaient de justes inquiétudes. Dès que Constantin se fut déclaré en faveur du plus faible, l'orgueilleux Alaric, roi des Goths, au lieu d'attendre l'attaque des légions romaines, passa hardiment le Danube, et répandit dans toute la province de Moesie la terreur et la désolation. Pour repousser l'invasion de cette armée dévastatrice, le vieil empereur entreprit la campagne en personne; mais en cette occasion, son habileté ou sa fortune répondit mal à la gloire qu'il avait acquise dans tant de guerres ci-

Guerre des Goths.
A. D. 331.

---

vivait en Espagne sous la domination des Goths, leur donne pour ennemis, non les Vandales, mais les Sarmates. *Voyez* sa *Chronique* dans Grotius, p. 709.

époque, était occupée, non par des Sarmates, qui n'ont jamais formé une race distincte, mais par des Vandales; que les anciens ont souvent confondus sous l'acception générique de Sarmates. Voyez *Gatterers Weltgeschichte*, p. 464. (*Note de l'Éditeur.*)

position avantageuse, ils guettaient ou suspendaient le moment de leurs attaques, selon qu'ils étaient ou irrités par quelque injure, ou apaisés par les présens. Ils acquirent peu à peu l'usage d'armes plus meurtrières; et quoique les Sarmates n'aient pas illustré leur nom par des exploits mémorables, ils secoururent souvent d'un corps nombreux d'excellente cavalerie, les Goths et les Germains leurs voisins à l'orient et à l'occident (1). Ils vivaient soumis à l'aristocratie irrégulière de leurs chefs; mais il paraît que, quand ils eurent reçu parmi eux un grand nombre de Vandales fugitifs que les Goths avaient chassés devant eux, ils choisirent un roi de cette nation, et de l'illustre race des Astingi, qui avaient d'abord habité sur les rivages de l'océan Septentrional (2).

___

nées auparavant, ils habitaient au-delà du pays des Gètes, le long de la côte de l'Euxin.

(1) *Principes Sarmatorum Jazigum penes quos civitatis regimen:...., plebem quoque et vim equitum quâ solâ valent, offerebant.* Tacite, *Hist.*, III, 5. Il parle de ce qu'on avait vu dans la guerre civile entre Vitellius et Vespasien.

(2) Cette hypothèse d'un roi vandale donnant des lois à des Sarmates, paraît indispensable pour concilier le Goth Jornandès avec les auteurs latins et grecs qui ont fait l'histoire de Constantin (*). On peut remarquer qu'Isidore, qui

(*) J'ai déjà parlé de la confusion qui naît nécessairement dans l'histoire, lorsque des noms purement *géographiques*, comme celui de *Sarmatie*, sont pris pour des noms *historiques* appartenant à une seule nation : elle se fait sentir ici; elle a forcé Gibbon à supposer, sans autre raison que la nécessité de se tirer d'embarras, que les Sarmates avaient pris un roi parmi les Vandales, supposition entièrement contraire aux mœurs des Barbares. La Dacie, à cette

fondue avec leurs mânes farouches. Dans ses lamentations pathétiques et quelquefois trop efféminées (1), il décrit de la manière la plus animée l'habillement, les mœurs, les armes et les incursions des Gètes et des Sarmates, qui avaient fait ensemble une alliance de brigandage et de destruction. L'histoire nous donne lieu de penser que ces Sarmates étaient les descendans des Jazyges, la tribu la plus nombreuse et la plus guerrière de cette nation. L'attrait de l'abondance leur fit chercher un établissement fixe sur les frontières de l'empire. Peu de temps après le règne d'Auguste, les Daces, qui vivaient de leur pêche sur les bords de la Theiss ou Tibiscus, furent forcés de se retirer sur les hauteurs, et d'abandonner aux Sarmates victorieux les plaines fertiles de la Haute-Hongrie, bornée par le Danube et la chaîne demi-circulaire des montagnes Carpathiennes (2). Dans cette

---

(1) Les neuf livres de lettres en vers qu'Ovide composa durant les sept premières années de son exil, ont un autre mérite que celui de l'élégance et de la poésie. Elles offrent un tableau du cœur de l'homme dans des circonstances peu communes, et elles contiennent des observations curieuses, qu'Ovide, le seul de tous les Romains, avait eu occasion de faire. Tout ce qui peut jeter du jour sur l'histoire des Barbares a été recueilli par le comte du Buat, dont les recherches ont beaucoup d'exactitude. *Histoire ancienne des peuples de l'Europe*, t. IV, c. 26, p. 186–317.

(2) Les Sarmates Jazyges étaient établis sur les bords du Pathissus ou Tibiscus, lorsque Pline (l'an 79) publia son Histoire naturelle (*voyez* le livre IV, c. 25). Il paraît qu'au temps de Strabon et d'Ovide, soixante ou soixante-dix an-

pointes de leurs armes. L'usage de les tremper dans une liqueur vénéneuse, qui rendait les blessures mortelles, indique assez les mœurs les plus barbares : un peuple qui aurait eu quelque sentiment d'humanité aurait abhorré cette pratique odieuse, et une nation instruite dans l'art de la guerre aurait méprisé cette ressource impuissante (1). Lorsque ces sauvages sortaient de leur désert pour se livrer au pillage, leur barbe touffue, leurs cheveux en désordre, les fourrures dont ils étaient couverts de la tête aux pieds, et le maintien farouche qui annonçait la férocité de leur âme, inspiraient l'horreur et l'épouvante aux habitans civilisés des provinces romaines.

Le tendre Ovide, après une jeunesse passée dans les jouissances du luxe et de la renommée, fut exilé, sans espoir de retour, sur les bords glacés du Danube, exposé presque sans défense à la fureur de ces monstres du désert, et redoutant même que son ombre douce et délicate ne se trouvât un jour con-

---

(1) *Aspicis et mitti sub adunco toxica ferro,*
Et telum causas mortis habere duas.
Ovid. ex Ponto, l. IV, epist. 7, v. 7.

Voyez dans les *Recherches sur les Américains*, t. II, p. 236-271, une dissertation très-curieuse sur les flèches empoisonnées. On tirait communément le poison du règne végétal; mais celui qu'employaient les Scythes paraît avoir été tiré de la vipère et mêlé de sang humain. L'usage des armes empoisonnées qui s'est répandu dans les deux mondes, n'a jamais garanti une tribu sauvage des armes d'un ennemi discipliné.

troupeaux, la chasse et la guerre, ou plutôt le brigandage, dirigeaient leurs courses vagabondes. Les camps ou les villes ambulantes qui servaient de retraite à leurs femmes et à leurs enfans, n'étaient composés que de vastes chariots tirés par des bœufs, et couverts en forme de tentes. Leurs forces militaires ne consistaient qu'en cavalerie; et l'habitude que chaque cavalier avait de conduire en main un ou deux chevaux de remonte, leur facilitait les moyens de fondre à l'improviste sur des pays éloignés, et d'éviter la poursuite de l'ennemi par une retraite rapide (1). Leur grossière industrie avait suppléé à l'usage du fer dont ils manquaient, par l'invention d'une cuirasse qui résistait à l'épée et au javelot. Elle était faite de corne de cheval coupée en tranches minces et unies, posées avec soin les unes sur les autres de la même manière que les écailles des poissons où les plumes des oiseaux, et cousues fortement sur une toile grossière qu'ils portaient sous leur vêtement (2). Les armes offensives des Sarmates consistaient en un court poignard, une longue lance, un arc fort pesant et un carquois rempli de flèches. Ils étaient réduits à la nécessité de se servir d'os de poissons pour former les

---

(1) Ammien, l. XVII, c. 12. Les Sarmates coupaient leurs chevaux, afin de prévenir les accidens que pouvaient occasioner les passions bruyantes et indomptables des mâles.

(2) Pausanias, l. I, p. 50, édit. de Khun. Ce voyageur, avide de connaissances, a examiné avec soin une cuirasse de Sarmate, qu'on conservait dans le temple d'Esculape à Athènes.

nées de son règne fut à peine interrompue par la méprisable révolte d'un conducteur de chameaux de l'île de Chypre (1), et la part active que la politique de Constantin l'engagea à prendre dans la guerre des Goths et des Sarmates.

Mœurs des Sarmates.

Parmi les diverses branches de la race humaine, les Sarmates semblent former une espèce particulière, qui réunit les mœurs et les usages des Barbares de l'Asie à la figure et à la couleur des anciens habitans de l'Europe (2). Selon les différentes conjectures de la paix ou de la guerre, des alliances ou des conquêtes, les Sarmates étaient resserrés sur les bords du Tanaïs, ou s'étendaient sur les immenses plaines qui séparent la Vistule du Volga (3). Le soin de leurs nombreux

---

gloire de Constantin, assure qu'il fit le partage de l'empire romain comme un citoyen aurait fait le partage de son patrimoine. On peut tirer d'Eutrope, des deux Victor et du fragment de Valois, la division qu'il établit pour les provinces.

(1) Calocerus, le chef obscur de cette rebellion, ou plutôt de cette émeute, fut pris par les soins de Dalmatius, et brûlé vif au milieu du marché de Tarse. *Voyez* Victor l'ancien, la *Chronique* de saint Jérôme, et les traditions incertaines rapportées par Théophane et Cedrenus.

(2) *Voyez* les notes ajoutées au chapitre IX de cet ouvrage, sur les peuples de l'Orient et du nord de l'Europe. (*Note de l'Éditeur.*)

(3) Cellarius a recueilli les opinions des anciens sur la Sarmatie d'Europe et d'Asie; et M. d'Anville les a appliquées à la géographie moderne, avec la sagacité et l'exactitude qui distinguent toujours cet excellent écrivain.

Constantin tenait sa cour dans les Gaules; son frère Constance avait échangé cet ancien patrimoine de son père pour les contrées plus riches mais moins guerrières de l'Orient. Dans la personne de Constans, le troisième de ces princes, l'Italie, l'Illyrie occidentale et l'Afrique, révéraient le représentant de Constantin le Grand. On plaça Dalmatius sur les frontières de la Gothie, à laquelle on joignait le gouvernement de la Thrace, de la Grèce et de la Macédoine : la ville de Césarée fut choisie pour la résidence d'Annibalianus, et les provinces du Pont, de la Cappadoce et de la petite Arménie, composèrent l'étendue de son nouveau royaume. Chacun de ces princes eut un revenu fixe et convenable, un nombre de gardes, de légions et d'auxiliaires proportionné à ce qu'exigeaient leur dignité et la défense de leur département. Constantin leur avait donné pour ministres et pour généraux des hommes sur la fidélité desquels il pouvait compter, et qu'il connaissait capables d'aider et même de surveiller ces jeunes souverains dans l'exercice de l'autorité qui leur était confiée. Il en augmentait insensiblement l'étendue en proportion de leur âge et de leur expérience. Mais il se réservait à lui seul le titre d'Auguste; et, tandis qu'il montrait les Césars aux armées et aux provinces, il maintenait également toutes les parties de l'empire dans l'obéissance uniforme qu'elles devaient à leur chef suprême (1). La tranquillité des quatorze dernières an-

---

(1) Eusèbe (l. IV, c. 51, 52), pour exalter l'autorité et la

foi chrétienne, de la philosophie grecque et de la jurisprudence romaine ; furent appelés par la libéralité de l'empereur, qui se réserva la tâche importante d'instruire les jeunes princes dans l'art de connaître et de gouverner les hommes. Mais le génie de Constantin avait été formé par l'expérience et l'adversité. Le commerce familier d'une vie privée, les dangers auxquels il avait été long-temps exposé dans la cour de Galère, lui avaient appris à gouverner ses passions, à lutter contre celles de ses égaux, et à n'attendre sa sûreté présente et sa grandeur future que de sa prudence et de la fermeté de sa conduite. Les princes qui devaient lui succéder avaient le désavantage d'être nés et élevés sous la pourpre impériale. Toujours environnés d'un cortége de flatteurs, ils passaient leur jeunesse dans les jouissances du luxe et dans l'attente du trône ; et la dignité de leur rang ne leur permettait pas de descendre de cette situation élevée, d'où les différens caractères des hommes semblent offrir un aspect égal et uniforme. L'indulgence de Constantin les admit, dès leur tendre jeunesse, à partager l'administration de l'empire ; et ils étudièrent l'art de régner aux dépens des peuples dont on leur donnait le gouvernement. Le jeune

---

p. 11-16, avec le savant Commentaire de Spanheim ; Libanius, *orat.* 3, p. 109. Constance étudiait avec une ardeur louable ; mais la pesanteur de son imagination l'empêcha de réussir dans l'art de la poésie, et même dans celui de la rhétorique.

les sujets de Tibère auraient détesté comme la plus cruelle insulte que pût leur faire subir le sacrilége caprice d'un tyran. L'usage de ce titre odieux sous le règne de Constantin, est un fait inexplicable et isolé, auquel on peut à peine ajouter foi, malgré les autorités réunies des médailles impériales et des écrivains contemporains (1).

Tout l'empire prenait le plus grand intérêt à l'éducation de cinq princes reconnus pour les successeurs de Constantin. On les prépara, par les exercices du corps, aux fatigues de la guerre et aux devoirs d'une vie active. Ceux qui ont eu l'occasion de parler de l'éducation et des talens de Constance, le représentent comme très-habile dans les arts gymnastiques du saut et de la course, très-adroit à se servir d'un arc, à manier un cheval et toutes les armes d'usage pour la cavalerie et pour l'infanterie (2). On donna les mêmes soins, peut-être avec moins de succès, à la culture de l'esprit des autres fils et des neveux de Constantin (3). Les plus célèbres professeurs de la

Leur éducation.

---

(1) *Adstruunt numi veteres ac singulares.* Spanheim, *de Usu numismatum.* Dissertat. XII, vol. II, p. 357. Ammien parle de ce roi romain (l. XIV, c. 1), et Valois (*ad loc.*). Le fragment de Valois l'appelle le roi des rois; et la Chronique de Pascal (p. 286); qui emploie le mot Ρηγα, acquiert le poids d'un témoignage latin.

(2) Julien (*orat.* 1, p. 11; *orat.* 2, p. 53) donne des éloges à son habileté dans les exercices de la guerre; et Ammien (l. XXI, c. 16) en convient.

(3) Euseb., *in vit. Constant.*, l. IV, c. 51; Julien, *orat.* 1,

les noms de Constantin, de Constance et de Constans (1). Ces jeunes princes furent successivement revêtus du titre de César; et les dates de leurs promotions peuvent être fixées à la dixième, vingtième et trentième année du règne de leur père (2). Quoique cette conduite tendît à multiplier les maîtres futurs du monde romain, la tendresse paternelle pourrait ici servir d'excuse; mais il n'est pas aussi aisé d'expliquer les motifs de l'empereur, quand il exposa la tranquillité de ses peuples et la sûreté de ses propres enfans, par l'inutile élévation de ses neveux Dalmatius et Annibalianus. Le premier obtint le titre de César et l'égalité avec ses cousins; et Constantin créa en faveur de l'autre la nouvelle et singulière dénomination de *nobilissime* (3), à laquelle il joignit la flatteuse distinction d'une robe tissue de pourpre et d'or. Parmi tous les princes de l'empire, Annibalianus fut seul distingué par le titre de roi; nom que

---

(1) *Saturni aurea sæcula quis requirat?*
Sunt hæc gemmea, sed Neroniana. Sidon.-Apoll., l. 8.
Il est un peu singulier qu'on attribue ces vers, non pas à un obscur faiseur de libelles, ou à un patriote trompé dans ses espérances, mais à Ablavius, premier ministre et favori de l'empereur. On peut remarquer que les imprécations du peuple romain étaient dictées par l'humanité ainsi que par la superstition. Zozime, l. ii, p. 105.

(2) Euseb.; *orat. in Constant.*; c. 3. Ces dates sont assez exactes pour justifier l'orateur.

(3) Zozime, l. ii, p. 117. Sous les prédécesseurs de Constantin, le mot de *nobilissimus* était une épithète vague, plutôt qu'un titre légal et déterminé.

fille, femme, sœur et mère de tant de princes; la seconde assure en termes précis que la mère du jeune Constantin, qui fut tué trois ans après la mort de son père, vécut pour pleurer la perte de son fils (1). Malgré le témoignage positif de différens auteurs, tant païens que chrétiens, on trouve encore quelques motifs de croire ou du moins de soupçonner que l'impératrice échappa à l'aveugle et soupçonneuse cruauté de son mari. Le meurtre d'un fils et d'un neveu, le massacre d'un grand nombre d'amis respectables et peut-être innocens (2), qui furent enveloppés dans leur proscription, suffisent pour justifier le ressentiment du peuple romain, et les vers injurieux affichés à la porte du palais, où l'on comparait les deux règnes fastueux et sanglans de Néron et de Constantin (3).

La mort de Crispus semblait assurer l'empire aux trois fils de Fausta, dont nous avons déjà parlé sous

Les fils et les neveux de Constantin.

---

(1) Julien (*orat.* 1) semble l'appeler la mère de Crispus; elle a pu prendre ce titre par adoption : du moins on ne la regardait pas comme son ennemie mortelle. Julien compare la fortune de Fausta avec celle de Parysatis, reine de Perse. Un Romain l'aurait comparée plus naturellement à la seconde Agrippine :

« Et moi qui sur le trône ai suivi mes ancêtres;
« Moi, fille, femme, sœur et mère de vos maîtres. »

(2) Monod. *in Constant. Jun.*, c. 4, ad calcem Eutrop., édit. de Havercamp. L'orateur l'appelle la plus sainte et la plus pieuse des reines.

(3) *Interfecit numerosos amicos*. Eutrop., xx, 6.

avoir découvert que Fausta se livrait à une familiarité criminelle avec un esclave appartenant aux écuries impériales (1). Sa condamnation et son supplice suivirent immédiatement l'accusation; on l'étouffa dans un bain poussé à un degré de chaleur auquel il était impossible qu'elle résistât (2). Le lecteur croira peut-être que le souvenir d'une union de vingt ans et l'honneur des héritiers du trône auraient pu adoucir en faveur de leur mère l'extrême rigueur de Constantin, et lui faire souffrir que sa criminelle épouse expiât sa faute dans la solitude d'une prison; mais ce serait une peine inutile que d'examiner l'équité de cet arrêt, quand le fait même est accompagné de circonstances si douteuses et si confuses, que nous ne pouvons en affirmer la vérité. Les accusateurs et les défenseurs de Constantin ont également négligé deux passages remarquables de deux harangues prononcées sous le règne suivant. La première célèbre la beauté, la vertu et le bonheur de l'impératrice Fausta,

---

(1) Philostorgius, l. II; c. 4; Zozime, l. II, p. 104, 116, impute à Constantin la mort de deux femmes, de l'innocente Fausta, et d'une épouse adultère, qui fut la mère de ses trois successeurs. Selon saint Jérôme, trois ou quatre années s'écoulèrent entre la mort de Crispus et celle de Fausta. Victor l'ancien se tait prudemment.

(2) Si Fausta fut mise à mort, il est raisonnable de croire qu'elle fut exécutée dans l'intérieur du palais. L'orateur saint Chrysostôme donne carrière à son imagination; il expose l'impératrice nue sur une montagne déserte, et la fait dévorer par des bêtes sauvages.

cription : *A mon fils que j'ai injustement condamné* (1). Ce conte moral et intéressant mériterait d'être soutenu par des autorités plus respectables. Mais si nous consultons les écrivains plus anciens et plus véridiques, ils nous apprendront que le repentir de Constantin ne s'est manifesté que par le meurtre et par la vengeance, et qu'il expia la mort d'un fils innocent par le supplice d'une épouse peut-être criminelle. Ils attribuent les malheurs de Crispus aux artifices de Fausta, sa belle-mère, dont la haine implacable, ou l'amour dédaigné, renouvela dans le palais de Constantin l'ancienne et tragique histoire de Phèdre et d'Hippolyte (2). Comme la fille de Minos, la fille de Maximien accusa Crispus d'avoir voulu attenter à la chasteté de la femme de son père ; et elle obtint aisément du jaloux empereur une sentence de mort contre un jeune prince qu'elle regardait avec raison comme le plus formidable rival de ses enfans. Mais Hélène, la mère de Constantin, alors très-âgée, déplora et vengea la mort prématurée de Crispus, son petit-fils. On découvrit bientôt, ou l'on prétendit

---

(1) Afin de prouver que cette statue fut élevée par Constantin, et malicieusement cachée ensuite par les ariens, Codinus se crée tout à coup (p. 34) deux témoins, Hippolyte et le jeune Hérodote, et il en appelle avec effronterie à leurs écrits, qui n'ont jamais existé.

(2) Zozime, l. II, p. 103, peut être regardé comme notre autorité. Les recherches ingénieuses des modernes, aidées de quelques mots échappés aux anciens, ont éclairé et perfectionné son obscure et imparfaite narration.

héros, a eu soin de passer sous silence ces tragiques événemens (1). Un mépris si marqué pour l'opinion du genre humain, imprime une tache ineffaçable sur la mémoire de Constantin, et rappelle au souvenir la conduite opposée d'un des plus grands monarques de ce siècle. Le czar Pierre, revêtu de toute l'autorité du pouvoir despotique, crut devoir soumettre au jugement de la Russie, de l'Europe entière et de la postérité, les raisons qui l'avaient obligé à souscrire la condamnation d'un fils criminel, ou du moins indigne de lui (2).

L'impératrice Fausta.

L'innocence de Crispus était si généralement reconnue, que les Grecs modernes, qui révèrent la mémoire de leur fondateur, sont forcés de pallier un parricide que les sentimens de la nature ne leur permettent pas d'excuser. Ils prétendent qu'aussitôt que Constantin eut découvert la perfidie qui avait trompé sa crédulité, il instruisit le monde de son repentir et de ses remords; qu'il porta le deuil pendant quarante jours, durant lesquels il s'abstint du bain et de toutes les commodités de la vie; et qu'enfin, pour servir d'instruction à la postérité, il fit élever une statue d'or qui représentait Crispus avec cette ins-

---

(1) *Voyez* la *Vie de Constantin*, surtout au l. II, c. 19, 20. Deux cent cinquante ans après, Évagrius (l. III, c. 41) tirait du silence d'Eusèbe un vain argument contre la réalité du fait.

(2) *Histoire de Pierre le Grand*, par Voltaire, part. 2, c. 10.

peu de temps après, il perdit la vie, selon les uns, par la main du bourreau, selon les autres, par l'opération moins violente du poison (1). Licinius César, jeune prince du plus aimable caractère, fut enveloppé dans la ruine de Crispus.(2) La sombre jalousie de Constantin ne fut émue ni des prières ni des larmes de sa sœur favorite, qui demanda grâce inutilement pour un fils à qui l'on ne pouvait reprocher d'autre crime que son rang. Sa malheureuse mère ne lui survécut pas long-temps. L'histoire de ces princes infortunés, la nature et la preuve de leur crime, les formalités de leur jugement, et le genre de leur mort, furent ensevelis dans la plus mystérieuse obscurité; et l'évêque courtisan qui a célébré dans un ouvrage très-travaillé les vertus et la piété de son

―――

(1) Ammien (l. xiv, c. 11) emploie l'expression générale *peremptum*. Codinus (p. 34) dit que le jeune prince fut décapité; mais Sidonius-Apollinaris (*epistola* v, 8) lui fait administrer un poison froid, peut-être pour que ce genre de mort formât une antithèse avec le bain chaud de Fausta.

(2) *Sororis filium, commodæ indolis juvenem.* Eutrope, x, 6. Ne peut-on pas conjecturer que Crispus avait épousé Hélène, fille de l'empereur Licinius, et que Constantin accorda un pardon général, lors de l'heureuse délivrance de la princesse en 322? *Voyez* Ducange, *Fam. byzant.*, p. 47; et la loi (l. ix, tit. 37) du *Code Théodosien*, qui a si fort embarrassé les interprètes; Godefroy, t. iii, p. 267 (*).

(*) Cette conjecture est fort douteuse; l'obscurité de la loi citée du Code Théodosien permet à peine quelque induction, et il n'existe qu'une médaille que l'on puisse attribuer à une Hélène, femme de Crispus. *Voyez* Eckhel, *Doct. num. vet.*, t. viii, p. 102 et 145. (*Note de l'Éditeur.*)

digne fils (1). On était alors au moment de célébrer l'auguste cérémonie de la vingtième année du règne de Constantin, et l'empereur se transporta avec toute sa cour de Nicomédie à Rome, où l'on avait fait les plus superbes préparatifs pour sa réception. Tous les yeux, toutes les bouches affectaient d'exprimer le sentiment d'un bonheur général; et le voile de la dissimulation couvrit un moment les sombres projets d'une vengeance sanguinaire (2). L'empereur, oubliant à la fois la tendresse d'un père et l'équité d'un juge, fit arrêter, au milieu de la fête, l'infortuné Crispus. L'information fut courte et secrète (3); et comme on jugea décent de dérober aux regards des Romains le spectacle de la mort du jeune prince, on l'envoya, sous une forte garde, à Pôle en Istrie, où,

---

(1) Ce poëte s'appelait Porphyrius-Optatianus. La date de ce panégyrique, écrit en plats acrostiches, selon le goût du siècle, est déterminée par Scaliger, *ad* Euseb., p. 250, par Tillemont, t. IV, p. 607, et Fabricius, *Biblioth. lat.*, l. IV, c. 1.

(2) Zozime, l. 11, p. 103; Godefroy, *Chronol. lég.*, p. 28.

(3) Ἀκρίτως, *sans formes judiciaires*. Telle est l'expression énergique et vraisemblablement très-juste de Suidas. Victor l'ancien, qui écrivit sous le règne suivant, s'énonce avec précaution: *Natu grandior, incertum quâ causâ, patris judicio, occidisset.* Si on consulte les écrivains postérieurs, Eutrope, Victor le jeune, Orose, saint Jérôme, Zozime, Philostorgius, et Grégoire de Tours, on verra que leur assurance s'accroît à mesure que les moyens qu'ils ont de connaître la vérité diminuent; remarque qu'on a souvent occasion de faire dans les recherches historiques.

gouvernement. Il invite les délateurs de toutes les classes, en leur promettant des honneurs et des récompenses, à accuser sans exception les magistrats, les ministres, et jusqu'à ses plus intimes favoris : après avoir donné sa parole royale qu'il entendra lui-même les dépositions, et qu'il se chargera du soin de la vengeance, il finit, d'un ton qui laisse voir quelque crainte, par prier l'Être suprême de protéger l'empereur, et de détourner les dangers qui menacent l'empire (1).

Ceux des délateurs qui s'empressèrent d'obéir à cette invitation étaient trop initiés dans les mystères de la cour pour ne pas choisir les coupables parmi les créatures et les amis de Crispus. L'empereur tint religieusement la parole qu'il avait donnée d'en tirer une vengeance complète. Sa politique l'engagea cependant à conserver l'extérieur de la confiance et de l'amitié avec un fils qu'il commençait à regarder comme son plus dangereux ennemi. On frappa les médailles ordinaires ; elles exprimaient des vœux pour le règne long et prospère du jeune César (2). Le peuple, étranger aux secrets du palais, admirait ses vertus et respectait son rang. On voit un poëte exilé, qui sollicitait son rappel, invoquer avec une égale vénération la majesté du père et celle de son

<small>Disgrâce et mort de Crispus A. D. 326, juillet.</small>

---

(1) *Cod. Theodos.*, l. IX, tit. 4. Godefroy soupçonne les motifs secrets de cette loi. *Comment.*, tome III, p. 9.

(2) Ducange, *Fam. byzant.*, page 28 ; Tillemont, t. IV, page 610.

et de la reconnaissance, il résolut de prévenir ce qu'on pouvait avoir à craindre des mécontentemens de son ambition. Crispus eut bientôt à se plaindre de ce que son frère, encore enfant, était envoyé, avec le titre de César, pour gouverner son département des Gaules (1), tandis que lui, Crispus, malgré son âge et ses services récens et signalés, au lieu de se voir élevé au rang d'Auguste, demeurait comme enchaîné à la cour de son père, et exposé, sans crédit et sans autorité, à toutes les calomnies dont il plaisait à ses ennemis de le noircir. Il est assez probable que, dans ces circonstances difficiles, le jeune prince n'eut pas toujours la sagesse de veiller à sa conduite, de contenir son ressentiment, et on ne doit pas douter qu'il ne fût entouré d'un nombre de courtisans perfides ou indiscrets, témoins de l'imprudente chaleur de ses emportemens, toujours occupés à l'enflammer, et peut-être instruits à le trahir. Un édit qui fut publié vers ce temps-là par Constantin annonce qu'il croyait ou feignait de croire à une conspiration formée contre sa personne et son

---

(1) Comparez Idatius et la *Chronique* de Pascal avec Ammien (l. xiv, c. 5). L'année où Constance fut créé César, paraît avoir été fixée d'une manière plus exacte par les deux chronologistes; mais l'historien qui vivait dans sa cour, ne pouvait ignorer le *jour* de l'anniversaire. Quant à la nomination du nouveau César au commandement des provinces de la Gaule, *voyez* Julien, *orat.* 1, p. 12; Godefroy, *Chron. legum*, page 26; et Blondel, *de la Primauté de l'Église*, p. 1183.

toire la valeur et l'intelligence que déploya Crispus en forçant le détroit de l'Hellespont, que défendait avec tant d'obstination la flotte supérieure de Licinius. Cette victoire navale contribua à déterminer l'événement de la guerre. Les joyeuses acclamations du peuple d'Orient unirent le nom de Crispus à celui de l'empereur. On proclamait hautement le bonheur du monde conquis et gouverné par un empereur doué de toutes les vertus, et par son fils, prince déjà illustre, le bien-aimé du ciel, et la vivante image des perfections de son père. La faveur publique, rarement attachée à la vieillesse, répandait tout son éclat sur la jeunesse de Crispus. Il méritait l'estime et gagnait les cœurs des courtisans, de l'armée et du peuple. Les peuples ne rendent hommage qu'avec répugnance au mérite du prince régnant; la mesure en est connue; la voix de la louange est couverte par l'injustice et les murmures des mécontens; mais ils se plaisent à fonder sur les vertus naissantes de l'héritier de leur souverain des espérances illimitées de bonheur public et particulier (1).

Cette dangereuse popularité excita l'attention de Constantin. Comme père et comme empereur, il ne voulait point souffrir d'égal. Au lieu d'assurer la fidélité de son fils par les nobles liens de la confiance

<small>Jalousie de Constantin. A. D. 324, 10 octobre.</small>

---

(1) Eusèbe, *Hist. ecclésiast.*, l. x, c. 9; Eutrope (x, 6) l'appelle *egregium virum*; et Julien (*orat.* 1.) fait clairement allusion aux exploits de Crispus durant la guerre civile. *Voyez* Spanheim, *Comment.*, p. 92.

l'usage des cours modernes donnerait le titre de *princes du sang*, semblaient destinés, par l'ordre de leur naissance, à hériter du trône de Constantin ou à en être l'appui; mais en moins de trente ans, cette race nombreuse et fertile fut réduite à Constance et à Julien, qui avaient seuls survécu à une suite de crimes et de calamités comparables à ce qu'ont offert aux poëtes tragiques les races dévouées de Pélops et de Cadmus.

<small>Vertus du Crispus.</small>

Crispus, le fils aîné de Constantin, et l'héritier présomptif de l'empire, est représenté par les écrivains exempts de partialité, comme un jeune prince aimable et accompli. Le soin de son éducation, ou du moins de ses études, avait été confié à Lactance, le plus éloquent des chrétiens. Un tel précepteur était bien propre à former le goût et à développer les vertus de son illustre disciple (1). A l'âge de dix-sept ans, Crispus fut nommé César, et on lui confia le gouvernement des Gaules, où les invasions des Germains lui donnèrent de bonne heure les occasions de signaler ses talens militaires. Dans la guerre civile qui éclata bientôt après, le père et le fils partagèrent le commandement; et j'ai déjà célébré dans cette his-

---

(1) Saint Jérôme, *in Chron.* La pauvreté de Lactance doit tourner à la louange du désintéressement du précepteur, ou à la honte de l'insensibilité de son patron. *Voyez* Tillemont, *Mém. ecclésiast.*, t. VI, part. 1, p. 345; Dupin, *Bibliothèque ecclésiast.*, t. I, p. 205; Lardner, *Credibility of the Gospel history*, part. 2, vol. VII, p. 66.

fils, connus sous les noms analogues de Constantin, Constance et Constans. Les frères sans ambition du grand Constantin, Julius-Constantius, Dalmatius et Annibalianus (1), possédèrent tranquillement tout ce que des particuliers pouvaient posséder de richesses et d'honneurs : le plus jeune des trois vécut ignoré, et mourut sans postérité. Ses deux aînés épousèrent des filles de riches sénateurs, et multiplièrent les branches de la famille impériale. Gallus et Julien furent par la suite les plus illustres des enfans de Julius-Constantius le *Patricien*. Les deux fils de Dalmatius, qui avait été décoré du vain titre de *censeur*, furent appelés Dalmatius et Annibalianus. Les deux sœurs de Constantin le Grand, Anastasia et Eutropia, furent mariées à Optatus et à Nepotianus, sénateurs consulaires et de familles patriciennes. Sa troisième sœur, Constantia, fut remarquable par sa haute fortune et par les malheurs dont elle fut suivie. Elle resta veuve de Licinius ; elle en avait un fils, auquel, à force de prières, elle conserva quelque temps la vie, le titre de César, et un espoir précaire à la succession de son père. Outre les femmes et les alliés de la maison Flavienne, dix ou douze mâles auxquels

---

(1) Ducange (*Familiæ byzantinæ*, p. 44) lui donne, d'après Zonare, le nom de Constantin. Il n'est pas vraisemblable que ce fût son nom, puisque le frère aîné le portait déjà. Celui d'Annibalianus se trouve dans la Chronique de Pascal, et Tillemont l'emploie. *Histoire des Empereurs*, t. IV, p. 527.

tyrans, peuvent peut-être excuser la mort de Maximien et de Licinius; mais le récit impartial des exécutions, ou plutôt des meurtres qui souillèrent les dernières années de Constantin, donnera au lecteur judicieux l'idée d'un prince qui sacrifiait sans peine à ses passions ou à ses intérêts les lois de la justice et les mouvemens de la nature.

La fortune qui avait accompagné Constantin dans ses expéditions guerrières, le suivit dans le sein de sa famille et des jouissances de sa vie domestique. Ceux de ses prédécesseurs qui avaient eu le règne le plus long et le plus prospère, Auguste, Trajan et Dioclétien, n'avaient point laissé de postérité, et la fréquence des révolutions n'avait permis à aucune des familles impériales de s'étendre et de multiplier à l'ombre du diadême. Mais la race royale de Flavien, anoblie par Claude le Gothique, se perpétua pendant plusieurs générations, et Constantin lui-même tirait d'un père empereur son droit aux honneurs héréditaires qu'il transmit à ses enfans. Il avait été marié deux fois : Minervina, l'objet obscur mais légitime de son attachement pendant sa jeunesse (1), ne lui avait laissé qu'un fils, qui fut nommé Crispus. Il eut de Fausta, fille de Maximien, trois filles et trois

---

(1) Zozime et Zonare nous montrent dans Minervina la concubine de Constantin; mais Ducange combat vaillamment et avec succès pour l'honneur de Minervina, en citant un passage décisif de l'un des panégyriques : *Ab ipso fine pueritiæ, te matrimonii legibus dedisti.*

ties de l'administration; et l'empereur lui-même, toujours assuré de l'obéissance de ses sujets, perdait par degrés leur estime. L'affectation de parure, et les manières qu'il adopta vers la fin de sa vie, ne servirent qu'à le dégrader dans l'opinion; la magnificence asiatique adoptée par l'orgueil de Dioclétien prit, dans la personne de Constantin, un air de mollesse et d'afféterie. On le représente avec de faux cheveux de différentes couleurs, soigneusement arrangés par les coiffeurs les plus renommés de son temps. Il portait un diadème d'une forme nouvelle et plus coûteuse; il se couvrait d'une profusion de perles, de pierres précieuses, de colliers et de bracelets; il était revêtu d'une robe de soie flottante, et artistement brodée en fleurs d'or. Sous cet appareil, qu'on eût difficilement pardonné à la jeunesse extravagante d'Élagabale, nous chercherions en vain la sagesse d'un vieux monarque et la simplicité d'un vétéran romain (1). Son âme, corrompue par la fortune, ne s'élevait plus à ce sentiment de grandeur qui dédaigne le soupçon et qui ose pardonner. Les maximes de l'odieuse politique qu'on apprend à l'école des

---

(1) Julien s'efforce, dans les *Césars*, de couvrir son oncle de ridicule. Son témoignage, suspect en lui-même, est confirmé toutefois par le savant Spanheim, d'après les médailles. (Voyez *Commentaire*, p. 156, 299, 397, 459.) Eusèbe (*orat.*, c. 3) allègue que Constantin s'habillait pour le public, et non pour lui-même. Si on admet cette raison, le petit-maître le plus ridicule ne manquera jamais d'excuse.

La paix générale qu'il maintint pendant les quatorze dernières années de son règne fut plutôt une période de fausse grandeur qu'un temps de véritable prospérité ; et sa vieillesse fut avilie par l'avarice et par la prodigalité, vices opposés, et qui cependant marchent quelquefois ensemble. Les trésors immenses trouvés dans les palais de Maxence et de Licinius furent follement prodigués ; et les différentes innovations qu'introduisit le conquérant multiplièrent les dépenses. Les bâtimens, les fêtes, la pompe de la cour, exigeaient des ressources puissantes et continuelles, et l'oppression du peuple était l'unique fonds qui pût fournir à la magnificence de l'empereur (1). Ses indignes favoris, enrichis par son aveugle libéralité, usurpaient avec impunité le privilége de piller et d'insulter les citoyens (2). Un relâchement secret, mais universel, se faisait sentir dans toutes les par-

---

sequentibus LATRO ; decem novissimis PUPILLUS, ob immodicas profusiones.

(1) Julien, orat. 1, p. 8 (ce discours flatteur fut prononcé devant le fils de Constantin); et les *Césars*, p. 335; Zozime, p. 114, 115. Les magnifiques bâtimens de Constantinople, etc., peuvent être cités comme une preuve incontestable de la profusion de celui qui les éleva.

(2) L'impartial Ammien mérite toute notre confiance. *Proximorum fauces aperuit primus omnium Constantinus*, l. XVI, c. 8. Eusèbe lui-même convient de cet abus (*Vit. Constant.*, l. IV, c. 29, 54), et quelques-unes des lois impériales en indiquent faiblement le remède. *Voyez* les notes 1, 3 et 4 de la page 348 du chapitre précédent.

et de justice par lequel semblait être généralement dirigée l'administration de Constantin (1).

Telle est à peu près l'opinion que Constantin aurait pu laisser de lui à la postérité, s'il eût trouvé la mort sur les bords du Tibre ou dans les plaines d'Andrinople. Mais la fin de sa vie, selon les expressions modérées et même indulgentes d'un auteur de son siècle, le dégrada du rang qu'il avait acquis parmi les plus respectables souverains de l'empire romain. Dans la vie d'Auguste, nous voyons le tyran de la république devenir par degrés le père de la patrie et du genre humain. Dans celle de Constantin, soit que la fortune l'eût corrompu, ou que la grandeur l'eût seulement dispensé d'une plus longue dissimulation, nous voyons le héros qui avait été long-temps l'idole de ses sujets et la terreur de ses ennemis, se changer en un monarque cruel et en un despote sans frein (2).

Ses vices.

---

(1) Le tableau des vertus de Constantin est tiré, en grande partie, des écrits d'Eutrope et de Victor le jeune, deux païens de bonne foi, qui écrivirent après l'extinction de sa famille. Zozime lui-même et l'empereur Julien reconnaissent son courage personnel et ses talens militaires.

(2) Voyez Eutrope, x, 6. *In primo imperii tempore optimis principibus, ultimo mediis comparandus.* L'ancienne version grecque de Pœanius (édit. de Havercamp, p. 697) me porte à croire qu'Eutrope avait dit VIX *mediis*, et que les copistes ont supprimé à dessein ce monosyllabe offensant. Aurelius-Victor exprime l'opinion générale par un proverbe qu'on répétait souvent alors, et qui est obscur pour nous : TRACHALA *decem annis præstantissimus; duodecim*

rentes occasions de sa vie qu'il n'était pas incapable d'un attachement vif et durable. Une éducation négligée ne l'empêcha pas d'estimer le savoir ; et les sciences, ainsi que les arts, reçurent quelques encouragemens de sa munificence protectrice. Il était d'une activité infatigable dans les affaires ; et les facultés de son esprit étaient presque toujours employées soit à lire ou à méditer, soit à écrire, à donner audience aux ambassadeurs, et à recevoir les plaintes de ses sujets. Ceux qui se sont élevés le plus vivement contre sa conduite, ne peuvent nier qu'il ne conçût avec grandeur et qu'il n'exécutât avec patience les entreprises les plus difficiles, sans être arrêté ni par les préjugés de l'éducation, ni par les clameurs de la multitude. A la guerre, il faisait des héros de tous ses soldats, en se montrant lui-même soldat intrépide et général expérimenté ; il dut moins à la fortune qu'à ses talens les victoires signalées qu'il remporta contre ses ennemis et contre ceux de l'État. Il cherchait la gloire comme la récompense, peut-être comme le motif de ses travaux. L'ambition démesurée qui, depuis l'instant où il fut revêtu de la pourpre à York, parut toujours être sa passion dominante, peut être justifiée par le danger de sa situation, par le caractère de ses rivaux, par le sentiment de sa supériorité, et par l'espoir que ses succès le mettraient en état de rétablir l'ordre et la paix dans l'empire déchiré. Dans les guerres civiles contre Maxence et contre Licinius, il avait pour lui les vœux du peuple, qui comparait les vices effrontés de ces tyrans à l'esprit de sagesse

pussent l'adopter sans rougir (1); mais en cherchant à fondre ensemble des couleurs si contraires, et à allier des qualités si opposées, nous ne présenterions qu'une figure monstrueuse et inexplicable, si nous ne prenions soin de l'exposer dans son vrai jour, en séparant attentivement les diverses périodes de son règne.

La nature avait orné la personne et l'esprit de Constantin de ses dons les plus précieux. Sa taille était haute, sa contenance majestueuse, son maintien gracieux. Il faisait admirer sa force et son activité dans tous les exercices qui conviennent à un homme; et depuis sa plus tendre jeunesse jusqu'à l'âge le plus avancé, il conserva la vigueur de son tempérament par la régularité de ses mœurs et par sa frugalité. Il aimait à se livrer aux charmes d'une conversation familière; et, quoiqu'il s'abandonnât quelquefois à son penchant pour la raillerie, avec moins de réserve qu'il ne convenait à la dignité sévère de son rang, il gagnait le cœur de ceux qui l'approchaient, par sa courtoisie et par son urbanité. On l'accuse de peu de sincérité en amitié. Cependant il a prouvé en diffé-

Ses vertus.

---

(1) On ne se trompera point sur Constantin, en croyant tout le mal qu'en dit Eusèbe, et tout le bien qu'en dit Zozime. (Fleury, *Hist. ecclésiast.*, t. III, p. 233.) Eusèbe et Zozime sont en effet aux deux extrémités de la flatterie et de l'invective. On ne trouve les nuances intermédiaires que dans les écrivains dont le zèle religieux est tempéré par leur caractère ou par leur position.

CHAPITRE XVIII.

Caractère de Constantin. Guerre des Goths. Mort de Constantin. Partage de l'empire entre ses trois fils. Mort tragique de Constantin le jeune et de Constans. Usurpation de Magnence. Guerre civile; victoire de Constance.

Caractère de Constantin.

Le caractère d'un prince qui déplaça le siége de l'empire, et qui introduisit de si importantes innovations dans la constitution civile et religieuse de son pays, a fixé l'attention et partagé l'opinion de la postérité. La reconnaissance des chrétiens a décoré le libérateur de l'Église de tous les attributs d'un héros et même d'un saint. La haine d'un parti sacrifié a représenté Constantin comme le plus abominable des tyrans qui aient déshonoré la pourpre impériale par leurs vices et leur faiblesse. Les mêmes passions se sont perpétuées chez les générations suivantes; et le caractère de cet empereur est encore aujourd'hui l'objet de l'admiration des uns et de la satire des autres. En rapprochant sans partialité, dans son caractère, les défauts qu'avouent ses plus zélés partisans, et les vertus que sont forcés de lui accorder ses plus implacables ennemis, nous pourrions peut-être nous flatter de tracer un portrait de cet homme extraordinaire, tel que la candeur et la vérité de l'histoire

gnité de leurs ancêtres; mais ils sentaient et savaient déplorer les fureurs de la tyrannie, le relâchement de la discipline, et l'augmentation énorme des impôts. L'historien impartial, en reconnaissant la justice de leurs plaintes, observera avec plaisir quelques circonstances tendant à adoucir le malheur de leur condition. L'irruption menaçante des Barbares, qui détruisirent les fondemens de la grandeur romaine, était encore arrêtée ou repoussée sur les frontières. Les sciences et les arts étaient cultivés, et les habitans d'une grande partie du globe jouissaient des plaisirs délicats de la société. La forme, la pompe et la dépense de l'administration civile, contribuaient à contenir la licence des soldats; et quoique les lois fussent souvent ou violées par le despotisme, ou corrompues par l'artifice, les sages principes de la jurisprudence romaine maintinrent un fond d'ordre et d'équité inconnu aux gouvernemens absolus de l'Orient. Les droits de l'homme trouvaient encore quelques secours dans la religion et la philosophie; et l'antique nom de liberté, qui n'alarmait plus les successeurs d'Auguste, pouvait encore leur rappeler que tous leurs sujets n'étaient pas des esclaves ou des Barbares. (1).

---

(1) Théodose le Grand, dans les conseils judicieux qu'il donne à son fils (Claudien, *in quarta consulatu Honorii*, 214; etc.), distingue l'état d'un prince romain de celui d'un monarque des Parthes. L'un avait besoin de mérite, et la naissance pouvait suffire à l'autre.

gnifiques ornemens le don beaucoup plus utile d'une somme en or, au coin de l'empire (1). L'offrande libre fut à la fin exigée comme une dette de rigueur; et, au lieu de la restreindre aux cérémonies d'un triomphe, on la demandait aux différentes provinces et aux villes de l'empire, toutes les fois que le monarque daignait annoncer ou son avénement, ou son consulat, ou la création d'un César, ou une victoire sur les Barbares, ou enfin quelque autre événement réel ou imaginaire qu'il jugeait propre à décorer les annales de son règne. Le don volontaire du sénat romain, en particulier, était fixé, par l'usage, à seize cents livres d'or, environ soixante-quatre mille livres sterling. Les citoyens opprimés se félicitaient de l'indulgence avec laquelle le souverain daignait accepter ce faible témoignage de leur reconnaissance et de leur fidélité (2).

Un peuple enflammé par l'orgueil ou aigri par le malheur est rarement susceptible de juger sainement de sa propre situation. Les sujets de Constantin étaient incapables d'apercevoir cette décadence du génie et de la vertu, qui les dégradait si entièrement de la di-

---

(1) Voyez Lipse, *de Magnitudine romanâ*; liv. II, c. 9. L'Espagne tarragonaise offrit à l'empereur Claude une couronne d'or qui pesait sept *cents* livres; et la Gaule lui en offrit une seconde qui en pesait neuf *cents*. J'ai suivi la correction raisonnable de Lipse.

(2) Cod. Theodos., l. XII, tit. 13. Les sénateurs passaient pour affranchis de l'*aurum coronarium*; mais l'*auri oblatio*, qu'on exigeait d'eux, était précisément de la même nature.

des tortures, et leur accorde pour le lieu de leur détention une prison aérée et spacieuse.

Ces taxes générales étaient imposées et perçues par l'autorité absolue des empereurs; mais les offrandes accidentelles des couronnes d'or conservèrent toujours le nom et l'apparence de dons volontaires. C'était une ancienne coutume que ceux des alliés de la république qui devaient ou leur délivrance ou leur sûreté aux armées romaines, ou même que les villes d'Italie, qui admiraient les vertus de leurs généraux, enrichissent la pompe de leur triomphe par le don volontaire d'une couronne d'or, que l'on plaçait, après la cérémonie, dans le temple de Jupiter, comme un monument durable qui rappelait à la postérité le souvenir de la victoire et celui du vainqueur (1). Le zèle et l'adulation en multiplièrent bientôt le nombre et en augmentèrent le poids. Le triomphe de César fut orné de deux mille huit cent vingt-deux couronnes d'or massif, dont le poids montait à vingt mille quatre cent quatorze livres d'or. Le prudent dictateur fit fondre immédiatement ce trésor, convaincu que ses soldats en tireraient plus d'usage que les dieux. Son exemple fut suivi par ses successeurs, et l'usage s'introduisit de substituer à ces ma-

Dons gratuits.

---

(1) Cet usage datait encore de plus loin; les Romains l'avaient emprunté de la Grèce. Qui ne connaît la fameuse harangue de Démosthènes pour la couronne d'or que ses concitoyens avaient voulu lui décerner, et dont Eschine voulait le priver? (*Note de l'Éditeur.*)

bution lustrale. On peut lire les lamentations de l'historien Zozime (1), sur l'approche de la fatale période, annoncée par les terreurs et par les larmes des citoyens, qui se trouvaient souvent forcés d'user des ressources les plus odieuses et les plus répugnantes à la nature pour se procurer la somme qu'on extorquait à leur misère par la crainte des châtimens. On ne peut nier, à la vérité, que le témoignage de Zozime ne porte tous les caractères de la passion et de la prévention; mais de la nature même de ce tribut, on peut, ce me semble, raisonnablement conclure que sa répartition devait être arbitraire, et sa perception rigoureuse. Les richesses secrètes du commerce et les profits précaires du travail et de l'art ne sont susceptibles que d'une estimation arbitraire, qui est rarement désavantageuse aux intérêts du trésor. Le commerçant ne pouvant offrir, pour caution de son paiement, des terres et des récoltes à saisir, toute sa solvabilité consiste dans sa personne; et l'on ne peut guère le contraindre que par des punitions corporelles (2). Les cruautés qu'on exerçait sur les débiteurs insolvables de l'État, sont attestées et ont peut-être été adoucies par un édit plein d'humanité de Constantin lui-même, où il proscrit l'usage des fouets et

---

(1) Zozime, l. II, p. 115. Il paraît y avoir autant de passion et de prévention dans le reproche de Zozime que dans la défense laborieuse de la mémoire de Constantin, par le zélé docteur Howell (*History of the World*, vol. II, p. 20).

(2) *Cod. Theod.*, l. XI, tit. 7, leg. 3.

les richesses qui sont le fruit de l'art et du travail, et qui ne consistent qu'en argent comptant et en marchandises, imposèrent personnellement tous ceux de leurs sujets qui s'occupaient du commerce (1). Ils accordèrent, à la vérité, à ceux qui vendaient le produit de leurs propres domaines, quelques exemptions rigoureusement bornées à certains temps et certains endroits; la profession des arts libéraux obtint aussi quelque indulgence; mais toute autre espèce de commerce ou d'industrie fut soumise à la sévérité de la loi. L'honorable marchand d'Alexandrie qui rapportait dans l'empire les diamans et les épices de l'Inde, l'usurier qui tirait en silence de son argent un revenu ignominieux, l'ingénieux manufacturier, l'adroit mécanicien, et jusqu'au plus obscur détailleur d'un village écarté, tous étaient obligés de faire entrer les préposés du fisc de part dans leurs profits; et le souverain de l'empire romain consentait à partager l'infâme salaire de la prostitution dont il tolérait le trafic (2). Comme on ne levait que tous les quatre ans la taxe assise sur l'industrie, on la nommait la contri-

---

(1) *Voyez* le *Code Théodos.*, l. xiii, tit. 1 et 4.

(2) L'empereur Théodose mit fin, par une loi, à ce honteux profit. (Godefr., *ad Cod. Theodos.*, l. xiii, tit. 1, c. 1); mais, avant de s'en priver, il s'assura de ce qui comblerait ce *deficit*. Un riche patricien, Florentius, indigné de cette licence légale, avait fait des représentations à l'empereur; pour le décider à ne plus la tolérer, il offrit ses propres biens, afin de suppléer à la diminution des revenus. L'empereur eut la bassesse d'accepter son offre. (*Note de l'Éditeur.*)

probablement compris, on aura une population de huit cent mille âmes. Sous le règne de Constantin, les Æduens n'étaient compris dans les rôles que pour vingt-cinq mille têtes de capitation, sur lesquelles sept mille furent exemptées, par ce prince, d'un tribut qu'elles étaient hors d'état de payer (1). Ces remarques paraîtraient, par analogie, justifier l'opinion d'un ingénieux historien (2), qui prétend que dans l'empire le nombre des citoyens libres payant l'impôt ne s'élevait pas à plus de cinq cent mille; et si, dans l'administration ordinaire du gouvernement, les paiemens annuels pouvaient être calculés à quatre millions et demi sterling, il s'ensuivrait que, quoique la part de chaque citoyen fût des trois quarts plus forte qu'aujourd'hui, la Gaule, comme province romaine, ne payait cependant qu'un quart de ce que la France paie de nos jours. Les exactions de Constance portèrent les tributs à sept millions sterling; ils furent réduits à deux millions sterling, par la sagesse ou l'humanité de Julien.

Impôt sur le commerce et l'industrie.

Mais comme une nombreuse et opulente classe de citoyens libres se trouvait exempte d'une taxe ou capitation qui ne frappait que sur les propriétaires des terres, les empereurs, qui voulaient aussi partager

---

Æduens, sous le règne de Constantin, le long des belles rives de la rivière navigable de Saône.

(1) Eumène, *in Panegyr. vet.*, VIII, 11.

(2) L'abbé Dubos, *Histoire critique de la monarchie française*, t. 1, p. 121.

Æduens, une des tribus les plus puissantes et les plus civilisées de la Gaule, occupaient le territoire qui forme aujourd'hui les deux diocèses (1) de Nevers et d'Autun, dont la population s'élève à plus de cinq cent mille habitans; et, en y joignant le territoire (2) de Châlons et de Mâcon, qui alors y était

---

(1) L'ancienne juridiction d'Autun (*Augustodunum*) en Bourgogne, la capitale des Æduens, comprenait le territoire adjacent de Nevers (*Noviodunum*). (*Voyez* d'Anville, *Notice de l'ancienne Gaule*, p. 491.) Le diocèse d'Autun est aujourd'hui composé de six cent dix, et celui de Nevers de cent soixante paroisses. Le relevé des registres de onze années sur quatre cent soixante-seize paroisses de la même province de Bourgogne, calculé d'après la proportion modérée de un à vingt-cinq (*voyez* Messance, *Recherches sur la population*, p. 142), nous autorise à donner un nombre moyen de six cent cinquante-six personnes à chaque paroisse; et si on multiplie ce nombre par sept cent soixante-dix, nombre des paroisses des diocèses de Nevers et d'Autun, on trouvera cinq cent cinq mille cent vingt habitans sur l'étendue de pays qu'habitaient autrefois les Æduens.

(2) La population des diocèses de Châlons (*Cabillonum*) et de Mâcon (*Matisco*) doit être de trois cent un mille sept cent cinquante habitans, puisque l'un a deux cents et l'autre deux cent soixante paroisses. Des raisons très-spécieuses autorisent cette addition : 1° Châlons et Mâcon se trouvaient incontestablement dans la juridiction primitive des Æduens. (*Voyez* d'Anville, *Notice*, p. 187-443); 2° la *Notitia* de la Gaule les indique, non pas comme *civitates*, mais simplement comme *castra*; 3° ils ne devinrent le siége de deux évêques qu'au cinquième et au sixième siècle. Cependant un passage d'Eumène (*Panegyr. vet.*, VIII, 7) me détourne, par d'autres raisons très-fortes, d'étendre le district des

pères, frères ou maris, acquittent le tribut du reste, composé de femmes et d'enfans; et cependant la contribution de chacun de ces sept millions d'individus n'excedera guère cinquante schellings d'Angleterre, ou environ cinquante-six livres tournois; et cette somme est presque quatre fois au-dessous de celle que payait annuellement un Gaulois. Cette différence vient beaucoup plus du changement qu'a éprouvé la civilisation de la France, que de la rareté ou de l'abondance relative des espèces d'or et d'argent. Dans un pays où la liberté est l'apanage de tous les sujets, la masse totale des impôts sur la propriété ou sur les consommations peut être répartie sur tout le corps de la nation; mais la plus grande partie des terres de la Gaule et des autres provinces romaines étaient cultivées par des esclaves, ou par des paysans dont l'état précaire n'était qu'un esclavage mitigé (1). Les pauvres travaillaient pour les riches et vivaient à leurs dépens; et comme l'on n'inscrivait sur le rôle des impositions que ceux qui avaient une certaine propriété, le petit nombre des contribuables explique et justifie le taux élevé de leur impôt. L'exemple suivant confirmera la vérité de cette observation. Les

---

avec soin de ces recherches, que l'Angleterre devrait imiter, il y a lieu d'espérer un degré de certitude encore plus précis sur ce sujet important.

(1) *Cod. Theod.*, l. v, tit. 9, 10 et 11; *Cod. Justinian.*, l. xi, tit. 63. *Coloni appellantur qui conditionem debent genitali solo, propter agriculturam sub dominio possessorum.* Saint Augustin, *de Civ. Dei*, l. x, c. 1.

On ne peut raisonnablement croire que la somme de neuf livres sterling ait été la mesure moyenne et proportionnelle de la capitation des Gaules, et l'on en sentira mieux l'impossibilité, si on examine le rapport de ce même pays aujourd'hui riche, industrieux et affectionné à un monarque absolu. Ni la crainte ni la flatterie ne peuvent enfler les taxes de la France au-dessus de dix-huit millions sterling, qui doivent être répartis peut-être entre vingt-quatre millions d'habitans (1) : sept millions d'entre eux, soit

---

(1). Ce calcul de la population de la France, quelque effrayant qu'il puisse paraître, est fondé sur les registres des naissances, des morts et des mariages, tenus par ordre du gouvernement, et déposés au *contrôle général* à Paris. L'année commune des naissances, dans tout le royaume, prise sur cinq ans (de 1770 à 1774 inclusivement), est de quatre cent soixante-dix-neuf mille six cent quarante-neuf mâles, et de quatre cent quarante-neuf mille deux cent soixante-neuf filles, en tout neuf cent vingt-huit mille neuf cent dix-huit enfans. La province du Hainaut français donne seule neuf mille neuf cent six naissances; et d'après un dénombrement du peuple, répété annuellement depuis 1773 jusqu'en 1776, on est sûr que le Hainaut contient deux cent cinquante-sept mille quatre-vingt-dix-sept habitans. Si on suppose que la proportion des naissances annuelles à la population totale est à peu près de un à vingt-six, le royaume de France contient vingt-quatre millions cent cinquante-un mille huit cent soixante-huit personnes de tout âge et de tout sexe; si on adopte la proportion plus modérée de un à vingt-cinq, la population totale sera de vingt-trois millions deux cent trente-deux mille neuf cent cinquante. Comme le gouvernement de France s'occupe

sur tous les habitans d'un royaume, ne donnerait au souverain qu'un faible revenu, et priverait le plus grand nombre de ses sujets de leur subsistance. La théorie de la capitation romaine a pu être fondée sur ce calcul d'égalité; mais dans la pratique, cette égalité injuste disparaissait, parce que l'imposition était levée comme réelle et non pas comme personnelle. Plusieurs pauvres citoyens réunis ne formaient qu'une tête ou une part de la taxe, tandis qu'un riche propriétaire représentait, à raison de sa fortune, plusieurs de ces têtes imaginaires. Dans une requête poétique, adressée à l'un des derniers et des plus vertueux empereurs romains qui aient régné sur les Gaules, Sidonius-Apollinaris personnifie sa part du tribut, sous la figure d'un triple monstre, le Géryon de la fable, et il supplie le nouvel Hercule de lui sauver la vie en lui abattant trois de ces têtes (1). La fortune de Sidonius était sans doute fort au-dessus de celle d'un poëte ordinaire; mais, s'il avait voulu suivre l'allégorie, il aurait pu peindre un grand nombre des nobles de la Gaule sous la forme de l'hydre à cent têtes, qui s'étendait sur toute une province, et dévorait la substance de cent familles.

---

(1). *Geryones nos esse puta; monstrumque tributum*
  Hic CAPITA, *ut vivam, tu mihi tolle* TRIA.
                  SIDONIUS-APOLLIN., Carm. XIII.

D'après la réputation du père Sirmond, je m'attendais à trouver une note plus satisfaisante (p. 144) sur ce passage remarquable. Les mots *suo vel* suorum *nomine* annoncent l'embarras du commentateur.

d'or ou neuf livres sterling (1) ; mais ce calcul ou plutôt les faits sur lesquels il est appuyé, offrent à la réflexion deux difficultés : on sera surpris et de l'égalité et de l'énormité de cette capitation. En essayant de les résoudre, peut-être jetterai-je quelque lumière sur l'état où étaient alors les finances de cet empire à son déclin.

1° Il est évident que l'inégalité de fortune parmi les hommes est l'effet de l'immuable constitution de la nature humaine, et que, tant qu'elle subsistera, une taxe générale qui serait imposée indistinctement

---

(1) Lorsqu'il s'agit de l'élévation d'une somme d'argent sous Constantin et ses successeurs, on peut recourir à l'excellent Discours de M. Greaves sur le *Denarius*. On y trouvera la preuve des principes suivans : 1° que la livre romaine, ancienne et moderne, contenant cinq mille deux cent cinquante-six grains, poids de Troie, est d'environ un douzième moindre que la livre anglaise, qui contient cinq mille sept cent soixante des mêmes grains ; 2° que la livre d'or, antérieurement divisée en quarante-huit *aurei*, donnait alors à la monnaie soixante-douze pièces qui étaient plus petites, mais qui avaient la même dénomination ; 3° que cinq de ces *aurei* étaient l'équivalent légal d'une livre d'argent, et qu'ainsi la livre d'or s'échangeait contre quatorze livres huit onces d'argent, poids de Rome, ou contre environ treize livres, poids d'Angleterre ; 4° que la livre d'argent, poids d'Angleterre, donne soixante-deux schellings à la fabrication. On peut, d'après ces élémens, évaluer à quarante livres sterling la livre d'or romaine qu'on emploie ordinairement pour compter les grandes sommes, et par là déterminer le cours de l'*aureus* à un peu plus de onze schellings.

que fournissait chaque ville ou chaque district représentait à la fois le nombre des contribuables et le montant des impositions publiques. On divisait la somme totale par le nombre des têtes; on disait communément que telle province contenait tant de têtes de tribut, et que chaque tête payait telle somme. Cette opinion n'était pas reçue du peuple seulement, mais elle était admise dans le calcul fiscal. Le taux de ce tribut personnel a sans doute varié avec les circonstances; mais on a conservé la mémoire d'un fait curieux et d'autant plus frappant qu'il s'agit d'une des riches provinces de l'empire, aujourd'hui le plus puissant royaume de l'Europe. Les ministres de Constance avaient épuisé les richesses de la Gaule, en exigeant vingt-cinq pièces d'or pour le tribut de chaque habitant. Mais la politique humaine de son successeur réduisit à sept pièces (1) cette énorme capitation. En prenant un terme moyen entre la plus grande vexation et cette indulgence passagère, on peut évaluer le tribut ordinaire d'un Gaulois à seize pièces

---

érudition et justesse le sujet de la capitation; mais, en expliquant le *caput* comme une portion ou mesure de la propriété, il exclut d'une manière trop absolue l'idée d'une taxe personnelle.

(1) *Quid profuerit (Julianus) anhelantibus extremâ penuriâ Gallis, hinc maximè claret, quòd primitus eas partes ingressus, pro* CAPITIBUS *singulis tributi nomine vicenos quinos aureos, reperit flagitari; discedens verò septenos tantùm munera universa complentes.* Ammien, l. XVI, c. 5.

fut détruite peu à peu, et les progrès du despotisme, qui tend toujours à sa propre ruine, obligèrent souvent l'empereur à se faire un mérite envers ses sujets de la remise des dettes ou des tributs qu'il leur était impossible de payer. Dans la nouvelle division de l'Italie, l'heureuse et fertile province de la Campanie, ce théâtre des premières victoires de Rome, et, depuis, la délicieuse retraite d'un grand nombre de citoyens, s'étendait entre la mer et l'Apennin, depuis le Tibre jusqu'au *Silare*. Environ soixante ans après la mort de Constantin, on fut obligé, d'après une nouvelle inspection faite avec soin sur les lieux, d'exempter de tout tribut trois cent trente mille acres de terres incultes et désertes, composant un huitième de la province. Cette étonnante désolation, constatée par les lois, ne peut être attribuée qu'à la mauvaise administration des empereurs romains, dans un temps où les Barbares n'avaient pas encore pu pénétrer en Italie (1).

Il paraît que, soit qu'on l'eût ainsi réglé à dessein ou par hasard, cet impôt, par le mode de levée qu'on employait, offrait à la fois la nature d'une taxe territoriale et les formes de la capitation (2). La taxe

<small>Tribut en forme de capitation.</small>

---

(1) *Cod. Theod.*, l. XI, tit. 28, leg. 2, publiée le 24 mars A. D. 395, par l'empereur Honorius, deux mois après la mort de son père Théodose. Il parle de cinq cent vingt-huit mille quarante-deux *jugera* romains, que j'ai réduits à la mesure d'Angleterre. Le *jugerum* contenait vingt-huit mille huit cents pieds carrés.

(2) Godefroy (*Cod. Theods.*, t. VI, p. 116) discute avec

forcés de faire de très-gros achats, malgré le produit de l'indiction, qu'il leur était expressément défendu d'accorder la moindre remise sur l'impôt en nature, ou d'en accepter même la valeur en argent. Dans la simplicité primitive d'une petite communauté, cette méthode peut servir à recueillir les dons presque volontaires du peuple ; mais, susceptible à la fois de beaucoup d'abus d'une part, et de beaucoup de rigueur de l'autre, elle expose, dans un gouvernement despotique et corrompu, à une guerre continuelle entre la fraude et l'oppression (1). La culture des provinces romaines

---

bateliers et d'armateurs qui avaient cette commission, et qui devaient fournir à leurs frais les moyens de transport. En revanche, ils étaient exempts eux-mêmes, en tout ou en partie, de l'indiction et d'autres impôts. Ils avaient certains priviléges ; des réglemens particuliers déterminaient leurs obligations et leurs droits (*Cod. Theod.*, l. XIII, tit. 5-9). Les transports par terre se faisaient de la même manière, par l'entremise d'une communauté privilégiée, nommée *Bastaga* ; ses membres s'appelaient *bastagarii*. *Cod. Theod.*, l. VIII; tit. 5. (*Note de l'Éditeur.*)

(1) On prit quelques précautions (voyez *Cod. Theodos.*, l. XI, tit. 2 ; ad *Cod. Justian.*, l. X, tit. 27, leg. 1, 2, 3) pour empêcher les magistrats d'abuser de leur autorité, lorsqu'ils exigeraient ou qu'ils achèteraient du blé ; mais ceux qui étaient assez instruits pour lire les harangues de Cicéron contre Verrès (1 VI, *de Frumento*), pouvaient y apprendre les divers moyens d'oppression à employer relativement au poids, au prix, à la qualité et au transport des grains ; et, dans tous les cas, la cupidité d'un gouverneur qui ne savait pas lire, suppléait à l'ignorance du précepte et de l'exemple antérieur.

toute tentative qui aurait eu pour but d'éluder l'intention du législateur, et la moindre prévarication était punie comme un crime capital qui joignait le sacrilége au crime de lèse-majesté.(1). Une forte partie du tribut devait être payée en espèces de la monnaie courante dans l'empire, et l'on ne recevait que la monnaie d'or (2). Le reste de la taxe déterminée par l'indiction de l'année devait être fourni d'une manière encore plus directe et plus vexatoire. Les produits réels des différentes terres qui, selon leur nature, devaient fournir du vin ou de l'huile, du blé ou de l'orge, du bois ou du fer, devaient être conduits par les propriétaires, ou au moins à leurs frais, dans les magasins impériaux, d'où ils étaient ensuite distribués, selon le besoin, pour l'usage de la cour, de l'armée et des deux capitales, Rome et Constantinople (3). Les commissaires du trésor étaient si souvent

---

(1) *Si quis sacrilega vitem falce succiderit, aut feracium ramorum fœtus hebetaverit, quod declinet fidem censuum, et mentiatur callidè paupertatis ingenium ; mox detectus, capitale subibit exitium, et bona ejus in fisci jura migrabunt.* (Cod. Theodos., l. XIII, tit. 11; leg. 1.) Quoiqu'on ait mis quelque soin à obscurcir cette loi „ elle prouve assez clairement la rigueur des inquisitions et la disproportion de la peine.

(2) L'étonnement de Pline aurait cessé. *Equidem miror, P. R. victis gentibus argentum semper imperitasse, non aurum.* Hist. nat., XXXIII; 15.

(3) Les propriétaires n'étaient point chargés de faire ce transport; dans les provinces situées sur les bords de la mer ou près des grands fleuves, il y avait des compagnies de

corporations des villes, et que la sévérité des lois impériales avait condamnés à soutenir le poids de la société civile (1). Toutes les terres de l'État, sans en excepter les patrimoines de l'empereur, étaient assujetties à la taxe ordinaire, et chaque nouveau propriétaire était tenu des dettes de l'ancien. Un cens ou cadastre exact était (2) le seul moyen équitable de fixer ce que chaque citoyen devait pour sa contribution au service public; et, d'après la période bien connue des *indictions*, il paraît que cette opération difficile et dispendieuse se répétait régulièrement tous les quinze ans. Des inspecteurs envoyés dans les provinces arpentaient toutes les terres. On désignait dans les registres l'espèce de la culture, comme terres labourables, pâturages, vignes ou bois, et l'on en estimait la valeur moyenne d'après le revenu de cinq ans. Le nombre des esclaves et des troupeaux faisait une partie essentielle du rapport. Les propriétaires étaient contraints de déclarer tout ce qu'ils possédaient, et d'affirmer par serment la vérité de leur déclaration; on faisait les recherches les plus minutieuses contre

---

(1) Le titre sur les décurions (l. XII, tit. 1) est le plus étendu de tous ceux du Code Théodosien. Il ne contient pas moins de cent quatre-vingt-douze lois, qui ont pour but de déterminer les devoirs et les priviléges de cette classe utile de citoyens.

(2) *Habemus enim et hominum numerum, qui delati sunt, et agrum modum.* (Eumenius, *in Panegyr. vet.*, VIII, 6.) Voyez *Cod. Theodos.*, l. XIII, tit. 10 et 11; avec le *Commentaire* de Godefroy.

versées dans les coffres de l'empereur. Mais comme le compte était toujours ouvert entre le prince et le sujet, et que la nouvelle demande venait avant que la précédente fût entièrement acquittée, l'accablante machine des finances était dirigée, pendant toute l'année, par les mêmes mains. Tout ce qu'il y avait d'important et d'honorable dans cette administration était confié à la sagesse des préfets et de leurs représentans dans les provinces. Une foule d'officiers d'un rang inférieur en réclamaient les fonctions lucratives ; les uns dépendaient du trésorier, les autres du gouverneur de la province ; et, dans les inévitables conflits d'une juridiction incertaine, ils trouvaient tous de fréquentes occasions de se disputer les dépouilles du peuple. Les emplois pénibles, qui n'étaient susceptibles de produire que la haine du peuple, des reproches, des dangers et des dépenses, étaient donnés aux *décurions* (1), qui formaient les

---

(1) Les décurions étaient chargés de fixer, d'après le cadastre des biens dressé par les *tabularii*, ce que devait payer chaque propriétaire. Cet odieux emploi était impérieusement dévolu aux plus riches citoyens de chaque ville ; ils n'avaient aucun appointement, et toute leur récompense était de ne pas être sujets à certains châtimens corporels, dans le cas où ils les auraient mérités. Le décurionat était la ruine de tous les gens riches ; aussi s'efforçaient-ils d'éviter ce dangereux honneur : ils se cachaient, ils entraient au service ; mais leurs efforts étaient inutiles, on les atteignait, on les contraignait à devenir décurions, et l'on appelait *impiété* la crainte que leur inspirait ce titre. (*Note de l'Éditeur.*)

d'*indiction* fut donné à la mesure du tribut qu'il ordonnait, et au temps de l'année fixé pour le paiement (1). Cette estimation générale des subsides était proportionnée aux besoins réels et imaginaires de l'État. Toutes les fois que la dépense excédait la recette, ou que la recette rendait moins qu'elle n'avait été évaluée, on y ajoutait un supplément de taxe, sous le nom de *superindiction*; et le plus précieux des attributs de la souveraineté était communiqué aux préfets du prétoire, à qui, dans certaines occasions, on permettait de pourvoir aux besoins extraordinaires et imprévus du service de l'État. L'exécution de ces lois, dont il serait trop fastidieux de suivre les détails compliqués, consistait en deux opérations distinctes; celle de réduire l'imposition générale en particulière, et de fixer la somme que devaient payer chaque province, chaque ville, et enfin chaque sujet de l'empire romain, et celle de recueillir les contributions séparées des individus, des villes, des provinces, jusqu'à ce que les sommes accumulées fussent

---

(1) Il ne paraît pas que ce soit à Constantin qu'il faille attribuer l'établissement de l'*indiction*; elle existait avant qu'il eût été fait *Auguste* à Rome, et la remise qu'il en fit à la ville d'Autun en est la preuve. Il ne se serait pas hasardé, n'étant encore que *César*, et ayant besoin de capter la faveur des peuples, à créer un impôt si onéreux. Aurelius-Victor et Lactance se réunissent pour indiquer Dioclétien comme l'auteur de cette institution despotique. Aur.-Vict., *de Cæsar.*, c. 39; Lactance, *de Mort. persec.*, c. 7.

(*Note de l'Éditeur.*).

tisme, est au moins contredite par l'histoire de l'empire romain; qui accuse les mêmes princes d'avoir en même temps dépouillé le sénat de son autorité, et les provinces de leurs richesses. Sans abolir les droits sur les marchandises, que l'acquéreur acquitte imperceptiblement comme un tribut volontaire, Constantin et ses successeurs préférèrent une taxe simple et directe, plus conforme au génie d'un gouvernement arbitraire (1).

Le nom et l'usage des *indictions* (2), dont on se sert pour fixer la chronologie du moyen âge, sont tirés d'une coutume relative aux tributs romains (3). L'empereur signait de sa main, et en caractères de couleur pourpre, l'édit solennel, ou *indiction*, qu'on exposait publiquement dans la principale ville de chaque diocèse, pendant les deux mois de juillet et d'août. Par une liaison d'idées très-naturelle, le nom

Le tribut général ou l'indiction.

---

(1) M. Hume (*Essais*, vol. 1, p. 389,) se montre un peu embarrassé en examinant cette importante vérité.

(2) La cour de Rome se sert encore aujourd'hui du cycle des indictions, dont l'origine remonte au règne de Constance, ou peut-être à celui de son père Constantin; mais, avec beaucoup de raison, elle a fixé le commencement de l'année au 1er janvier. *Voyez* l'*Art de vérifier les dates*, p. 11; et le *Dictionnaire raisonné de la Diplomatique*, t. II, p. 25, deux traités exacts sortis de l'atelier des Bénédictins.

(3) Les vingt-huit premiers titres du onzième livre du code Théodosien sont pleins de réglemens détaillés sur le sujet important des tributs; mais ils supposent une connaissance des principes fondamentaux admis dans l'empire, plus nette que nous ne pouvons l'acquérir aujourd'hui.

comme témoins d'un crime peut-être imaginaire (1).

Quelque terribles que puissent nous paraître ces maux, ils ne tombaient que sur un petit nombre de sujets romains, dont les dangers étaient, en quelque façon, compensés par les avantages de la nature ou de la fortune qui les exposaient aux soupçons du monarque. Ces millions d'habitans obscurs qui composent la masse d'un grand empire, ont moins à craindre de la cruauté que de l'avarice de leur maître. Leur humble bonheur n'est troublé que par l'excès des impositions qui, passant légèrement sur les citoyens opulens, tombent, en doublant de poids et de vitesse, sur la classe faible et indigente de la société. Un philosophe ingénieux (2) a calculé la mesure universelle des taxes publiques, par les degrés de servitude et de liberté, et il essaie de soutenir que, d'après une règle invariable de la nature, on peut lever des tributs plus forts en proportion de la liberté des sujets, et qu'on est forcé de les modérer à mesure que la servitude augmente; mais cette assertion, qui tendrait à adoucir le tableau des misères qui suivent le despo-

---

(1) Arcadius-Charisius est le premier des jurisconsultes cités dans les Pandectes, qui ait osé justifier l'usage universel de la torture dans tous les cas de crime de lèse-majesté; mais plusieurs lois des successeurs de Constantin donnent de la force à cette maxime de tyrannie, qu'Ammien admet avec une respectueuse terreur (l. XIX, c. 12). Voyez le Cod. Théodos., l. 9, tit. 35. *In majestatis crimine omnibus æqua est conditio.*

(2) Montesquieu, *Esprit des Lois*, l. XIII, c. 12.

mains. Les sujets effrayés sollicitaient, et le souverain avait soin d'accorder une foule d'exemptions spéciales qui approuvaient tacitement et même qui autorisaient l'usage général de la torture. Tous les hommes de la classe des *illustres* ou des *honorables*, les évêques et leurs prêtres, les professeurs des arts libéraux, les soldats et leurs familles, les officiers municipaux et leur postérité jusqu'à la troisième génération, et tous les enfans au-dessous de l'âge de puberté, en étaient exempts (1). Mais il s'introduisit une maxime fatale dans la nouvelle jurisprudence de l'empire : le cas du crime de lèse-majesté, qui comprenait tous les délits que la subtilité des gens de loi pouvait déduire d'une *intention hostile* envers le prince ou la république (2), suspendait tous les priviléges et réduisait toutes les conditions au même niveau d'ignominie. Du moment où l'on mit la sûreté de l'empereur au-dessus de toutes les considérations de la justice et de l'humanité, l'âge le plus vénérable et la plus tendre jeunesse se trouvèrent exposés aux plus cruelles tortures; et les principaux citoyens du monde romain avaient toujours à craindre qu'un vil délateur ne les dénonçât comme complices, et même

---

(1) Heineccius (*Elementa juris civilis.*, part. 7, p. 81) a fait le tableau de ces exemptions.

(2) La définition du sage Ulpien (*Pandect.*, l: XLVIII, tit. 4) paraît avoir été adoptée à la cour de Caracalla, plutôt qu'à celle d'Alexandre-Sévère. *Voyez* les codes de *Théodose* et de *Justinien* ad legem Juliam majestatis.

aussi long-temps que la nation eut un faible souvenir de sa gloire et de sa liberté, les derniers momens d'un Romain furent à l'abri du danger d'une torture ignominieuse (1). Les magistrats des provinces ne suivirent cependant ni les usages de la capitale, ni les maximes des gens de loi; ils trouvèrent l'usage de la question établi, non-seulement chez les esclaves de la tyrannie orientale, mais aussi chez les Macédoniens, qui obéissaient à une monarchie mitigée; chez les Rhodiens, qui florissaient par la liberté et le commerce, et même chez les sages Athéniens, qui avaient soutenu et relevé la dignité de l'homme (2). Le consentement des habitans des provinces encouragea les gouverneurs à demander, et peut-être à usurper le pouvoir arbitraire de forcer, par les tourmens, des accusés, vagabonds et plébéiens, à l'aveu du crime dont on les présumait coupables; ils confondirent ensuite peu à peu les distinctions du rang, et ils dédaignèrent les priviléges des citoyens ro-

---

(1) Lors de la conspiration de Pison, Épicharis (*libertina mulier*) fut seule mise à la torture. Les autres conjurés furent *intacti tormentis*. Il serait superflu d'ajouter un exemple plus faible, et il serait difficile d'en trouver un plus fort. Tacite, *Annal.*, xv, 57.

(2) *Dicendum.... de institutis Atheniensium, Rhodiorum, doctissimorum hominum, apud quos etiam (id quod acerbissimum est) liberi civesque torquentur* (Cicéron, *Partit. orat.*, c. 34). Le procès de Philotas nous instruit de l'usage des Macédoniens. Diodore de Sicile, l. xviii, p. 604; Quinte-Curce, l. vi, c. 11.

qu'à Milan ou à Constantinople, pour y défendre sa vie contre les accusations insidieuses de ces délateurs privilégiés. L'administration ordinaire était conduite par ces moyens qu'une extrême nécessité pourrait seule pallier, et l'on avait soin de suppléer au défaut de témoins par l'usage de la torture (1).

La trompeuse et dangereuse invention de la *question* criminelle, selon le nom expressif qu'on lui a donné, était reçue plutôt qu'approuvée par la jurisprudence des Romains. Ils n'employaient cette sanguinaire méthode d'examen que sur des corps dévoués à l'esclavage, et dont ces républicains orgueilleux pesaient rarement les douleurs dans la balance de la justice et de l'humanité. Mais ils ne consentirent jamais à violer la personne sacrée d'un citoyen, jusqu'à ce que la preuve du crime fût évidente (2). Les annales de la tyrannie, depuis le règne de Tibère jusqu'à celui de Domitien, rapportent en détail l'exécution d'un grand nombre de victimes innocentes. Mais

L'usage des tortures.

---

(1) *Voyez*, sur les *Agentes in rebus*, Ammien, l. xv, c. 3; l. xvi, c. 5; l. xxii, c. 7; avec les Notes curieuses de Valois; *Cod. Theod.*, l. vi, tit. 27, 28, 29. De tous les traits rassemblés par Godefroy dans son Commentaire, le plus remarquable est celui de Libanius, dans son Discours sur la Mort de Julien.

(2) Les *Pandectes* (l. xlviii, tit. 18) indiquent les opinions des plus célèbres jurisconsultes sur la torture. Ils la bornent rigoureusement aux esclaves, et Ulpien lui-même avoue que *res est fragilis et periculosa et quæ veritatem fallat*.

sous les ordres du maître des offices, à communiquer aux provinces les noms des consuls de l'année, les édits et les victoires des empereurs. S'étant ingérés peu à peu de rapporter à la cour tout ce qu'ils pouvaient observer de la conduite des magistrats et des particuliers, ils furent regardés comme *les yeux* du prince (1) et le fléau des citoyens. L'influence propice d'un règne faible les multiplia jusqu'au nombre incroyable de dix mille. Ils méprisèrent les douces mais fréquentes admonitions des lois, et exercèrent dans la régie des postes les exactions les plus odieuses et les vexations les plus insolentes. Ces espions officiels, qui avaient une correspondance exacte avec le palais, furent encouragés, par des faveurs et des récompenses, à surveiller attentivement les progrès de tout dessein criminel, depuis les symptômes faibles et sourds du mécontentement, jusqu'aux préparatifs d'une révolte ouverte. Ils couvraient du masque révéré du zèle, la légèreté ou la perfidie avec laquelle ils violaient continuellement la justice et la vérité, et lançaient impunément leurs traits empoisonnés dans le sein du criminel ou de l'innocent qui s'était attiré leur haine, ou qui avait refusé d'acheter leur silence. Un sujet fidèle, habitant peut-être la Bretagne ou la Syrie, était exposé au danger, et pour le moins à la crainte de se voir traîné sous le poids des chaînes jus-

---

(1). Xénophon, *Cyropédie*, l. VIII ; Brisson, *de Regno persico*, l. 1, n° 190, p. 264. Les empereurs adoptèrent avec plaisir cette métaphore qui venait de la Perse.

cents; et les Arméniens étaient, en Orient, presque les seuls en possession de ce service honorable. Lorsque, dans les cérémonies publiques, on les rangeait dans les cours et dans les portiques du palais, leur haute stature, leur discipline silencieuse, et leurs magnifiques armes, brillantes d'or et d'argent, présentaient un spectacle digne de la grandeur romaine (1). On tirait de ces sept écoles deux compagnies choisies, moitié à pied, moitié à cheval, dont on formait les *protecteurs*; ce poste avantageux était l'ambition et la récompense des meilleurs soldats. Les protecteurs montaient la garde dans les appartemens intérieurs, et étaient souvent dépêchés dans les provinces pour y exécuter les ordres qui demandaient du courage et de la célérité (2). Les *comtes des domestiques* avaient succédé aux *préfets du prétoire*; et, du service du palais, ils aspirèrent, comme eux, au commandement des armées.

La communication entre la cour et les provinces fut facilitée par la construction des routes et l'institution des postes; mais à l'avantage qui résultait de ces établissemens se joignit un abus intolérable. Deux ou trois cents agens ou messagers furent employés,

Agens ou espions de la cour.

―――――

(1) Pancirole, p. 102-136. L'imposant appareil de ces domestiques militaires est décrit dans le poëme latin de Corippus, *de Laudibus Justiniani*, l. III, 157-179, p. 419, 420 de l'Appendix, *Hist. Byzant.*, Rom. 1777.

(2) Ammien-Marcellin, qui servit tant d'années, n'obtint que le rang de *protecteur*. Les dix premiers de ces honorables soldats avaient le titre de *clarissimi*.

plaines qui s'étendent du pied du mont Argée aux bords de la rivière de Sarus, nourrissent une race de chevaux estimés dans l'ancien monde comme supérieurs à tous les autres, par la beauté de leur structure et par leur incomparable vitesse. Ces animaux *sacrés* étaient destinés au service du palais et des jeux impériaux (1), et la loi défendait de les profaner pour le service d'un maître vulgaire. Les domaines de la Cappadoce étaient assez importans pour exiger l'inspection d'un *comte*.(2); on plaça des officiers d'un rang inférieur dans ceux du reste de l'empire; les représentans des trésoriers publics et particuliers conservèrent l'exercice indépendant de leurs emplois, et furent protégés dans toutes les occasions contre l'autorité des magistrats de la province (3).

Les comtes des domestiques.

6°, 7° Les bandes choisies de cavalerie et d'infanterie qui gardaient la personne de l'empereur, prenaient les ordres des deux *comtes des domestiques*. Cette garde consistait en trois mille cinq cents hommes, partagés en sept *écoles* ou *troupes*, chacune de cinq

---

(1) *Cod. Theod.*, l. x, tit. 6; *de Grege dominico*. Godefroy a recueilli tous les passages de l'antiquité relatifs aux chevaux de Cappadoce. Une des plus belles races, la palmatienne, fut confisquée sur un rebelle, dont les domaines étaient placés à environ seize milles de Tyane, près du grand chemin de Constantinople à Antioche.

(2) Justinien (*Novell*. 30) soumit le département du comte de Cappadoce à l'autorité immédiate de l'eunuque favori qui présidait à la chambre à coucher *sacrée*.

(3) *Cod. Theod.*, l. vi, tit. 30, leg. 4, etc.

du revenu particulier. Une partie provenait sans doute des anciens domaines des rois, des républiques subjuguées; ils pouvaient s'être augmentés de quelques parties des biens des différentes familles qui avaient été successivement revêtues de la pourpre, et de ce qu'y avaient ajouté successivement les différens empereurs; mais le principal de ce revenu venait de la source impure des confiscations et amendes. Les domaines de l'empereur étaient répandus dans toutes les provinces, depuis la Mauritanie jusqu'à la Grande-Bretagne. Mais la richesse et la fertilité du sol de la Cappadoce engagèrent le monarque à acquérir dans cette province des possessions considérables (1); et Constantin ou ses successeurs saisirent l'occasion de couvrir leur avidité du masque d'un zèle religieux. Ils supprimèrent le riche temple de Comana, où le grand-prêtre de la déesse de la guerre tenait l'état d'un souverain. Ils s'approprièrent des terres habitées par six mille sujets ou esclaves de la divinité et de ses ministres (2). Les hommes n'étaient pas les plus précieux habitans de cette contrée. Les

---

(1) *Cod. Theodos.*, l. VI, tit. 30, leg. 2; et Godefroy, *ad loc.*

(2) Strabon, *Géographie*, l. XII, p. 809. L'autre temple de Comana, dans le Pont, était une colonie de celui de Cappadoce, l. XII, p. 825. Le président de Brosses (*voyez son Salluste*, t. II, p. 21) conjecture que la déesse adorée dans les deux temples de Comana était Beltis, la Vénus de l'Orient, la déesse de la génération, divinité fort différente, en effet, de la déesse de la guerre.

fession lucrative des finances (1). Vingt-neuf receveurs provinciaux, dont dix-huit avaient le titre de *comtes*, correspondaient avec le trésorier. Sa juridiction s'étendait sur les mines d'où l'on extrayait les métaux précieux, sur les établissemens où ils étaient convertis en monnaie courante, et sur les trésors publics des principales villes où ils étaient déposés pour le service de l'État. Le commerce de l'empire avec l'étranger était conduit par ce ministre; il dirigeait aussi les manufactures de toile et d'étoffes de laine, dans lesquelles les opérations successives de la filature, de la tissure, et de la teinture, étaient exécutées principalement par des femmes de condition servile, pour l'usage du palais et de l'armée. On comptait vingt-six de ces établissemens dans l'Occident, où les arts étaient plus récemment introduits; et l'on doit en supposer un plus grand nombre dans les provinces industrieuses de l'Orient (2). 5° Outre le revenu public qu'un monarque absolu pouvait lever et dépenser à son gré, les empereurs possédaient, en qualité de citoyens opulens, une propriété très-considérable. Elle était administrée par le *comte* ou le trésorier

Le trésorier particulier.

―――――――――――――

(1) *Cod. Theod.*, l. VI, tit. 30; *Cod. Just.*, l. XII, tit. 24.
(2) La partie de la *Notitia* qui traite de l'Orient est très-défectueuse sur les départemens des deux comtes du trésor. On peut observer qu'il y avait une caisse du trésor à Londres, et un *gynæceum* ou une manufacture à Winchester. Mais la Bretagne ne fut pas jugée digne d'une fabrique de monnaie ou d'un arsenal. La Gaule seule avait trois fabriques de monnaie et huit arsenaux.

lens à exercer ce style d'une éloquence élevée, qui, malgré la corruption du goût et du langage, conserve encore la majesté des lois romaines (1). On peut comparer, à quelques égards, l'office de questeur impérial à la charge moderne de chancelier; mais l'usage du grand sceau, dont l'invention paraît appartenir à l'ignorance des Barbares, ne fut jamais introduit dans les actes publics des empereurs. 4° Le titre extraordinaire de *comte des largesses sacrées* fut donné au trésorier général du revenu, dans l'intention de persuader peut-être que chaque paiement était un don volontaire de l'empereur. Les forces de l'imagination la plus vigoureuse et la plus étendue ne suffiraient pas pour concevoir les détails presque infinis de la dépense annuelle et journalière qu'entraînent les administrations civiles et militaires d'un grand empire. La comptabilité seule occupait plusieurs centaines de commis, distribués en sept différentes classes, très-adroitement combinées pour contrôler réciproquement leurs opérations respectives. Le nombre de ces agens tendait toujours à s'augmenter; et l'on fut obligé plusieurs fois de renvoyer d'inutiles surnuméraires qui avaient déserté les honorables travaux de la campagne pour se livrer avec ardeur à la pro-

Le trésorier public.

---

(1) . . . . . . *Terris edicta daturus;*
Supplicibus responsa; — oracula regis
Eloquio crevere tuo; nec dignius unquam
Majestas meminit sese romana locutam.

Claudien, *in Consulat.* Mall.-Théodore, 33. *Voyez* aussi Symmaque, *Epist.*, 1, 17; et Cassiodore, *Variar.*, VI, 5.

Comme les discours qu'il composait au nom de l'empereur (1) acquéraient la force et, à la longue, la forme d'ordonnances absolues, on avait fini par le considérer comme le représentant du pouvoir législatif, l'oracle du conseil, et la source de toute la jurisprudence. On l'invitait quelquefois à siéger dans le consistoire impérial avec les préfets du prétoire et le maître des offices ; c'était à lui que les juges inférieurs s'adressaient souvent pour décider les questions douteuses. Mais comme il ne s'occupait pas du détail des affaires ordinaires, il employait son loisir et ses ta-

---

que Néron les supprima tout-à-fait. (Tacite, *Ann.*, XXII, 29 ; Suétone, *in August.*, c. 36, *in Claud.*, c. 24 ; Dion, p. 696, 961, etc. ; Pline, *epist.* x, 20, *et alibi.*) Dans les provinces du département de l'empire, les *procurateurs*, ou, comme on les appela ensuite, les *rationales*, remplacèrent très-utilement les questeurs. (Dion-Cassius, p. 707 ; Tacite, *in Vitâ Agric.*, c. 15 ; *Hist. Aug.*, p. 130.) Mais on trouve, jusqu'au règne de Marc-Aurèle, une suite de questeurs dans les provinces du sénat (*Voyez* les *Inscriptions* de Gruter, les *Lettres* de Pline ; et un fait décisif dans l'*Hist. Aug.*, p. 64.) Ulpien nous apprend (*Pandect.*, l. 1, tit. 13) que, sous le gouvernement de la maison de Sévère, leur administration dans les provinces fut supprimée ; et qu'au milieu des troubles qui suivirent, les élections annuelles ou triennales des questeurs durent cesser.

(1) *Cùm patris nomine et epistolas ipse dictaret, et edicta conscriberet etiam quæstoris vice.* (Suet., *in Tit.*, c. 6.) Cet office dut acquérir un nouvel éclat, puisque l'héritier présomptif de l'empire l'exerça quelquefois. Trajan donna la même commission à Adrien, son questeur et son cousin. *Voyez* Dodwell, *prælection. Cambden*, x, xi, p. 362-394.

assesseur un de ces officiers. A mesure que les conquêtes étendirent l'empire, les deux questeurs furent successivement portés au nombre de quatre, de huit, de vingt, et peut-être même, mais seulement pour peu de temps, au nombre de quarante (1). Les citoyens de la première classe sollicitaient un emploi qui leur donnait l'entrée du sénat, et l'espoir fondé d'obtenir les dignités de la république. Tant qu'Auguste affecta de maintenir la liberté des élections, il se réserva le droit de présenter, on pourrait dire de nommer, un certain nombre de candidats, et il choisissait ordinairement un de ces jeunes gens de distinction pour lire dans le sénat ses discours et ses épîtres (2). L'usage d'Auguste fut imité par ses successeurs; ils firent de cette fonction momentanée un office permanent; et le questeur qui en fut revêtu survécut, sous un nom et un titre plus brillans, à la suppression de ses anciens et inutiles confrères (3).

---

(1) Tacite (*ibid.*) semble dire qu'il n'y eut jamais plus de vingt questeurs; et Dion (l. XLIII, p. 374) insinue que, si le dictateur César en créa une fois quarante, ce ne fut que pour payer avec plus de facilité une immense dette de services; mais que son augmentation du nombre des préteurs subsista sous les règnes suivans.

(2) Suétone, *in August.*, c. 65, et Torrent: *ad loc.*; Dion-Cassius, p. 755.

(3) La jeunesse et l'inexpérience des questeurs, qui, à vingt ans, arrivaient à cet emploi important (*Lips. excurs. ad* Tacite, l. III, D.), engagèrent Auguste à leur ôter l'administration du trésor. Claude la leur rendit; mais il paraît

occasion de faire dans l'exercice de leurs fonctions. Par une condescendance qui, dans les siècles précédens, aurait paru indigne de la majesté romaine, il y eut un secrétaire particulier pour la langue grecque, et l'on établit des interprètes pour recevoir les ambassadeurs des Barbares. Mais le département des affaires étrangères, qui constitue aujourd'hui une partie si essentielle de la politique moderne, occupait peu le grand-maître ; il portait une attention plus sérieuse sur les postes et les arsenaux de l'empire ; des compagnies régulières d'ouvriers, placées dans trente-quatre villes, quinze à l'Orient, et dix-neuf à l'Occident, fabriquaient continuellement des armes offensives et défensives, et des machines de guerre que l'on déposait dans les arsenaux pour les distribuer aux troupes dans l'occasion. 3° Durant le cours de neuf siècles, l'office de questeur avait essuyé de singuliers changemens. Dans l'enfance de Rome, le peuple choisissait, tous les ans, deux magistrats inférieurs pour remplacer les consuls dans l'administration délicate et dangereuse des deniers publics (1). Chaque proconsul ou préteur, soit qu'il eût un commandement militaire ou provincial, avait pour

Le questeur.

---

(1) Tacite (*Ann.*, XI, 22) dit que les premiers questeurs furent élus par le peuple soixante-quatre ans après la fondation de la république ; mais il croit que long-temps avant cette époque, les consuls et même les rois les nommaient chaque année : d'autres écrivains contestent ce point obscur d'antiquité.

publiques fut confiée à l'intelligence et à l'activité du maître des offices (1) : suprême magistrat du palais, il inspectait la discipline des écoles civiles et militaires, et recevait des appels de toutes les provinces de l'empire, dans les affaires qui concernaient la multitude de citoyens privilégiés qui, comme attachés à la cour, avaient pour eux, et pour leur famille le droit de récuser la juridiction des autres tribunaux. Quatre *scrinia*, ou bureaux dont ce ministre d'État était le chef, conduisaient la correspondance du prince avec ses sujets. Le premier bureau s'occupait des mémoires; le second des lettres; le troisième des demandes, et le quatrième des ordres et des expéditions de toute espèce. Il y avait à la tête de chacun un sous-chef de l'ordre des *respectables*, et le nombre total des secrétaires montait à cent quarante-huit : on les tirait ordinairement du barreau, à raison des extraits et des rapports qu'ils avaient souvent

Le grand maître des offices.

---

tère guerrier des premiers empereurs, l'intendant de leur maison se nommait le comte de leur camp. (*comes castrensis*). Cassiodore représentait sérieusement à cet officier que sa réputation et celle de l'empereur dépendaient de l'opinion qu'auraient les ambassadeurs étrangers de la profusion et de la magnificence de la table royale. *Variar.*, l. VI, epist. 9.

(1) Gutherius (*de Officiis domûs Augustæ*, l. II, c. 20, l. 3) a très-bien expliqué les fonctions du maître des offices, et la constitution des *scrinia*, qui dépendaient de lui; mais, d'après des autorités douteuses, il essaie vainement de faire remonter à l'époque des Antonins ou à celle de Néron l'origine d'un magistrat qu'on ne trouve pas dans l'histoire avant le règne de Constantin.

de sa personne, celle de ses conseils et de ses trésors. 1° L'intérieur du palais était gouverné par un eunuque favori, qu'on nommait *præpositus* ou *préfet de la chambre sacrée*, où le prince reposait. Son devoir était d'accompagner l'empereur dans ses conseils et dans ses parties de plaisir, d'être toujours près de sa personne, et de remplir près de lui tous ces services domestiques qui ne peuvent recevoir quelque éclat que de l'influence de la royauté. Sous un prince digne de régner, le grand chambellan (car nous pouvons le nommer ainsi) n'était qu'un serviteur utile et modeste; mais un domestique adroit, à portée de saisir tous les momens de confiance et d'oubli que présente la familiarité, acquerra bientôt sur un esprit faible un ascendant que doivent rarement obtenir l'austère sagesse et l'inflexible vertu. Les petits-fils dégénérés de Théodose, invisibles à la nation, et méprisés de ses ennemis, élevèrent le préfet de leur chambre au-dessus de tous les ministres du palais (1), et son lieutenant même, le chef de cette pompeuse suite d'esclaves qui gardaient leur maître, fut jugé digne de précéder les *respectables* proconsuls de la Grèce et de l'Asie. La juridiction du chambellan s'étendait sur les comtes ou surintendans chargés des deux emplois importans relatifs à la table somptueuse du prince et à sa magnifique garderobe (2). 2° La principale administration des affaires,

<small>Le chambellan.</small>

---

(1) *Cod. Theodos.*, l. 6, tit. 8.

(2) Par une singulière métaphore empruntée du carac-

le chef le plus noble de la Germanie ou de la Bretagne avait été l'objet de son choix. Un intervalle de trois siècles avait fait un changement si considérable dans les préjugés du peuple, que Constantin fut approuvé des Romains, lorsqu'il donna à ses successeurs l'exemple d'accorder les honneurs du consulat aux Barbares qui méritaient par leurs talens et leurs services d'être classés dans le nombre des Romains les plus distingués (1). Mais comme ces hardis vétérans, qui avaient été élevés dans l'ignorance et dans le mépris des lois, se trouvaient incapables d'exercer aucun emploi civil, les facultés de l'esprit humain étaient enchaînées par l'irréconciliable séparation des talens aussi bien que par celle des professions. Ces citoyens accomplis des républiques grecque et romaine, dont le génie brillait également au barreau, dans le sénat, dans les camps et dans les écoles, savaient écrire, parler et agir avec la même énergie et la même habileté.

IV. Indépendamment des magistrats et des généraux qui exerçaient loin de la cour l'autorité qu'on leur avait donnée sur les provinces ou sur les armées, l'empereur accordait le rang d'*illustres* à sept de ses plus intimes serviteurs, auxquels il confiait la sûreté

Sept ministres du palais.

---

(1) *Barbaros omnium primus adusque fasces auxerat et trabeas consulares:* (Ammien, l. xx, c. 10.) Eusèbe (*in Vitâ Constantini*, l. iv, c. 7) et Aurelius-Victor semblent confirmer cette assertion; mais je ne trouve pas le nom d'un seul Barbare dans les trente-deux Fastes consulaires du règne de Constantin : je croirais donc que ce prince accorde aux Barbares les ornemens plutôt que l'emploi de consul.

lièrement chez les citoyens, ils apprenaient à mépriser leurs mœurs et à imiter leurs arts; ils secouèrent le respect que l'orgueil des Romains n'avait dû qu'à leur ignorance, et ils acquirent la possession des avantages qui soutenaient encore la grandeur expirante de leurs anciens maîtres. Les soldats barbares distingués par des talens militaires, arrivaient aux postes les plus importans, sans exception. Les noms des tribuns, des comtes, des ducs et même des généraux, trahissent une origine étrangère que bientôt ils ne daignèrent plus déguiser. On leur confiait souvent la conduite d'une guerre contre leurs compatriotes; et, quoique la plupart préférassent les liens de la fidélité à ceux du sang, quelques-uns cependant furent ingrats, ou du moins soupçonnés d'entretenir une correspondance criminelle avec les ennemis, d'encourager leurs incursions, et de les épargner dans leur retraite. Le fils de Constantin laissait gouverner son palais et ses camps par une faction puissante de Francs, dont tous les membres, solidement et constamment unis entre eux, et avec leurs compatriotes, regardaient un affront fait à un des leurs comme une insulte nationale (1). Lorsque le tyran Caligula fut soupçonné de vouloir donner la robe de consul à un candidat d'une espèce très-extraordinaire, ce sacrilége aurait excité presque autant de surprise, si, au lieu d'un cheval,

---

(1) *Malarichus adhibitis Francis, quorum eâ tempestate in palatio multitudo florebat; erectiùs jam loquebatur tumultuabaturque.* Ammien-Marcellin, l. xv, c. 5.

paient les doigts de la main droite ; et cet étrange expédient fut d'un usage assez commun pour nécessiter la sévérité des lois (1), et un nom particulier dans la langue latine (2).

L'admission des Barbares dans les armées devint de jour en jour plus commune, plus nécessaire et plus funeste. Les plus hardis d'entre les Scythes, les Goths et les Germains, qui mettaient leur bonheur dans la guerre, trouvant plus de profit à défendre qu'à ravager les provinces, non-seulement s'enrôlaient parmi les troupes auxiliaires de leur nation, mais étaient encore reçus dans les légions et parmi les plus distingués des troupes palatines. Admis fami-

<small>On augmente le nombre des Barbares auxiliaires.</small>

---

(1) La personne et la propriété d'un chevalier-romain qui avait mutilé ses deux fils, furent vendues à l'encan par ordre d'Auguste (Suétone, *in Aug.*, c. 27). La modération de cet habile usurpateur prouve que l'esprit du temps justifiait sa sévérité. Ammien distingue les Italiens efféminés des robustes Gaulois (l. xv, c. 12). Cependant, quinze années après, Valentinien, dans une loi adressée au préfet de la Gaule, crut devoir ordonner de brûler vifs ces lâches déserteurs (*Cod. Theod.*, l. vii; tit. 13, leg. 5). Leur nombre, en Illyrie, était si considérable, que la province se plaignait du petit nombre des recrues. *Id.*, leg. 10.

(2) On les appelait *Murci*. *Murcidus* est employé par Plaute et Festus, pour désigner un homme paresseux et lâche, qui, selon Arnobe et saint Augustin, était sous la protection immédiate de la déesse *Murcia*. D'après ce trait singulier de lâcheté, les auteurs latins du moyen âge se servent du mot *murcare*, comme synonyme de *mutilare*. *Voyez* Lindenbrog et Valois, *ad* Ammien-Marcellin, l. xv, c. 12.

sous une condition où l'on découvre les premières idées du système féodal. Ceux de leurs fils qui en héritaient, étaient obligés de se dévouer au métier des armes dès que leur âge le leur permettrait. Leur lâche refus était puni par la perte de l'honneur, de la fortune, et même de la vie (1); mais, comme les fils des vétérans étaient loin de suffire aux besoins du service, on faisait de fréquentes levées dans les provinces. Chaque propriétaire était obligé de prendre les armes, ou de payer un substitut, ou de se racheter par le paiement d'une amende considérable. Le rachat qu'on réduisit à quarante-deux pièces d'or, nous donne une idée du prix exorbitant que se vendait un soldat; et de la répugnance avec laquelle le gouvernement accordait une dispense (2). Les Romains abâtardis avaient pris une telle horreur pour la profession de soldat, que, pour en être dispensés, plusieurs jeunes hommes de l'Italie et des provinces se cou-

---

(1) *Voyez* les deux titres *de Veteranis* et *de Filiis veteranorum*, dans le septième livre du Code Théodosien. L'âge où l'on exigeait d'eux le service militaire, variait de vingt-cinq à seize ans. Si les fils des vétérans se présentaient avec un cheval, ils avaient droit de servir dans la cavalerie. Deux chevaux leur donnaient quelques utiles priviléges.

(2) *Cod. Theodos.*, l. VII, tit. 13, leg. 7. Selon l'historien Socrate (*voyez* Godefroy, *ad loc.*), l'empereur Valens exigeait quelquefois quatre-vingts pièces d'or pour un soldat de recrue. La loi suivante énonce très-obscurément que les esclaves ne seront pas admis, *inter optimas lectissimorum militum turmas*.

genre très-différent. Les Barbares vont à la guerre par goût ; les citoyens d'un État libre y sont poussés par le devoir et l'amour de la patrie : les sujets ou du moins la noblesse d'une monarchie ont pour les y exciter le sentiment de l'honneur ; mais les timides et voluptueux habitans d'un empire sur le déclin, ne sont attirés au service que par l'espoir du gain, et n'y sont retenus que par la crainte des châtimens. Les ressources du trésor romain furent épuisées par l'augmentation de la paye, par des gratifications multipliées, par l'intervention de nouveaux émolumens, et par de nouveaux priviléges qui pussent compenser, aux yeux de la jeunesse des provinces, les fatigues et les dangers de la vie militaire. Cependant, quoiqu'on fût devenu moins exigeant sur la taille (1), quoiqu'on fermât les yeux sur l'admission des esclaves, on se trouva dans l'impossibilité de fournir à l'armée un nombre suffisant et régulier de recrues volontaires, et les empereurs furent obligés d'avoir recours à des moyens plus effectifs et même à des mesures coërcitives. Les terres qu'on donnait d'abord aux vétérans, en toute franchise, comme une récompense de leur valeur, ne leur furent plus accordées que

---

(1) Valentinien (*Cod. Theod.*, l. VII, tit. 13, leg. 3) fixe la stature d'un soldat à cinq pieds sept pouces, c'est-à-dire, à cinq pieds quatre pouces et demi, mesure d'Angleterre. Elle avait été autrefois de cinq pieds dix pouces, et dans les plus beaux corps, de six pieds romains. *Sed tunc erat amplior multitudo, et plures sequebantur militiam armatam.* Végétius, *de Re militari*, l. 1, c. 5.

armée. Le reste de leurs troupes était divisé, l'infanterie en cohortes, et la cavalerie en escadrons : leurs armes, leurs noms et leurs enseignes, tendaient à inspirer la terreur, et à faire distinguer les différentes nations qui marchaient sous les drapeaux de l'empire. Il ne restait plus rien de cette simplicité sévère qui dans les siècles brillans de victoire et de liberté, avait distingué une armée romaine de ce ramas immense et confus de soldats dont marchait environné un monarque d'Asie (1). Un dénombrement particulier tiré de la *Notitia* pourrait occuper l'attention d'un amateur de l'antiquité. Mais l'historien se contentera d'observer que les postes militaires ou les garnisons placées sur les frontières de l'empire montaient à cinq cent quatre-vingt-trois; et que, sous les successeurs de Constantin, les forces totales de l'armée étaient composées de six cent quarante-cinq mille soldats (2). Dans les siècles précédens, cet effort aurait surpassé les besoins de l'empire; dans les suivans, il surpassa ses facultés.

<small>Difficulté des enrôlemens.</small>

Dans les différens états de la société, les motifs qui contribuent au recrutement des armées sont d'un

---

(1) *Romana acies unius propè formæ erat et hominum et armorum genere. — Regia acies, varia magis multis gentibus dissimilitudine armorum auxiliorumque erat.* (Tite-Live, l. xxxvii, c. 39-40.) Flaminius, avant la bataille, avait comparé l'armée d'Antiochus à un souper, où l'habileté d'un cuisinier diversifie l'apprêt de la chair d'un vil animal. *Voy.* la *Vie de Flaminius* dans Plutarque.

(2) Agathias, l. v, p. 157, éd. du Louvre.

Tant qu'elles conservèrent leur ancienne composition de six mille hommes, chacune d'elles fut encore sous le règne de Dioclétien un objet respectable dans l'histoire militaire de l'empire romain. Peu d'années après, leurs corps nombreux furent réduits à très-peu de chose; et quand sept légions, avec quelques auxiliaires, défendirent la ville d'Amida contre les Perses, tout ce qui se trouvait renfermé dans la place, en joignant à la garnison les habitans des deux sexes et les paysans qui avaient déserté la campagne, n'excédaient pas le nombre de vingt mille individus (1). D'après ce fait et quelques autres du même genre, il y a lieu de croire que la constitution des troupes légionnaires, à laquelle elles devaient en partie leur valeur et leur discipline, fut changée par Constantin, et que les bandes d'infanterie romaine qui en retinrent le nom et les honneurs, n'étaient plus composées que de mille à quinze cents hommes (2). On pouvait aisément arrêter les complots de ces détachemens séparés, que le sentiment de leur faiblesse particulière rendait timides et incertains; et les successeurs de Constantin pouvaient satisfaire leur goût pour l'ostentation par le plaisir illusoire de commander à cent trente-deux légions inscrites sur l'état de leur nombreuse

---

(1) Ammien, l. XIX, c. 2. Il observe (c. 5) que les sorties désespérées de deux légions de la Gaule produisirent l'effet de quelques gouttes d'eau jetées sur un grand incendie.

(2) Pancirole, *ad Notitiam*, p. 96; *Mém. de l'Académie des Inscript.*, t. XXV, p. 481.

troupes de la cour. Les bandes, les légions même qui jouissaient à peu près du même sort que ces indignes favoris, se trouvaient dégradées par le titre d'honneur qu'on accordait à ces derniers. Ce fut en vain que Constantin menaça des plus cruels châtimens, par le fer et par le feu, ceux des gardes des frontières qui abandonneraient leurs drapeaux, qui favoriseraient les incursions des Barbares, ou qui partageraient leur butin (1). Les maux qui résultent d'une politique imprudente, se réparent rarement par une sévérité partielle; et quoiqu'une suite de princes aient fait, chacun dans leur temps, tous leurs efforts pour recruter et ranimer les garnisons des frontières, jusqu'au dernier moment de sa dissolution, l'empire a souffert de la blessure mortelle que lui avait faite l'imprudente faiblesse de Constantin.

Réduction des légions.

Cette politique timide qui sépare tout ce qui est uni, qui abaisse tout ce qui est élevé, qui craint toutes les facultés actives, et n'attend d'obéissance que de la faiblesse, semble avoir dicté les institutions de plusieurs monarques, et particulièrement celles de Constantin. L'orgueil martial des légions, dont les camps victorieux avaient été si souvent le foyer de la révolte, se nourrissait du souvenir de leurs anciens exploits et du sentiment de leurs forces présentes:

---

(1) *Cod. Theodos.*, l. VII, tit. 1, leg. 1; tit. 12, leg. 1. *Voyez* Howell, *History of the World*, vol. II, p. 19. Ce savant historien, qui n'est pas assez connu, tâche de justifier le caractère et la politique de Constantin.

prement les troupes de la cour, et celles qui gardaient les frontières. Les premières, fières de la supériorité de leur solde et de leurs priviléges, excepté dans le cas d'une guerre extraordinaire, passaient tranquillement leur vie au centre de l'empire, et les villes les plus florissantes gémissaient sous l'intolérable oppression des quartiers militaires. Les soldats perdaient insensiblement l'esprit de leur état, et prenaient tous les vices de l'oisiveté ; ou ils s'avilissaient par une industrie basse et sordide, ou bien ils s'énervaient le corps et l'âme par les bains et par les spectacles. Ils négligèrent bientôt les exercices militaires pour se livrer à la parure et à la bonne chère : formidables pour leurs concitoyens, ils tremblaient à la vue des Barbares (1). La chaîne de fortifications que Dioclétien et ses collègues avaient tendue sur les bords des grands fleuves, cessa d'être entretenue avec le même soin et défendue avec la même vigilance. Les troupes connues sous le nom de *gardes des frontières* auraient pu suffire à une défense ordinaire ; mais elles étaient découragées par cette humiliante réflexion, que tandis qu'elles étaient exposées toute l'année aux travaux et au danger d'une guerre continuelle, elles n'obtenaient qu'environ les deux tiers de la paye et des émolumens qu'on prodiguait aux

---

(1) *Ferox erat in suos miles et rapax, ignavus vero in hostes et fractus.* Ammien., l. XXII, c. 4. Il observé qu'ils aimaient les lits de duvet et les maisons de marbre ; et que leurs coupes avaient plus de pesanteur que leurs épées.

incursions des Barbares. Le partage de l'administration fait par Constantin assura la tranquillité du monarque; mais il relâcha le nerf de l'État.

Distinction des troupes.

On a blâmé avec raison Constantin d'une autre innovation qui corrompit la discipline militaire, et précipita la ruine de l'empire. Les dix-neuf années qui précédèrent sa dernière victoire sur Licinius avaient été un temps de licence et de guerre civile. Les rivaux qui se disputaient l'empire du monde romain, avaient retiré la plupart des troupes destinées à la défense des frontières communes de l'empire, et les grandes villes situées sur les confins de leurs États respectifs étaient remplies de soldats qui regardaient leurs concitoyens comme leurs plus implacables ennemis. Quand la fin de cette guerre civile eut rendu inutiles les garnisons intérieures, l'empereur n'eut pas assez de sagesse ou de fermeté pour ramener la discipline sévère de Dioclétien, et mettre un terme à la fatale indulgence dont l'habitude avait fait, pour l'ordre militaire, un besoin et presque un droit. Depuis le règne de Constantin, il se forma une distinction d'opinion et même une distinction légale entre les troupes palatines (1), que l'on nommait impro-

---

(1) Zozime, l. II, p. 3. Les historiens, les lois et la *Notitia* indiquent, d'une manière très-obscure, les deux classes des troupes romaines. On peut consulter cependant le *Paratitlon*, ou extrait étendu que Godefroy a tiré du septième livre *de Re militari*, du *Cod. Theod.*, l. VII, tit. I, leg. 18; l. VIII, tit. I, leg. 10.

ici de leur emploi. Au reste, on doit se rappeler que la seconde de ces dénominations n'est qu'une corruption du nom latin que l'on donnait indistinctement à tous les chefs militaires. Ces commandans de province étaient par conséquent connus sous le nom de *ducs*. Dix seulement obtinrent celui de *comtes* ou *compagnons*, titre d'honneur, ou plutôt de faveur, récemment inventé à la cour de Constantin. Un baudrier d'or était la marque distinctive de la dignité de *comte* et de *duc*. On leur faisait, en outre de leurs appointemens, une forte pension, pour qu'ils entretinssent cent quatre-vingt-dix valets et cent cinquante-huit chevaux. Il leur était expressément défendu de se mêler d'aucune affaire relative à l'administration de la justice, ou des deniers publics; mais leur autorité sur les troupes qu'ils commandaient était tout-à-fait indépendante des magistrats. Constantin introduisit la balance délicate de l'autorité civile et militaire, à peu près dans le même temps qu'il donna une sanction légale à l'ordre ecclésiastique. L'émulation, et quelquefois la discorde qui régnait entre deux professions si incompatibles d'humeur et d'intérêt, produisit de bons et de mauvais effets. On ne pouvait guère présumer que le général et le gouverneur civil d'une province s'uniraient pour la troubler ou pour la servir. Tandis que l'un négligeait d'offrir les secours que l'autre ne daignait pas demander, les troupes restaient souvent sans ordres et sans subsistances; la sûreté publique était trahie, et les sujets, abandonnés de leurs défenseurs, étaient exposés aux

toute l'autorité qu'avaient exercée les préfets du prétoire. Quoique chacun de ces *illustres* officiers fût plus particulièrement chargé de veiller à la discipline des troupes qui étaient sous ses ordres immédiats, il commandait également, à la guerre, tous les corps, soit à pied, soit à cheval, qui composaient son armée (1). Le nombre de ces maîtres fut bientôt doublé par la séparation de l'Orient et de l'Occident; et comme des généraux séparés, égaux de titre et de rang, furent chargés de la garde des quatre importantes frontières du Rhin, du Haut et du Bas-Danube, et de l'Euphrate, la défense de l'empire romain fut à la fin confiée à huit maîtres généraux, soit de cavalerie, soit d'infanterie. Ils eurent sous leurs ordres trente-cinq commandans militaires stationnés dans les provinces; trois dans la Grande-Bretagne, six dans les Gaules, un en Espagne, un en Italie, cinq sur le Haut, et quatre sur le Bas-Danube, huit en Asie, trois en Égypte, et quatre en Afrique. Les titres de *comtes* et de *ducs* (2), qui leur étaient particuliers, ont, dans nos langues modernes, un sens si différent, qu'on peut être étonné

---

(1) Zozime, l. II, p. 110. Avant la fin du règne de Constance, les *magistri militum* étaient déjà au nombre de quatre. *Voyez* Valois, *ad Ammian.*, l. XVI, c. 7.

(2) Quoique l'histoire et les codes parlent souvent des comtes et des ducs militaires, on doit recourir à la *Notitia*, si on veut avoir une connaissance exacte de leur nombre et de leurs départemens. Quant à l'institution, au rang, aux priviléges des comtes en général, voyez *Cod. Theod.*, l. VI, tit. 12-20; avec les *Commentaires* de Godefroy.

la robe civile de magistrat, et à la tête des légions, couverts d'une armure complète (1). L'influence des richesses, l'autorité de la loi, et le commandement militaire, concouraient à rendre leur pouvoir absolu; et quand ils étaient tentés de secouer l'obéissance, la province fidèle qui se trouvait enveloppée dans leur rébellion, s'apercevait à peine d'aucun changement dans son administration. Depuis le règne de Commode jusqu'à celui de Constantin, près de cent gouverneurs levèrent, avec différens succès, l'étendard de la révolte; et quoique l'ombrageuse cruauté de leurs maîtres ait sacrifié beaucoup d'innocens, il est possible qu'elle ait aussi prévenu des desseins criminels (2). Pour ôter à ces formidables serviteurs tout moyen d'alarmer le prince ou de troubler la tranquillité publique, Constantin résolut de séparer le service militaire de l'administration civile, et de faire une profession distinguée et permanente de ce qui n'avait été jusque-là qu'une fonction passagère; il créa deux maîtres généraux, l'un pour la cavalerie, l'autre pour l'infanterie, et leur donna sur les armées de l'empire

---

(1) La vie d'Agricola, surtout dans les c. 20, 21, en fournit un bel exemple. Le lieutenant de la Bretagne était revêtu du pouvoir que Cicéron, proconsul de la Cilicie, avait exercé au nom du sénat et du peuple.

(2) L'abbé Dubos, qui a examiné avec exactitude (*Hist. de la Monarchie française*, t. 1, p. 41-100, éd. 1742) les institutions d'Auguste et de Constantin, observe que si Othon eût été mis à mort la veille de sa conspiration, il paraîtrait dans l'histoire aussi innocent que Corbulon.

dans leur demeure, ne soutenaient la dignité de leur état de professeurs des lois qu'en fournissant à de riches cliens des subtilités pour obscurcir la vérité la plus évidente, et des argumens pour colorer les plus injustes prétentions. Parmi ces avocats, les plus distingués et les plus en vogue étaient ceux qui faisaient retentir le *Forum* de leur verbeuse et déclamatoire rhétorique. Aussi indifférens pour leur réputation que pour la justice, ils sont représentés pour la plupart comme des guides infidèles, qui conduisaient leurs cliens à travers un dédale de dépenses, de délais, d'espérances trompées, d'où, après des années d'attente, ils ne les laissaient sortir que quand leur patience et leur fortune étaient presque épuisées (1).

Officiers militaires.

Dans le système politique d'Auguste, les gouverneurs, ceux du moins des provinces impériales, étaient investis de tous les pouvoirs de la souveraineté. Ministres de la paix et de la guerre, eux seuls accordaient les récompenses et infligeaient les punitions. Ils paraissaient sur leur tribunal, revêtus de

---

(1) Le passage d'Ammien (l. xxx, c. 4), qui peint les mœurs des gens de loi de son temps, est curieux; il offre un mélange bizarre de sens commun, de fausse rhétorique et de satire poussée jusqu'à l'extravagance. Godefroy (*Prolegomen. ad Cod. Theod.*; c. 1, p. 185) articule les mêmes plaintes, et rapporte des faits authentiques. Dans le quatrième siècle, les livres de la loi auraient fourni la charge d'un grand nombre de chameaux. Eunapius, *in Vit. Edesii*, p. 72.

accoutumés, dans la pratique du barreau, à regarder le raisonnement comme l'arme de la dispute, et à interpréter les lois au gré de leur intérêt, se dépouillassent de cet esprit dangereux et méprisable en passant à l'administration publique. Il y a eu sans doute, dans les temps anciens et modernes, des avocats qui ont honoré leur profession en remplissant les postes les plus importans avec autant de sagesse que d'intégrité; mais, dans le déclin de la jurisprudence romaine, la promotion ordinaire des hommes de lois ne pouvait produire que honte et que désordre. La noble et séduisante éloquence avait été long-temps le patrimoine particulier de la noblesse; mais elle s'était corrompue dans la bouche des affranchis et des plébéiens (1), qui, avec plus d'artifice que d'habileté, en faisaient un trafic sordide et funeste. Quelques-uns d'entre eux cherchaient à pénétrer dans l'intérieur des familles pour y fomenter les discordes. Ils encourageaient les procès, et se préparaient d'amples moissons à eux et à leurs confrères. D'autres, enfermés

---

et souvent les fastes ne rappellent que son nom, à cause de l'infamie de son collègue, l'eunuque Eutropius; 9° en 408, Mallius fut nommé une seconde fois préfet du prétoire en Italie. Le vénal Claudien fait lui-même entrevoir, dans son panégyrique, le mérite de Mallius-Théodore, qui, par un rare bonheur, fut l'intime ami de Symmaque et de saint Augustin. *Voyez* Tillemont, *Histoire des Empereurs*, t. v, p. 1110-1114.

(1) Mamertin, *in Panegyr. Vet.*, xi, 29; Asterius, *apud* Photium, p. 1500.

un grand empire déjà corrompu par la multiplicité des lois, des professions et des vices. Le tribunal du préfet du prétoire de l'Orient employait seul cent cinquante avocats, dont soixante-quatre jouissaient de priviléges particuliers. On en choisissait deux tous les ans, auxquels on donnait pour appointemens soixante livres d'or, pour plaider les causes du trésor. Pour premier essai, on les faisait servir d'assesseurs aux magistrats dans quelques occasions, et on leur faisait souvent occuper ensuite le tribunal devant lequel ils avaient plaidé. Ils obtenaient le gouvernement d'une province, et par leur mérite, leur réputation ou la faveur, ils arrivaient successivement aux dignités *illustres* de l'État (1). On ne pouvait guère espérer que des hommes

---

(1) J'ai indiqué à une époque antérieure les emplois civils et militaires qu'obtint successivement Pertinax, et je vais parler ici des honneurs civils qu'on accorda, les uns après les autres, à Mallius-Théodore. 1° Il se distingua par son éloquence lorsqu'il plaidait à la cour du préfet du prétoire; 2° il gouverna une des provinces de l'Afrique en qualité de président ou de consulaire, et mérita une statue d'airain; 3° il fut nommé vicaire ou vice-préfet de la Macédoine; 4° questeur; 5° comte des sacrées largesses; 6° préfet prétorien des Gaules, et même alors il pouvait passer encore pour un jeune homme; 7° après une retraite, peut-être une disgrâce de plusieurs années, que Mallius (que des critiques confondent avec le poëte Manilius, *voyez* Fabricius, *Biblioth. lat.*, ed. Ernesti, t. 1, c. 18, p. 501) employa à l'étude de la philosophie grecque, on le fit préfet du prétoire de l'Italie, l'an 397; 8° il exerçait encore cette grande charge lorsqu'il fut nommé consul pour l'Occident, en 399;

Comme les magistrats civils étaient pris parmi les jurisconsultes, les célèbres Institutes de Justinien s'adressent à la jeunesse de ses États qui se dévouait à l'étude de la jurisprudence romaine; et le souverain daigne animer leur zèle, en promettant de récompenser leur intelligence et leurs talens par des charges dans le gouvernement (1). Les élémens de cette science lucrative étaient enseignés dans toutes les grandes villes de l'Orient et de l'Occident; mais l'école la plus fameuse était celle de Béryte (2), sur la côte de Phénicie. Elle fleurit pendant plus de trois siècles après Alexandre-Sévère, qui fut probablement le fondateur d'une institution si avantageuse à son pays natal. Après un cours régulier d'instruction qui durait cinq ans, les étudians se dispersaient dans les provinces pour y chercher la fortune et les honneurs, et ils trouvaient une source inépuisable d'affaires dans

---

inquam, nam si moniti non cesserint, gladiis præcidentur, etc. Cod. Theod., l. 1, tit. 7, leg. 1. Zénon ordonna à tous les gouverneurs de rester dans les provinces cinquante jours après l'expiration de leur office, pour y répondre à toutes les accusations. Cod. Just., l. 11, tit. 49, leg. 1.

(1) *Summâ igitur ope et alacri studio has leges nostras accipite; et vosmetipsos sic eruditos ostendite, ut spes vos pulcherrima foveat; toto legitimè opere perfecto, posse etiam rempublicam nostram in partibus ejus vobis credendis gubernari.* Justinien, *in Proem. Institutionum.*

(2) La splendeur de l'école de Béryte, qui conserva en Orient la langue et la jurisprudence des Romains, paraît s'être maintenue depuis le troisième siècle jusqu'au milieu du sixième. Heinecc., *Jur. rom. Hist.*, p. 351-356.

province où l'on était né, à moins d'une dispense particulière de l'empereur (1); et il était expressément défendu aux gouverneurs et à leurs fils de contracter des mariages avec des familles de leur arrondissement (2), ou d'acheter des esclaves, des terres ou des maisons dans l'étendue de leur juridiction (3). Malgré ces précautions rigoureuses, Constantin, après trente-cinq ans de règne, déplore encore l'administration vénale et oppressive de la justice, et se plaint avec indignation de ce que les juges vendent eux-mêmes ou font vendre publiquement leurs audiences, leur diligence ou leurs délais, et enfin leurs sentences définitives. La répétition de lois et de menaces impuissantes prouve la durée et peut-être l'impunité de ces désordres (4).

---

(1) *Ut nulli patriæ suæ administratio, sine speciali principis permissu, permittatur.* Cod. Just., l. 1, tit. 41. L'empereur Marc-Aurèle, après la rebellion de Cassius, établit le premier cette loi. (Dion-Cassius, LXXII.) On observe ce réglement à la Chine avec la même rigueur et avec le même effet.

(2) *Pandect.*, l. XXIII; tit. 2, nos 37, 38, 63.

(3) *In jure continetur, ne quis in administratione constitutus aliquid compararet.* Cod. Theod., l. VIII, tit. 15, leg. 1. Cette maxime de la loi commune fut confirmée par une suite d'édits (*voyez* le reste du titre), depuis Constantin jusqu'à Justin. Ils n'exceptent que les habits et les provisions de cette prohibition, qui s'étendait aux derniers officiers du gouverneur. Ils donnent cinq ans pour rentrer dans la chose vendue, et ils déclarent ensuite qu'après une information elle tombera au trésor.

(4) *Cessent rapaces jam nunc officialium manus; cessent,*

moindre et la plus honorable sentence d'exil. Ces prérogatives étaient réservées aux préfets, qui avaient seuls le droit d'imposer des amendes qui s'élevassent à la somme énorme de cinquante livres d'or. Les vice-gérans n'avaient le droit de condamner qu'à quelques onces (1). Cette distinction, qui paraît accorder une grande autorité et en refuser une moindre, était fondée sur des motifs très-raisonnables. La moindre était infiniment plus sujette à des abus. Les passions d'un magistrat provincial pouvaient lui faire commettre des actes d'oppression qui n'attaquassent que la fortune ou la liberté des citoyens, quoique, par un motif de prudence ou d'humanité, il pût craindre de verser le sang innocent. On doit aussi considérer que l'exil, les fortes amendes, ou le choix d'une mort douce, ne regardaient guère que les citoyens riches ou les nobles. De cette manière, les personnes les plus exposées au ressentiment ou à l'avidité d'un magistrat de province se trouvaient à l'abri de sa persécution obscure; et s'adressaient au tribunal plus auguste et plus impartial du préfet. 2° Comme on sentait que l'intégrité d'un juge pouvait être corrompue par son intérêt ou par ses liaisons, les réglemens les plus sévères excluaient du gouvernement de la

---

(1) Les présidens et les consulaires pouvaient imposer une amende de deux onces; les vice-préfets, de trois; les proconsuls, le comte de l'Orient et le préfet d'Égypte, de six. *Voyez* Heinecc., *Jur. civ.*, t. I, p. 75; *Pandect.*, l. XLVIII, tit. 19, n° 8; *Cod. Just.*, l. I, tit. 54, leg. 4-6.

gouvernement dispendieux et magnifique. Trois furent régies par des proconsuls, trente-sept par des consulaires, cinq par des correcteurs, et soixante-onze par des présidens. Les dénominations de ces magistrats étaient différentes; leur rang se trouvait classé; les marques de leur dignité ne se ressemblaient point; et, selon les circonstances, leur situation devenait plus ou moins agréable ou plus ou moins avantageuse. Mais ils étaient tous, en exceptant les proconsuls, compris dans la classe des *honorables*, amovibles à la volonté du prince, et en possession d'administrer la justice et les finances de leur district sous l'autorité des préfets et de leurs députés. Les énormes volumes du Code et des Pandectes (1) nous fourniraient de grands détails sur le système du gouvernement des provinces tel que le perfectionna, durant le cours de six siècles, la sagesse des politiques et des jurisconsultes romains; mais l'histoire se bornera au choix de deux précautions singulières, destinées à restreindre l'abus de l'autorité. 1° Pour conserver l'ordre et la paix, les gouverneurs des provinces étaient armés du glaive de la justice; ils infligeaient des punitions corporelles, et jugeaient à mort dans les crimes capitaux. Mais ils ne pouvaient accorder au criminel le choix du genre de son supplice, ni prononcer la

---

(1) Le Recueil des ouvrages du célèbre Ulpien offre un Traité en dix livres sur l'office du proconsul, dont les devoirs, en plusieurs points essentiels, étaient les mêmes que ceux d'un gouverneur de province.

de préfet augustal de l'Égypte ne fut plus occupée par un chevalier romain; mais on conserva son emploi, et l'on continua au gouverneur les pouvoirs extraordinaires que rendaient indispensables la situation de la province et le caractère des habitans. Les onze autres diocèses, de l'Asie, du Pont, de la Thrace, de la Macédoine, de la Dacie et de la Pannonie ou Illyrie occidentale, de l'Italie et de l'Afrique, des Gaules, de l'Espagne et de la Grande-Bretagne, furent gouvernés par des vicaires ou vice-préfets (1). Leur nom explique suffisamment leur rang et l'infériorité de leur place. On peut ajouter que les lieutenans généraux des armées romaines, les comtes militaires et les ducs, dont on aura occasion de parler, eurent le rang et le titre de *respectables*.

Comme l'esprit de soupçon et de vanité prévalait dans les conseils de l'empereur, on mit la plus grande attention à diviser le pouvoir et multiplier les titres. Les vastes pays que les conquérans romains avaient réunis sous une administration simple et uniforme, furent insensiblement morcelés; si bien qu'à la fin l'empire se trouva distribué en cent seize provinces, chacune desquelles avait à supporter les frais d'un

Les gouverneurs des provinces.

---

et, soit du trésor soit de la province, ils recevaient tous de forts salaires. *Voyez* Pancirole, p. 26; et le Code Justin., l. XII, tit. 56, 57.

(1) En Italie on trouvait aussi le *vicaire de Rome.* On a beaucoup disputé pour savoir si sa juridiction s'étendait à cent milles de Rome, ou si elle comprenait les dix provinces méridionales de l'Italie.

un magistrat de la même espèce, et il eut les mêmes fonctions. On établit une parfaite égalité entre les deux préfets municipaux, et entre les quatre préfets du prétoire (1).

<small>Les proconsuls, vice-préfets.</small>

Ceux qui dans la hiérarchie impériale étaient distingués par le titre de *respectables*, formèrent une classe intermédiaire entre les *illustres* préfets, et les *honorables* magistrats des provinces. Les proconsuls de l'Asie, de l'Achaïe et de l'Afrique, réclamèrent la préséance dans cette classe : on l'accorda au souvenir de leur ancienne dignité; et l'appel de leurs tribunaux à ceux des préfets fut presque la seule marque qui restât de leur infériorité (2). Le gouvernement civil de l'empire fut distribué en treize grands diocèses, qui contenaient chacun l'étendue d'un grand royaume. Le premier de ces diocèses était régi par le comte de l'Orient; et nous pouvons donner une idée de l'importance et du nombre de ses fonctions, en observant qu'il avait sous ses ordres six cents appariteurs, qui composaient ce que l'on appelle aujourd'hui *secrétaires*, *clercs*, *huissiers* ou *messagers* (3). La place

---

(1) Outre nos guides ordinaires, Felix Cantelorius a écrit un Traité particulier, *de Præfecto urbis*; et on trouve dans le quatorzième livre du Code Théodosien plusieurs détails curieux sur la police de Rome et de Constantinople.

(2) Eunapius assure que le proconsul d'Asie était indépendant du préfet; ce qu'il ne faut adopter toutefois qu'avec quelque modification. Il est sûr qu'il n'était point soumis à la juridiction du vice-préfet. Pancirole, p. 61.

(3) Le proconsul d'Afrique avait quatre cents appariteurs,

principe de jurisprudence, qu'ils étaient les chefs de toute autorité municipale (1). Le gouverneur de Rome avait, pour l'aider dans l'administration de ses pénibles travaux, quinze officiers, dont quelques-uns avaient été originairement ses égaux, ou même ses supérieurs. Les principaux départemens de ces officiers étaient le commandement d'une nombreuse garde établie pour prévenir les vols, les incendies et les désordres nocturnes; les distribuitons de grains et de denrées; le soin du port, des aqueducs, des égouts, du lit et de la navigation du Tibre; l'inspection des marchés, des théâtres et des travaux publics et particuliers. Leur vigilance devait porter sur les trois principaux objets d'une police régulière : la sûreté, l'abondance et la propreté. Le gouvernement, pour prouver son attention à conserver la magnificence et les monumens de la capitale, payait un inspecteur particulier pour les statues : il était le gardien de ce peuple inanimé, qui, selon le calcul extravagant d'un ancien écrivain, n'aurait été guère inférieur en nombre aux habitans de Rome. Trente ans après la fondation de Constantinople, on y créa

---

(1) *Quidquid igitur intra urbem admittitur, ad P. U. videtur pertinere; sed et si quid intra centesimum milliarium.* Ulpien, *in Pandect.*, l. 1, tit. 13, n° 1. Il énumère ensuite les diverses fonctions du préfet; à qui le Code Justinien (l. 1, tit. 39, leg. 3) attribue la prééminence et le commandement de tous les magistrats de la ville, *sine injuriâ ac detrimento honoris alieni.*

sentit mieux les avantages de l'ordre, et le préfet, qui avait semblé d'abord n'être destiné qu'à contenir par la crainte les esclaves et les gens sans aveu, fut autorisé à étendre sa juridiction civile et criminelle sur l'ordre équestre, et sur les familles nobles de Rome.

Les préteurs, qu'on choisissait tous les ans pour juger d'après les lois et l'équité, ne purent disputer long-temps la possession du *Forum* à un magistrat puissant et permanent, qui avait l'oreille et la confiance du prince. Leurs tribunaux furent déserts, et leur nombre, qui avait varié de douze à dix-huit (1), tomba sensiblement à deux ou trois, dont les importantes fonctions se réduisirent à la dispendieuse nécessité de donner des fêtes au peuple (2). Quand la dignité des consuls fut réduite à une vaine pompe qui se déployait rarement dans la capitale, les préfets prirent leur place dans le sénat, et furent bientôt regardés comme les présidens ordinaires de cette auguste assemblée. Il leur venait des appels de pays éloignés de cent milles; et l'on reconnut, comme un

---

teur d'Hèbe: Tacite exprime d'une autre manière la même idée *quasi nescius exercendi*.. Voyez Lipse, *excursus D. ad 1. lib. Tacit Ann.* Heineccii *Element. Juris civilis secund. ordinem Pandect.* t. I, p. 70; voyez aussi Spanheim, *de Usu Numismatum*, t. II, dissert. 10, p. 119. L'an 450, Marcien déclara, une loi que trois citoyens seraient créés, chaque année, préteurs de Constantinople, au choix du sénat; mais en leur laissant la liberté de refuser. *Cod. Justin.*; l. I, tit. 39;

quillité dans des villes d'une si vaste étendue, et elle avait fourni à la politique d'Auguste un prétexte pour établir à Rome un magistrat qui contînt une populace licencieuse et turbulente, par la terreur d'un pouvoir et de châtimens arbitraires (1). Valerius-Messala fut décoré le premier du titre de *préfet de Rome*, afin que la réputation dont il jouissait diminuât ce que ses fonctions avaient d'odieux. Mais ce citoyen distingué (2) ne les exerça que peu de jours, et il déclara en quittant sa place, comme il convenait à l'ami de Brutus, qu'on ne lui ferait jamais accepter une autorité incompatible avec la liberté publique (3). A mesure que le sentiment de cette liberté s'éteignit, on

---

(1) Tacite, *Annal.*, VI, 11; Eusèbe, *in Chron.*, p. 155. Dion-Cassius, dans le *Discours de Mécène* (l. VII, p. 675), expose les prérogatives du préfet de la ville telles qu'elles subsistaient de son temps.

(2) Le mérite de Messala était encore au-dessus de sa réputation. Dans sa première jeunesse, il fut recommandé par Cicéron à l'amitié de Brutus. Il suivit l'étendard de la république jusqu'à sa destruction aux champs de Philippes. Il accepta ensuite et mérita la faveur du plus modéré des conquérans, et dans la cour d'Auguste il montra toujours la noblesse de son caractère et son amour de la liberté. Son triomphe fut justifié par la conquête de l'Aquitaine. En qualité d'orateur, il disputa la palme de l'éloquence à Cicéron lui-même. Il cultiva les Muses, et fut le protecteur de tous les hommes de génie. Il passait ses soirées à converser philosophiquement avec Horace; à table, il se plaçait entre Délie et Tibulle, et il amusait ses loisirs en encourageant les talens poétiques du jeune Ovide.

(3) *Incivilem esse potestatem confessus*, dit le trad

Ses appointemens répondaient à sa dignité (1); et si l'avarice était sa passion dominante, il avait de fréquentes occasions de la satisfaire par d'abondantes moissons de présens, par des taxes, et par un casuel considérable. Quoique les empereurs n'eussent plus rien à craindre de l'ambition de leurs préfets, ils n'en avaient pas moins l'attention de contre-balancer le pouvoir de cette grande charge, par la brièveté et l'incertitude de sa durée (2).

Préfets de Rome et de Constantinople.

Rome et Constantinople, à raison de leur importance, furent les seules villes sur lesquelles les préfets du prétoire n'eurent aucune autorité. L'expérience avait démontré que la marche ordinaire des lois était trop lente pour conserver l'ordre et la tran-

---

autem prætoria provocare non sinimus. Cod. Justin., l. VII, tit. 62, leg. 19. Charisius, jurisconsulte du temps de Constantin (Heinecc., *Hist. Juris rom.*, p. 349), qui reconnaît cette loi pour un principe fondamental de jurisprudence, compare les préfets du prétoire aux maîtres de la cavalerie des anciens dictateurs. *Pandect.*, l. 1, tit. 11.

(1) Lorsque Justinien, au milieu de l'épuisement de l'empire, institua un préfet du prétoire pour l'Afrique, il lui accorda un salaire de cent livres d'or. Cod. Just., l. 1, tit. 27, leg. 1.

(2) Sur cette dignité, ainsi que sur les autres dignités de l'empire, il suffit de renvoyer aux commentaires étendus de Pancirole et de Godefroy, qui ont recueilli avec soin, et disposé avec exactitude et avec ordre tous les matériaux tirés de la loi et de l'histoire. Le docteur Howell (*History of the World*, vol. II, p. 24-77) a fait, d'après ces auteurs, un précis très-net de l'état de l'empire romain.

Après qu'on eut ôté le commandement militaire aux préfets du prétoire, les fonctions civiles qu'ils exercèrent sur tant de nations soumises, suffirent encore pour satisfaire l'ambition et occuper les talens des ministres les plus consommés. Ils avaient la suprême administration de la justice et des finances ; et ces deux objets comprennent, en temps de paix, presque tous les devoirs respectifs du souverain et de ses peuples : du souverain, pour protéger les citoyens qui obéissent aux lois ; et des peuples, pour contribuer, à raison de leur fortune, aux dépenses indispensables de l'État. La monnaie, les grands chemins, les postes, les greniers publics, les manufactures, tout ce qui pouvait intéresser la prospérité publique, était administré par les préfets du prétoire. Comme représentans immédiats de la majesté impériale, ils étaient autorisés à expliquer, à augmenter et à modifier, au besoin, les réglemens généraux par des proclamations dont la teneur était laissée à leur prudence. Ils veillaient sur la conduite des gouverneurs de provinces ; ils déplaçaient les négligens et punissaient les coupables. Dans les affaires de quelque importance, soit civiles ou criminelles, on pouvait appeler de toutes les juridictions inférieures au tribunal du préfet, et sa sentence était définitive. Les empereurs eux-mêmes ne souffraient pas qu'on accusât devant eux les jugemens ou l'intégrité d'un magistrat auquel ils accordaient une confiance illimitée. (1).

---

(1) *Voyez* une loi de Constantin lui-même. *A præfectis*

pitaines des gardes devinrent les magistrats civils des provinces. D'après le plan de gouvernement institué par Dioclétien, les quatre princes avaient chacun leur préfet du prétoire. Constantin, ayant réuni sous sa puissance la totalité de l'empire, continua de nommer quatre préfets, et leur confia les mêmes provinces que leurs prédécesseurs avaient gouvernées. 1° Le préfet de l'Orient étendait sa vaste juridiction sur les trois parties du globe qui obéissaient aux Romains, depuis les cataractes du Nil jusqu'aux bords du Phase, et depuis les montagnes de la Thrace jusqu'aux frontières de la Perse. 2° Les importantes provinces de la Pannonie, de la Dacie, de la Macédoine et de la Grèce, reconnaissaient l'autorité du préfet d'Illyrie. 3° Le pouvoir du préfet d'Italie n'était pas restreint dans cette province; il s'étendait sur toute la Rhétie jusqu'aux bords du Danube, sur les îles de la Méditerranée, et sur la partie de l'Afrique qui est située entre les confins de la Cyrénaïque et ceux de la Tingitane. 4° Le préfet des Gaules comprenait sous cette dénomination générale les provinces voisines de la Grande-Bretagne et de l'Espagne, et on lui obéissait depuis le mur d'Antonin jusqu'au fort du mont Atlas (1).

---

(1) Zozime, l. II, p. 109, 110. Si nous n'avions pas heureusement le détail satisfaisant qu'il nous donne de la division du pouvoir et des départemens des préfets du prétoire, nous nous trouverions souvent embarrassés dans les nombreux détails du Code, et les explications minutieuses de la *Notitia*.

respectés comme les *pères* adoptifs de l'empereur et de la république (1).

Le sort des préfets du prétoire fut bien différent de celui des consuls et des patriciens. Ces derniers virent leur ancienne grandeur se changer en un vain titre. Les premiers, au contraire, s'élevant par degrés du rang le plus modeste, s'emparèrent à la fin de l'administration civile et militaire du monde romain. Depuis le règne de Sévère jusqu'à celui de Dioclétien, les gardes et les palais, les lois et les finances, les armées et les provinces, furent confiés à leur surintendance; et, comme les vizirs de l'Orient, ils tenaient d'une main le sceau, et de l'autre, l'étendard de l'empire. L'ambition des préfets, toujours formidable, et quelquefois fatale à leur maître, était soutenue par la force des bandes prétoriennes; mais quand Dioclétien eut affaibli ces troupes audacieuses, et que Constantin les eut tout-à-fait supprimées, les préfets survivant à leur chute furent réduits sans peine au rang de ministres utiles et obéissans. Quand ils ne répondirent plus de la vie et de la sûreté de l'empereur, ils abandonnèrent la juridiction qu'ils avaient réclamée et exercée jusqu'alors sur tous les départemens du palais. Constantin leur ôta tout commandement militaire, dès qu'ils eurent cessé de conduire et de commander à la guerre l'élite des troupes romaines; enfin, par une singulière révolution, les ca-

Préfets du prétoire

---

(1) Zozime, l. 11, p. 118; et Godefroy, *ad Cod. Theodos.*, l. vi, tit. 6.

lange des nations étrangères (1); et lorsque Constantin monta sur le trône, on ne se souvenait plus guère que par une tradition vague et imparfaite que les patriciens avaient été les premiers des Romains. Le projet de former un corps de noblesse qui pût contenir l'autorité du monarque, dont elle fait la sûreté, ne convenait ni au caractère ni à la politique de Constantin; mais quand il se le serait sérieusement proposé, il eût peut-être été au-dessus de sa puissance de ratifier, par une loi arbitraire, une institution qui ne peut attendre sa sanction que de l'opinion et du temps. Il fit revivre, à la vérité, le titre de *patriciens*, mais comme une distinction personnelle et point héréditaire. Ils ne le cédaient qu'à la supériorité passagère des consuls, jouissaient de la prééminence sur tous les grands officiers de l'État, et de leur entrée libre chez le prince dans tous les temps. Ce rang honorable était accordé à vie; et comme il était ordinairement conféré à des ministres et à des favoris qui avaient blanchi dans la cour impériale, la véritable étymologie du mot fut corrompue par l'ignorance et par la flatterie; et les patriciens de Constantin furent

---

(1) Cet anéantissement aurait été presque impossible, si, comme Casaubon le fait dire à Aurelius-Victor (*ad Suet. in Cæs.*, c. 42. *Voyez l'Hist. Aug.*, p. 203, et Casaubon, *Comment.*, page 220), Vespasien eût créé à la fois mille familles patriciennes; mais ce nombre extravagant excède même celui de l'ordre entier des sénateurs, à moins qu'on n'y comprenne tous les chevaliers romains qui avaient la permission de porter le laticlave.

tant que subsista la république, s'éteignirent, ou par le cours ordinaire de la nature, ou par les ravages des guerres civiles et étrangères; ou bien elles disparurent faute de mérite et de fortune, et se mêlèrent insensiblement à la masse du peuple (1). Il en restait peu qui pussent faire remonter clairement leur origine aux premiers temps de Rome, ou même à l'enfance de la république, lorsque César et Auguste, Claude et Vespasien, firent d'une partie des sénateurs un nombre de nouvelles familles patriciennes, dans l'espoir de perpétuer cet ordre, qu'on regardait encore comme respectable et sacré (2). Mais ces nouvelles créations, dans lesquelles la famille régnante était toujours comprise, se trouvaient bientôt effacées par la fureur des tyrans, par les fréquentes révolutions, par le changement des mœurs, par le mé-

---

(1) L'an de Rome 800; il restait un très-petit nombre, non-seulement des anciennes familles patriciennes, mais même de celles qui avaient été créées par César et par Auguste (Tac., *Ann.*, xi, 25). La famille de Scaurus (branche de la famille patricienne des Æmilius) se trouvait dans un tel état d'abaissement, que le père de celui-ci, après avoir été marchand de charbon, ne lui laissa que dix esclaves et un peu moins de trois cents livres sterl. (Valère-Maxime, l. iv, c. 4, n° 11; Aurelius-Victor, *in Scauro*.) Le mérite du fils sauva cette famille de l'oubli.

(2) Tacite, *Annal.*, xi, 25; Dion-Cassius, l. lii, p. 693. Les vertus d'Agricola, qui fut créé patricien par l'empereur Vespasien, honorèrent cet ordre antique; mais ses ancêtres n'étaient que dans la classe des chevaliers.

ciens et des plébéiens, telle qu'elle fut établie dans les premiers temps de la république. Les richesses et les honneurs, les dignités de l'État et les cérémonies de la religion, étaient presque exclusivement entre les mains des premiers, qui, conservant avec un soin insultant la pureté de leur race (1), tenaient leurs cliens dans le plus humiliant vasselage. Mais ces distinctions, si incompatibles avec le génie d'un peuple libre, furent anéanties, après de longs débats, par les efforts constans des tribuns. Des plébéiens actifs et heureux acquirent des richesses, aspirèrent aux honneurs, méritèrent des triomphes, contractèrent des alliances, et devinrent, après quelques générations, aussi vains et aussi arrogans que les anciens nobles (2). D'un autre côté, les premières familles patriciennes, dont le nombre ne fut jamais augmenté

Les plébéiens.

(1) La loi des Douze Tables défendait les mariages des patriciens et des plébéiens, et le cours uniforme de la nature humaine peut attester que l'usage survécut à la loi. *Voyez* dans Tite-Live (l. IV, 1-6) l'orgueil de famille soutenu par le consul, et les droits de l'humanité défendus par le tribun Canuleius.

(2) *Voy.* le tableau animé que trace Salluste (*in Bello Jug.*) de l'orgueil des nobles, et même du vertueux Metellus, qui ne pouvait se familiariser avec l'idée que les honneurs du consulat dussent être accordés au mérite obscur de Marius, son lieutenant (c. 64). Deux cents ans auparavant, la race des Metellus eux-mêmes était confondue parmi les plébéiens de Rome, et l'étymologie de leur nom de Cæcilius donne lieu de croire que ces nobles hautains tiraient leur origine d'un vivandier.

privée, et jouir, tout le reste de l'année, du spectacle de leur oisive grandeur. Ils ne présidaient plus aux conseils de la nation, ils ne se mêlaient plus ni de la paix ni de la guerre. Leurs talens, à moins qu'ils ne possédassent quelque autre emploi plus effectif, n'étaient plus d'aucune utilité, et leur nom ne servait guère qu'à indiquer la date de l'année où ils s'étaient assis sur le siége des Marius et des Cicéron. On conserva cependant jusque dans les derniers temps de la servitude romaine un grand respect pour ce nom sans autorité. Il flattait encore autant, et peut-être plus la vanité, qu'un autre titre avec plus de pouvoir : celui de consul fut constamment le principal objet de l'ambition et la récompense la plus estimée de la fidélité et de la vertu. Les empereurs eux-mêmes, qui méprisaient l'ombre illusoire de la république, croyaient ajouter à leur majesté et à la vénération du peuple, toutes les fois qu'ils se faisaient revêtir des honneurs annuels du consulat (1).

La distinction la plus orgueilleuse et la plus complète qui ait jamais existé chez une nation entre la noblesse et le peuple, est sans doute celle des patri-

Les patriciens.

---

(1) *In consulatu honos sine labore suscipitur.* (Mamertin, in *Panegyr. vet.*, XI, 2). Cette brillante idée du consulat est tirée d'un discours (3, p. 107) prononcé par Julien dans la cour servile de Constance. *Voyez* l'abbé de La Bletterie (*Mém. de l'Acad. des Inscript.*, t. XXIV, page 289), qui se plaît à suivre les traces de l'ancienne constitution, et qui les trouve quelquefois dans sa fertile imagination.

tion célèbre de l'ancien Brutus, l'auteur de la liberté et du consulat, quand il déclara citoyen romain le fidèle Vindex qui avait révélé la conspiration des Tarquins (1). La fête publique continuait plusieurs jours dans les grandes villes; à Rome, par habitude; à Constantinople, par imitation; à Carthage, à Antioche et à Alexandrie, par l'amour du plaisir que secondait la surabondance des richesses (2). Dans les deux capitales, les jeux du théâtre, du cirque et de l'amphithéâtre (3), coûtaient quatre mille livres d'or, environ cent soixante mille livres sterling. Quand cette dépense surpassait les facultés ou la libéralité des deux magistrats, le trésor impérial y suppléait (4). Dès que les consuls avaient rempli ces devoirs d'usage, ils pouvaient rentrer dans l'obscurité de la vie

---

(1) *Auspice mox lœto sonuit clamore tribunal;*
Te fastos ineunte quater, solemnia ludit
Omina libertas; deductum Vindice morem
Lex servat, famulusque jugo laxatus herili
Ducitur, et grato remeat securior ictu.
CLAUD., in IV cons. Honorii, 611.

(2) *Celebrant quidem solemnes istos dies, omnes ubique urbes quæ sub legibus agunt; et Roma de more, et Constantinopolis de imitatione, et Antiochia pro luxu, et discincta Carthago, et domus fluminis Alexandria, sed Treviri principis beneficio.* AUSON., in grat. Actione.

(3) Claudien (in cons. Mall. Theodori, 279-331) décrit, d'une manière vive et animée, les divers jeux du cirque, du théâtre et de l'amphithéâtre, que donna le nouveau consul. Les sanguinaires combats des gladiateurs étaient déjà défendus.

(4) Procope, *in Hist. arcand*, c. 26.

prenaient les marques de leur dignité. Ils portaient une robe de pourpre brodée en soie et en or, et quelquefois ornée de brillans (1). Ils étaient suivis, dans cette cérémonie, des principaux officiers civils et militaires en habit de sénateurs, et des licteurs (2) portaient devant eux les inutiles faisceaux et les haches autrefois si formidables. Le cortége (3) se rendait du palais au *Forum*, la principale place de la ville. Là, les consuls montaient sur leur tribunal, s'asseyaient dans une chaise curule, construite sur le modèle des anciennes, et y exerçaient un acte de leur autorité, en affranchissant un esclave qu'on leur amenait exprès. Cette cérémonie était destinée à rappeler l'ac-

---

eut un intervalle de cent vingt ans, durant lequel les empereurs se trouvèrent toujours absens de Rome le 1er de janvier. *Voyez* la *Chron.* de Tillemont, tome III, IV et V.

(1) Claudien, *in cons. Prob. et Olybr.*, 178, etc., *et in* IV *cons. Honorii*, 585, etc.; mais, dans le dernier passage, il n'est pas aisé de séparer les ornemens de l'empereur de ceux du consul. Ausone reçut de la libéralité de Gratien une *vestis palmata*, ou robe de cérémonie, où l'on avait brodé la figure de l'empereur Constance.

(2)   *Cernis et armorum proceres legumque potentes*
   Patricios sumunt habitus; et more Gabino
   Discolor incedit legio, positisque parumper
   Bellorum signis sequitur vexilla Quirini.
   Lictori cedunt aquilæ, ridetque togatus
   Miles, et in mediis effulget curia castris.
          Claud., in IV cons. Honorii, 5.
     Strictasque procul radiare secures.
          In cons. Prob., 229.

(3) *Voyez* Valois, *ad Amm.-Marcel.*, l. XXII, c. 7.

et à la vertu (1). Dans les lettres que l'empereur écrivait aux deux consuls après leur élection, il leur déclarait qu'ils n'avaient été nommés que par sa seule autorité (2). Il faisait graver leur nom et leur portrait sur des tablettes d'ivoire doré qu'il envoyait dans toutes les provinces (3), et dont il faisait des présens aux villes, aux magistrats, au sénat et au peuple. Leur inauguration se faisait dans le palais impérial; et pendant l'espace de cent vingt années, Rome fut constamment privée de la présence de ses anciens magistrats (4). Le matin du 1ᵉʳ de janvier, les consuls

---

(1) Ausone (*in gratiarum Actione*) se traîne lâchement sur cet indigne sujet, que Mamertin (*Panegyr. vet.*, xi, 19) développe avec un peu plus de liberté et de franchise.

(2) *Cùm de consulibus in annum creandis solus mecum volutarem...... te consulem et designavi et declaravi, et priorem nuncupavi.* Ce sont quelques-unes des expressions de l'empereur Gratien dans sa lettre au poëte Ausone, qui avait été son précepteur.

(3) « *Immanesque . . . . . . dentes*
Qui secti ferro in tabulas auroque micantes
Inscripti rutilum, celato consule nomen,
Per proceres et vulgus eant: »
Claud., *in* ii *cons. Stilichon*, 456.

Montfaucon a donné la figure de plusieurs de ces tablettes ou diptyques. *Voyez le Supplément à l'Antiquité expliquée*, t. iii, p. 220.

(4) *Consule lætatur post plurima sæcula viso*
Pallanteus apex: agnoscunt rostra curules
Auditas quondam proavis: desuetaque cingit
Regius auratis fora fascibus ulpia lictor.
Claud., *in* vi *cons. Honorii*, 643.

Du règne de Carus au sixième consulat d'Honorius, il y

trats, égaux par leur rang, l'ancienneté cédait le pas à la cumulation des dignités (1); et par le moyen d'un brevet d'honneur, ceux des empereurs qui aimaient à répandre des faveurs, pouvaient quelquefois satisfaire sinon l'ambition, du moins la vanité de leurs avides courtisans (2).

Tant que les consuls romains furent les premiers magistrats d'un pays libre, ils durent au choix du peuple leur autorité légitime; et tant que les empereurs consentirent à déguiser leur despotisme, les consuls continuèrent d'être élus par les suffrages réels ou apparens du sénat. Depuis le règne de Dioclétien, ces vestiges de liberté se trouvèrent effacés; et les heureux candidats qui recevaient les honneurs annuels du consulat, affectaient de déplorer la condition humiliante de leurs prédécesseurs. Les Scipion et les Caton avaient été obligés de solliciter les suffrages des plébéiens, de s'assujettir aux formes dispendieuses d'une élection populaire, et de s'exposer à la honte d'un refus public. Ils se félicitaient de vivre dans un siècle et sous un gouvernement où un prince juste et éclairé distribuait les récompenses au mérite

Les consuls.

---

inférieurs de *perfectissimus* et d'*egregius*, qu'on donnait à plusieurs personnes qui n'avaient pas le rang de sénateurs.

(1) *Cod. Theodos.*, l. vi, tit. 6. Les règles de la préséance furent déterminées par les empereurs avec l'exactitude la plus minutieuse, et les commentateurs les ont éclaircies avec la même prolixité.

(2) *Cod. Theodos.*, l. vi, tit. 22.

Trois ordres de dignités.

Tous les magistrats d'un ordre assez important pour être inscrits dans l'état général de l'empire, furent divisés en trois classes : 1° les *illustres*; 2° les *spectabiles*, ou *respectables*; 3° les *clarissimi*, qu'on peut rendre par le mot *honorables*. Dans les temps de la simplicité romaine, on ne se servait de la dernière épithète, *honorable*, que comme d'une expression vague de déférence; mais elle devint à la fin le titre particulier de tous les membres du sénat (1), et par conséquent de tous ceux qu'on en tirait pour gouverner les provinces. Dans les temps très-postérieurs, on accorda le titre nouveau de *respectable* à la vanité de ceux qui, par leur place, prétendaient à une distinction supérieure à celle d'un simple sénateur; mais on ne donna jamais celui d'*illustre* qu'à quelques personnages éminens auxquels les deux ordres inférieurs devaient du respect et de l'obéissance : 1° aux consuls et aux patriciens; 2° aux préfets du prétoire, et aux préfets de Rome et de Constantinople; 3° aux commandans généraux de la cavalerie et de l'infanterie; et 4° aux sept ministres du palais, dont les fonctions *sacrées* étaient de servir la personne de l'empereur (2). Parmi ces *illustres* magis-

---

ses explications sont obscures, et il ne distingue pas assez les symboles en effigie des emblèmes effectifs des emplois.

(1) *Clarissimus* est le titre ordinaire et légal du sénateur, dans les Pandectes qu'on peut rapporter aux règnes des Antonins.

(2) Pancirole, p. 12-17. Je n'ai pas indiqué les deux titres

autres. Cicéron les aurait à peine comprises, et Auguste les aurait rejetées avec indignation. Les principaux officiers de l'empire recevaient de l'empereur lui-même les titres mensongers de *votre sincérité, votre gravité, votre éminence, votre excellence, votre sublime grandeur, votre illustre et magnifique altesse* (1). Les titres ou patentes de leur office étaient blasonnés et chargés d'emblêmes qui en expliquaient les fonctions et la dignité; on y voyait le portrait de l'empereur régnant, un char de triomphe, le registre des édits placé sur une table couverte d'un riche tapis, et éclairée de quatre flambeaux, la figure allégorique des provinces qu'ils gouvernaient, les noms et les étendards des troupes qu'ils commandaient. Quelques-unes de ces enseignes officielles étaient exposées à la vue dans leurs salles d'audience; d'autres précédaient la pompe de leur marche quand ils paraissaient en public; enfin, dans toutes les circonstances, leur magnificence et celle de leur suite nombreuse tendaient à inspirer le plus profond respect pour les représentans de la majesté suprême. Un observateur philosophe aurait pu regarder le système du gouvernement romain comme un magnifique théâtre rempli d'acteurs, qui, jouant différens rôles, répétaient les discours et imitaient les passions des personnages qu'ils représentaient (2).

---

(1) Consultez la *Notitia dignitatum*, à la fin du *Code Théodosien*, t. VI, p. 316.

(2) Pancirolus, *ad Notitiam utriusque imperii*, p. 39; mais

simplicité de leurs manières disparut insensiblement, et les Romains s'abaissèrent jusqu'à imiter la fastueuse affectation des courtisans de l'Asie. Les distinctions du mérite personnel, son influence si brillante dans une république, si faible et si obscure dans une monarchie, furent abolies par le despotisme des empereurs. Tous les rangs, toutes les dignités furent asservies à une subordination sévère, depuis l'esclave titré, assis sur les degrés du trône, jusqu'aux plus vils instrumens du pouvoir arbitraire. Cette multitude de serviteurs abjects étaient intéressés à maintenir le nouveau gouvernement, dans la crainte qu'une révolution ne détruisît leurs espérances, et ne leur enlevât le prix de leurs services. Dans cette *divine hiérarchie* (c'est le titre qu'on lui donne souvent), chaque rang était marqué avec la plus scrupuleuse exactitude, et chaque dignité était asservie à une quantité de vaines cérémonies, dont il fallait faire son étude, et qu'on ne pouvait négliger sans commettre un sacrilége (1). La pureté de la langue latine se corrompit en adoptant une profusion d'épithètes enfantées par la vanité des uns et par la bassesse des

---

du style de la liberté et de la simplicité, à celui des formes et de la servitude.

(1) L'empereur Gratien, après avoir confirmé une loi sur la préséance, publiée par Valentinien, père *de sa divinité*, continue ainsi : *Si quis igitur indebitum sibi locum usurpaverit, nullâ se ignoratione defendat; sitque planè* SACRILEGII *reus, qui* DIVINA *præcepta neglexerit*. Cod. Theodos. l. VI, tit. V, leg. 2.

s'étendra pas au-delà des cent trente années qui se sont écoulées depuis l'avénement de Constantin jusqu'à la publication du code de Théodose (1). C'est dans ce code et dans la *Notitia* de l'Orient et de l'Occident (2) que nous avons puisé le plus grand nombre de nos remarques et les détails les plus authentiques sur l'état de cet empire. Ces éclaircissemens retarderont un peu la marche de l'histoire, mais cette suspension ne déplaira qu'aux lecteurs superficiels qui ignorent combien est importante la connaissance des lois et des mœurs, et qui ne repaissent leur avide curiosité que des intrigues passagères d'une cour, ou de l'issue d'une bataille.

Le sage orgueil des Romains, content de la réalité du pouvoir, abandonnait à la vanité de l'Orient les formes et les cérémonies de la représentation (3); mais quand ils eurent perdu jusqu'à l'image des vertus dont leur ancienne liberté avait été la source, la

Hiérarchie de l'État.

---

(1) Le Code Théodosien fut promulgué A. D. 438. *Voyez* les *Prolégomènes* de Godefroy, c. 1, p. 185.

(2) Pancirole, dans son savant commentaire, donne à la *Notitia* presque la même date qu'au Code Théodosien; mais ses preuves, ou plutôt ses conjectures, sont extrêmement faibles. Je serais plus disposé à placer l'époque de cet utile ouvrage entre la division finale de l'empire (A. D. 395), et l'envahissement de la Gaule par les Barbares (A. D. 407). Voyez l'*Hist. des anciens Peuples de l'Europe*, t. VII, p. 40.

(3) *Scilicet externæ superbiæ sueto, non inerat notitia nostri* (peut-être *nostræ*); *apud quos vis imperii valet, inania transmittuntur.* Tacite, *Annal.*, XV, 31. Les lettres de Cicéron, de Pline et de Symmaque, montrent bien le passage gradué

rable dénomination, et, après une révolution de quatorze siècles, il perpétue encore la renommée de Constantin (1).

<small>Forme du gouvernement.</small>

La fondation d'une nouvelle capitale se trouve nécessairement liée avec l'établissement d'une nouvelle forme d'administration civile et militaire. Un exposé distinct du système compliqué de la politique introduite par Dioclétien, suivie par Constantin, et perfectionnée par ses premiers successeurs, offrira non-seulement à l'imagination le tableau singulier d'un grand empire, mais aidera en même temps à découvrir les causes secrètes de sa rapide décadence. La recherche de quelques institutions remarquables pourra nous faire remonter souvent aux temps les plus reculés de l'histoire romaine, et nous ramener quelquefois à ses époques les plus récentes; mais ce qui fera spécialement l'objet de nos recherches ne

---

C. P., l. 1, c. 5. Le nom de Constantinople se trouve sur les médailles de Constantin.

(1) L'ingénieux Fontenelle (*Dialogues des morts*, XII) se moque de la vanité, de l'ambition humaine, et paraît triompher de ce que la dénomination vulgaire d'Istambol (mot composé par les Turcs de trois mots grecs εις την πολιν) ne transmet plus le nom immortel de Constantin. Mais le nom primitif est encore employé, 1° par les nations de l'Europe; 2° par les Grecs modernes; 3° par les Arabes, dont les écrits sont répandus sur la vaste étendue de leurs conquêtes en Asie et en Afrique. *Voyez* d'Herbelot, *Biblioth. orientale*, p. 275; 4° par les plus éclairés des Turcs, et par l'empereur lui-même dans ses ordonnances publiques. *Hist. de l'empire ottoman*, par Cantemir, p. 51.

On peut aisément se représenter les jeux et les largesses qui couronnèrent la pompe de cette fête mémorable. Mais une cérémonie singulière, et qui fut plus durable, mérite quelque attention. A chaque anniversaire de la fondation, la statue de Constantin, faite par ses ordres en bois doré, était portée sur un char de triomphe, tenant dans sa main droite une petite image du génie de la ville. Les gardes, dans leur plus riche appareil, portaient des flambeaux de cire blanche, et accompagnaient cette procession solennelle dans sa marche à travers l'Hippodrome. Quand elle arrivait vis-à-vis du trône, l'empereur régnant se levait, saluait avec l'air du respect et de la reconnaissance, et adorait la mémoire de son prédécesseur (1). A la fête de la dédicace, un édit, gravé sur une colonne de marbre, donna à Constantinople le nom de *seconde* ou *nouvelle Rome* (2). Mais le nom de Constantinople (3) a prévalu sur cette hono-

---

qui régnait de leur temps, nous assurent que Constantinople fut consacrée à la *Vierge mère de Dieu*.

(1) La Chronique d'Alexandrie (p. 285) donne la description la plus ancienne et la plus complète que nous ayons de cette cérémonie extraordinaire. Tillemont et les autres amis de Constantin, blessés d'y trouver un air de paganisme, qui semble indigne d'un prince chrétien, pouvaient la regarder comme douteuse; mais ils ne devaient pas la passer sous silence.

(2) Sozomène, l. II, c. 2; Ducange, C. P., l. 1, c. 6. *Velut ipsius Romæ filiam*; c'est l'expression de saint Augustin, *de Civit. Dei*, l. V, c. 25.

(3) Eutrope, l. X, c. 8; Julien, *orat.* 1, p. 8; Ducange,

Comme Constantin pressait les constructions avec l'impatience d'un amant, les murs, les portiques et les principaux édifices furent achevés en peu d'années, ou, selon d'autres, en peu de mois (1). Mais cette diligence extraordinaire paraîtra moins incroyable, quand on saura qu'un grand nombre de bâtimens furent finis si à la hâte et si imparfaitement, qu'on eut beaucoup de peine à les empêcher de s'écrouler sous le règne suivant (2). Pendant qu'ils avaient encore la vigueur et l'éclat de la jeunesse, l'empereur se prépara à célébrer la dédicace de sa nouvelle ville (3).

Dédicace.
A. D. 330
ou 334.

---

les deux fils de Théodose, eut établi une parfaite *égalité* entre l'ancienne et la nouvelle capitale.

(1) Codinus (*Antiq.*, p. 8) assure que les fondemens de Constantinople furent jetés l'an du monde 5837 (A. D. 329), le 26 septembre, et que la dédicace de la ville se fit le 11 mai 5838 (A. D. 330). Il lie ces dates à plusieurs époques remarquables; mais elles se contredisent. L'autorité de cet écrivain a peu de poids, et l'intervalle qu'il assigne doit paraître insuffisant. Julien (*orat.* 1, p. 8) en donne un de dix années, et Spanheim s'efforce d'en prouver l'exactitude (p. 69-75), à l'aide de deux passages de Themistius (*orat.* IV, p. 58) et de Philostorgius (l. II, c. 9). Selon ce calcul, les fondemens furent jetés l'an 324, et la dédicace de la ville eut lieu en 334. Les critiques modernes ne sont pas d'accord sur ce point de chronologie, et Tillemont (*Hist. des Emper.*, t. IV, p. 619-625) discute avec beaucoup de soin leurs diverses opinions.

(2) Themistius, *orat.* III, p. 47; Zozime, l. II, p. 108. Constantin lui-même, dans une de ses lois, laisse assez voir son impatience. *Cod. Theod.*, l. XV, tit. 1.

(3) Cedrenus et Zonare, fidèles à l'esprit de superstition

nom de *sénat* (1), accorda aux habitans les priviléges des Italiens (2), et décora la nouvelle ville du nom de *colonie* et de *fille aînée et bien-aimée de l'ancienne Rome*. La vénérable métropole conserva la suprématie légale et reconnue, due à son âge, à son rang et au souvenir de son ancienne grandeur (3).

---

cription; mais les quatre derniers n'étant pas renfermés dans l'enceinte du mur de Constantin, on ne sait si cette division de la ville fut l'ouvrage du fondateur.

(1). *Senatum constituit secundi ordinis.* Claros vocavit. Anonym. de Valois., p. 715. Les sénateurs de l'ancienne Rome étaient appelés *clarissimi*. Voyez une note très-curieuse de Valois sur Ammien-Marcellin, XXII, 9. Il paraît, d'après la onzième lettre de Julien, que l'emploi de sénateur était regardé comme un fardeau plutôt que comme un honneur; mais l'abbé de La Bletterie (*Vie de Jovien*, t. II, p. 371) a fait voir que cette épitre ne peut avoir rapport à Constantinople. Au lieu du célèbre nom de Βυζαντιοις, ne peut-on pas lire avec plus de probabilité le nom obscur de Βισανθηνοις? Bisanthe ou Rhœdestus, aujourd'hui Rhodosto, était une petite ville maritime de la Thrace. *Voyez* Étienne de Byzance, *de Urbibus*, page 225; et Cellarius, *Geog.*, t. 1, p. 849.

(2) *Cod. Theod.*, l. XIV, 13. Le commentaire de Godefroy (t. V, p. 220) est long, mais confus, et il n'est pas aisé de dire ce que pouvait être le *jus italicum*, après qu'on eut donné à tout l'empire le droit de cité.

(3) Julien (*orat.* 1, p. 8) dit que Constantinople était aussi supérieure à toutes les autres villes qu'elle était inférieure à Rome. Son savant commentateur (Spanheim, p. 75 et 76) justifie ces expressions par divers rapprochemens d'exemples contemporains. Zozime, ainsi que Socrate et Sozomène, vécurent après que la division de l'empire entre

prix de son sang; et Auguste se conduisait habilement en faisant perdre aux Romains, dans les fêtes et dans l'abondance, le souvenir de leur liberté. Mais la prodigalité de Constantin ne pouvait avoir pour excuse, ni son propre intérêt, ni celui du public. Le tribut annuel de blé, imposé sur l'Égypte en faveur de sa nouvelle capitale, était répandu sur une populace paresseuse et insolente, aux dépens des cultivateurs (1) d'une province industrieuse (2). Cet empereur fit encore quelques autres réglemens moins blâmables, mais peu dignes d'attention. Il divisa Constantinople en quatorze quartiers (3), honora le conseil public du

---

(1) Ce fut aussi aux dépens de Rome. L'empereur ordonna que la flotte d'Alexandrie transportât à Constantinople les blés de l'Égypte, qu'auparavant elle transportait à Rome : ces blés nourrissaient Rome pendant quatre mois de l'année. Claudien a peint avec énergie la disette que cette mesure y occasiona :

> *Hæc nobis, hæc ante dabas; nunc pabula tantum*
> *Roma precor; miserere tuæ, pater optime, gentis;*
> *Extremam defende famem.*
> Claud., *de Bell. gildon.*, v. 34.

(*Note de l'Éditeur.*)

(2) Voyez *Code Théod.*, l. xiii et xiv; et *Code Just.*, édit. 12, t. ii, p. 648, édit. Genev. Voyez aussi la belle plainte de Rome, dans le poëme de Claudien, *de Bello gildonico*, vers 46-64.

> *Cùm subiit par Roma mihi, divisaque sumpsit*
> *Æquales aurora togas; Ægyptia rura*
> *In partem cessére novam.*

(3) Le Code de Justinien parle des quartiers de Constantinople, et la *Notitia* de Théodose le Jeune en fait la des-

deux côtés jusque dans la mer auraient seuls composé une grande ville (1).

Les distributions fréquentes et régulières de vin et d'huile, de blé ou de pain, d'argent ou de denrées, avaient presque dispensé du travail les citoyens les plus pauvres de Rome. La magnificence des premiers Césars fut à un certain point imitée par le fondateur de Constantinople (2); mais quoique sa libéralité ait excité les applaudissemens du peuple, elle n'a pas obtenu ceux de la postérité (3). Une nation de législateurs et de conquérans pouvait réclamer ses droits aux moissons de l'Afrique, qu'elle avait achetées au

Priviléges.

---

(1) Gyllius, *de Byzant.*, l. 1, c. 3, a recueilli et lié les passages de Zozime, d'Eunapius, de Sozomène et d'Agathias, qui ont rapport à l'accroissement des édifices et de la population de Constantinople. Sidonius-Apollinaris (*in Panegyr. Anthem.*, tome VI, p. 290, éd. Sirmond) décrit les môles qu'on éleva dans la mer : on les construisit avec cette fameuse pouzzolane qui se durcit à l'eau.

(2) Sozomène, l. II, c. 3; Philostorg., l. II, c. 9; Codin., *Antiq. Constant.*, p. 8. Un passage de Socrate (l. II, c. 13) donne lieu de croire que l'empereur accordait chaque jour à la ville huit myriades de σίτου, qu'on peut, si l'on veut, traduire, avec Valois, par *modii* de blé; ou appliquer au nombre de pains que faisait distribuer le prince.

(3) A Rome, les pauvres citoyens qui recevaient ces gratifications étaient inscrits sur un registre; leur droit n'était qu'un droit personnel. Constantin attacha ce droit aux maisons de la nouvelle capitale, pour engager les dernières classes du peuple à se construire rapidement des habitations. *Code Théod.*, l. XIV. (*Note de l'Éditeur.*)

tale (1). Ces encouragemens et ces récompenses devinrent bientôt superflus, et furent supprimés peu à peu. Une grande partie du revenu public est toujours dépensée dans la résidence du gouvernement, par le prince, par ses ministres, par les officiers de justice, et par les officiers et les domestiques du palais. Les plus riches habitans des provinces y sont attirés par les motifs puissans de l'intérêt et du devoir, de la curiosité et des plaisirs. Une troisième classe, encore plus nombreuse s'y forme insensiblement, celle des domestiques, des ouvriers et des marchands, qui tirent leur subsistance de leurs propres travaux et des besoins ou de la fantaisie de leurs supérieurs. En moins d'un siècle, Constantinople le disputait à Rome même, pour les richesses et pour la population. De nouveaux rangs de maisons entassées les unes sur les autres, sans égard pour la santé ou pour la commodité des habitans, ne formaient plus que des rues trop étroites pour la multitude d'hommes, de chevaux et de voitures qui s'y pressaient continuellement. L'enceinte devint insuffisante pour contenir l'accroissement du peuple; et les bâtimens qu'on poussa des

---

(1) La loi par laquelle Théodose le Jeune abolit, en 438, cette espèce de redevance, se trouve parmi les Novelles de cet empereur, à la fin du Code Théodosien, t. VI, nov. 12. M. de Tillemont (*Hist. des Empereurs*, t. IV, p. 371) s'est évidemment mépris sur la nature de ces domaines : on acceptait avec reconnaissance une condition qu'on aurait jugée vexatoire si elle eût porté sur des propriétés particulières, et non sur des domaines accordés par l'empereur.

temps converties en jardins, se trouvèrent à la fois sans culture et sans habitans (1). Dans le cours de cette histoire, de pareilles exagérations seront réduites à leur juste valeur. Cependant, comme on ne peut attribuer l'accroissement de Constantinople à l'augmentation générale du genre humain ou à celle de l'industrie, il faut bien que cette colonie se soit élevée et enrichie aux dépens des autres villes de l'empire. Il est probable que l'empereur invita un grand nombre des riches sénateurs de Rome et des provinces orientales à venir habiter l'endroit fortuné qu'il avait choisi pour en faire sa propre résidence. Les invitations d'un maître ressemblent beaucoup à des ordres, et l'empereur y ajoutait des libéralités qui obtenaient une obéissance prompte et volontaire. Il fit présent à ses favoris des palais qu'il avait fait bâtir dans les différens quartiers de la ville; il leur donna des terres et des pensions pour soutenir leur rang (2); et il aliéna les domaines du Pont et de l'Asie, pour leur assurer des fortunes héréditaires, sous la condition peu onéreuse de tenir une maison dans la capi-

---

(1) Montesquieu, *Grandeur et Décadence des Romains*, c. 17.

(2) Themist., *Orat.* III, p. 48, éd. Hardouin; Sozomène, l. II, c. 3; Zozime, l. II, p. 107; Anonyme, *Valesian.*, p. 175. Si on peut ajouter foi à Codinus (p. 10), Constantin bâtit des maisons pour les sénateurs, exactement sur le modèle de leurs palais de Rome, et il leur ménagea ainsi le plaisir d'une surprise agréable; mais son récit est plein de fictions et d'incohérences.

Population.

La population de cette ville favorite fut, après sa fondation, l'objet de la plus sérieuse attention de son fondateur. Dans l'obscurité des temps postérieurs à la translation de l'empire, les suites soit prochaines, soit éloignées de cet événement mémorable, furent étrangement altérées et confondues par la vanité des Grecs et par la crédulité des Latins (1). On assura et on crut que toutes les familles nobles de Rome, le sénat et l'ordre équestre, avec le nombre prodigieux de gens qui leur appartenaient, avaient suivi leur empereur sur les bords de la Propontide; qu'il n'avait laissé à Rome, pour peupler la solitude de cette ancienne capitale, qu'une race bâtarde d'étrangers et de plébéiens, et que les terres d'Italie, depuis long-

---

avoir eu une signification plus relevée. Les écrivains ne parlent pas d'*insulæ* à Constantinople. L'ancienne capitale renfermait quatre cent vingt-quatre rues, et la nouvelle trois cent vingt-deux.

(1) Luitprand, *Legatio ad imp. Nicephorum*, p. 153. Les Grecs modernes ont défiguré, d'une manière étrange, les antiquités de Constantinople. On peut excuser les erreurs des écrivains turcs ou arabes; mais il est étonnant que les Grecs, pouvant étudier les monumens authentiques conservés dans leur langue, aient préféré la fiction à la vérité, et d'incertaines traditions aux témoignages de l'histoire. Une seule page de Codinus offre douze erreurs impardonnables : la réconciliation de Sévère et de Niger, le mariage de leurs enfans, le siège de Byzance par les Macédoniens, l'invasion des Gaulois, qui rappela Sévère à Rome; les soixante ans qui s'écoulèrent de sa mort à la fondation de Constantinople, etc.

de cette histoire que de s'attacher à décrire minutieusement les bâtimens et les différens quartiers de la ville. Il suffira de dire que tout ce qui peut contribuer à la magnificence et à la majesté d'une vaste capitale, ainsi qu'au bien-être et aux plaisirs de ses nombreux habitans, se trouvait en abondance à Constantinople. Une description qui fut faite cent ans après sa fondation, y compte un *Capitole* ou école pour les sciences, un cirque, deux théâtres, huit bains publics et cent cinquante-trois bains particuliers, cinquante-deux portiques, cinq greniers publics, huit aqueducs ou réservoirs d'eau, quatre grandes salles ou cours de justice où s'assemblait le sénat, quatorze églises, quatorze palais, et quatre mille trois cent quatre-vingt-huit maisons que leur grandeur et leur magnificence distinguaient de la multitude des habitations du peuple (1).

---

faisaient partie de l'ancienne Byzance. Ducange n'a pas senti combien il est difficile de déterminer leur véritable position. Les historiens semblent les réunir à Sainte-Sophie et au palais; mais, dans le plan original qu'a donné Banduri, ils se trouvent de l'autre côté de la ville, près du port. Quant à leur beauté, *voy.* Chron. Pascal, p. 285, et Gyll., *de Byzant.*, l. II, c. 7; Christodorus (*Antiq. Const.*, l. VIII) composa des inscriptions en vers pour chacune de ces statues. Il était Thébain par son talent ainsi que par sa naissance :

Bœotum in crasso jurares aere natum.

(1) *Voyez* la *Notitia*. Rome ne comptait que dix-sept cent quatre-vingts grandes maisons, *domus*; mais ce mot doit

les chevaux (1). Du trône d'où l'empereur voyait les jeux du Cirque, un escalier tournant (2) le conduisait au palais. Ce magnifique édifice le cédait à peine au palais de Rome; avec les cours, les jardins et les portiques qui en dépendaient, il couvrait une étendue considérable de terrain, sur les bords de la Propontide, entre l'Hippodrome et l'église de Sainte-Sophie (3). On pourrait aussi faire la description et l'éloge des bains qui conservèrent toujours le nom de *Zeuxippe*, même après avoir été enrichis par la libéralité de Constantin, de superbes colonnes de marbres de toute espèce et de plus de soixante statues de bronze (4); mais ce serait s'écarter du but

---

(1) En 1808, les janissaires, révoltés contre le vizir Mustapha Baraictar, qui avait voulu introduire un nouveau système d'organisation militaire, assiégèrent le quartier de l'Hippodrome, où se trouvait le palais des vizirs, et l'Hippodrome fut consumé dans l'incendie qu'ils allumèrent.

(*Note de l'Éditeur.*)

(2) Le nom latin *Cochlea* fut adopté par les Grecs, et on le trouve souvent dans l'histoire byzantine. Ducange, *Constanti.*, l. ii, c. 1, p. 104.

(3) Trois points topographiques indiquent la situation du palais: 1° l'escalier qui établissait la communication avec l'Hippodrome ou l'*Atméidan*; 2° un petit port artificiel sur la Propontide, d'où l'on montait aisément aux jardins du palais par une rampe de marbre blanc; 3° l'*Augusteum*, cour spacieuse, dont un des côtés était occupé par le devant du palais, et un second par l'église de Sainte-Sophie.

(4) Zeuxippus était un surnom de Jupiter, et ces bains

et de statues; et l'on y remarque encore un singulier monument de l'antiquité, les corps de trois serpens entrelacés formant un pilier de cuivre. Leur triple tête avait soutenu autrefois le trépied d'or qui fut consacré dans le temple de Delphes, par les Grecs, après la défaite de Xerxès et leur victoire (1). Il y a déjà long-temps que l'Hippodrome a été défiguré par les mains barbares des conquérans turcs. Cependant, sous la dénomination équivalente d'*Atméïdan*, il sert encore aujourd'hui d'emplacement pour exercer

---

c'est-à-dire, environ quarante toises de plus que le grand cirque de Rome. *Voyez* d'Anville, *Mesures itinér.*, p. 73.

(1) Les possesseurs des plus saintes reliques se trouveraient heureux de pouvoir alléguer une suite de témoignages tels que ceux qui se présentent en cette occasion. (*Voyez* Banduri, *ad Antiquit. Constant.*, p. 668; Gyllius, *de Byzant.*, l. II, c. 13.) 1° La consécration du trépied et de la colonne dans le temple de Delphes peut se prouver par Hérodote et Pausanias. 2° Le païen Zozime rapporte, ainsi que les trois historiens ecclésiastiques, Eusèbe, Socrate et Sozomène, que les ornemens sacrés du temple de Delphes furent transportés à Constantinople par ordre de l'empereur, et il indique en particulier les serpens en forme de colonne de l'Hippodrome. 3° Tous les voyageurs européens qui ont examiné Constantinople, depuis Buondelmonte jusqu'à Pococke, l'indiquent dans le même endroit, et presque de la même manière. Les différences qu'on remarque dans leur description sont une suite des outrages auxquels ce monument a été exposé de la part des Turcs. Mahomet II lui donna un coup de sa hache de bataille, et il brisa la mâchoire inférieure de l'un des serpens. Thévenot, l. I, p. 17.

remplis de statues. Au milieu du *Forum* s'élevait une colonne très-haute, dont le fragment mutilé est aujourd'hui dégradé par la triviale dénomination de *pilier brûlé*. La base de cette colonne était un piédestal de marbre blanc, de vingt pieds d'élévation. Elle était composée de dix blocs de porphyre, chacun environ de dix pieds de hauteur, et de trente-trois de circonférence (1). La statue colossale d'Apollon était placée sur le sommet de la colonne, à cent vingt pieds de terre. Elle était de bronze, et avait été apportée d'Athènes, ou d'une ville de Phrygie : on prétendait qu'elle était l'ouvrage de Phidias. L'artiste avait représenté le dieu du jour, ou, comme on l'a prétendu depuis, Constantin lui-même, avec un sceptre dans la main droite, le globe du monde dans la gauche, et une couronne de rayons étincelans sur sa tête (2). Le Cirque ou Hippodrome était un bâtiment majestueux d'environ quatre cents pas de longueur, et cent pas de largeur (3). L'espace qui séparait les deux bornes était rempli d'obélisques

---

(1) C'est Pococke qui donne la description la plus supportable de cette colonne. (*Description of the east*, vol. II., part. II, p. 131.) Mais ce qu'il en dit est confus et peu satisfaisant sur plusieurs points.

(2) Ducange, *Const.*, l. 1, c. 24, p. 76, et ses Notes *ad Alexiad.*, p. 382. La statue de Constantin ou d'Apollon fut renversée sous le règne d'Alexis Comnène.

(3) Tournefort (lettre XII) dit que l'Atméidan a quatre cents pas de longueur. S'il veut parler de pas géométriques de cinq pieds chacun, c'est trois cents toises de longueur,

ligieuse, les statues les plus précieuses des dieux et des héros, des sages et des poëtes de l'antiquité, contribuèrent à l'embellissement de la superbe Constantinople, et ont fait dire à l'historien Cedrenus (1), avec une sorte d'enthousiasme, qu'il semblait ne plus rien manquer à la ville que les âmes des hommes illustres que représentaient ces admirables monumens ; mais ce n'est ni dans la ville de Constantin, ni dans un empire sur le déclin, à une époque où l'esprit humain languissait sous le joug du despotisme religieux et civil, qu'il faut chercher l'âme d'Homère et celle de Démosthènes.

Pendant le siége de Byzance, la tente du conquérant avait été placée sur le sommet de la seconde colline ; et, pour perpétuer le souvenir de sa victoire, il fit de cet emplacement le principal *Forum* (2). Cette place semble avoir été construite sur une forme circulaire, ou plutôt elliptique ; les deux entrées, qui se faisaient face, formaient deux arcs de triomphe : les portiques qui l'environnaient de tous côtés étaient

Édifices.

---

(1) *Hist. Compend.*, p. 369. Il décrit la statue ou plutôt le buste d'Homère avec beaucoup de goût ; et on voit clairement que Cedrenus imitait le style d'un âge plus heureux.

(2) Zozime, l. II, page 106 ; *Chroniq. Alexandrin.*, vel *Pascal*, p. 284 ; Ducange, *Const.*, l. I, c. 24. Ces écrivains, même le dernier, paraissent confondre le *Forum* de Constantin avec l'*Augusteum* ou cour du palais. Je ne suis pas sûr d'avoir bien distingué ce qui appartient à l'un et à l'autre.

architectes ne répondaient point à la grandeur de ses desseins; il ordonna aux magistrats des provinces les plus éloignées de former des écoles, de payer des professeurs, et d'engager, par l'espoir des récompenses et des priviléges, les jeunes gens qui avaient reçu une éducation distinguée (1); à se livrer à l'étude et à la pratique de l'architecture. Les constructions de la nouvelle ville furent exécutées par des ouvriers tels que le règne de Constantin pouvait les fournir; mais elles furent décorées par les mains des artistes les plus célèbres du siècle de Périclès et d'Alexandre. Le pouvoir d'un empereur romain n'allait pas jusqu'à ranimer le génie de Phidias et de Lysippe; mais les immortelles productions qu'ils avaient léguées à la postérité, furent livrées sans défense à l'orgueilleuse avidité du despote. Par ses ordres, les villes de la Grèce et de l'Asie furent dépouillées de leurs plus riches ornemens (2). Les trophées des guerres mémorables, les objets de la vénération re-

---

(1) *Voyez* le *Code Théodos.*, l. XIII, tit. 4, *leg.* 1. Cette loi est datée de l'an 334 : elle fut adressée au préfet d'Italie, dont la juridiction s'étendait sur l'Afrique. Le commentaire de Godefroy sur le titre entier mérite d'être consulté.

(2) *Constantinopolis dedicatur penè omnium urbium nuditate*. Chron. de saint Jérôme, p. 181. *Voyez* Codinus, p. 8, 9. L'auteur des *Antiquit. Const.*, l. III (*apud Banduri, imp. or.*, t. I, p. 41), indique Rome, la Sicile, Antioche, Athènes et beaucoup d'autres villes. Il y a lieu de croire que les provinces de la Grèce et de l'Asie-Mineure donnèrent le plus riche butin.

Le maître du monde romain, aspirant à élever un monument éternel à la gloire de son règne, pouvait y employer les richesses, les travaux, et tout ce qui restait encore de génie à des millions de sujets obéissans. On peut se faire une idée des trésors que la magnificence impériale consacra à la construction de Constantinople, par la dépense des murs, des portiques et des aqueducs, dont les frais se montèrent à deux millions cinq cent mille livres sterling (1). Les forêts qui couvraient les rives de l'Euxin, et les fameuses carrières de marbre blanc qui se trouvaient dans la petite île de Proconnèse, fournirent une quantité inépuisable de matériaux, qu'un court trajet de mer transportait sans peine dans le port de Byzance (2). Une multitude de manœuvres et d'artisans hâtaient, par leurs travaux assidus, la fin de cette entreprise. Mais l'impatience de Constantin lui fit bientôt découvrir que, dans l'état de décadence où se trouvaient les arts, le nombre et le génie de ses

Progrès des travaux.

---

huit cent cinquante, et la seconde onze cent soixante de ces carrés.

(1) Six cents centenaires ou soixante mille livres pesant d'or, dit Codinus (*Antiquit. Const.*, p. 11). Ce méprisable auteur n'aurait point connu cette manière de compter si ancienne, s'il ne l'eût pas tirée d'une source plus pure.

(2) Consultez Tournefort (lettre XVI) sur les forêts de la mer Noire; et, sur les carrières de marbre de l'île de Proconnèse, *voy.* Strabon, l. XIII, p. 588. Ces carrières avaient déjà fourni les matériaux des magnifiques bâtimens de Cyzique.

bourgs de Péra et de Galata, quoique situés au-delà du port, peuvent être regardés comme faisant partie de la ville (1), et cette augmentation peut, en quelque façon, justifier un historien de Byzance, qui donne à cette ville, où il est né, seize milles grecs ou quatorze milles romains de circonférence (2). Cette étendue paraît assez digne d'une résidence impériale ; cependant Constantinople le cède, à cet égard, à Babylone, à Thèbes (3), à l'ancienne Rome, à Londres, et même à Paris (4).

---

prendre Scutari, fait un étrange contraste avec sa justesse et sa raison ordinaires.

(1) Le quartier des *Sycæ* ou figuiers était le treizième, et Justinien l'embellit beaucoup. Il a été désigné depuis sous les noms de *Péra* et de *Galata*. L'étymologie de la première dénomination est fort claire, celle de la seconde est inconnue. *Voyez* Ducange, *Const.*, l. 1, c. 22 ; et Gyllius, *de Byzant.*, l. iv, c. 10.

(2) Cent onze stades, qu'il faut réduire en milles grecs modernes chacun de sept stades, ou six cent soixante et quelquefois seulement six cents toises de France. *Voyez* d'Anville, *Mesures itinéraires*, p. 53.

(3) Quand on a fixé les anciens textes qui indiquent l'étendue de Babylone et de Thèbes, quand on a réduit les exagérations et déterminé les mesures, on trouve que la circonférence de ces villes fameuses était de vingt-cinq ou trente milles ; étendue vaste, mais non pas incroyable. Comparez le *Mémoire* de d'Anville, dans le *Recueil de l'Académie des Inscript.*, t. xxviii, p. 235, avec sa *Description de l'Égypte*, p. 201, 202.

(4) Si on divise Constantinople et Paris en carrés égaux de cinquante toises de France, la première ville contiendra

oriental à la porte d'or, la plus grande longueur de Constantinople était environ de trois milles romains (1); sa circonférence était de dix à onze, et sa surface peut être calculée comme égale à deux mille acres anglais. On ne peut excuser la crédulité et les exagérations des voyageurs modernes, qui comprennent quelquefois dans les limites de Constantinople les villages adjacens de la rive européenne, et même ceux de la côte asiatique (2). Mais les fau-

---

(1) La *Notitia* (*) détermine cette mesure à quatorze mille soixante-quinze pieds. Il est raisonnable de supposer qu'il s'agit ici de pieds grecs, dont M. d'Anville a fixé la proportion avec beaucoup de sagacité. Il assimile les cent quatre-vingts pieds aux soixante-dix huit coudées hashémites, que différens écrivains donnent à la hauteur de Sainte-Sophie. Chacune de ces coudées équivaut à vingt-sept pouces de France.

(2) L'exact Thévenot (l. 1, c. 15) fit en une heure trois quarts le tour de deux des côtés du triangle, depuis le kiosque du sérail jusqu'aux Sept-Tours. D'Anville examine avec soin et adopte avec confiance ce témoignage décisif, qui donne une circonférence de dix ou douze milles. Le calcul extravagant de Tournefort (lettre XI), qui porte cette circonférence à trente-quatre ou trente milles, sans y com-

(*) La *Notitia dignitatum imperii* est un tableau de toutes les dignités de la cour et de l'État, des légions, etc. Elle ressemble à nos almanachs de cour, avec cette seule différence que nos almanachs nomment les personnes en place, et que la *Notitia* ne nomme que les places. Elle est du temps de l'empereur Théodose II, c'est-à-dire, du cinquième siècle, lorsque l'empire était déjà divisé en oriental et occidental; il est probable qu'elle ne fût pas faite alors pour la première fois, et qu'il existait auparavant des tableaux de ce genre. (*Note de l'Éditeur.*)

tions d'une république grecque; mais il est probable que les Byzantins avaient été tentés, par la commodité du port, d'étendre leurs habitations de ce côté au-delà des limites actuelles du sérail. Les nouveaux murs de Constantin commençaient au port et joignaient la Propontide à travers le diamètre élargi du triangle, à la distance de quinze stades de l'ancienne fortification; et, avec la ville de Byzance, on y renferma cinq des sept collines, qu'en approchant de Constantinople on voit s'élever l'une au-dessus de l'autre avec une majestueuse régularité (1). Environ cent ans après la mort du fondateur, les nouveaux bâtimens furent continués d'un côté jusqu'au port, et de l'autre, le long de la Propontide. Ils couvraient déjà la pointe étroite de la sixième colline, et le large sommet de la septième. La nécessité de défendre ces faubourgs contre les invasions fréquentes des Barbares engagea Théodose le Jeune à entourer à demeure sa capitale d'une enceinte de murs qui en renfermaient toute l'étendue (2). Du promontoire

---

(1) Codinus, *Antiquit. Const.*, p. 12. Il indique l'église de Saint-Antoine comme la borne du côté du havre. Ducange en parle (l. iv., c. 6); mais j'ai essayé vainement de découvrir le lieu précis où elle était située.

(2) La nouvelle muraille de Théodose fut construite en l'année 413. Elle fut renversée par un tremblement de terre en 447, et rebâtie dans l'espace de trois mois, par la diligence du préfet Cyrus. Le faubourg des *Blachernæ* fut renfermé dans la ville sous le règne d'Heraclius. Ducange, *Const.*, l. 1, c. 10, 11.

origine païenne, mais il ne négligea rien pour laisser dans l'esprit des spectateurs une profonde impression d'espérance et de vénération. L'empereur à pied, une lance à la main, conduisait solennellement le cortége, et dirigeait le sillon destiné à tracer l'enceinte de la capitale; il le fit continuer si long-temps que les spectateurs en furent étonnés. Quelques-uns lui ayant fait observer qu'il avait déjà excédé les plus vastes dimensions d'une grande ville: « J'avancerai, répondit Constantin, jusqu'à ce que le guide invisible qui marche devant moi juge à propos de m'arrêter (1). » Sans prétendre expliquer la nature ou les motifs de cet extraordinaire conducteur, nous nous bornerons modestement à décrire l'étendue et les limites de Constantinople (2).

Étendue de Constantinople.

Dans l'état où est aujourd'hui la ville, le palais et les jardins du sérail occupent le promontoire oriental, la première des sept collines, et renferment environ cent cinquante acres anglais. Le siége de la défiance du despotisme ottoman est posé sur les fonda-

---

(1) Philostorgius, l. ii, c. 9. Cet incident, bien que tiré d'un écrivain suspect, est caractéristique et vraisemblable.

(2) *Voyez* dans les *Mémoires de l'Acad. des Inscriptions*, t. xxxv, p. 747-758, une *dissertation* de M. d'Anville sur l'étendue de Constantinople. Le plan inséré dans l'*Imperium orientale* de Banduri lui paraît le plus complet; mais, par une suite d'observations très-judicieuses, il réduit la proportion extravagante de l'échelle, et il fixe la circonférence de la ville à environ sept mille huit cents toises de France, au lieu de neuf mille cinq cents.

pas jugé à propos de raconter de quelle manière la céleste inspiration s'était communiquée à son esprit, l'imagination des écrivains de l'âge suivant a libéralement suppléé à son modeste silence. Ils ont rapporté avec détail la vision nocturne qui apparut à Constantin endormi sous les murs de Byzance. Le génie tutélaire de la ville, sous la figure d'une vieille matrone affaissée par le poids de l'âge et des infirmités, fut tout à coup changé en une jeune fille fraîche et brillante, que l'empereur revêtit lui-même des ornemens de la dignité impériale (1). Le monarque s'éveilla, interpréta le songe mystérieux, et obéit sans hésiter à la volonté du ciel. Le jour où une ville ou bien une colonie prenait naissance, était célébré chez les Romains avec toutes les cérémonies que peut inventer une superstition libérale (2). Constantin omit peut-être quelques-unes de ces pratiques qui semblaient tenir trop fortement de leur

---

quam æterno nomine, jubente Deo, donavimus. Code Theod., l. XIII, tit. 5, leg. 7.

(1) Les Grecs Théophanes, Cedrenus, et l'auteur de la *Chronique d'Alexandrie*, ne s'expriment que d'une manière vague et générale. Si l'on veut trouver de plus grands détails sur cette vision, il faut recourir à des auteurs latins, tels que Guillaume de Malmesbury. *Voyez* Ducange, C. P., l. I, p. 24, 25.

(2) *Voyez* Plutarque, *in Romul.*, t. I, p. 49, édit. de Bryan. Entre autres cérémonies, on creusait un grand trou, qu'on remplissait de terre : chacun des émigrans en apportait une poignée du lieu de sa naissance, et il adoptait ainsi sa nouvelle patrie.

l'Euxin et par la Méditerranée. Tout ce que pouvaient fournir de grosses denrées les forêts de la Germanie et de la Scythie, depuis les sources du Tanaïs et du Borysthène; tous les produits de l'industrie de l'Europe et de l'Asie, les blés de l'Égypte, les pierres précieuses et les épices des parties les plus reculées de l'Inde, étaient amenés par les vents jusque dans le port de Constantinople, qui attira pendant plusieurs siècles tout le commerce de l'ancien monde (1).

Le spectacle de la beauté, de la sûreté et de la richesse réunies dans ce coin de la terre, suffisait pour justifier le choix de Constantin. Mais, comme on avait jugé décent dans tous les temps d'attribuer l'origine des grandes villes (2) à quelque prodige fabuleux qui pût l'environner d'une majesté convenable, l'empereur voulut persuader que sa résolution lui avait été dictée moins par les conseils incertains de la politique humaine, que par les infaillibles décrets de la divine sagesse. Dans une de ses lois, il a pris soin d'instruire la postérité que c'était par l'ordre exprès de Dieu qu'il avait posé les inébranlables fondemens de Constantinople (3); et quoiqu'il n'ait

Fondation de la ville.

---

(1) Voyez l'éloquente description de Busbequius, epist. 1, p. 64 : *Est in Europâ; habet in conspectu Asiam, Ægyptum, Africamque à dextrâ : quæ tametsi contiguæ non sunt, maris tamen navigandique commoditate, veluti junguntur. A sinistrâ verò, Pontus est Euxinus*, etc.

(2) *Datur hæc venia antiquitati, ut miscendo humana divinis, primordia urbium augustiora faciat.* Tite-Live, in Proem.

(3) On trouve dans une de ses lois : *Pro commoditate urbis*

Constantinople; et le prince qui était le maître de ces passages importans pouvait toujours les fermer aux flottes des ennemis, et les ouvrir à celles du commerce. Les provinces de l'Orient durent en quelque sorte leur salut à la politique de Constantin. Les Barbares de l'Euxin, qui, dans le siècle précédent, avaient conduit leurs flottes jusqu'au centre de la Méditerranée, désespérant de forcer cette barrière insurmontable, renoncèrent bientôt à leurs pirateries. Lorsque les portes du Bosphore et de l'Hellespont étaient fermées, la capitale n'en souffrait point. Les denrées de nécessité et les jouissances du luxe et de l'opulence se trouvaient en abondance dans sa spacieuse enceinte. Les côtes maritimes de la Thrace et de la Bithynie, accablées sous le poids du despotisme ottoman, présentent encore une riche perspective de vignes, de jardins, et de terres fertiles et cultivées; et la Propontide a toujours été renommée par la quantité inépuisable de ses poissons délicieux : ils s'y rendent régulièrement tous les ans dans la même saison, et on peut en pêcher abondamment sans adresse et presque sans peine (1). Quand le passage des détroits était ouvert au commerce, toutes les richesses de la nature et de l'art s'y rendaient du nord et du sud, par

---

(1) *Voyez* Belon, *Observations*, c. 72-76. Parmi une grande variété de poissons, la pélamide, espèce de thon, était le plus renommé. On lit dans Polybe, Strabon et Tacite, que les bénéfices de la pêche formaient le principal revenu de Byzance.

qui s'étend au-dessous de l'ancienne Troie vers le promontoire de Rhète et le tombeau d'Ajax; et quoique cette idée ait été bientôt abandonnée, les restes imposans des tours et des murs imparfaits de la ville commencée attirèrent long-temps les yeux et l'attention des navigateurs (1).

Ce tableau succinct doit avoir mis le lecteur en état d'apprécier les avantages de la position de Constantinople. La nature semble l'avoir formée pour être la capitale et le centre d'un grand empire. Située au 41e degré de latitude, la ville impériale dominait, du haut de ses sept collines (2), les rives de l'Europe et de l'Asie. Le climat était sain et tempéré, le sol fertile, le port vaste et sûr. Le seul endroit susceptible d'être attaqué du côté du continent, était d'une petite étendue et d'une défense facile. Le Bosphore et l'Hellespont sont pour ainsi dire les deux portes de

Avantages de la Situation de Constantinople.

---

(1). Zozime, l. II, p. 105; Sozomène, l. II, c. 3; Théophanes, p. 18; Nicéphore-Calliste, l. VII, p. 48; Zonare, tome II; l. XIII, p. 6. Zozime place la nouvelle ville entre Ilium et Alexandrie; mais cette différence apparente peut s'expliquer par la grande étendue de sa circonférence. Cédrenus (p. 283) assure qu'avant la fondation de Constantinople, on voulait établir le siége de l'empire à Thessalonique, et Zonare dit qu'on voulait l'établir à Sardique. Ils supposent l'un et l'autre, avec peu de vraisemblance, que, si un prodige n'eût pas arrêté l'empereur, il aurait renouvelé la méprise des *aveugles* Chalcédoniens.

(2) *Description de l'Orient* par Pococke, vol. II, part. II, p. 127. Son plan des sept collines a de la netteté et de l'exactitude; il est rare que ce voyageur soit aussi satisfaisant.

Troie (1), située sur une éminence au pied du mont Ida, voyait à ses pieds l'entrée de l'Hellespont, qui reçoit à peine quelques eaux des immortels ruisseaux du Simoïs et du Scamandre. Le camp des Grecs occupait un espace de douze milles le long du rivage entre le promontoire de Sigée et celui de Rhète; et les flancs de leur armée étaient défendus par les chefs les plus courageux de ceux qui combattaient sous les drapeaux d'Agamemnon. Le premier de ces promontoires était occupé par Achille et ses invincibles Myrmidons. L'indomptable Ajax occupait l'autre. Quand Ajax eut péri victime de son orgueil déçu et de l'ingratitude des Grecs, on éleva son tombeau dans l'endroit où il avait défendu la flotte contre la fureur de Jupiter et d'Hector; et les habitans de la ville de Rhète, que l'on commençait à bâtir, lui accordèrent les honneurs divins (2). Constantin, avant de donner à la situation de Byzance la préférence qu'elle méritait, avait eu dessein de placer le siége de l'empire sur ce terrain fameux, d'où les Romains prétendaient tirer leur fabuleuse origine. Il avait choisi, pour bâtir sa nouvelle capitale, la vaste plaine

---

341), deux villes placées à seize milles de distance l'une de l'autre?

(1) Démétrius de Scepsis a écrit soixante livres sur trente lignes du catalogue d'Homère; le treizième livre de Strabon suffit à notre curiosité.

(2) Strabon, l. xiii, p. 595. Homère (voyez l'Iliade, ix, 220) décrit très-nettement la disposition des vaisseaux retirés sur la grève, ainsi que les postes d'Ajax et d'Achille.

pont de bateaux, pour faire passer en Europe un million sept cent mille Barbares (1). Une mer resserrée dans des limites si étroites ne semble guère mériter l'épithète de *vaste* qu'Homère et Orphée donnent souvent à l'Hellespont. Mais nos idées de grandeur sont d'une nature relative ; le voyageur, et surtout le poëte qui naviguait sur l'Hellespont, oubliait insensiblement la mer. En suivant ses détours et en contemplant le spectacle champêtre qui termine de tous côtés cette riante perspective, son imagination séduite lui peignait ce détroit fameux avec tous les attributs d'une rivière majestueuse, qui coulait rapidement à travers une contrée couverte de bois, et versait enfin ses eaux par une vaste embouchure dans la mer Égée ou Archipel (2). L'ancienne

––––––

(1). *Voyez* le *septième livre* d'Hérodote, où cet écrivain élève un beau trophée à sa gloire et à celle de son pays. Le dénombrement de l'armée de Xerxès paraît avoir été fait avec assez d'exactitude. Mais la vanité des Perses, et ensuite la vanité des Grecs, furent intéressées à exagérer l'armement et la victoire. Je doute beaucoup que dans une invasion, le nombre des assaillans ait jamais surpassé celui des *hommes* que renfermait la contrée où ils portaient les armes.

(2) *Voyez* les *Observations* de Wood *sur Homère*, p. 320. J'ai du plaisir à tirer cette remarque d'un auteur qui, en général, semble avoir trompé l'attente du public, comme critique, et encore plus comme voyageur. Il avait parcouru les bords de l'Hellespont ; il avait lu Strabon, et il aurait dû consulter les itinéraires romains. Comment a-t-il pu confondre Ilium et *Alexandria Troas* (Observat., p. 340,

plus étroite du canal se trouve au nord des anciens forts ottomans, entre les villes de Sestos et d'Abydos : ce fut là que l'aventureux Léandre brava le danger, et passa la mer à la nage, pour posséder sa maîtresse (1). Ce fut dans ce même endroit où les bancs des deux rives sont au plus à cinq cents pas l'un de l'autre (2), que Xerxès plaça ce merveilleux

---

la description de l'Euxin, du Bosphore, etc. (l. IV, c. 85), devaient être tous de la même espèce, et il paraît impossible de faire concorder ses calculs entre eux ou avec la vérité.

(1) La distance oblique qui se trouve entre Sestos et Abydos, était de trente stades. M. Mahudel a fait voir l'invraisemblance du conte de Héro et Léandre; mais M. de La Nauze le défend d'après les poëtes et les médailles. *Voyez* l'*Académie des Inscriptions*, tome VII; *Histoire*, p. 74; *Mémoires*, p. 240.

(2) Gibbon ne met pas entre les deux rives les plus rapprochées de l'Hellespont, plus de distance qu'entre celles du Bosphore; cependant tous les anciens parlent de ce dernier détroit comme étant toujours plus large que l'autre : ils s'accordent à lui donner sept stades dans sa moindre largeur (Hérodote, in *Melpom.*, c. 85; Polymn., c. 34; Strab., p. 591; Pline, l. IV, c. 12), ce qui fait 875 pas. Il est singulier que Gibbon, qui dans la note 15 de ce chapitre, reproche à d'Anville d'*aimer à supposer des mesures nouvelles et imaginaires*, ait adopté ici même la mesure particulière que d'Anville donne du stade. Ce grand géographe croyait que les anciens avaient un stade de cinquante et une toises; et c'est celui qu'il applique aux dimensions de Babylone. Or, sept de ces stades équivalent à peu près à cinq cents pas. 7 stades = 2142 pieds; 500 pas = 2135 pieds 5 pouces. *Voyez* la *Géogr. d'Hérodote*, par Rennell, p. 121.

(*Note de l'Éditeur.*)

gent leur course à l'occident, en traversant la mer de Marmara, peuvent suivre les côtes escarpées de la Thrace et de la Bithynie, sans jamais perdre de vue la cime orgueilleuse de l'Olympe, toujours couverte de neige (1). Ils laissent à leur gauche un golfe enfoncé au fond duquel était située la ville de Nicomédie, où Dioclétien avait fixé sa résidence impériale, et ils dépassent les petites îles de Cyzique et de Proconnèse, avant de jeter l'ancre à Gallipoli, où la mer, qui sépare l'Europe de l'Asie, se rétrécit de nouveau et forme un étroit canal.

Les géographes qui ont examiné avec le plus d'intelligence et de soin la forme et l'étendue de l'Hellespont, évaluent à environ soixante milles le cours sinueux de ce détroit célèbre, et portent à peu près à trois milles sa largeur ordinaire (2). La partie la

L'Hellespont.

---

(1) Thévenot (*Voyages au Levant*, part. 1, l. 1, c. 14) ne compte que cent vingt-cinq petits milles grecs. Belon (*Observations*, l. II, c. 1) décrit très-bien la Propontide; mais il se contente de dire vaguement qu'il faut pour la traverser un jour et une nuit de navigation. Lorsque Sandys (*Voyag.*, p. 21) lui donne cent cinquante stades en longueur et en largeur, on ne peut que supposer une faute d'impression dans le texte de ce judicieux voyageur.

(2) Voy. dans les *Mém. de l'Acad. des Inscript.*, t. XXVIII, p. 318-346, une dissertation admirable de M. d'Anville sur l'Hellespont et les Dardanelles. Au reste, cet habile géographe aime trop à supposer des mesures nouvelles et peut-être imaginaires, afin de rendre les écrivains de l'antiquité aussi exacts que lui. Les stades qu'emploie Hérodote dans

attire dans cet asile commode les bancs de poissons que les retours périodiques amènent constamment dans ces parages. Comme le flux et le reflux sont peu sensibles dans ces mers, la profondeur invariable des eaux permet, dans tous les temps, de décharger les marchandises sur le quai, sans le secours de bateaux, et on a vu en quelques endroits les plus gros vaisseaux rester à flot, tandis que leur proue était appuyée contre les maisons (1). De la bouche du Lycus à l'entrée du port, ce bras du Bosphore a plus de sept milles de longueur. L'entrée a environ cinq cents verges de largeur. On y pouvait tendre, dans le besoin, une forte chaîne de fer, pour défendre le port et la ville des attaques d'une flotte ennemie (2).

La Propontide.

Entre le Bosphore et l'Hellespont, les côtes de l'Europe et de l'Asie renferment, en s'éloignant l'une de l'autre, la mer de Marmara, connue des anciens sous le nom de *Propontide*. La navigation, depuis la sortie du Bosphore jusqu'à l'entrée de l'Hellespont, est d'environ cent vingt milles. Les vaisseaux qui diri-

---

(1) Procopius, *de Ædificiis*, l. 1, c. 5. Les voyageurs modernes confirment sa description. *Voy.* Thévenot, part. 1, l. 1, c. 15; Tournefort, lettre XII; Niébuhr, *Voyage d'Arabie*, p. 22.

(2) *Voy.* Ducange, C. P., l. 1 part. 1, c. 16, et ses *Observations* sur Villehardouin, p. 289. La chaîne se prolongeait depuis Acropolis, près du Kiosk moderne, jusqu'à la tour de Galata, et elle était soutenue de distance en distance par de grandes piles de bois.

Scutari, qu'on peut regarder comme le faubourg de Constantinople du côté de l'Asie. Le Bosphore, à l'endroit où il commence à s'élargir du côté de la Propontide, passe entre Byzance et Chalcédoine. La dernière de ces villes fut bâtie par les Grecs, quelques années avant l'autre; et l'aveuglement qui fit négliger à ses fondateurs les avantages de la côte opposée, a été tourné en ridicule par une expression de mépris qui a passé en proverbe (1). Le port de Constantinople, qu'on peut regarder comme un bras du Bosphore, fut connu très-anciennement sous le nom de la *corne d'or*. La courbe qu'il décrit a à peu près la figure du bois d'un cerf, ou plutôt encore de la corne d'un bœuf (2). L'épithète *d'or* fait allusion aux richesses que tous les vents amènent des pays les plus éloignés dans le port vaste et sûr de Constantinople. Le Lycus, formé par l'union de deux petits ruisseaux, verse constamment dans ce port une quantité d'eau douce qui en nettoie le fond, et

---

(1) *Namque arctissimo inter Europam Asiamque divortio, Bizantyum in extremâ Europâ posuere Græci, quibus, Pythium Apollinem consulentibus ubi conderent urbem, redditum oraculum est, quærerent sedem* Cæcorum *terris adversam: Eâ ambage Chalcedonii monstrabantur, quod priores illuc advecti prævisâ locorum utilitate pejora legissent.* Tacite, *Annal.*, XII, 62.

(2) Strabon, l. x, p. 492. La plupart des andouillers sont maintenant brisés, ou, pour parler d'une manière moins figurée, la plupart des recoins du havre sont comblés. *Voy.* Gyllius, *de Bosphoro Thracio*, l. 1, c. 5.

sinueuse du Bosphore se prolonge l'espace d'environ seize milles (1), et sa largeur la plus ordinaire peut se calculer à peu près à un mille et demi. Les nouveaux forts d'Europe et d'Asie sont construits sur les deux continens et sur les fondemens des deux temples célèbres de Sérapis et de Jupiter Urius. Les anciens châteaux, ouvrage des empereurs grecs, défendent la partie la plus étroite du canal, dans un endroit où les deux rives opposées ne sont qu'à cinq cents pas de distance l'une de l'autre. Ces citadelles furent rétablies et fortifiées par Mahomet II, quand il médita le siége de Constantinople (2). L'empereur ottoman ignorait très-probablement que, près de deux mille ans avant lui, Darius avait choisi la même position pour lier ensemble les deux continens par un pont de bateaux (3). A peu de distance des anciens châteaux, on découvre la petite ville de Chrysopolis ou

---

(1) Les anciens l'évaluaient à cent vingt stades ou quinze mille romains. Ils ne comptaient que depuis les châteaux neufs; mais ils étendaient le détroit jusqu'à la ville de Chalcédoine.

(2) Ducas, *Hist.*, c. 34; Leunclavius, *Hist. turcica musulmanica*, l. xv, p. 577. Sous l'empire grec, ces châteaux servaient de prison d'État, et on leur donnait le nom effrayant de *Léthé* ou *Tours d'oubli*.

(3) Darius grava sur deux colonnes de marbre, en lettres grecques et assyriennes, les noms des peuples auxquels il donnait des lois; et l'immense tableau de ses forces de mer et de terre. Les Byzantins transportèrent ensuite ces colonnes dans leur ville, et ils les employèrent aux autels de leurs divinités tutélaires. Hérodote, l. IV, c. 87.

de Léda (1). Le détroit du Bosphore est terminé par les roches Cyanées, qui, selon les poëtes, flottaient autrefois sur les eaux, et avaient été destinées par les dieux à défendre l'entrée de l'Euxin contre la curiosité des profanes (2). Depuis les roches Cyanées jusqu'à la pointe et au port de Byzance, la longueur

---

mais lui fit prêter le serment de ne plus maltraiter les étrangers qui passeraient dans ses États. Nicéphore Calliste (*Hist. eccl.*, l. vii, c. 50) rapporte une ancienne tradition qui n'est point à dédaigner. « Les Argonautes ayant abordé au pays des Bébryces, se mirent à le ravager; mais Amycus leur fondit dessus avec ses sujets, et les mit en fuite. Ils se réfugièrent dans une forêt très-épaisse, d'où ils n'osaient plus sortir, lorsqu'une des puissances célestes, sous la forme d'un homme, avec des ailes d'aigle, leur apparut et leur promit la victoire. Ils marchèrent alors contre Amycus, défirent ses troupes, et le tuèrent lui-même. Ils bâtirent dans cet endroit, en mémoire de cet événement, un temple qu'ils nommèrent *Sosthenium*, parce qu'ils y avaient recouvré leur valeur, et y érigèrent une statue pareille à la divinité qui leur avait apparu. Constantin en fit par la suite l'église de l'archange Michel. » *Notes* de M. Clavier sur Apollod., not. 88, p. 175. (*Note de l'Éditeur.*)

(1) Amycus résidait en Asie, entre les vieux châteaux et les châteaux neufs, dans un lieu appelé *Laurus insana*. Phinée habitait en Europe, près du village de Mauromolé et de la mer Noire. *Voyez* Gyllius, *de Bosph.*, l. ii, c. 23; Tournefort, *lettre* xv.

(2) Cette erreur avait été occasionée par plusieurs rochers terminés en pointe, alternativement couverts et abandonnés par les vagues. On y voit aujourd'hui deux petites îles : il y en a une près de chacune des côtes. Celle d'Europe est remarquable par la colonne de Pompée.

piatoires, semés avec profusion sur ses rochers et sur ses bords, attestaient les terreurs, l'ignorance et la dévotion des navigateurs de la Grèce, qui, à l'exemple des Argonautes, allaient à la découverte des routes dangereuses du Pont-Euxin et de ses rives inhospitalières. La tradition a long-temps conservé la mémoire du palais de Phinée, infesté par les dégoûtantes harpies (1); et celle du règne d'Amycus le Sylvain (2), qui proposa le combat du ceste au fils

---

min., t. III), et par Gylles ou Gyllius, voyageur français du seizième siècle. Tournefort (lettre XV) paraît s'être servi et de ce qu'il a vu et de l'érudition de Gyllius.

(1) Le Clerc (*Biblioth. univ.*, t. 1, p. 248) suppose que les harpies n'étaient que des sauterelles; et il n'y a guère de conjecture plus heureuse. Le nom de ces insectes dans la langue syriaque et phénicienne, leur vol bruyant, l'infection et la dévastation qui les accompagnent, et le vent du nord qui les chasse dans la mer, rendent sa supposition très-vraisemblable.

(2) Amycus régnait dans la Bébrycie, depuis appelée Bithynie; il était l'inventeur des cestes dont on se servait au pugilat. Clément d'Alexandrie, *Stromates*, l. 1, p. 363. Quand les Argonautes abordèrent à son royaume, il se présenta au vaisseau pour demander si quelqu'un voulait se mesurer avec lui. Pollux accepta le défi, et le tua en le frappant sur le cou. (*Bibliothèque d'Apollodore*, l. 1, § 20, version de M. Clavier.) Épicharme et Pisandre disaient que Pollux n'avait point tué Amycus, mais s'était contenté de le lier; et c'est ainsi qu'il est représenté sur un vase funéraire publié par Winckelmann. (*Hist. de l'Art*, pl. 18, édit. de 1789, *in-8°*.) Théocrite, qui raconte ce combat dans le plus grand détail (*id.* 22), dit que Pollux ne le tua point;

Si nous considérons Byzance dans toute l'étendue *Description de Constantinople.* qu'elle acquit avec l'auguste nom de Constantinople, nous pouvons nous la représenter comme un triangle inégal. L'angle obtus qui s'avance vers l'orient et vers les rives de l'Asie, est battu par les vagues du Bosphore de Thrace. Le nord de la ville est borné par le port, et le sud est baigné par la Propontide ou la mer de Marmara. La base du triangle regarde l'occident, et termine le continent de l'Europe. Mais il est nécessaire d'entrer ici dans une description plus détaillée, pour faire comprendre la structure géographique et la situation respective des mers et des terres qui forment ce port incomparable.

Le canal tortueux à travers lequel les eaux du *Le Bosphore.* Pont-Euxin s'écoulent avec une constante rapidité vers la mer Méditerranée, reçut le nom de Bosphore, aussi célèbre dans l'histoire que dans les fables de l'antiquité (1). Une foule de temples et d'autels ex-

---

tune, fonda la ville de Byzance six cent cinquante-six ans avant l'ère chrétienne. Ses compagnons avaient été tirés d'Argos et de Mégare. Byzance fut ensuite rebâtie et fortifiée par le général lacédémonien Pausanias. (*Voyez* Scaliger, *Animadvers. ad Euseb.* p. 81 ; Ducange, *Constantinopolis*, l. 1, part. 1, c. 15, 16.) Quant aux guerres des Byzantins contre Philippe, les Gaulois et les rois de Bithynie, on ne peut accorder de confiance qu'aux anciens écrivains qui vécurent avant que la grandeur de la ville impériale eût éveillé l'esprit de fiction et de flatterie.

(1) Le Bosphore a été décrit fort en détail par Denys de Byzance, qui vécut au temps de Domitien (Hudson, *Geog.*

la majesté du trône. Dans le choix d'une situation avantageuse, il préféra les confins de l'Europe et de l'Asie, pour pouvoir mieux assujettir sous son bras puissant les Barbares qui habitaient entre le Danube et le Tanaïs, et pour éclairer de plus près la conduite du roi de Perse, qui supportait impatiemment le joug que lui avait imposé un traité ignominieux. Telles avaient été les vues de Dioclétien quand il avait choisi et embelli le séjour de Nicomédie. Mais sa mémoire était justement odieuse au protecteur de l'Église, et Constantin n'était pas insensible à l'ambition de fonder une ville qui pût perpétuer la gloire de son nom. Pendant les dernières opérations de la guerre contre Licinius, il avait eu souvent l'occasion d'observer, comme capitaine et comme homme d'État, l'incomparable position de Byzance, et de remarquer combien la nature, en la mettant à l'abri d'une attaque étrangère, lui avait prodigué de moyens pour faciliter et encourager un commerce immense. Plusieurs siècles avant Constantin, un des plus judicieux écrivains de l'antiquité (1) avait décrit les avantages de cette situation, qui avait donné l'empire des mers à une faible colonie sortie de la Grèce, et en avait fait une république indépendante et florissante (2).

Situation de Byzance.

---

(1) Polybe, l. iv, p. 423, *edit.* de Casaubon. Il observe que les incursions des sauvages habitans de la Thrace troublèrent souvent le repos des Byzantins, et resserrèrent quelquefois l'étendue de leurs domaines.

(2) Le navigateur Byzas, qu'on appelait le fils de Nep-

à tour de nombreux objets d'édification et de scandale.

Après la défaite et l'abdication de Licinius, son rival victorieux posa les fondemens d'une ville destinée à devenir un jour la maîtresse de l'Orient, et à survivre à l'empire et à la religion de son fondateur. Les motifs, soit d'orgueil, soit de politique, qui avaient engagé Dioclétien à s'éloigner le premier de la capitale de l'empire, avaient acquis un nouveau poids par l'exemple de ses successeurs, et quarante années d'habitude. Rome se trouvait insensiblement confondue avec ces États soumis qui avaient autrefois reconnu sa souveraineté; et la patrie des Césars n'inspirait qu'une froide indifférence à un prince guerrier, né sur les rives du Danube, élevé dans les cours ou dans les armées d'Asie, et revêtu de la pourpre par les légions de la Bretagne. Les Italiens, qui avaient regardé Constantin comme leur libérateur, obéirent avec soumission aux édits qu'il daigna quelquefois adresser au sénat et au peuple de Rome; mais ils eurent rarement l'honneur de posséder leur souverain. Tant que la vigueur de son âge le lui permit, Constantin, selon les différens besoins de la paix ou de la guerre, visita successivement les frontières de ses vastes États, soit avec une lenteur pleine de dignité, soit avec l'appareil imposant de la rapidité la plus active, et se tint toujours prêt à entrer en campagne contre ses ennemis étrangers et domestiques. Mais enfin, parvenu au faîte de sa prospérité et au déclin de sa vie, il conçut le dessein de fixer dans une résidence moins variable la force et

CHAPITRE XVII.

Fondation de Constantinople. Système politique de Constantin et de ses successeurs. De la discipline militaire. De la cour et des finances.

L'INFORTUNÉ Licinius est le dernier rival qui se soit opposé à la grandeur de Constantin, et le dernier captif qui ait orné son triomphe. Après un règne heureux et tranquille, pendant lequel le conquérant avait donné à ses peuples une capitale, une politique et une religion nouvelles, il légua la possession de l'empire à sa famille; et les innovations qu'il avait établies ont été adoptées et conservées par une longue suite de générations. Le siècle de Constantin le Grand et de ses fils est riche en événemens mémorables; mais l'historien se perdrait dans leur nombre et dans leur variété, s'il ne séparait pas avec soin ceux qui n'ont ensemble d'autre rapport que celui de l'ordre des temps. Il exposera les institutions politiques qui donnèrent de la force et de la stabilité à l'empire, avant d'entrer dans le détail des guerres et des révolutions qui en hâtèrent le déclin. Il adoptera la division inconnue aux anciens, d'affaires civiles et d'affaires ecclésiastiques. Enfin, la victoire des chrétiens et leurs discordes intestines présenteront tour

subi le dernier supplice. Mais, si l'improbabilité du fait l'emportait sur le témoignage, si Grotius était convaincu d'avoir exagéré le mérite et les souffrances des réformés (1), ne serions-nous pas en droit de demander quelle confiance on peut avoir dans les monumens douteux et imparfaits de la crédulité ancienne, et jusqu'à quel point il est possible d'ajouter foi aux récits d'un évêque courtisan et d'un déclamateur passionné, qui, sous la protection de Constantin, jouissaient du privilége exclusif de décrire les persécutions infligées aux chrétiens par les compétiteurs vaincus, ou par les prédécesseurs méprisés du souverain dont ils possédaient la faveur ?

---

(1) Fra Paolo (*Hist. du concile de Trente*, l. III) réduit le nombre des martyrs des Pays-Bas à cinquante mille. En savoir et en modération, Fra Paolo ne le cédait pas à Grotius; la priorité de temps donne au témoignage du premier quelque avantage qu'il perd, d'un autre côté, par la distance qui sépare Venise des Pays-Bas.

en imposer au peuple, le rôle de réformateurs. L'Église de Rome défendit par la violence l'empire qu'elle avait acquis par la fraude : des proscriptions, des guerres, des massacres, et l'institution du saint office, défigurèrent bientôt un système de bienfaisance et de paix ; et comme les réformateurs étaient animés par l'amour de la liberté civile aussi bien que par celui de la liberté religieuse, les princes catholiques lièrent leurs propres intérêts à ceux du clergé, et secondèrent, par le fer et par le feu, les terreurs des armes spirituelles : dans les Pays-Bas seuls, plus de cent mille des sujets de Charles-Quint furent livrés, dit-on, à la main du bourreau. Ce nombre extraordinaire est consigné dans les ouvrages de Grotius (1), homme de génie, célèbre par l'étendue de ses connaissances, qui conserva sa modération au milieu des fureurs des sectes ennemies, et qui composa les annales de son siècle et de sa patrie dans un temps où l'invention de l'imprimerie avait facilité les moyens de s'instruire, et augmentait le danger d'être découvert lorsqu'on s'éloignait de la vérité. Si nous sommes obligés de nous soumettre à l'autorité de Grotius, il faudra convenir que le nombre des protestans exécutés dans une seule province et sous un seul règne, surpassa de beaucoup celui des premiers martyrs, qui, pendant une période de trois cents ans, et dans la vaste étendue de la monarchie romaine, avaient

---

(1) Grotius, *Annal. de Rebus belgicis*, l. 1, p. 12; édit. fol.

nales fut ou suspendue ou abolie, la multitude des chrétiens condamnés à mort par une sentence juridique, dans toute l'étendue de l'empire romain, sera réduite à un peu moins de deux mille personnes; et puisque du temps de Dioclétien les chrétiens étaient certainement plus nombreux, et leurs ennemis plus irrités qu'ils ne l'avaient jamais été dans toute autre persécution antérieure, ce calcul probable et modéré peut apprendre à se former une idée juste du nombre des saints et des martyrs qui, dans les anciens temps, ont sacrifié leur vie pour répandre dans le monde la lumière de l'Évangile.

Nous terminerons ce chapitre par une vérité triste, *Conclusion.* que, malgré notre répugnance, nous sommes forcé de reconnaître; c'est que, même en admettant, sans hésiter ou sans aucun examen, tout ce que l'histoire a rapporté ou bien tout ce que la dévotion a inventé au sujet des martyrs, on doit encore l'avouer, les chrétiens, dans le cours de leurs dissensions intestines, se sont causé les uns aux autres de bien plus grands maux que ne leur en avait fait éprouver le zèle des païens. Durant les siècles d'ignorance qui suivirent la destruction de l'empire romain en Occident, les évêques de la ville impériale étendirent leur domination sur les laïques aussi bien que sur le clergé de l'Église latine. L'édifice de la superstition, qu'ils avaient élevé et qui aurait pu défier longtemps les faibles efforts de la raison, fut enfin attaqué par une foule de fanatiques audacieux, qui, depuis le douzième siècle jusqu'au seizième, prirent, pour

tirer aucune induction utile du premier de ces faits ; mais le dernier peut servir à justifier une conclusion très-importante et très-probable. Selon la distribution des provinces romaines, il paraît que la Palestine formait la seizième partie de l'empire d'Orient (1), et puisqu'il y eut des gouverneurs qui, par une clémence réelle ou affectée, s'abstinrent de tremper leurs mains dans le sang des fidèles (2), il est raisonnable de croire que le pays où le christianisme avait pris naissance, produisit au moins la seizième partie des martyrs qui souffrirent la mort dans les États de Galère et de Maximin. Le tout se montera donc environ à quinze cents ; et, si l'on divise ce nombre par les dix années de la persécution, le résultat donnera cent cinquante martyrs par an. Si l'on applique la même proportion aux provinces de l'Italie, de l'Afrique et peut-être de l'Espagne, dans lesquelles, au bout de deux ou trois ans, la rigueur des lois pé-

---

ratoris, fame et siti necari, et reclusi sumus in duabus cellis ita ut nos afficerent fame et siti et ignis vapore. Cæc. Cypr., epist. XXII. (*Note de l'Éditeur.*)

(1) Lorsque la Palestine fut divisée en trois provinces, la préfecture de l'Orient en contenait quarante-huit. Comme les anciennes distinctions de nations étaient depuis longtemps abolies, les Romains partagèrent les provinces selon une proportion générale relative à leur étendue et à leur opulence.

(2) *Ut gloriari possint nullum se innocentium peremisse, nam et ipse audivi aliquos gloriantes, quia administratio sua, in hâc parte, fuerit incruenta.* Lactance, *Instit. divin.*, V. 11.

comparatif de zèle et de courage qui régnait alors parmi les évêques, il ne nous est pas possible de

---

parlé *nominativement*; mais il en reconnaît un bien plus grand nombre. Ainsi, les neuvième et dixième chapitres de son ouvrage sont intitulés : *d'Antonin, de Zébin, de Germanus, et d'autres martyrs; de Pierre Monachus, d'Asclepius Marcionita, et d'autres martyrs.* En parlant de ceux qui souffrirent sous Dioclétien, il dit : « Je ne rapporterai la mort que de l'un d'eux, afin que d'après cela les lecteurs puissent deviner ce qui arriva aux autres. (*Hist. ecclésiast.*, l. VIII, c. 6.) Dodwell a fait, avant Gibbon, ce calcul et ces objections; mais Ruinart (*Act. mart. Pref.*, p. 24 et seq.) lui a répondu d'une manière péremptoire : *Nobis constat Eusebium in historiâ infinitos passim martyres admisisse; quamvis revera paucorum nomina recensuerit. Nec alium Eusebii interpretem quam ipsummet Eusebium proferimus, qui (l. III, c. 23) ait sub Trajano plurimos ex fidelibus martyrii certamen subiisse (l. V, init.). Sub Antonino et Vero innumerabiles propè martyres per universum orbem enituisse affirmat (l. VI, c. 1). Severum persecutionem concitasse refert, in quâ per omnes ubique locorum Ecclesias, ab athletis pro pietate certantibus, illustria confecta fuerunt martyria. Sic de Decii, sic de Valeriani persecutionibus loquitur, quæ non Dodwelli faveant conjectationibus judicet æquus lector.* Dans les persécutions même que Gibbon a représentées comme beaucoup plus douces que celle de Dioclétien, le nombre des martyrs paraît fort supérieur à celui auquel il borne les martyrs de cette dernière, et ce nombre est attesté par des monumens incontestables; je n'en citerai qu'un exemple : on trouve parmi les *lettres* de saint Cyprien une lettre de Lucianus à Celerinus, écrite du fond d'une prison, où Lucianus nomme dix-sept de ses frères morts, soit dans les carrières, soit au milieu des tortures, soit de faim dans les cachots : *Jussi sumus,* dit-il, *secundum præceptum impe-*

ment (1) eurent droit à cette dénomination honorable (2). Comme nous ne connaissons pas le degré

---

(1) Eusèbe, *de Mart. Palest.*, c. 13. Il termine sa narration en nous assurant que tel fut le nombre des martyres endurés en Palestine durant *tout* le cours de la persécution. Le cinquième chapitre de son huitième livre, qui traite de la province de Thébaïde, en Égypte, pourrait paraître contredire le calcul modéré que nous avons adopté; mais il ne servira qu'à nous faire admirer les ménagemens adroits de l'historien. Choisissant pour la scène de la cruauté la plus inouïe le pays de tout l'empire le plus éloigné et le plus isolé, il rapporte que dans la Thébaïde il y eut souvent depuis dix jusqu'à cent personnes qui souffrirent le martyre le même jour; mais lorsque ensuite il parle de son voyage en Égypte, son langage devient insensiblement plus circonspect et plus modéré : au lieu d'un nombre considérable et en même temps défini, il parle de beaucoup de chrétiens (πλειους), et il emploie avec le plus grand art deux mots équivoques (ιστορησαμεν, et υπομειναντας), qui peuvent signifier, ou qu'il avait vu, ou qu'il avait entendu, et qui expriment, soit l'attente (*), soit l'exécution du châtiment. S'étant ainsi procuré un moyen sûr de se mettre à couvert, il laisse le passage équivoque à ses lecteurs et à ses traducteurs, imaginant bien que leur piété les engagera à préférer le sens le plus favorable. Il y avait peut-être quelque malice dans cette remarque de Théodore Metochita, que tous ceux qui, comme Eusèbe, avaient conversé avec les Égyptiens, se plaisaient à écrire dans un style obscur et embarrassé. *Voyez* Valois, *ad loc.*

(2) Ce calcul est fait d'après les martyrs dont Eusèbe a

(*) Ceux qui se donneront la peine de consulter le texte, verront que si le mot υπομειναντας pouvait y être pris pour *l'attente* du châtiment, le passage n'aurait aucun sens, et deviendrait absurde. (*Note de l'Éditeur.*)

saints martyrs dont les blessures avaient été guéries tout à coup, dont la force avait été renouvelée, et dont les membres perdus avaient été miraculeusement rétablis, suffirent pour lever toute difficulté et pour détruire toute objection. Les légendes les plus extravagantes, dès qu'elles contribuaient à l'honneur de l'Église, étaient reçues avec applaudissement par la multitude crédule, soutenues par le pouvoir du clergé, et attestées par le témoignage suspect de l'histoire ecclésiastique.

Un orateur adroit sait exagérer ou adoucir si facilement des descriptions vagues d'emprisonnement et d'exil, de souffrances et de tourmens, que nous sommes naturellement portés à rechercher des traits plus marqués et qu'il soit plus difficile d'altérer. Il est donc à propos d'examiner le nombre des personnes qui périrent victimes des édits de Dioclétien, de ses associés et de ses successeurs. Les légendaires des temps moins reculés parlent de villes détruites, d'armées entières moissonnées à la fois par la rage aveugle de la persécution. Des écrivains plus anciens se contentent de répandre, sans ordre et avec profusion, des invectives pathétiques, et ne daignent pas fixer le nombre de ceux qui eurent le bonheur de sceller de leur sang la croyance de l'Évangile. Cependant l'histoire d'Eusèbe nous apprend qu'il n'y eut que neuf évêques punis de mort; et l'on voit par son énumération particulière des martyrs de la Palestine, que quatre-vingt-douze chrétiens, seule-

Nombre des martyrs.

religion dans le fond de ces tristes demeures (1).
2° Les évêques étaient obligés de réprimer et de censurer le zèle emporté de ceux qui se jetaient volontairement entre les mains des magistrats. Parmi ces chrétiens, les uns, perdus de dettes et accablés sous le poids de la pauvreté, cherchaient dans leur désespoir à terminer, par une mort glorieuse, une existence misérable ; les autres se flattaient qu'un emprisonnement de peu de durée expierait les péchés de leur vie entière. Il y en avait enfin qui, dirigés par des vues bien moins honorables, espéraient tirer une subsistance abondante et peut-être un profit considérable des aumônes que la charité des fidèles accordait aux prisonniers (2). Lorsque l'Église eut triomphé de tous ses ennemis, l'intérêt et la vanité des chrétiens, qui avaient été persécutés, les engagèrent à exagérer le mérite de leurs souffrances respectives. Une distance commode de temps ou de lieu ouvrit un vaste champ à la fiction ; et la facilité qu'on avait à se tirer d'affaire en citant des exemples fréquens de

---

qu'ils fussent tourmentés par les travaux les plus pénibles. Quatre d'entre eux à qui il demanda d'abjurer leur foi, et qui refusèrent, furent brûlés vifs. Eusèbe, *de Mart. Palest.*, c. 13. (*Note de l'Éditeur.*)

(1) Eusèbe, *de Mart. Palest.*, c. 13.
(2) Saint Augustin, *Collat. Carth. Dei*, III, c. 13; ap. Tillemont, *Mém. ecclésiast.*, t. V, part. 1, p. 46. La controverse avec les donatistes a jeté quelque jour sur l'histoire de l'Église d'Afrique, quoique peut-être de pareils éclaircissemens se ressentent de l'esprit de parti.

dant, imprudemment rapportées, donnent lieu de croire qu'en général le traitement des chrétiens livrés à la justice n'a pas été aussi intolérable qu'on l'imagine communément. 1.° Les confesseurs condamnés aux mines, avaient, par un effet de l'humanité ou de la négligence de leurs gardes, la permission de bâtir des chapelles (1) et de professer librement leur

---

(1) A peine les autorités supérieures en furent-elles informées, que le président de la province, homme dur et cruel, dit Eusèbe, exila les confesseurs, les uns à Chypre, les autres dans divers lieux de la Palestine, et ordonna rien qui paraisse dicté par un sentiment outré. C'est la faute des persécuteurs, s'ils prennent pour du mépris la fermeté de ceux qu'ils persécutent. « Quel est votre nom? demanda à Tarachus le président Maxime. — Je suis chrétien. — Qu'on lui brise la mâchoire. » (Ruinart, p. 460.) Probus, son compagnon, fut amené. A la même question, il fit la même réponse : « Je suis chrétien, et je m'appelle Probus. » On lui ordonna de sacrifier pour obtenir des honneurs de son prince et l'amitié de Maxime. « A ce prix, je ne désire ni les honneurs du prince ni votre amitié. » Après avoir souffert les plus cruelles tortures, il fut jeté dans les fers, et le juge défendit que l'on prît soin de ses plaies : *sanguine tuo impleta est terra*. (Ruinart, p. 462.) Audronicus parut le troisième. Il répondit avec la même fermeté à l'ordre de sacrifier. Le juge, pour le tromper, lui dit que ses frères avaient eu cette complaisance. « Malheureux! reprit-il; pourquoi me tromper par des mensonges? » Et ils furent enfin livrés aux bêtes. En opposant la conduite du juge à celle des martyrs, oserait-on trouver dans les réponses de ceux-ci quelque chose d'inconvenant ou d'exagéré? Le peuple même qui assistait au jugement fut moins doux et moins respectueux. L'injustice de Maxime le révolta tellement, que lorsque les martyrs parurent dans l'amphithéâtre, l'effroi s'empara de tous les cœurs, et le peuple murmurait, disant : « Juge inique, qui as jugé de la sorte! » Plusieurs quittèrent le spectacle, et s'en allèrent, murmurant contre Maxime et parlant de lui avec mépris. Ruinart, p. 488. (*Note de l'Éditeur.*)

pareille déclaration nous porte naturellement à soupçonner qu'un écrivain qui a violé si ouvertement une des deux lois fondamentales de l'histoire, n'a pas observé l'autre avec beaucoup d'exactitude; et ce soupçon acquerra une nouvelle force, si l'on considère le caractère d'Eusèbe, moins crédule et plus versé dans les intrigues de cour que la plupart de ses contemporains. Dans quelques occasions particulières, lorsque le magistrat avait été irrité par des motifs de haine ou d'intérêt personnel; lorsque le zèle faisait oublier aux martyrs les règles de la prudence, et peut-être de la décence; lorsqu'il les portait à renverser les autels, à charger les empereurs d'imprécations, ou à frapper le juge quand il était assis sur son tribunal; vraisemblablement alors on épuisait sur ces victimes dévouées tous les tourmens que pouvait inventer la cruauté, ou que pouvait braver la constance (1). Deux circonstances cepen-

---

complaisances. On lui en fit des reproches durant sa vie, et même en sa présence, au concile de Tyr. *Voyez* Tillemont, *Mém. ecclés.*, t. VIII, part. 1, p. 67.

(1) La relation ancienne, et peut-être authentique, des souffrances de Tarachus et de ses compagnons (*Act. sincer.*, Ruinart, p. 419-448) est remplie d'expressions fortes, dictées par le ressentiment et par le mépris, et qui ne pouvaient manquer d'irriter le magistrat. La conduite d'Ædesius envers Hiéroclès, préfet d'Égypte, fut encore plus extraordinaire: λογοις τε και εργοις τον δικαστην... περιβαλων. Euseb., *de Mart. Palest.*, c. 5 (*).

(*) Les actes de Tarachus et de ses compagnons ne renferment

que je dois croire (1). Un des plus graves auteurs de l'histoire ecclésiastique, Eusèbe lui-même, avoue indirectement qu'il a rapporté tout ce qui pouvait ajouter à la gloire de l'Église, et qu'il a supprimé tout ce qui pouvait tendre à la déshonorer (2). Une

---

(1) La critique historique ne consiste pas à rejeter indistinctement tous les faits qui ne s'accordent pas avec un système particulier, comme le fait Gibbon dans ce chapitre, où il ne consent qu'à la dernière extrémité à croire à un martyre. Il faut peser les autorités, et non les exclure de l'examen ; or, les historiens païens justifient en plusieurs endroits les détails que nous ont transmis les historiens de l'Église sur les tourmens endurés par les chrétiens. Celsus reproche aux chrétiens de tenir leurs assemblées en secret, à cause de la crainte que leur inspirent les châtimens ; « car, quand vous êtes saisis, leur dit-il, vous êtes traînés au supplice, et, avant d'être mis à mort, vous avez à souffrir toutes sortes de tourmens. » (Origène, *cont. Cels.*, l. 1, II, VI, VIII, *passim*.) Libanius, le panégyriste de Julien, dit en parlant des chrétiens : « Ceux qui suivaient une religion corrompue étaient dans de continuelles appréhensions ; ils craignaient que Julien n'inventât des tourmens encore plus raffinés que ceux auxquels ils étaient exposés auparavant, comme d'être mutilés, brûlés vifs, etc. ; car les empereurs avaient exercé contre eux toutes ces cruautés. « *Libanii parentalis in Julian.*, ap. *Fab. Bibl. græc.*, v. 9, n° 58, p. 283. (*Note de l'Éditeur.*)

(2) Telle est l'induction que l'on peut tirer naturellement des deux passages remarquables dans Eusèbe, l. VIII, c. 2, et de *Mart. Palest.*, c. 12. La prudence de l'historien a exposé son caractère au blâme et au soupçon. Personne n'ignorait qu'il avait été mis lui-même en prison, et l'on insinuait qu'il avait acheté sa liberté par quelques lâches

édits publiés par les deux empereurs d'occident obligèrent Maximin de suspendre l'exécution de ses projets. La guerre civile qu'il entreprit avec tant de témérité contre Licinius, exigeait toute son attention. Enfin la défaite et la mort de Maximin délivrèrent bientôt l'Église du dernier et du plus implacable de ses ennemis (1).

<small>Relation probable des souffrances des martyrs et des confesseurs.</small>

Dans cet exposé général de la persécution que les édits de Dioclétien avaient d'abord autorisée, j'ai omis à dessein le tableau des souffrances particulières et de la mort des martyrs. Il m'aurait été facile de tirer de l'histoire d'Eusèbe, des déclamations de Lactance et des plus anciens actes, une longue suite de peintures affreuses et révoltantes. J'aurais pu parler avec étendue des chevalets et des fouets, des crochets de fer, des lits embrasés, et de toute cette diversité de tourmens que le fer et le feu, les bêtes sauvages et des bourreaux plus sauvages encore, peuvent faire subir au corps humain. Ces tristes scènes auraient pu être animées par une foule de visions et de miracles destinés à retarder la mort des martyrs, à célébrer leur triomphe, ou à découvrir les reliques des saints canonisés. Mais je ne peux déterminer ce que je dois écrire, tandis que j'ignore ce

---

(1) Peu de jours avant sa mort il publia un édit fort étendu de tolérance, dans lequel il impute toute la rigueur que les chrétiens ont éprouvée aux gouverneurs et aux juges, qui n'avaient pas bien compris ses intentions. *Voyez* l'*Édit* dans Eusèbe, l. IX, c. 10.

avait été adressée par les citoyens de Tyr, existe encore. Il loue leur zèle et leur dévotion dans les termes les plus magnifiques; il s'étend sur l'impiété opiniâtre des chrétiens; et la facilité avec laquelle il consent à les bannir, prouve qu'il se regardait plutôt comme recevant que comme accordant une faveur. Il donna aux prêtres aussi bien qu'aux magistrats le pouvoir d'exécuter dans toute leur rigueur ses édits, qui furent gravés sur des tables d'airain; et quoiqu'on leur recommandât de ne point répandre le sang, les chrétiens rebelles éprouvèrent les châtimens les plus cruels et les plus ignominieux (1).

Les chrétiens de l'Asie avaient tout à redouter d'un monarque superstitieux, qui préparait ses actes de violence avec une politique si réfléchie. Mais à peine quelques mois s'étaient-ils écoulés, que les

Fin des persécutions.

---

(1). *Voyez* Eusèbe, l. VIII, c. 14; l. IX, c. 2-8; Lactance, *de Mort. pers.*, c. 36. Ces écrivains s'accordent à représenter les artifices de Maximin; mais le premier rapporte l'exécution de plusieurs martyrs, tandis que le dernier affirme positivement: *occidi servos Dei vetuit* (*).

(*) Il est aisé de les concilier; il suffit de citer le texte entier de Lactance: *Nam cum clementiam specie tenus profiteretur, occidi servos Dei vetuit, debilitari jussit. Itaque confessoribus effodiebantur oculi, amputabantur manus, pedes detruncabantur, nares vel auriculae desecabantur. Haec ille moliens Constantini litteris deterretur. Dissimulavit ergo, et tamen, si quis inciderit, mari occulte mergebatur.* Ce détail des tourmens que l'on faisait endurer aux chrétiens est bien propre à concilier Lactance et Eusèbe: ceux qui mouraient des suites des tortures, ceux que l'on plongeait dans la mer, pouvaient bien passer pour des martyrs. Cette mutilation des paroles de Lactance a seule fait naître une contradiction apparente. (*Note de l'Éditeur.*)

de leur victoire à la régularité de leur discipline, et que la faiblesse du polythéisme venait principalement d'un manque d'union et de subordination parmi les ministres des dieux : on institua donc un nouveau système de gouvernement religieux, qui fut manifestement copié sur l'administration de l'Église. Dans toutes les grandes villes de l'empire, les temples furent réparés et embellis par ordre de Maximin ; les prêtres chargés du culte des différentes divinités furent soumis à l'autorité d'un pontife supérieur, créé pour s'opposer à l'évêque, et pour soutenir la cause du paganisme. Ces pontifes reconnaissaient à leur tour la suprématie des métropolitains ou grands-prêtres de la province, qui agissaient comme les vice-régens immédiats de l'empereur lui-même. Ils portaient une robe blanche pour marque de leur dignité ; et on avait soin de choisir ces nouveaux prélats dans les familles les plus nobles et les plus opulentes. Par l'influence des magistrats et de l'ordre sacerdotal, le prince obtint de plusieurs villes, et particulièrement de Nicomédie, d'Antioche et de Tyr, un grand nombre de requêtes respectueuses, où les intentions bien connues de la cour étaient adroitement représentées comme le sentiment général des peuples. Les habitans sollicitaient l'empereur de consulter les lois de la justice, plutôt que les mouvemens de sa clémence ; ils exprimaient leur horreur pour les chrétiens, et suppliaient humblement que ces sectaires impies fussent au moins exclus des limites de leurs territoires respectifs. La réponse de Maximin à la requête qui lui

par un édit public, la tranquillité de l'Église, Sabinus, son préfet du prétoire, adressa aux gouverneurs et aux magistrats des provinces une lettre circulaire, où, s'étendant sur la clémence impériale, et reconnaissant l'opiniâtreté invincible des chrétiens, il enjoignait aux officiers de la justice de cesser les poursuites inutiles, et de fermer les yeux sur les assemblées secrètes de ces enthousiastes. En vertu de ces ordres, on mit en liberté un grand nombre de chrétiens qui avaient été détenus dans les prisons ou condamnés aux mines. Les confesseurs retournèrent dans leur patrie, chantant des cantiques de victoire; et ceux qui avaient cédé à la violence de la tempête, sollicitèrent, avec des larmes de pénitence, la permission de rentrer dans le sein de l'Église (1).

Mais ce calme trompeur fut de courte durée; il n'était pas possible que les chrétiens d'Orient prissent aucune confiance dans le caractère de leur souverain. La cruauté et la superstition dominaient dans l'âme de Maximin: la première de ces deux passions lui suggéra des moyens de persécution; l'autre lui en désigna les objets. L'empereur, livré aux cérémonies du paganisme et à l'étude de la magie, ajoutait la plus grande foi aux oracles. Les prophètes ou philosophes, qu'il respectait comme les favoris du ciel, étaient souvent élevés au gouvernement des provinces, et admis dans ses plus secrets conseils. Ils lui persuadèrent aisément que les chrétiens avaient été redevables

Maximin se prépare à renouveler la persécution.

---

(1) Eusèbe, l. IX, c. 1. Il rapporte la lettre du préfet.

par un autre rescrit aux juges et aux magistrats; et nous espérons : que notre indulgence engagera les chrétiens à offrir leurs prières à la divinité qu'ils adorent, pour notre sûreté et pour notre prospérité, pour leur propre conservation et pour celle de la république (1). » Ce n'est point ordinairement dans le langage des édits et des manifestes qu'il faut chercher le caractère réel ou les motifs secrets des princes. Mais comme ce sont ici les expressions d'un empereur mourant, sa situation pourrait être admise comme un garant de sa sincérité.

Paix de l'Église.

Lorsqu'il signa cet édit de tolérance, il était bien persuadé que Licinius remplirait avec empressement les désirs d'un ami et d'un bienfaiteur, et que toute mesure prise en faveur du christianisme obtiendrait l'approbation de Constantin. Mais Galère n'avait point voulu insérer dans le préambule le nom de Maximin, dont le consentement était de la plus grande importance, et qui succéda, peu de jours après, au commandement des provinces de l'Asie. Dans les six premiers mois de son nouveau règne, Maximin affecta cependant d'adopter les prudentes intentions de son prédécesseur; et quoiqu'il ne daignât point assurer,

---

(1) Eusèbe (l. VIII, c. 17) a traduit en grec cet édit mémorable, et Lactance (*de Mort. persecut.*, c. 34) nous en a donné l'original latin. Ces deux écrivains ne paraissent pas avoir remarqué combien il contredit ouvertement tout ce qu'ils viennent d'avancer avec tant d'assurance touchant les remords et le repentir de Galère.

nius et de Constantin, un édit qui, après une énumération pompeuse des titres impériaux, était conçu en ces termes :

« Parmi les soins importans dont nous nous sommes occupés pour l'utilité et pour la conservation de l'État, nous nous étions proposé de rétablir l'ordre et de corriger tous les abus contraires aux anciennes lois et à la discipline publique des Romains. Nous avions principalement intention de ramener dans les voies de la raison et de la nature les chrétiens aveuglés, qui avaient abandonné la religion et les cérémonies de leurs ancêtres, et qui, méprisant audacieusement les pratiques de l'antiquité, avaient inventé des lois et des opinions extravagantes, sans autre règle que leur fantaisie ; et avaient formé diverses sociétés dans les différentes provinces de notre empire. Comme les édits que nous avons publiés pour maintenir le culte des dieux ont exposé plusieurs chrétiens aux périls et aux calamités ; comme quelques-uns d'entre eux ont souffert la mort, et que d'autres, en bien plus grand nombre, qui persistent toujours dans leurs folles impiétés, se trouvent privés de *tout* exercice public de religion, nous sommes disposés à étendre jusque sur ces infortunés les effets de notre clémence ordinaire. Nous leur permettons donc de professer librement leur doctrine particulière, et de s'assembler dans leurs conventicules, sans crainte et sans danger, pourvu qu'ils conservent toujours le respect dû aux lois et au gouvernement établi. Nous ferons savoir notre volonté

la puissance suprême et le gouvernement de l'Orient, il put se livrer à l'ardeur de son zèle et satisfaire toute sa cruauté, non-seulement dans les provinces de la Thrace et de l'Asie, qui reconnaissaient son autorité immédiate, mais encore dans celles de la Syrie, de la Palestine et de l'Égypte, où Maximin satisfaisait sa propre inclination, en obéissant rigoureusement aux ordres violens de son bienfaiteur (1). Les traverses que Galère essuya souvent dans l'exécution de ses projets ambitieux, l'expérience de six années de persécution, et les réflexions salutaires qu'une maladie lente et douloureuse fit naître dans son esprit, le convainquirent à la fin que les plus violens efforts du despotisme ne suffisent pas pour exterminer tout un peuple, ou pour subjuguer ses préjugés religieux. Comme il désirait de réparer les maux qu'il avait causés, on publia, par ses ordres, au nom de Galère, de Lici-

Galère publie un édit de tolérance.

---

mière connaissance de la religion chrétienne à une jeune fille prisonnière de guerre : elle continua au milieu d'eux ses exercices de piété; elle jeûnait, priait et louait Dieu jour et nuit. Quand on lui demandait à quoi bon tant de soins pénibles, elle répondait : « C'est ainsi que Christ, le fils de Dieu, doit être honoré. » Sozomène, l. II, c. 6. (*Note de l'Éditeur.*)

(1) Le huitième livre d'Eusèbe, aussi bien que le supplément concernant les martyrs de la Palestine, traitent principalement de la persécution de Galère et de Maximin. Les plaintes générales par lesquelles Lactance commence le cinquième livre de ses *Institutions divines* font allusion à la cruauté de ces princes.

L'humeur sanguinaire de Galère, le premier et le principal auteur de la persécution, le rendait redoutable aux chrétiens qu'un sort malheureux avait placés dans les limites de ses États. Il est à croire que plusieurs personnes d'un rang médiocre, et qui n'étaient retenues ni par les chaînes de l'opulence ni par celles de la pauvreté, désertèrent leur pays natal et cherchèrent un asile dans les climats moins orageux de l'Occident. Tant que Galère ne commanda qu'aux armées et aux provinces de l'Illyrie, il ne lui fut pas facile de trouver ni de faire un nombre considérable de martyrs, dans une province belliqueuse (1), où les missionnaires de l'Évangile avaient été reçus avec plus de froideur et de répugnance que dans aucune autre partie de l'empire (2). Mais lorsque Galère eut obtenu

Dans l'Illyrie et en Orient, sous Galère et sous Maximin.

---

de leur commerce illégitime. (*Voyez* Tillemont, *Mém. ecclésiast.*, note sur la persécut. de Dioclétien, t. v, not. 82, p. 283.) M. de Tillemont prouve aussi que l'histoire est douteuse. (*Note de l'Éditeur.*)

(1). Durant les quatre premiers siècles, on trouve peu de traces d'évêques ou d'évêchés dans l'Illyrie occidentale. On a cru probable que le primat de Milan étendait sa juridiction sur Sirmium, capitale de cette grande province. *Voyez* la *Géographie sacrée* de Charles de Saint-Paul, p. 68-76, avec les observations de Lucas Holsterius.

(2) Peu après, le christianisme se propagea au nord des provinces romaines, chez les tribus de la Germanie : une foule de chrétiens, forcés par les persécutions des empereurs à se réfugier chez les Barbares, y furent reçus avec bienveillance. (Euseb., *de Vitâ Const.*, l. II, c. 53; Semler, *Selecta*, cap. H., E., J., 115.) Les Goths durent leur pre-

accorda, après un court examen, la permission de retourner dans son diocèse (1). Telle était la condition heureuse des chrétiens soumis à Maxence, que lorsqu'ils désiraient de se procurer le corps de quelques martyrs, ils se trouvaient obligés de les acheter dans les provinces de l'Orient les plus éloignées. On rapporte une histoire d'Aglaé, dame romaine, qui descendait d'une famille consulaire, et dont les biens étaient si considérables, que, pour les diriger, elle avait besoin de soixante-treize intendans. Boniface, l'un d'entre eux, avait gagné les bonnes grâces de sa maîtresse, et comme Aglaé mêlait l'amour à la dévotion, on prétend qu'elle l'admit à partager son lit. Elle voulait avoir quelques reliques sacrées de l'Orient, et sa fortune la mettait en état de satisfaire ses pieux désirs. Elle confia à son amant une somme d'or considérable et une grande quantité d'aromates ; et Boniface, accompagné de douze hommes à cheval, et de trois chariots couverts, entreprit un pélerinage éloigné (2), jusqu'à la ville de Tarse, en Cilicie (3).

---

(1) Optat, contre les donatistes, l. 1, c. 17, 18 (*).

(2) Les *Actes de la passion de saint Boniface*, qui sont remplis de miracles et de déclamations, ont été publiés, en grec et en latin, par Ruinart (p. 283-291); d'après l'autorité de manuscrits très-anciens.

(3) On ignore si Aglaé et Boniface étaient chrétiens lors

(*) Les paroles d'Optat sont : *Profectus* (*Romam*) *causam dixit; jussus est reverti Carthaginem*; peut-être qu'en plaidant sa cause il se justifia, puisqu'il reçut l'ordre de retourner à Carthage. (*Note de l'Éditeur.*)

éclata par des séditions fréquentes et cruelles. Les fidèles trempèrent leurs mains dans le sang les uns des autres; enfin l'exil de Marcellus, prélat, à ce qu'il semble, moins prudent que zélé, parut, après tant d'agitations, le seul moyen capable de rendre la paix à l'Église de Rome (1). La conduite de Mensurius, évêque de Carthage, semble avoir été plus répréhensible. Un diacre de cette ville avait publié un libelle contre l'empereur; le coupable se réfugia dans le palais épiscopal : quoique ce ne fût pas tout-à-fait encore le temps de réclamer les immunités ecclésiastiques, l'évêque refusa de le livrer aux officiers de la justice. Une résistance si contraire aux lois méritait d'être punie : Mensurius fût mandé à la cour; au lieu de le condamner à mort ou au bannissement, on lui

---

(1) On peut voir l'épitaphe de Marcellus dans Gruter, *Inscript.*, p. 1172, n° 3; elle contient tout ce que nous savons de son histoire. Plusieurs critiques ont supposé que Marcellin et Marcellus, dont les noms se suivent dans la liste des papes, étaient deux personnes différentes; mais le savant abbé de Longuerue était persuadé que c'était le même pape :

Veridicus rector, lapsis quia crimina flere
Prædixit miseris, fuit omnibus hostis amarus;
Hinc furor, hinc odium; sequitur discordia; lites,
Seditio, cædes; solvuntur fœdera pacis.
Crimen ob alterius; Christum qui in pace negavit,
Finibus expulsus patriæ est feritate tyranni.
Hæc breviter Damasus voluit comperta referre:
Marcelli populus meritum cognoscere posset.

Nous pouvons observer que Damase fut fait évêque de Rome en 366.

naissance et sur leur affection; il présumait naturellement que les maux dont ils avaient été accablés, et les dangers qu'ils avaient encore à redouter de son plus implacable ennemi, lui assureraient la fidélité d'un parti déjà considérable par le nombre et par l'opulence de ses membres (1). La conduite même de Maxence envers les évêques de Rome et de Carthage peut être regardée comme une preuve de sa tolérance, puisque les princes les plus orthodoxes auraient vraisemblablement adopté les mêmes mesures à l'égard du clergé de leurs États. Marcellus, le premier de ces prélats, avait mis la capitale en combustion par une pénitence sévère, imposée à un grand nombre de chrétiens, qui, durant la dernière persécution, avaient abjuré ou dissimulé leur foi. La rage des factions

---

du peuple à Rome; il ordonna à ses ministres de cesser de persécuter les chrétiens, affectant une hypocrite piété, afin de paraître plus doux que ses prédécesseurs; *mais ses actions prouvèrent dans la suite qu'il était tout autre qu'on ne l'avait d'abord espéré.* (Hist. ecclés., l. VIII, c. 14.) Eusèbe ajoute que Maxence était allié avec Maximin, qui persécuta les chrétiens, et il les appelle *frères en scélératesse* (αδελφοι την κακιαν). Il attribue les maux que le peuple eut à souffrir sous le règne de ces deux empereurs *à la persécution qu'ils excitèrent contre les chrétiens.* Enfin, le titre même de ce chapitre : *De la Conduite des ennemis de la religion* (περι του τροπου των της ευσεβειας εχθρων), indique clairement ce que fut Maxence. (*Note de l'Éditeur.*).

(1) Eusèbe., l. VIII, c. 14. Mais comme Maxence fut vaincu par Constantin, il entrait dans les vues de Lactance de placer sa mort parmi celles des persécuteurs.

toutes les dignités du palais, et il avait obtenu l'emploi important de trésorier des domaines particuliers. Ce qui rend Adauctus plus remarquable, c'est qu'il paraît avoir été la seule personne de rang et de marque qui ait souffert la mort (1) pendant tout le cours de cette persécution générale (2).

La révolte de Maxence rendit tout à coup la paix aux Églises de l'Italie et de l'Afrique, et le même tyran qui opprimait toutes les autres classes de ses sujets, se montra juste, humain et même partial envers les chrétiens affligés (3). Il comptait sur leur recon-

Sous Maxence.

---

(1) Eusèbe, l. VIII, c. 11; Gruter, *Inscript.*, 1171, n° 18. Rufin s'est trompé sur l'emploi d'Adauctus, aussi bien que sur le lieu de son martyre.

(2) Nous pouvons y ajouter les principaux eunuques Dorothée, Gorgonius et André, qui, accompagnant la personne de Dioclétien, possédaient sa faveur, et gouvernaient sa maison (*voyez* Gibbon, même chap., p. 254). Lactance parle de leur mort: *Potentissimi eunuchi necati per quos palatium et ipse ante constabat.* (De Mort. pers., c. 15.) Et Eusèbe ne nous laisse aucun doute en nommant Dorothée et les autres gardiens des appartemens impériaux, qui, « bien que comblés par l'empereur des prérogatives les plus honorables, chéris comme ses fils, aimèrent mieux souffrir pour la cause de la foi toutes sortes d'opprobres, de malheurs, et la mort la plus cruelle, que de conserver la gloire et les délices du siècle. » *Hist. ecclés.*, l. VIII, c. 6.

(*Note de l'Éditeur.*)

(3) Rien n'est moins vrai, et le passage d'Eusèbe auquel l'historien renvoie le lecteur en est la preuve. « Maxence, dit Eusèbe, qui s'empara du pouvoir en Italie, feignit d'abord d'être chrétien (καθυπεκρίνατο) pour gagner la faveur

le protecteur de l'Église, et a mérité enfin d'être appelé le premier empereur qui ait professé publiquement et qui ait établi la religion chrétienne. Les motifs de sa conversion, qui peuvent être diversement attribués à la dévotion, à la vertu, à la politique, ou aux remords, et les progrès de la révolution qui, sous l'influence puissante de ce prince et de ses fils, a rendu le christianisme la religion dominante de l'empire romain, formeront dans la suite de cette histoire un chapitre très-intéressant et de la plus grande importance. Il nous suffit maintenant d'observer que chaque victoire de Constantin apportait à l'Église quelque soulagement ou quelque avantage.

En Italie et en Afrique, sous Maximien et sous Sévère.

Les provinces de l'Italie et de l'Afrique éprouvèrent une persécution courte, mais violente. Maximien haïssait depuis long-temps les chrétiens; et il se plaisait à des actes de sang et de violence; il exécuta rigoureusement et avec joie les édits de son collègue. Pendant l'automne de la première année de la persécution, les deux empereurs se rendirent à Rome pour célébrer leur triomphe. Il paraît que plusieurs lois oppressives furent le résultat de leurs délibérations secrètes, et la présence des souverains anima la vigilance des magistrats. Lorsque Dioclétien eut abdiqué le sceptre, l'Italie et l'Afrique, gouvernées au nom de Sévère, furent laissées, sans défense, en proie au ressentiment implacable de Galère son maître. Parmi les martyrs de Rome, Adauctus mérite de fixer les regards de la postérité. Descendu d'une famille très-noble de l'Italie, il avait passé successivement par

jouirent (1), à la douce intervention de leur souverain. Mais Datien, président ou gouverneur d'Espagne, aima mieux, par zèle ou par politique, exécuter les édits publics des empereurs, que de comprendre les intentions secrètes de Constance. On ne saurait douter que sous son administration l'Espagne n'ait été teinte du sang d'un petit nombre de martyrs (2). L'élévation de Constance à la dignité suprême et indépendante d'Auguste, donna un libre champ à l'exercice de ses vertus; et la brièveté de son règne ne l'empêcha pas d'établir un système de tolérance dont il laissa le précepte et l'exemple à Constantin son heureux fils, qui, à peine monté sur le trône, se déclara

---

(1) Eusèbe, l. viii, c. 13; Lactance, *de Mort. pers.*, c. 15. Selon Dodwell (*Dissert. Cyprian.*, xi, 75), ces deux auteurs ne s'accordent point l'un avec l'autre: Mais le premier parle évidemment de Constance au rang de César, et le second du même prince au rang d'Auguste.

(2) Datien est cité dans les inscriptions de Gruter, pour avoir déterminé les limites respectives des territoires de *Pax Julia* et d'*Ebora*, villes situées toutes les deux dans la partie méridionale de la Lusitanie. Si l'on fait réflexion que ces deux places sont dans le voisinage du cap Saint-Vincent, on sera porté à croire que le célèbre diacre et martyr de ce nom n'était point de Saragosse ni de Valence, comme l'ont prétendu Prudence et quelques autres. (*Voyez* l'histoire pompeuse de ses souffrances dans les *Mémoires* de Tillemont, t. v, part. 2, p. 58, 85.) Quelques critiques pensent que le département de Constance, comme César, ne renfermait pas l'Espagne, et que cette province demeura sous la juridiction immédiate de Maximien.

les chrétiens, que ce prince, comme s'il eût voulu remettre en d'autres mains l'ouvrage de la persécution, résigna la pourpre impériale. Ses collègues et ses successeurs, suivant leur caractère et leur situation, se trouvèrent portés, tantôt à presser, tantôt à suspendre l'exécution de ces lois rigoureuses. Pour nous former une idée juste et distincte de cette période importante de l'histoire ecclésiastique, il est nécessaire de considérer séparément l'état du christianisme dans les différentes parties de l'empire durant les dix années qui s'écoulèrent entre les premiers édits de Dioclétien et le temps où la paix fut enfin rendue pour toujours à l'Église.

Dans les provinces occidentales, sous Constance et sous Constantin.

Le caractère doux et affable de Constance répugnait à tout ce qui pouvait opprimer quelques-uns de ses sujets. Les principales charges de son palais étaient exercées par des chrétiens. Il chérissait leurs personnes, il estimait leur fidélité, et il n'avait aucune aversion pour leurs principes religieux. Mais tant que ce prince demeura dans le rang subordonné de César, il ne lui fut pas possible de rejeter ouvertement les édits de Dioclétien ni de désobéir aux commandemens de Maximien. L'autorité de Constance adoucit cependant les maux qu'il détestait et qui excitaient sa compassion. Il consentit avec peine à la destruction des églises; mais il ne craignit pas de protéger les chrétiens contre la fureur de la populace et contre la rigueur des lois. Les provinces de la Gaule, et vraisemblablement celles de la Bretagne, furent redevables de la tranquillité dont elles

criminels furent remplies d'une multitude d'évêques, de prêtres, de diacres, de lecteurs et d'exorcistes. En vertu d'un second édit, le magistrat eut ordre d'employer tous les moyens de sévérité qui pouvaient les faire renoncer à leur odieuse superstition et les ramener au culte des dieux. Cette rigueur s'étendit, par un troisième édit, au corps entier des chrétiens, qui se trouvèrent exposés à une persécution générale et violente (1). Au lieu de ces restrictions salutaires qui avaient exigé le témoignage direct et solennel d'un accusateur, il fut du devoir aussi bien que de l'intérêt des officiers impériaux, de découvrir, de poursuivre, de condamner aux supplices les plus coupables d'entre les fidèles. On décerna des peines terribles contre ceux qui oseraient dérober un proscrit à la juste colère des dieux et des empereurs. Cependant, malgré la sévérité de cette loi, le courage vertueux de plusieurs païens qui cachèrent leurs parens et leurs amis, est une preuve honorable que la rage de la superstition n'avait pas éteint dans leur âme les sentimens de la nature ou de l'humanité (2).

Dioclétien n'eut pas plus tôt publié ses édits contre

Idée générale de la persécution.

---

(1) *Voyez* Mosheim, p. 938. Le texte d'Eusèbe montre clairement que les gouverneurs, dont les pouvoirs avaient été augmentés et non pas restreints par les nouvelles lois, pouvaient punir de mort les chrétiens les plus opiniâtres, pour donner un exemple à leurs frères.

(2) Saint Athanase, p. 833; *ap.* Tillemont, *Mém. ecclés.* t. v, part. 1, p. 90.

tions fastueuses d'obéissance passive et illimitée (1). Le ressentiment ou la crainte transporta enfin Dioclétien au-delà des bornes de la modération qu'il s'était toujours prescrite (2) : et il déclara, dans une suite d'édits cruels, son intention d'abolir le nom chrétien. Le premier de ces édits enjoignait aux gouverneurs des provinces de faire arrêter tous les ecclésiastiques ; et les prisons destinées aux plus vils

---

(1) Eusèbe, l. VIII, c. 6. M. de Valois pense, non sans quelque probabilité, avoir trouvé des traces de la rebellion de Syrie dans un discours de Libanius ; et il croit que ce fut une entreprise téméraire du tribun Eugène, qui avec cinq cents hommes seulement s'était emparé d'Antioche, et qui pouvait espérer d'attirer les chrétiens dans son parti, par la promesse d'une tolérance religieuse. D'après Eusèbe (l. IX, c. 8), et d'après Moïse de Chorène (*Hist. d'Arménie*, l. II, c. 77, etc.), on peut conclure que le christianisme était déjà introduit en Arménie.

(2) Il en était déjà sorti par son premier édit. Il ne paraît pas que le ressentiment ou la crainte ait eu part à ses nouvelles persécutions ; peut-être la superstition ou un respect apparent pour ses ministres en fut-il la source. L'oracle d'Apollon, consulté par Dioclétien, ne rendit point de réponse, et dit que les hommes justes l'empêchaient de parler. Constantin, qui assistait à la cérémonie, affirme avec serment, qu'interrogé sur ces hommes, le grand-prêtre nomma les chrétiens. « L'empereur saisit avidement cette réponse, et tira contre des innocens un glaive destiné à punir des coupables : il rendit sur-le-champ de sanglans édits, écrits, si je puis me servir de cette expression, avec un poignard ; et il ordonna aux juges d'employer toute leur adresse à inventer de nouveaux supplices. » Eusèbe, *Vie de Constantin*, l. II, c. 51. (*Note de l'Éditeur.*)

dans l'église avec la résolution ou de défendre par les armes cet édifice sacré, ou de s'ensevelir sous ses ruines. Ils rejetèrent avec indignation l'avis et la permission qu'on leur donna de se retirer. Enfin les soldats, irrités d'un refus si opiniâtre, mirent le feu de tous côtés au bâtiment; et un grand nombre de Phrygiens (1), consumés avec leurs femmes et leurs enfans, perdirent la vie dans cette espèce extraordinaire de martyre (2).

Quelques légers troubles qui s'élevèrent en Syrie et sur les frontières d'Arménie, et qui furent étouffés presque aussitôt qu'excités, donnèrent de nouvelles armes aux ennemis de l'Église. Ils profitèrent d'un prétexte si plausible, pour insinuer que ces dissensions avaient été fomentées en secret par les intrigues des évêques, qui avaient déjà oublié leurs protesta-

Autres édits.

---

(1) *Tous les habitans*, et non pas seulement un *grand nombre* d'entre eux, furent brûlés, dit Eusèbe. Lactance confirme cette circonstance, *universum populum*. (Note de l'Éditeur.)

(2) Lactance (*Inst. div.*, v, 11), ne parle que de la ruine du conventicule, qui fut brûlé, dit-il, avec tous les assistans. Eusèbe (VIII, 11) étend cette calamité à toute la ville; et il parle d'une opération qui ressemble beaucoup à un siége régulier. Son ancien traducteur latin, Rufin, ajoute la circonstance importante que l'on avait permis aux habitans de se retirer. Comme la Phrygie touchait aux confins de l'Isaurie, il est possible que le caractère remuant des Barbares indépendans qui habitaient cette dernière province, ait contribué à leur attirer ce malheur.

indigne et perfide chrétien. Mais l'autorité du gouvernement et les travaux des gentils parvinrent facilement à détruire les églises. Dans quelques provinces cependant les magistrats se contentèrent de fermer les lieux destinés au culte de la religion ; dans d'autres, ils se conformèrent plus strictement à la teneur de l'édit ; et, après avoir enlevé les portes, les bancs et la chaire, qu'ils brûlaient comme si c'eût été un bûcher funéraire, ils démolissaient entièrement le reste de l'édifice (1). Ce serait peut-être ici le lieu de placer une histoire très-remarquable, dont les circonstances ont été rapportées si diversement et avec tant d'improbabilité, qu'elle sert plutôt à exciter notre curiosité qu'à la satisfaire. Dans une petite ville de Phrygie, dont on nous a laissé ignorer le nom aussi bien que la situation, les magistrats et le corps entier du peuple avaient, à ce qu'il paraîtrait, embrassé la foi chrétienne. Comme le gouverneur de la province pouvait appréhender quelque résistance, il se fit accompagner d'un nombreux détachement de légionnaires. A leur approche, les citoyens se retirèrent

---

(1) Les anciens monumens publiés à la fin d'*Optat*, p. 261, etc., rapportent avec le plus grand détail la manière de procéder des gouverneurs dans la destruction des églises. Ils faisaient un inventaire très-exact des vases, etc., qu'ils y trouvaient. Celui de l'église de Cirta, en Numidie, existe encore. Les effets qui y sont contenus sont deux calices d'or et six d'argent ; six urnes, un vase, sept lampes, le tout aussi d'argent ; outre une grande quantité d'habits, et beaucoup d'ustensiles de cuivre.

terfuges, fut enfin décapité à Vénuse, en Lucanie, ville célèbre par la naissance d'Horace (1). Cet exemple, et peut-être quelque rescrit impérial qui en fut la suite, paraissait autoriser les gouverneurs des provinces à punir de mort les chrétiens qui refusaient de donner leurs livres sacrés. Plusieurs fidèles embrassèrent sans doute une occasion si favorable d'obtenir la couronne du martyre; mais il y en eut aussi beaucoup trop qui rachetèrent ignominieusement leur vie en découvrant les saintes Écritures, et en les remettant aux mains des idolâtres. Un grand nombre même d'évêques et de prêtres méritèrent, par cette condescendance criminelle, l'ignominieuse dénomination de *traditores*; et leur offense fut alors pour l'Église d'Afrique un sujet de scandale, et dans la suite une source de discorde (2).

Les exemplaires et les versions de l'Écriture avaient déjà été si multipliés dans l'empire, que la plus sévère inquisition ne pouvait avoir aucune suite fatale; et même la destruction des livres que l'on conservait dans chaque congrégation pour l'usage public ne pouvait avoir lieu sans la complicité de quelque

Destruction des églises.

---

(1) *Voyez* les *Acta sincera* de Ruinart, p. 353. Les actes de Félix de Thibara ou Tibiur paraissent bien moins corrompus ici que dans les autres éditions, qui fournissent un exemple frappant de la licence des légendaires.

(2) *Voyez* le premier livre d'*Optat* de Milève contre les donatistes, à Paris, 1700, édit. de Dupin. Cet évêque vivait sous le règne de Valens.

dans leurs départemens respectifs. On imaginerait du moins que les grands chemins et les postes établies sur toutes les routes, auraient donné aux empereurs la facilité de transmettre leurs ordres avec la plus grande diligence, depuis le palais de Nicomédie jusqu'aux extrémités du monde romain. N'est-il pas étonnant que cinquante jours se soient passés avant que l'édit eût été publié en Syrie, et qu'il n'ait été signifié qu'environ quatre mois après aux villes de l'Afrique (1)? Ce délai venait peut-être du caractère réservé de Dioclétien, qui, souscrivant avec peine à la persécution, voulait en faire l'épreuve sous ses yeux, avant de donner entrée aux désordres et au mécontentement qu'un pareil acte devait nécessairement produire dans les provinces éloignées. A la vérité, on défendit d'abord aux magistrats de répandre le sang; mais on leur permit, on leur recommanda même d'employer toute autre voie de rigueur. Les chrétiens, quoique prêts à se dépouiller volontairement des ornemens de leurs églises, ne pouvaient se résoudre à interrompre leurs assemblées religieuses, ni à livrer aux flammes leurs livres sacrés. La pieuse opiniâtreté de saint Félix, évêque d'Afrique, paraît avoir embarrassé les ministres subordonnés du gouvernement. L'intendant de sa ville l'envoya chargé de fers au proconsul; celui-ci l'adressa au préfet du prétoire de l'Italie; et saint Félix, qui, dans ses réponses, dédaignait même d'avoir recours à des sub-

---

(1) Tillemont, *Mém. ecclés.*, tome v, part. 1, p. 43.

temps de quitter un lieu si funeste, il tomberait bientôt victime de la rage des chrétiens. Les historiens ecclésiastiques, par qui seuls nous connaissons cette persécution, et qui ne nous en ont laissé que des notions imparfaites et pleines de partialité, ne savent comment expliquer les craintes et le danger des empereurs. Deux de ces écrivains, un prince et un rhéteur, avaient été témoins de l'incendie de Nicomédie : l'un l'attribue à la foudre et à la colère divine (1) ; l'autre assure qu'il fut allumé par la méchanceté de Galère lui-même (2).

L'édit contre les chrétiens devait avoir force de loi dans tout l'empire. Dioclétien et Galère, quoiqu'ils n'eussent pas besoin du consentement des princes d'Occident, étaient persuadés qu'ils l'approuveraient. Il nous semblerait donc, selon nos idées d'administration, que les gouverneurs de toutes les provinces auraient dû recevoir des instructions secrètes pour publier le même jour cette déclaration de guerre

Exécution du dernier édit.

---

(1) *Voyez* Lactance, Eusèbe et Constantin, *ad Cœtum sanctorum*, c. 25. Eusèbe avoue qu'il ignore la cause de l'incendie.

(2) Comme l'histoire de ces temps ne nous offre aucun exemple des tentatives faites par les chrétiens contre leurs persécuteurs, nous n'avons aucune raison, seulement probable, de leur attribuer l'incendie du palais, et l'autorité de Constantin et de Lactance reste pour l'expliquer ; M. de Tillemont a montré comment on pouvait les concilier. *Hist. des Empereurs*, Vie de Dioclétien, § 19. (*Note de l'Éditeur.*)

dommage considérable, ce renouvellement singulier du même accident parut, avec raison, une preuve évidente qu'il n'avait point été l'effet du hasard ou de la négligence. Le soupçon tombait naturellement sur les chrétiens. On insinua, non sans quelque probabilité, que ces fanatiques, animés par le désespoir, irrités par leurs souffrances, et redoutant de nouvelles calamités, avaient conspiré avec leurs frères les eunuques du palais contre la vie des deux empereurs, qu'ils détestaient comme les ennemis irréconciliables de l'Église de Dieu. L'inquiétude et le ressentiment s'emparèrent de tous les esprits, et particulièrement de celui de Dioclétien. Plusieurs personnes distinguées par les emplois qu'elles avaient occupés ou par la faveur dont elles avaient joui, furent jetées en prison. On employa toutes sortes de tourmens ; et la cour, aussi bien que la ville, fut souillée de plusieurs exécutions sanglantes (1). Mais, comme il ne fut pas possible d'arracher aucun éclaircissement sur ce complot ténébreux, il paraît que nous devons ou présumer les chrétiens innocens, ou admirer leur fermeté. Peu de jours après, Galère sortit avec précipitation de Nicomédie, déclarant que s'il différait plus long-

---

(1) Lact.; *de Mort. pers.*, c. 13, 14. *Potentissimi quondam eunuchi necati, per quos palatium et ipse constabat.* Eusèbe (l. VIII, c. 6.) parle des cruelles exécutions des eunuques Gorgonius et Dorothée, et d'Anthimius, évêque de Nicomédie. Ces deux écrivains décrivent d'une manière vague, mais tragique, les scènes horribles qui se passèrent en présence même des empereurs.

offense était un crime de lèse-majesté et méritait la mort; et s'il est vrai que ce fût un homme de rang et de naissance, ces circonstances ne pouvaient servir qu'à le rendre plus coupable. Il fut brûlé vif, ou plutôt grillé par un feu lent. Ses bourreaux, empressés de venger l'injure personnelle faite aux empereurs, épuisèrent sur son corps tous les raffinemens de la cruauté; mais ils ne furent pas capables de subjuguer sa patience, ni d'altérer la fermeté inébranlable et le sourire insultant qu'il conserva toujours au milieu des agonies les plus douloureuses. Les chrétiens, quoiqu'ils avouassent que sa conduite n'avait point été strictement conforme aux lois de la prudence, admirèrent la ferveur divine de son zèle; et les louanges excessives qu'ils prodiguèrent à la mémoire de leur héros et de leur martyr, laissèrent dans l'esprit de Dioclétien une impression profonde de terreur et de haine (1).

Ses craintes furent augmentées par un danger auquel il n'échappa qu'avec peine. Dans l'espace de quinze jours le feu prit deux fois au palais de Nicomédie, même à la chambre de Dioclétien; et quoique ces deux fois on l'éteignît avant qu'il eût causé aucun

Les chrétiens sont accusés d'avoir mis le feu au palais de Nicomédie.

---

(1) Lactance l'appelle seulement *quidam, etsi non recte, magno tamen animo*, etc., c. 12. Eusèbe (l. VIII, c. 5) le décore des dignités du siècle. Ni l'un ni l'autre n'ont daigné rapporter son nom; mais les Grecs célèbrent sa mémoire sous celui de Jean. *Voyez* Tillemont, *Mém. ecclésiast.*, t. 5, part. II; p. 320.

chrétiens n'avaient pas la permission de se plaindre des injures qu'ils avaient souffertes : ainsi ces infortunés se trouvaient exposés à la sévérité de la justice publique, sans pouvoir en partager les avantages. Cette nouvelle espèce de martyre, si pénible et si lent, si obscur et si ignominieux, était peut-être le moyen le plus propre à lasser la constance des fidèles; et l'on ne peut douter que les passions et l'intérêt des hommes ne fussent disposés, dans cette occasion, à seconder les vues des empereurs. Mais certainement la politique d'un gouvernement sage intervint quelquefois en faveur des chrétiens opprimés; et les princes romains ne pouvaient éloigner entièrement la crainte du châtiment, ni favoriser tous les actes de fraude et de violence, sans exposer leur propre autorité et le reste de leurs sujets (1) aux plus grands dangers (2).

Zèle et supplice d'un chrétien.

Cet édit avait à peine été affiché dans le lieu le plus apparent de Nicomédie, qu'un chrétien le mit aussitôt en pièces; et il marqua en même temps, par les invectives les plus sanglantes, son mépris et son horreur pour des souverains si impies et si tyranniques. Suivant les lois les moins rigoureuses, son

---

(1) Plusieurs siècles après, Édouard Ier employa, avec beaucoup de succès, le même genre de persécution contre le clergé d'Angleterre. *Voyez* Hume, *Hist. d'Angleterre*, vol. 1, p. 300, la dernière édition in-4°.

(2) C'est ce que rien ne prouve : l'édit de Dioclétien fut exécuté dans toute sa rigueur pendant le reste de son règne. Eusèbe, *Hist. eccl.*, l. viii, c. 13. (*Note de l'Éditeur.*)

vinces de l'empire, et l'on décerna la peine de mort contre ceux qui oseraient tenir des assemblées secrètes pour exercer leur culte religieux. Les philosophes, qui ne rougirent point alors de diriger le zèle aveugle de la superstition, avaient étudié soigneusement la nature et le génie de la religion chrétienne : ils savaient que les dogmes spéculatifs de la foi étaient censés contenus dans les écrits des prophètes, des évangélistes et des apôtres ; ce fut probablement à leur instigation que l'on voulut obliger les évêques et les prêtres à remettre leurs livres sacrés entre les mains des magistrats, qui avaient ordre, sous les peines les plus sévères, de les brûler solennellement en public. Par le même édit, toutes les propriétés de l'Église furent à la fois confisquées, et ses biens furent ou vendus à l'encan, ou remis au domaine impérial, ou donnés aux villes et aux communautés, ou enfin accordés aux sollicitations des courtisans avides. Après avoir pris des mesures si efficaces pour abolir le culte des chrétiens, et pour dissoudre leur gouvernement, on crut nécessaire de soumettre aux plus intolérables vexations ceux de ces opiniâtres qui persisteraient toujours à rejeter la religion de la nature, de Rome et de leurs ancêtres. Les personnes d'une naissance honnête furent déclarées incapables de posséder aucune dignité ou aucun emploi ; les esclaves furent privés pour jamais de l'espoir de la liberté ; et le corps entier du peuple fut exclus de la protection des lois. On autorisa les juges à recevoir et à décider toute action intentée contre un chrétien. Mais les

médie, située sur une hauteur, dans le quartier le plus populeux et le plus magnifique de la ville. A l'instant les portes furent enfoncées en leur présence; ils se précipitèrent dans le sanctuaire, mais ils cherchèrent en vain quelque objet visible de culte, et ils ne purent que livrer aux flammes les livres des saintes Écritures. Les ministres de la sévérité de Dioclétien étaient suivis d'une troupe nombreuse de gardes et de pionniers, qui marchaient en ordre de bataille, et qui étaient pourvus de tous les instrumens dont on se servait pour détruire les villes fortifiées. Après un travail de quelques heures, un édifice sacré, dont le faîte s'élevait au-dessus du palais impérial, et qui avait excité si long-temps l'envie et l'indignation des gentils, fut détruit de fond en comble (1).

Premier édit contre les chrétiens. 24 février.

On publia le lendemain l'édit général de persécution (2). Galère voulait que tous ceux qui refuseraient de sacrifier aux dieux fussent brûlés vifs sur-le-champ. Quoique Dioclétien, toujours éloigné de répandre le sang, eût modéré la fureur de son collègue, les châtimens infligés aux chrétiens paraîtront assez réels et assez rigoureux. Il fut ordonné que leurs églises seraient entièrement démolies dans toutes les pro-

---

(1) Lactance (*de Mort. persec.*, c. 21.) fait une peinture très-animée de la destruction de cette église.

(2) Mosheim (p. 922-926) a puisé dans différens passages de Lactance et d'Eusèbe, qu'il a rassemblés, une notion très-juste et très-exacte de cet édit, quoiqu'il veuille quelquefois raffiner, et qu'il donne dans des conjectures.

frivoles, mais décisifs, qui influent si souvent sur le destin des empires et dans les conseils des plus sages monarques (1).

Les empereurs signifièrent enfin leur volonté aux chrétiens, qui, pendant tout le cours de ce fatal hiver, avaient attendu avec la plus cruelle inquiétude le résultat de tant de délibérations secrètes. Le 23 de février, jour où l'on célébrait la fête des Terminales (2), fut désigné, soit à dessein, soit par un effet du hasard, pour mettre des bornes aux progrès du christianisme. Le préfet du prétoire (3), suivi de plusieurs généraux, tribuns et officiers du fisc, se rendit de très-grand matin à la principale église de Nico-

Destruction de l'église de Nicomédie.
Ann. 303, 23 février.

―――――

(1) La seule circonstance que nous puissions découvrir, est la dévotion et la jalousie de la mère de Galère ; elle était, selon Lactance, *deorum montium cultrix, mulier admodum superstitiosa*. Elle avait beaucoup d'influence sur l'esprit de son fils, et elle était choquée du peu d'égards que lui témoignaient quelques-uns de ses officiers chrétiens (*).

(2) Le culte et la fête du dieu Terme sont agréablement expliqués par M. de Boze, *Mém. de l'Acad.*, t. 1, p. 50.

(3) Dans le seul manuscrit que nous ayons de Lactance, on lit *profectus*; mais la raison et l'autorité de tous les critiques nous permettent, au lieu de ce mot qui détruit le sens du passage, de substituer *præfectus*.

(*) *Ce peu d'égards* consistait en ce que les chrétiens jeûnaient et priaient, au lieu de prendre part aux banquets et aux sacrifices qu'elle célébrait avec les païens : *Dapibus sacrificabat pene quotidie ac vicariis suis epulis exhibebat. Christiani abstinebant et illâ cum gentibus epulante, jejuniis hi et orationibus insistebant : hinc concepit odium adversus eos*, etc. Lact., *de Mort. pers.*, c. 11. (*Note de l'Éditeur.*)

Cette importante question fut agitée en leur présence; et ces courtisans ambitieux s'aperçurent aisément qu'il fallait seconder, par leur éloquence, la violence importune du César. On peut présumer qu'ils insistèrent sur tous les points capables d'intéresser l'orgueil, la piété ou les craintes de leur maître, et de le déterminer à la destruction du christianisme. Ils lui remontrèrent peut-être qu'après avoir délivré l'empire de tous ses ennemis, il ne pouvait se vanter d'avoir terminé ce glorieux ouvrage, tant qu'il laisserait un peuple indépendant subsister et se multiplier dans le cœur des provinces. Les chrétiens (tel était l'argument spécieux dont ils pouvaient se servir) ont renoncé aux divinités et aux institutions de Rome. Ils ont formé une république distincte, qu'il est encore possible de détruire avant qu'elle ait acquis une force militaire; mais elle se gouverne déjà par ses propres lois et par ses magistrats; déjà elle possède un trésor public; et toutes ses parties sont intimement liées entre elles par ces assemblées fréquentes d'évêques, dont de nombreuses et opulentes congrégations reçoivent les décrets avec une obéissance implicite. On pourrait croire que de pareils argumens furent employés pour faire impression sur l'esprit de Dioclétien et l'engager, malgré sa répugnance, à suivre un nouveau système de persécution. Mais quelles que soient nos conjectures, il n'est pas en notre pouvoir de rapporter les intrigues secrètes du palais, les vues et les haines particulières, la jalousie des femmes et des eunuques, et tous ces motifs

penchait toujours pour la douceur; et, quoiqu'il consentît sans peine à exclure les chrétiens de tout emploi à la cour et à l'armée, il représentait dans les termes les plus forts combien il serait cruel et dangereux de verser le sang de ces fanatiques aveugles. Enfin, Galère lui arracha la permission de convoquer un conseil composé des hommes les plus distingués par le rang qu'ils occupaient dans les divers départemens, tant civils que militaires, de l'État (1).

---

qu'il soit, de ce petit traité, demeurait alors à Nicomédie. Mais on conçoit difficilement comment il a pu se procurer une connaissance si exacte de ce qui se passait dans le cabinet des princes (*).

(1) Cette permission ne fut point arrachée à Dioclétien; il prit ce parti de lui-même. Lactance dit, à la vérité : *Nec tamen deflectere potuit* (Diocletianus) *præcipitis hominis insaniam : placuit ergo amicorum sententiam experiri.* (*De Mort. pers.*, c. 11.) Mais cette mesure était d'accord avec le caractère artificieux de Dioclétien, qui voulait avoir l'air de faire le bien par sa propre impulsion, et le mal par l'impulsion d'autrui. *Nam erat hujus malitiæ, cùm bonum quid facere decrevisset, sine consilio faciebat ut ipse laudaretur. Cùm autem, malum quoniam id reprehendendum sciebat, in consilium multos advocabat ut aliorum culpæ adscriberetur quidquid ipse deliquerat.* (Lact., *ib.*) Eutrope dit aussi : *Moratus callidè fuit, sagax præterea et admodum subtilis ingenio et qui severitatem suam alienâ invidiâ vellet explere.* Eutrop., l. ix, c. 26. (*Note de l'Éditeur.*)

(*) Lactance, qui fut dans la suite choisi par Constantin pour élever Crispus, pouvait très-aisément avoir appris ces détails de Constantin lui-même, déjà assez âgé pour s'intéresser aux affaires du gouvernement, et placé de manière à en être bien instruit. (*Note de l'Éditeur.*)

d'un maître idolâtre (1). Les soldats, dès qu'ils furent revenus de leur étonnement, s'assurèrent de la personne de Marcellus: Il fut examiné dans la ville de Tingis, par le président de cette partie de la Mauritanie, et, convaincu par son propre aveu, il fut condamné et décapité pour crime de désertion (2). Il s'agit bien moins ici de persécution religieuse que de loi militaire ou même civile; mais des exemples de cette nature aliénaient l'esprit des empereurs, justifiaient la cruauté de Galère, qui cassa un grand nombre d'officiers chrétiens, et autorisaient l'opinion qu'une secte d'enthousiastes, dont les principes étaient si contraires au bien public, devait rester inutile dans l'empire ou devenir bientôt dangereuse.

Galère détermine Dioclétien à commencer une persécution générale.

Lorsque le succès de la guerre de Perse eut élevé les espérances et la réputation de Galère, il passa un hiver avec Dioclétien dans le palais de Nicomédie; et le sort du christianisme fut l'objet de leurs délibérations secrètes (3). L'empereur, plus expérimenté,

---

(1) Marcellus fut dans le même cas que Maximilien. Les jours de fête publique les assistans sacrifiaient aux dieux : il s'y refusa en disant : « Si tel est le sort des soldats, qu'ils soient forcés de sacrifier aux dieux et aux empereurs, je renonce au serment (*vitem*) et à mon baudrier; j'abandonne mes drapeaux, et je refuse de servir. » (*Act. sinc. de Ruinart ad cit. loc.*) Il est évident que la nécessité de sacrifier aux faux dieux éloigna seule Marcellus de l'état militaire. (*Note de l'Éditeur.*)

(2) *Acta sincera*, p. 302.

(3) *De Mort. pers.*, c. 11. Lactance, ou l'auteur, quel

chrétiens fournissait quelquefois les prétextes les plus spécieux. Maximilien, jeune paysan de la province d'Afrique, fut puni du dernier supplice. Son père l'avait présenté au magistrat comme ayant pour le service des armes toutes les qualités exigées par la loi (1). Mais Maximilien persista opiniâtrément à déclarer que sa conscience ne lui permettait pas d'embrasser la profession de soldat (2). On trouverait peu de gouvernemens qui laissassent impunie l'action du centurion Marcellus. Un jour de fête publique, cet officier, après avoir jeté son baudrier, son épée et les marques de sa dignité, s'écria hautement qu'il n'obéirait qu'à Jésus-Christ, roi éternel, et qu'il renonçait pour jamais à des armes temporelles et au service

---

(1) L'anecdote, rapportée avec détail, présente le jeune homme sous un jour différent. Maximilien était le fils de Victor, soldat chrétien de Numidie. Son père *ne le présenta point au magistrat comme ayant pour le service des armes toutes les qualités exigées par la loi.* Les fils de soldats étaient obligés de servir à vingt-un ans, et Maximilien fut enrôlé comme tel. Il s'y refusa obstinément, à cause des cérémonies païennes auxquelles il ne pouvait se prêter, et non parce que *sa conscience ne lui permettait pas d'embrasser la profession de soldat.* Le magistrat voulut que le père réprimandât son fils; mais le père répondit : « Il a ses raisons, et sait ce qu'il doit faire (*habet consilium suum, quid illi expediat*) : » Maximilien ayant été condamné à mort, Victor s'en retourna, bénissant le ciel de ce qu'il lui avait donné un tel fils. (*Note de l'Éditeur.*)

(2) *Voyez* les *Acta sincera*, page 299. La relation de son martyre et de celui de Marcellus porte tous les caractères de la vérité et de l'authenticité.

maximes d'une tolérance universelle, on découvrit bientôt que leurs associés, Maximien et Galère, nourrissaient une haine implacable contre le nom et le culte des chrétiens. L'esprit de ces deux derniers princes n'avait jamais été éclairé par la science; l'éducation n'avait point adouci leur caractère. Ils devaient leur grandeur à leur épée; et, parvenus au plus haut point de leur fortune, ils conservèrent toujours leurs préjugés superstitieux de paysans et de soldats. Dans l'administration générale des provinces, ils obéissaient aux lois établies par leurs bienfaiteurs; mais ils eurent souvent occasion d'exercer dans l'enceinte de leurs camps et de leurs palais, une persécution secrète (1), à laquelle le zèle imprudent des

---

(1) Eusèbe, l. VIII, c. 4, 17. Il limite le nombre des martyrs militaires par une expression remarquable (σπανιως τουτων εἰς που και δευτερος), dont aucun traducteur, ni latin ni français, n'a rendu l'énergie. Malgré l'autorité d'Eusèbe, et le silence de Lactance, de saint Ambroise, de Sulpice-Sévère, d'Orose, etc., on a long-temps cru que la légion thébaine, composée de six mille chrétiens, souffrit le martyre par ordre de Maximien, dans la vallée des Alpes Pennines. L'histoire en fut publiée pour la première fois vers le milieu du cinquième siècle, par Eucher, évêque de Lyon, qui la tenait de certaines personnes qui la tenaient d'Isaac, évêque de Genève, qui la tenait, dit-on, de Théodore, évêque d'Octodurum. L'abbaye de Saint-Maurice, qui subsiste encore, est un riche monument de la crédulité de Sigismond, roi de Bourgogne. *Voyez* une excellente *dissertation* dans le trente-sixième volume de la *Bibliothèque raisonnée*, p. 427-454.

condamnés et supprimés par l'autorité du sénat (1).
La secte dominante des nouveaux platoniciens crut
devoir s'unir avec les prêtres, que peut-être elle mé-
prisait, contre les chrétiens qu'elle avait raison de
redouter. Ces philosophes, alors en vogue, s'atta-
chèrent à tirer des fictions de la poésie grecque une
sagesse allégorique; ils instituèrent des rites mystérieux de dévotion à l'usage de leurs disciples choisis;
et, recommandant le culte des anciens dieux, qu'ils
appelaient les emblêmes ou les ministres de la Divinité suprême, ils composèrent avec le plus grand
soin, contre la foi de l'Évangile, plusieurs traités (2),
qui depuis ont été livrés aux flammes par la prudence des empereurs orthodoxes (3).

Maximien et Galère punissent un petit nombre de soldats chrétiens.

Quoique la politique de Dioclétien et l'humanité
de Constance les portassent à ne point s'éloigner des

---

(1) *Cumque alios audiam mussitare indignanter, et dicere oportere statui per senatum, aboleantur ut hæc scripta, qui-bus christiana religio comprobetur, et vetustatis opprimatur auctoritas.* Arnobe, *adversus Gentes*, l. III, p. 103, 104. Il ajoute avec beaucoup de justesse: *Erroris convincite Cicero-nem..... nam intercipere scripta, et publicatam velle submer-gere lectionem, non est Deum defendere, sed veritatis testifi-cationem timere.*

(2) Lactance (*Inst. div.*, l. V, c. 2, 3) parle avec beaucoup de chaleur et de clarté de deux de ces philosophes qui
combattaient la foi. Le grand Traité de Porphyre contre les
chrétiens était en trente livres : il fut composé en Sicile, vers
l'année 270.

(3) *Voyez* Socrate, *Hist. ecclésiast.*, l. I, c. 9, et le *Code Théodosien*, l. I, tit. I, l. III.

flattait leurs préjugés par des contes merveilleux (1). Les deux partis semblaient reconnaître la vérité des miracles mis en avant par leurs adversaires; et, en se contentant de les attribuer à l'art de la magie ou à la puissance des démons, ils concouraient réciproquement à rétablir et à étendre le règne de la superstition (2). La philosophie, qui en est l'ennemi le plus dangereux, devint le plus puissant de ses alliés. Les bosquets de l'académie, les jardins d'Épicure, et même le portique des stoïciens furent presque abandonnés comme autant d'écoles différentes de scepticisme ou d'impiété (3); et plusieurs parmi les Romains désirèrent que les écrits de Cicéron fussent

---

(1) Outre les anciennes histoires de Pythagore et d'Aristée, on a souvent opposé aux miracles de Jésus-Christ les guérisons opérées devant l'autel d'Esculape, et les fables que l'on raconte d'Apollonius de Tyane; quoique je convienne, avec le docteur Lardner (voyez ses *Témoignages*, vol. III, p. 252, 352), que Philostrate n'eut point une pareille intention quand il composa la vie d'Apollonius.

(2) On ne saurait trop regretter que les pères de l'Église, en reconnaissant que le paganisme renfermait des choses surnaturelles, ou, comme ils le croyaient, infernales, aient anéanti de leurs propres mains le grand avantage que, sans cet aveu, nous aurions pu retirer des libérales concessions de nos adversaires.

(3) Julien (p. 301, édit. Spanheim) témoigne une pieuse joie de ce que la providence des dieux a éteint les sectes impies des pyrrhoniens et des épicuriens, et de ce qu'elle a détruit la plus grande partie de leurs livres, qui ont été très-nombreux, puisque Épicure lui-même avait composé trois cents volumes. *Voyez* Diogène-Laerce, l. x, c. 26.

duré plus de deux cents ans, irritaient l'animosité des différens partis. Les païens s'indignaient de la témérité d'une secte nouvelle et obscure, qui osait accuser ses compatriotes d'erreur, et dévouer ses ancêtres à des peines éternelles. L'habitude de justifier la mythologie païenne contre les invectives d'un ennemi implacable, avait réveillé quelques sentimens de foi et de vénération pour un système dont ils ne s'étaient occupés jusqu'alors qu'avec la plus inattentive légèreté. Les pouvoirs surnaturels dont l'Église prétendait avoir la jouissance, excitaient à la fois la terreur et l'émulation. Les partisans de la religion établie se retranchèrent également derrière un rempart de prodiges. Ils inventèrent de nouvelles formes de sacrifices, d'expiation et d'initiation (1); et, s'efforçant de ranimer le crédit expirant de leurs oracles (2), ils écoutèrent avec une crédulité avide tout imposteur qui

---

(1) Nous pouvons citer, parmi un grand nombre d'exemples, le culte mystérieux de Mythras et les Tauroboles, sacrifices qui devinrent à la mode sous le règne des Antonins. (*Voyez* une *Dissertation* de M. de Boze dans les *Mémoires de l'Académie des Inscript.*, t. II, p. 443.) Le roman d'Apulée n'est pas moins rempli de dévotion que de satire.

(2) L'imposteur Alexandre recommandait très-fortement l'oracle de Trophonius à Mallos, et ceux d'Apollon à Claros et à Milet. (Lucien, t. II, p. 236, édit. Reitz.) Le dernier de ces oracles, dont l'histoire singulière fournirait une digression très-curieuse, fut consulté par Dioclétien avant qu'il publiât ses édits de persécution. Lactance, *de Mort. persec.*, c. 11.

tant de force (1), peut être considérée, non-seulement comme une suite, mais encore comme une preuve de la liberté dont jouissaient et abusaient les chrétiens sous le règne de Dioclétien. La prospérité avait relâché les liens de la discipline. La fraude, l'envie, la méchanceté, régnaient dans toutes les congrégations. Les prêtres aspiraient à la dignité épiscopale, qui devenait de jour en jour un objet plus digne de leur ambition. Les évêques, occupés à se disputer la prééminence ecclésiastique, paraissaient, par leurs actions, vouloir usurper dans l'Église une puissance temporelle et tyrannique ; et la foi vive qui distinguait toujours les chrétiens des gentils, brillait bien moins dans leur conduite que dans leurs écrits sur des matières de controverse.

<small>Progrès du zèle et de la superstition des païens.</small>

Malgré ce calme apparent, un observateur attentif pouvait discerner quelques avant-coureurs de l'orage qui menaçait l'Église d'une persécution plus violente que toutes celles que jusqu'alors elle avait eues à supporter. Le zèle et les progrès rapides du christianisme tirèrent les polythéistes de leur profond assoupissement ; ils songèrent à défendre la cause de ces divinités que la coutume et l'éducation leur avaient appris à respecter. Les outrages réciproquement reçus dans le cours d'une guerre religieuse, qui avait déjà

---

(1) Eusèbe, *Hist. ecclésiast.*, l. VIII, c. 1. Ceux qui consulteront l'original ne m'accuseront pas de charger le tableau. Eusèbe avait environ seize ans lorsque Dioclétien monta sur le trône.

Dorothée, Gorgonius et André, qui, accompagnant la personne de Dioclétien, possédaient sa faveur et gouvernaient sa maison, protégèrent, par leur influence puissante, la foi qu'ils avaient embrassée. Leur exemple fut imité par un grand nombre des officiers les plus considérables du palais, chargés, chacun selon son emploi, du soin des ornemens, des habits, des bijoux, des meubles et même du trésor particulier; et, quoiqu'ils fussent quelquefois obligés de suivre l'empereur lorsqu'il allait sacrifier dans le temple (1), ils jouissaient, avec leurs femmes, leurs enfans et leurs esclaves, du libre exercice de la religion chrétienne. Une horreur avouée pour le culte des dieux n'était même pas un obstacle capable d'empêcher Dioclétien et ses collègues de conférer des emplois importans aux hommes que leurs talens pouvaient rendre utiles à l'État. Les évêques tenaient un rang considérable dans les provinces où ils étaient placés. Le peuple et les magistrats eux-mêmes les traitaient avec distinction et avec respect. Presque dans aucune ville les anciennes églises ne pouvaient plus suffire à contenir la multitude des prosélytes, dont le nombre se multipliait tous les jours. On érigea des édifices plus magnifiques et plus vastes pour célébrer le culte public des fidèles. La corruption des mœurs et des principes, dont Eusèbe se plaint avec

---

très-curieuse, que l'évêque Théonas composa pour l'usage de Lucien.

(1) Lactance, *de Morte persec.*, c. 10.

martyrs, qui commence à l'avénement de Dioclétien (1), le nouveau système de gouvernement, établi et maintenu par la sagesse de ce prince, parut, pendant plus de dix-huit ans, conduit par les principes de tolérance les plus doux et les plus libéraux. L'esprit de Dioclétien lui-même était moins propre aux recherches spéculatives qu'aux travaux actifs de la guerre et du gouvernement. Sa prudence le rendait ennemi de toute grande innovation; et quoique son caractère ne fût pas très-susceptible de zèle et d'enthousiasme, il eut toujours un respect d'habitude pour les anciennes divinités de l'empire. Mais le loisir dont jouissaient les deux impératrices, Prisca sa femme, et sa fille Valérie, leur permit de recevoir avec plus d'attention et de déférence les vérités du christianisme, auquel, dans tous les siècles, la dévotion des femmes a rendu des services si importans (2). Les principaux eunuques, Lucien (3) et

---

(1) L'ère des martyrs, qui est encore en usage parmi les Cophtes et les Abyssins, doit être comptée depuis le 29 août de l'année 284, puisque l'année égyptienne commence dix-neuf jours plus tôt que l'avénement de Dioclétien. *Voyez* la Dissertation préliminaire à l'*Art de vérifier les dates*.

(2) L'expression de Lactance (*de Mort. pers.*, c. 15), *sacrificio pollui coegit*, suppose qu'elles avaient été auparavant converties à la foi; mais elle ne paraît pas justifier cette assertion de Mosheim (p. 912), qu'elles avaient été secrètement baptisées.

(3) M. de Tillemont (*Mém. eccl.*, t. v, part. 1, p. 11, 12) a tiré du *Spicileg.* de Dom. Luc d'Acheri, une instruction

convaincante que l'existence, les propriétés, les privilèges et la police intérieure des chrétiens, étaient reconnus, sinon par les lois, du moins par les magistrats de l'empire. Comme païen et comme soldat, on ne devait pas s'attendre qu'Aurélien entreprît de discuter les sentimens de Paul et de ses adversaires, et de déterminer ceux qui étaient le plus conformes à la vérité de la foi orthodoxe. Cependant sa décision fut fondée sur les principes généraux de la raison et de l'équité. Il s'en rapporta aux évêques d'Italie comme aux juges les plus intègres et les plus respectables parmi les chrétiens. Dès qu'il eut appris qu'ils avaient unanimement approuvé la sentence du concile, il suivit leur avis; et Paul fut bientôt obligé, par son ordre, d'abandonner des possessions temporelles attachées à une dignité dont, au jugement de ses frères, il avait été justement dépouillé. Mais, en applaudissant à la justice d'Aurélien, il ne faut pas négliger d'observer sa politique : pour rendre à la capitale sa supériorité sur toutes les parties de l'empire, et pour cimenter la dépendance des provinces, il n'épargnait aucun des moyens qui pouvaient enchaîner l'intérêt ou les préjugés de tous ses sujets (1).

Aurélien fait exécuter la sentence. Ann. 274.

Au milieu des révolutions fréquentes de l'empire, les chrétiens fleurirent toujours dans un état de paix et de prospérité; et malgré cette ère fameuse de

Paix et prospérité de l'Église sous Dioclétien. Ann. 280-303.

---

(1) Eusèbe, *Hist. ecclésiast.*; l. vii, c. 30. C'est à lui que nous sommes entièrement redevables de l'histoire curieuse de Paul de Samosate.

concernant la doctrine de la Trinité : son opiniâtreté à les soutenir excita l'indignation et le zèle des Églises orientales (1). De l'Égypte au Pont-Euxin, les évêques furent en armes et se donnèrent les plus grands mouvemens. On tint plusieurs conciles ; on publia des réfutations ; les excommunications ne furent pas épargnées : après des explications équivoques, tour à tour acceptées et rejetées ; après des traités violés presque aussitôt que conclus, Paul de Samosate fut enfin dégradé de son caractère épiscopal, par une sentence de soixante-dix ou quatre-vingts évêques, qui s'assemblèrent à ce sujet dans la ville d'Antioche, et qui, sans consulter les droits du clergé ou du peuple, lui nommèrent un successeur de leur propre autorité. L'irrégularité manifeste de cette procédure augmenta le nombre des mécontens ; et comme Paul, qui n'était pas étranger aux intrigues de cour, avait su se rendre agréable à Zénobie, il se maintint pendant plus de quatre ans en possession de son palais et de sa dignité épiscopale. La victoire d'Aurélien changea la face de l'Orient. Les deux partis, flétris l'un par l'autre des noms de schismatiques et d'hérétiques, eurent ordre ou permission de plaider leur cause devant le tribunal du vainqueur. Ce procès public et très-singulier fournit une preuve

---

(1) Son hérésie (semblable à celle de Nœtus et de Sabellius dans le même siècle) tendait à confondre la distinction mystérieuse des personnes divines. *Voyez* Mosheim, page 702, etc.

pouvoir, ou qui refusaient de flatter sa vanité, le prélat d'Antioche relâchait la discipline de l'Église en faveur de son clergé, et il lui en prodiguait les trésors. Les prêtres qui lui étaient soumis avaient la liberté, à l'imitation de leur chef, de satisfaire tous leurs appétits sensuels; car Paul se livrait, sans scrupule, aux plaisirs de la table, et il avait reçu dans le palais épiscopal deux jeunes femmes d'une grande beauté, qui lui servaient ordinairement de compagnes dans ses momens de loisir (1).

Malgré ces vices scandaleux, si Paul de Samosate eût conservé la pureté de la foi orthodoxe, son règne sur la capitale de la Syrie ne se serait terminé qu'avec sa vie (2), et s'il se fût élevé par hasard une persécution, un effort de courage l'aurait peut-être placé au rang des saints et des martyrs. Il avait eu l'imprudence d'adopter quelques erreurs subtiles et délicates

Il est dégradé de la dignité épiscopale.
Ann 270.

---

(1) Si l'on voulait diminuer les vices de Paul, il faudrait supposer que les évêques assemblés de l'Orient remplirent des plus coupables calomnies les lettres circulaires qu'ils adressèrent à toutes les Églises de l'empire. *Ap. Euseb.*, l. VII, c. 30.

(2) Il paraît cependant que les vices et les mauvaises mœurs de Paul de Samosate entrèrent pour beaucoup dans la condamnation que les évêques prononcèrent contre lui. La lettre que le synode adressa aux évêques de Rome et d'Alexandrie, avait pour but, dit Eusèbe, de les instruire de l'altération de la foi de Paul, des réfutations et des discussions auxquelles elle avait donné lieu, ainsi que *de ses mœurs et de toute sa conduite.* Eusèbe, *Hist. ecclés.*, l. VII, c. 30. (*Note de l'Éditeur.*)

dans sa juridiction ecclésiastique. Il tirait de fréquentes contributions des fidèles les plus opulens, et il s'appropriait une partie considérable du revenu public. Son orgueil et son luxe avaient rendu la religion chrétienne odieuse aux gentils. La chambre du conseil et le trône de ce fier métropolitain, sa magnificence lorsqu'il paraissait en public, la foule de supplians qui briguaient un de ses regards, la multitude de lettres et de placets auxquels il dictait ses réponses, et le tourbillon des affaires qui l'entraînait sans cesse, convenaient bien mieux à l'état d'un magistrat civil (1) qu'à l'humilité d'un évêque de la primitive Église. Quand il haranguait le peuple du haut de la chaire de vérité, il affectait le style figuré et les gestes peu naturels d'un sophiste de l'Asie, pendant que les voûtes de la cathédrale retentissaient des acclamations les plus extravagantes à la louange de sa divine éloquence. Arrogant, rigide, inexorable envers ceux qui résistaient à son

---

emploi de Zénobie. D'autres regardent seulement cette dénomination comme une expression figurée, pour désigner le faste et l'insolence du prélat.

(1) La simonie n'était point inconnue dans ce siècle, et le clergé achetait quelquefois ce qu'il avait intention de vendre. Il paraît qu'une riche matrone, nommée Lucilla, fit l'acquisition de l'évêché de Carthage, pour Majorin, un de ses serviteurs. Le prix fut de quatre cents *folles* (*Monum. antiquit. ad calcem optati*, p. 263). Chaque *follis* contenait cent vingt-cinq pièces d'argent; et toute la somme pouvait valoir deux mille quatre cents livres sterl.

jouirent pendant plus de quarante ans d'une prospérité bien plus dangereuse pour leur vertu que les épreuves les plus cruelles de la persécution.

L'histoire de Paul de Samosate, qui remplissait le siége métropolitain d'Antioche à l'époque où l'Orient était entre les mains d'Odenat et de Zénobie, peut servir à faire connaître la condition et l'esprit des temps. Les richesses de ce prélat prouvent suffisamment combien il était coupable; puisqu'elles ne lui venaient point de l'héritage de ses ancêtres, et qu'il ne les avait point acquises par une honnête industrie. Mais Paul regardait le service de l'Église comme une profession très-lucrative (1). Tout était vénal

Paul de Samosate. Ses mœurs. Ann. 260.

---

soin les paroles d'Eusèbe et les rapports d'autres auteurs, les savans ont généralement, et je crois très-judicieusement décidé qu'Aurélien ne s'était pas borné à l'intention de persécuter les chrétiens, mais que cette persécution avait été réelle : elle fut courte, parce que l'empereur mourut peu après la publication de ses édits. » *Heathen Testimonies*, t. III, p. 147, 4ᵉ édit. Londres, 1766.

Basnage énonce positivement la même opinion : *Non intentatam modò, sed executioni quoque brevissimo tempore mandatam, nobis infixum est in animo.* Basn., Ann. 275, n° 2, et Conf. Pagi ann. 272, n°ˢ 4-12 et 273. (*Note de l'Éditeur.*)

(1) Paul aimait mieux le titre de *ducenarius* que celui d'évêque. Le *ducenarius* était un intendant de l'empereur (ainsi appelé de ses appointemens, qui se montaient à deux cents sesterces, environ seize cents livres sterl. (*Voyez* Saumaise et l'*Histoire Auguste*, p. 124.) Quelques critiques supposent que l'évêque d'Antioche obtint effectivement cet

les trois dernières années et demie, écoutant les insinuations d'un ministre livré aux superstitions de l'Égypte, il adopta les maximes de son prédécesseur (1), et il en imita la sévérité. L'avénement de Gallien, en augmentant les calamités de l'empire, rendit la paix à l'Église. Les chrétiens obtinrent le libre exercice de leur religion, par un édit adressé aux évêques, et conçu en termes qui semblaient reconnaître leur état et leur caractère public (2). Sans être formellement annulées, les anciennes lois tombèrent en oubli; et, si l'on en excepte quelques intentions attribuées à l'empereur Aurélien (3), qui auraient pu être funestes à l'Église (4), les chrétiens

---

(1) Eusèbe, l. VII, c. 10. Mosheim (p. 548) a montré très-clairement que le préfet Macrien et l'Égyptien *Magus* étaient une seule et même personne.

(2) Eusèbe (l. VII, c. 13) nous donne une traduction grecque de cet édit latin, qui paraît avoir été très-concis. Par un autre édit, Gallien ordonna que les *cimetières* seraient rendus aux chrétiens.

(3) Eusèbe, l. VII, c. 30; Lact., *de Mort. pers.*, c. 6; saint Jérôme, *Chron.*, p. 177; Orose, l. VII, c. 23. Leur langage est en général si ambigu et si incorrect, que nous ne sommes point en état de déterminer quelles étaient les intentions d'Aurélien lorsqu'il fut assassiné. La plupart des modernes (excepté Dodwell, *Dissert.*, Cyprian., XI, 64) ont saisi cette occasion pour gagner un petit nombre de martyrs extraordinaires.

(4) Le docteur Lardner a exposé avec son impartialité ordinaire tout ce qui nous est parvenu sur la persécution d'Aurélien, et il finit par dire : « Après avoir examiné avec

cesseur. Il est plus raisonnable de croire qu'avec le projet de rétablir en général les mœurs romaines, il voulait délivrer l'empire de ce qu'il appelait une superstition nouvelle et criminelle. Les évêques des villes les plus considérables furent enlevés à leurs troupeaux par l'exil ou par la mort. La vigilance des magistrats empêcha pendant seize mois le clergé de Rome de procéder à une nouvelle élection : les chrétiens disaient que l'empereur souffrirait plus patiemment dans sa capitale un compétiteur pour la pourpre, qu'un évêque (1). S'il était possible de supposer que la pénétration de Dèce avait aperçu l'orgueil sous le manteau de l'humilité, ou qu'il avait entrevu la domination temporelle que pouvaient insensiblement amener les prétentions de l'autorité spirituelle, il paraîtrait moins surprenant que ce prince considérât les successeurs de saint Pierre comme les rivaux les plus formidables des successeurs d'Auguste.

L'administration de Valérien eut un caractère de légèreté et d'inconstance peu digne de la gravité du *censeur romain*. Au commencement de son règne, il surpassa en clémence ces princes qui avaient été soupçonnés d'attachement à la foi chrétienne. Dans

Sous le règne de Valérien, de Gallien et de ses successeurs. Ann 253-260.

---

(1) Eusèbe, l. vi, c. 39; saint Cyprien, *epist.* 55. Le siége de Rome resta vacant depuis le 20 janvier 250, jour du martyre de saint Fabien, jusqu'à l'élection de Corneille, le 4 juin 251. Dèce avait probablement alors quitté Rome, puisqu'il fut tué avant la fin de cette année.

giner, dans la suite, la fable qu'il avait été purifié par une confession et par la pénitence, du crime dont il s'était rendu coupable en faisant périr l'innocent Gordien (1). Avec le changement de maître, la chute de Philippe amena un nouveau système de gouvernement, si oppressif pour les chrétiens, que leur condition antérieure, depuis le temps de Domitien, paraissait un état parfait de liberté et de sécurité lorsqu'on le comparait avec le traitement rigoureux qu'ils éprouvèrent pendant le peu d'années du règne de l'empereur Dèce (2). Les vertus de ce prince ne nous permettent pas d'imaginer qu'il ait été animé par un esprit de vengeance contre les favoris de son prédé-

---

d'Alexandrie (*ap. Euseb.*, l. VII, c. 10), concernant ces princes que l'on supposait publiquement être chrétiens, se rapporte évidemment à Philippe et à sa famille : ce témoignage d'un contemporain prouve qu'un pareil bruit avait prévalu ; mais l'évêque égyptien, qui vivait dans l'obscurité et à quelque distance de la cour de Rome, s'exprime sur la vérité de ce fait avec une réserve convenable. Les Épîtres d'Origène (qui existaient encore du temps d'Eusèbe, *voyez* l. VI, c. 36) auraient très-probablement décidé cette question plus curieuse qu'importante.

(1) Eusèbe, l. VI, c. 34. L'histoire, comme il est ordinaire, a été embellie par les écrivains des siècles suivans ; elle est réfutée avec une érudition très-superflue par Frédéric Spanheim (*Opera varia*, t. II ; p. 400).

(2) Lactance, *de Mort. persec.*, c. 3 ; 4. Après avoir célébré la félicité et les progrès de l'Église sous une longue suite de bons princes, il ajoute : *Extitit post annos plurimos execrabile animal, Decius, qui vexaret Ecclesiam.*

Malgré l'humeur cruelle du tyran, les effets de sa haine contre les chrétiens furent circonscrits dans des limites étroites, et n'eurent qu'une courte durée. Le pieux Origène, qui avait été proscrit comme une victime dévouée à la mort, était encore destiné à porter la vérité de l'Évangile à l'oreille des rois (1). Il adressa plusieurs lettres édifiantes à Philippe, à la femme et à la mère de cet empereur ; et dès que ce prince, né dans le voisinage de la Palestine, eut usurpé le trône, les chrétiens acquirent en lui un ami et un protecteur. La faveur déclarée de Philippe, sa partialité même envers les sectateurs de la nouvelle religion, et le respect qu'il eut constamment pour les ministres de l'Église, donnent un air de vraisemblance aux soupçons que l'on avait formés de son temps : on conjecturait que l'empereur lui-même avait embrassé la foi (2). C'est aussi ce qui a fait ima-

Sous le règne des empereurs Maximien, Philippe et Dèce.
Ann. 244.

---

(1) Orose (l. VII, c. 19) prétend qu'Origène était l'objet de la haine de Maximin ; et Firmilianus, qui, dans le même siècle, était un évêque de Cappadoce, restreint cette persécution, et nous en donne une juste idée. (*Ap. Cyprian.*, *epist.* 75.)

(2) Ce que nous trouvons dans une épître de saint Denys auraient même été l'objet de son attention particulière, puisque l'auteur suppose qu'il voulait que son maître profitât de *ses conseils de persécution*. Comment concilier cette conséquence nécessaire avec ce qu'a dit Gibbon sur l'ignorance où était Dion-Cassius du nom même des chrétiens (t. III, p. 167, n. 1) ? La supposition faite dans cette note n'est appuyée d'aucune preuve, et il est probable que Dion-Cassius a souvent désigné les chrétiens par le nom de *juifs*. Voyez Dion-Cassius, l. LXVII, c. 14; l. LXVIII, c. 1. (*Note de l'Éditeur.*)

professés et pratiqués ouvertement dans son palais. Ce fut peut-être alors pour la première fois que l'on vit des évêques à la cour. Après la mort d'Alexandre, lorsque le barbare Maximin fit tomber sa rage sur les serviteurs et sur les favoris de son infortuné bienfaiteur, un grand nombre de chrétiens de tout rang et de tout sexe se trouva enveloppé dans le massacre tumultueux qui, pour cette raison, a été appelé, fort improprement (1), du nom de persécution (2).

---

dre. Le dessein qu'il avait de bâtir un temple public à Jésus-Christ (*Hist. Aug.*, p. 129), et l'objection que l'on fit à ce prince ou à l'empereur Adrien, dans une circonstance semblable, paraissent n'avoir d'autre fondement qu'un conte dénué de vraisemblance, inventé par les chrétiens, et adopté par un historien crédule du siècle de Constantin.

(1) C'est avec raison que ce massacre a été appelé *persécution*, car il a duré pendant tout le règne de Maximin; c'est ce qu'on voit dans Eusèbe (l. vi, c. 28, *Hist. ecclés.*, p. 186). Rufin le confirme expressément : *Tribus annis à Maximino persecutione commotâ in quibus finem et persecutionis fecit et vitæ* (l. vi, Hist., c. 19). (*Note de l'Éditeur.*)

(2) Eusèbe, l. vi, c. 28. On peut présumer que les succès du christianisme avaient irrité les païens, dont la dévotion augmentait de jour en jour. Dion-Cassius, qui écrivait sous le premier règne, voulait, selon toutes les apparences, que son maître profitât des conseils de persécution qu'il place dans un meilleur siècle, et qu'il met dans la bouche du favori d'Auguste (*). Concernant ce discours de Mécène, ou plutôt de Dion, je puis renvoyer à l'opinion impartiale que j'ai moi-même adoptée (t. 1, p. 116, note 1), et à l'abbé de La Bletterie (*Mém. de l'Académ.*, t. xxiv, p. 303; tome xxv, p. 432).

(*) Si cela était, Dion-Cassius aurait connu les chrétiens; ils

le palais, revêtus du caractère honorable de prêtres et de philosophes, et leur doctrine mystérieuse, déjà répandue parmi le peuple, attira insensiblement la curiosité des souverains. Lorsque l'impératrice Mammée passa par Antioche, elle parut désirer de s'entretenir avec le célèbre Origène, dont tout l'Orient vantait la piété et les connaissances. Origène se rendit à une invitation si flatteuse; et, quoiqu'il ne dût pas espérer de pouvoir convertir une femme rusée et ambitieuse, ses éloquentes exhortations furent écoutées avec plaisir, et Mammée le renvoya honorablement dans sa retraite en Palestine (1). Alexandre adopta les sentimens de sa mère; et la dévotion philosophique de ce prince se manifesta par un respect singulier, mais peu judicieux, pour la religion chrétienne. Il plaça dans sa chapelle domestique les statues d'Abraham, d'Orphée, d'Apollonius, et de Jésus-Christ, qu'il regardait comme les plus vénérables de ces sages qui avaient instruit les hommes des différentes formes de culte sous lesquelles ils doivent adresser leur hommage à la Divinité suprême et universelle (2). Une foi et un culte plus purs furent

Ann. 235

---

(1) Eusèbe, *Hist. ecclés.*, l. vi, c. 21; saint Jérôme, *de Script. eccles.*, c. 54. Mammée fut appelée une femme sainte et pieuse par les chrétiens et par les païens. Elle n'avait donc pas mérité que les premiers lui donnassent ce titre honorable.

(2) Voyez l'*Hist. Aug.*, p. 123. Il paraît que Mosheim raffine beaucoup trop sur la religion particulière d'Alexan-

trente-huit ans (1). Jusqu'à cette époque, ils avaient ordinairement tenu leurs assemblées dans des maisons particulières et dans des lieux retirés. Il leur fut alors permis d'élever et de consacrer des édifices convenables pour célébrer leur culte religieux (2); de faire, à Rome même, des acquisitions de terres destinées à l'usage de leur société; de nommer publiquement leurs ministres ecclésiastiques; et ils se conduisirent, dans ces élections, d'une manière si exemplaire, qu'ils méritèrent le respect des gentils (3). Durant ce long repos, l'Église obtint de la considération. Les règnes de ces princes, qui tiraient leur origine des provinces asiatiques, furent les plus favorables aux chrétiens. Les personnages éminens de la secte, au lieu d'être réduits à la nécessité d'implorer la protection d'un esclave ou d'une concubine, furent admis dans

---

(1) Sulpice-Sévère, l. 11, p. 384. Ce calcul (en y faisant une seule exception) est confirmé par l'histoire d'Eusèbe et par les écrits de saint Cyprien.

(2) L'antiquité des églises des chrétiens a été discutée par Tillemont (*Mém. ecclés.*, t. III, part. 2, p. 68-72) et par Moyle, vol. 1, p. 378-398). Ce fut du temps d'Alexandre-Sévère selon M. de Tillemont, et suivant M. Moyle sous Gallien, que les premières églises furent construites pendant la paix dont jouirent les fidèles sous le règne de ces deux princes.

(3) Voyez l'*Hist. Auguste*, p. 130. L'empereur Alexandre adopta leur méthode d'exposer publiquement le nom de ceux qui se présentaient pour être revêtus de quelque emploi. Il est vrai que l'on attribue aussi à la nation juive l'honneur de cette coutume.

La dispute qui s'éleva au sujet du temps précis où l'on devait célébrer la fête de Pâques, arma les évêques de l'Italie et de l'Asie les uns contre les autres; et il ne se passa point d'événement plus important dans cette période de repos et de tranquillité (1). Enfin, la paix de l'Église ne fut interrompue que lorsque le nombre, sans cesse augmentant, des prosélytes, eut attiré l'attention de Sévère, et aliéné l'esprit de ce prince. Dans la vue d'arrêter les progrès du christianisme, il publia un édit qui, selon les intentions du souverain, ne devait concerner que les nouveaux convertis, mais qui ne pouvait être rigoureusement exécuté sans exposer au danger du châtiment les plus zélés de leurs prédicateurs et de leurs missionnaires. Il est facile de découvrir dans cette persécution adoucie le génie indulgent de Rome et du polythéisme, qui admettait si facilement toute espèce d'excuse en faveur de ceux qui pratiquaient les cérémonies religieuses de leurs ancêtres (2).

Mais les lois établies par Sévère expirèrent bientôt avec l'autorité de cet empereur. Les chrétiens, après cet orage passager, jouirent d'un calme de

Sous le règne des successeurs de Sévère. Ann. 211-249.

---

la fête des saturnales; et Tertullien voit avec peine que la société des fidèles soit confondue avec les professions les plus infâmes, qui achetaient la connivence du gouvernement.

(1) Eusèbe, l. v, c. 23, 24; Mosheim, p. 435, 447.
(2) *Judæos fieri sub gravi pœnâ vetuit. Idem etiam de christianis sanxit.* Hist. Aug., p. 70.

passèrent en sûreté les treize années d'une tyrannie cruelle; et lorsque l'empire eut été établi dans la maison de Sévère, ils formèrent avec la nouvelle cour des liaisons particulières, mais plus honorables. On avait persuadé à l'empereur que, dans une maladie dangereuse, il avait tiré quelque secours, soit physique, soit spirituel, de l'huile sainte dont il avait été oint par un de ses esclaves. Il traita toujours avec une distinction particulière plusieurs personnes de l'un et de l'autre sexe, qui avaient embrassé la nouvelle religion. La nourrice et le précepteur de Caracalla étaient chrétiens; et si ce jeune prince montra jamais quelque sentiment d'humanité, ce fut dans une circonstance peu intéressante en elle-même, mais qui avait rapport à la cause du christianisme (1). Sous le règne de Sévère, la fureur de la populace fut réprimée, et la rigueur des anciennes lois suspendue pendant quelque temps. Les gouverneurs des provinces se contentèrent d'un présent annuel, que les Églises de leurs districts leur donnaient, comme le prix ou comme la récompense de leur modération (2).

---

l. LXXII, p. 1206. M. Moyle (p. 266) a représenté l'état de l'Église sous le règne de Commode.

(1) Comparez la vie de Caracalla dans l'*Histoire Auguste*, avec la lettre de Tertullien à Scapula. Le docteur Jortin (Remarques sur l'*Hist. ecclés.*, vol. II, p. 5, etc.), en examinant l'effet de l'huile sainte sur la maladie de Sévère, a le plus fort désir de convertir en miracle la guérison de ce prince.

(2) Tertullien, *de Fugâ*, c. 13. Le présent fut fait durant

chassent quelque mérite aux prières ferventes qu'ils avaient offertes, à l'instant du danger, pour leur propre conservation et pour la sûreté publique. Mais les monumens d'airain et de marbre, les médailles des empereurs et la colonne Antonine, nous assurent aussi que ni le prince ni le peuple ne furent touchés de ce service signalé, puisqu'ils attribuèrent leur salut à la providence de Jupiter et à l'intervention de Mercure. Durant tout le cours de son règne, Marc-Aurèle, méprisant les chrétiens comme philosophe, les punit comme souverain (1).

Par une fatalité singulière, les maux qu'ils avaient endurés sous le gouvernement d'un prince vertueux, cessèrent tout à coup à l'avénement d'un tyran; et, comme ils avaient seuls éprouvé l'injustice de Marc-Aurèle, ils furent seuls protégés par la douceur de Commode. La célèbre Marcia, qui tenait le premier rang parmi ses concubines, et qui finit par conspirer contre les jours de son amant, avait conçu une affection particulière pour l'Église opprimée; et quoiqu'il ne lui eût pas été possible de concilier la pratique du vice avec les préceptes de l'Évangile, elle pouvait se flatter qu'elle expierait les faiblesses de son sexe et de sa profession, en se déclarant patronne des chrétiens. (2). Sous la protection de Marcia, ils

État des chrétiens sous le règne de Commode et sous celui de Sévère. Ann. 180.

---

(1) Sur ce miracle, que l'on appelle communément le miracle de la légion fulminante, *voyez* l'admirable critique de M. Moyle, vol. II, p. 81-390.

(2) Dion-Cassius, ou plutôt son abréviateur Xiphilin,

On nous demande de croire que Ponce-Pilate informa l'empereur de la sentence de mort injustement prononcée par lui-même contre un innocent, qui même paraissait revêtu d'un caractère divin; que sans avoir le mérite du martyre, il en courut le danger; que Tibère, connu par son mépris affecté pour toute espèce de religion, conçut aussitôt le dessein de placer le Messie des Juifs parmi les dieux de Rome; qu'un sénat, composé d'esclaves, osa désobéir aux ordres de son maître; que Tibère, au lieu de s'offenser d'un pareil refus, se contenta de protéger les chrétiens contre la sévérité des lois, plusieurs années avant que ces lois eussent été portées, avant que l'Église eût pris un nom particulier, ou qu'elle eût acquis quelque consistance. Enfin nous serions forcés de croire que le souvenir de ce fait extraordinaire aurait été conservé dans des registres publics et très-authentiques, qui auraient échappé aux recherches des historiens de la Grèce et de Rome; et qu'ils auraient été connus seulement d'un chrétien d'Afrique, qui composa son Apologétique cent soixante ans après la mort de Tibère. On prétend que l'édit de Marc-Aurèle fut l'effet de la dévotion et de la reconnaissance de ce prince pour sa délivrance miraculeuse dans la guerre des Marcomans. La situation déplorable des légions, la pluie qui tomba si à propos, la grêle, les éclairs et le tonnerre, l'effroi et la défaite des Barbares, ont été célébrés par la plume éloquente de plusieurs auteurs païens. S'il se trouvait des chrétiens dans l'armée, il était bien naturel qu'ils atta-

nisme (1). Mais ces persécutions passagères servirent seulement à ranimer le zèle des fidèles, et à rétablir leur discipline; et les momens de rigueur excessive furent compensés par de plus longs intervalles de paix et de sécurité. L'indifférence de quelques princes et l'indulgence de plusieurs autres permirent aux chrétiens d'exercer leur culte, à la faveur d'une tolérance publique, quoiqu'elle ne fût peut-être pas autorisée par la loi.

L'Apologétique de Tertullien renferme deux exemples très-anciens, très-singuliers et en même temps très-suspects, de la clémence des empereurs : ce sont les édits de Tibère et de Marc-Aurèle, publiés non-seulement pour protéger l'innocence des chrétiens, mais encore pour proclamer ces miracles surprenans qui attestaient la vérité de leur doctrine. Le premier de ces exemples est accompagné de quelques difficultés capables d'embarrasser un esprit sceptique (2).

<small>Édits supposés de Tibère et de Marc-Aurèle.</small>

---

(1) *Voyez* Mosheim, p. 97. Sulpice-Sévère est le premier qui ait imaginé ce nombre, quoiqu'il paraisse vouloir réserver la dixième et la plus grande persécution pour la venue de l'antechrist.

(2) Saint Justin est le premier qui ait fait mention du témoignage rendu par Ponce-Pilate. Les embellissemens successifs que cette histoire a reçus en passant par les mains de Tertullien, d'Eusèbe, de saint Epiphane, de saint Chrysostôme, d'Orose, de Grégoire de Tours, et des auteurs qui ont donné les différentes éditions des actes de Pilate, sont représentés avec beaucoup de bonne foi par D. Calmet, *Dissert. sur l'Écriture*, t. III, p. 651, etc.

jugement et pour la punition des chrétiens dans un gouvernement étendu et arbitraire, leur sort devait toujours dépendre, en grande partie, de leur propre conduite, des circonstances des temps, et du caractère des principaux chefs et des administrateurs subordonnés qui les gouvernaient. Le zèle pouvait quelquefois provoquer la fureur superstitieuse des païens. La prudence pouvait quelquefois aussi détourner ou apaiser l'orage. Une foule de motifs différens portaient les gouverneurs des provinces à user de toute la rigueur des lois, ou à se relâcher dans leur exécution. Le plus puissant de ces motifs était leur empressement à se conformer, non-seulement aux édits publics, mais encore aux intentions secrètes de l'empereur, dont un seul coup d'œil suffisait pour allumer ou pour éteindre les flammes de la persécution. Toutes les fois que l'on exerça quelques actes de sévérité dans les diverses parties de l'empire, les premiers chrétiens déplorèrent et peut-être exagérèrent leurs propres souffrances. Mais le nombre célèbre des *dix* persécutions a été fixé par les écrivains ecclésiastiques du cinquième siècle, dont la vue pouvait embrasser plus complétement les vicissitudes de la fortune de l'Église, depuis Néron jusqu'à Dioclétien. Les parallèles ingénieux des *dix* plaies de l'Égypte et des *dix* cornes de l'Apocalypse leur donnèrent la première idée de ce calcul; en appliquant à la vérité de l'histoire la croyance qu'exigent les prophéties, ils eurent soin de choisir les règnes qui avaient été en effet les plus funestes à la cause du christia-

Les dix persécutions.

ment que la crainte avait forcé de prendre, tombait avec le danger. Dès que la rigueur de la persécution se ralentissait, les portes de l'Église étaient assaillies d'une multitude de pénitens qui détestaient leur soumission sacrilége, et qui sollicitaient, avec une égale ardeur, mais avec des succès différens, la permission de rentrer dans le sein de la société des fidèles (1).

Le gouvernement emploie tour à tour la sévérité et la tolérance.

3° Malgré les règles générales établies pour le

Euseb., l. VI, c. 41. *Ad prima statim verba minantis inimici maximus fratrum numerus fidem suam prodidit : nec prostratus est persecutionis impetu, sed voluntario lapsu se ipsum prostravit.* (Œuvres de saint Cyprien, p. 89.) Parmi les déserteurs il y avait plusieurs prêtres et même des évêques (*).

(1) C'est dans cette occasion que saint Cyprien composa son traité *de Lapsis* et plusieurs de ses épîtres. La controverse concernant le traitement qu'il fallait infliger aux apostats pénitens, ne s'était point élevée parmi les chrétiens du siècle précédent. En attribuerons-nous la cause à la supériorité de leur foi ou de leur courage? ou bien ne serait-ce pas parce que nous avons une connaissance moins parfaite de leur histoire?

(*) Pline dit que la plupart des chrétiens persistèrent à s'avouer tels; c'est même la raison qui lui fait consulter Trajan (*periclitantium numerus*). Eusèbe (l. VI, c. 41) ne nous permet pas de douter que le nombre de ceux qui renoncèrent à leur foi ne fût infiniment au-dessous du nombre de ceux qui la confessèrent hardiment. « Le préfet, dit-il, et les assesseurs présens au conseil furent épouvantés en voyant la foule des chrétiens ; les juges eux-mêmes tremblaient. » Enfin, saint Cyprien nous apprend que la plupart de ceux qui s'étaient montrés faibles lors de la persécution de Dèce, signalèrent leur courage sous celle de Gallus. *Steterunt fortes, et ipso dolore pœnitentiæ facti ad prœlium fortiores.* Epist. LX, p. 142. (*Note de l'Éditeur.*)

cats (ou *libelles*, comme on les appelait alors). Ces certificats attestaient que ceux qui y étaient nommés s'étaient soumis aux lois et avaient sacrifié aux divinités romaines. En produisant ces fausses déclarations, les chrétiens opulens et timides pouvaient imposer silence aux délateurs, et concilier, en quelque sorte, leur sûreté avec leur religion. Une légère pénitence (1) expiait la faute de cette dissimulation profane (2). Dans toutes les persécutions, il y eut un grand nombre d'indignes chrétiens qui désavouèrent ou abandonnèrent publiquement leur religion, et qui confirmèrent la sincérité de leur abjuration par quelque acte légal, soit en brûlant de l'encens, soit en offrant des sacrifices. Parmi ces apostats, les uns avaient cédé à la première menace ou à la première exhortation des magistrats. La patience des autres n'avait pu être subjuguée que par la lenteur et par le redoublement des supplices. Ceux-ci ne s'avançaient qu'en tremblant; l'épouvante peinte dans leurs regards décelait leurs remords intérieurs, tandis que ceux-là marchaient avec confiance et avec joie aux autels des dieux (3). Mais le déguise-

---

(1) La pénitence n'était pas si légère, car elle était exactement pareille à celle des apostats qui avaient sacrifié aux idoles; elle durait plusieurs années. *Voyez* Fleury, *Hist. ecclésiast.*, t. II, p. 171. (*Note de l'Éditeur.*)

(2) Le commentaire étendu de Mosheim (483-489) donne les éclaircissemens les plus précis sur les *libellatici*, qui sont principalement connus par les écrits de saint Cyprien.

(3) Pline, lettre x, 97; saint Denys d'Alexandrie, *ap.*

tance, un pareil délai lui procurait la facilité de conserver sa vie et son honneur par la fuite, de se cacher dans quelque retraite obscure ou dans quelque province éloignée, et d'attendre patiemment le retour de la paix et de la tranquillité. Un parti si conforme à la raison fut bientôt autorisé par l'avis et par l'exemple des plus saints prélats; et il paraît qu'il fut généralement approuvé, excepté par les montanistes, qu'un attachement rigoureux et opiniâtre à l'ancienne discipline jeta enfin dans l'hérésie (1). 2° Les gouverneurs des provinces, dont l'avarice l'emportait sur le zèle, avaient coutume de vendre des certifi-

---

(1) Tertullien regarde la fuite, dans un temps de persécution, comme une apostasie imparfaite, mais très-criminelle, comme une tentative impie pour éluder la volonté de Dieu, etc., etc. Il a écrit sur ce sujet (*voyez* p. 536-544, édit. Rigalt.) un Traité qui est rempli du fanatisme le plus extravagant et des déclamations les plus ridicules. Il est cependant assez singulier que Tertullien n'ait pas souffert lui-même le martyre.

due par le juge Urbicus contre un chrétien, lui demanda pourquoi il punissait ainsi un homme qui n'était ni adultère, ni voleur, ni coupable enfin d'aucun autre crime que de s'avouer chrétien. Urbicus ne lui répondit que ces mots : « Toi aussi, tu as l'air d'être chrétien. —Oui, sans doute, » reprit Lucius. Le juge ordonna qu'on le mît à mort aussitôt; un troisième survenant fut condamné à être fustigé. » (Justin martyr, *Apol. sec.*, p. 90, éd. Bened. 1742.) Voilà donc trois exemples où aucun délai ne fut accordé; il en existe une foule d'autres, tels que ceux de Ptoléméc, de Marcellus, etc. Saint Justin reproche expressément aux juges *de faire exécuter les accusés avant d'avoir jugé la cause*. Les paroles de saint Cyprien sont tout aussi particulières, et disent simplement qu'il fut fixé un jour auquel les chrétiens devaient avoir renié leur foi; ceux qui ne l'avaient pas fait à cette époque étaient condamnés. (*Note de l'Éditeur.*)

bles à l'honneur du martyre. Les soldats de Jésus-Christ, au lieu de se distinguer par des actes volontaires d'héroïsme, abandonnaient fréquemment leur poste, et fuyaient avec confusion devant un ennemi auquel il eût été de leur devoir de résister. Il y avait cependant, pour échapper aux flammes de la persécution, trois moyens qui n'étaient pas tous également condamnables. Le premier, en effet, avait été déclaré innocent; le second, dont l'espèce paraissait plus incertaine, était au moins une offense vénielle; mais en suivant le troisième, on se rendait coupable d'une apostasie criminelle et directe.

Trois moyens d'éviter le martyre.

1° Un inquisiteur moderne serait bien étonné d'apprendre que, chez les Romains, toutes les fois que l'on dénonçait un chrétien aux magistrats, on communiquait les charges à l'accusé, et qu'on lui laissait toujours un temps convenable pour arranger ses affaires domestiques, et pour répondre au crime qui lui avait été imputé (1). S'il doutait de sa propre cons-

---

(1) Dans la seconde apologie de saint Justin on trouve un exemple particulier et très-curieux d'un pareil délai donné par la loi. La même indulgence fut accordée aux chrétiens accusés dans la persécution de l'empereur Dèce; et saint Cyprien (*de Lapsis*) en parle positivement : *Dies negantibus præstitutus* (*).

(*) Les exemples que l'historien tire de saint Justin martyr et de saint Cyprien sont tout-à-fait particuliers, et ne prouvent rien pour la méthode que l'on suivait généralement envers les accusés : il est évident, au contraire, d'après la même apologie de saint Justin, qu'ils n'obtenaient presque jamais de délai. « Un homme, nommé Lucius, chrétien lui-même, assistant à l'injuste condamnation ren-

la constance intrépide des fidèles produisit les effets les plus salutaires sur les esprits que la nature ou la grâce avait heureusement disposés à recevoir les vérités de la religion. Souvent les idolâtres, témoins de ces tristes spectacles, touchés de compassion, admiraient et se convertissaient. Un généreux enthousiasme se communiquait du patient aux spectateurs; et, comme on l'a souvent observé, le sang des martyrs devint la semence de l'Église.

Mais, quoique la dévotion eût excité dans les âmes une fièvre que l'éloquence cherchait toujours à entretenir, les espérances et les craintes plus naturelles du cœur humain, l'amour de la vie, l'appréhension de la douleur, l'horreur de la dissolution, reprirent insensiblement leurs droits. Les sages directeurs de l'Église se trouvaient obligés de restreindre l'ardeur indiscrète des chrétiens, et de se méfier d'une constance qui les abandonnait trop souvent au moment du danger (1). A mesure que les fidèles renoncèrent aux mortifications, et que leur vie devint moins austère, ils se montrèrent de jour en jour plus insensi-

Le relâchement s'introduit par degrés.

---

(1) *Voyez* l'Épître de l'Église de Smyrne; *ap. Euseb.*, Hist. ecclesiast., l. iv, c. 15 (*).

(*) Le chap. 15 du liv. iv de l'*Hist. ecclesiast.* d'Eusèbe traite principalement du martyre de saint Polycarpe, et fait mention de quelques autres martyrs : un seul exemple de faiblesse y est rapporté; c'est celui d'un Phrygien nommé Quintus, qui, effrayé à la vue des bêtes féroces et des tortures, renonça à sa foi. Cet exemple prouve peu pour la masse des chrétiens, et ce chapitre d'Eusèbe fournit de bien plus fortes preuves de leur courage que de leur timidité. (*Note de l'Éditeur.*)

fliger les peines décernées par la loi. Une conduite si remarquable ne pouvait échapper à l'attention des anciens philosophes ; mais il paraît qu'elle leur inspira bien moins d'admiration que d'étonnement. Incapables de concevoir les motifs qui transportaient quelquefois le courage des fidèles au-delà des bornes de la prudence ou de la raison, ils attribuaient ce désir de la mort à un résultat étrange de désespoir obstiné, d'insensibilité stupide ou de frénésie superstitieuse (1). « Malheureux ! s'écriait le proconsul Antonin, en s'adressant aux chrétiens d'Asie ; malheureux ! puisque vous êtes si las de la vie, vous est-il si difficile de trouver des cordes et des précipices (2) ? » Il était (comme l'a observé un pieux et savant historien) fort réservé à punir des coupables qui n'avaient d'accusateurs qu'eux-mêmes, les lois impériales n'ayant point encore pourvu à un cas si extraordinaire. Se bornant donc à en condamner un petit nombre pour servir d'exemple aux autres chrétiens, il renvoyait la multitude avec indignation et avec mépris (3). Malgré ce dédain réel ou affecté,

---

(1) *Voyez* Épictète, l. iv, c. 7 (quoique l'on doute qu'il fasse allusion aux chrétiens) ; Marc-Aurèle, *de Rebus suis*, l. xi, f. 3 ; Lucien, *in Peregrin.*

(2) Tertullien, *ad Scapulam*, c. 5. Les savans sont divisés entre trois hommes du même nom, qui tous ont été proconsuls d'Asie. Je suis porté à croire qu'il est ici question d'Antonin le Pieux, qui fut empereur dans la suite, et qui pouvait avoir gouverné l'Asie sous le règne de Trajan.

(3) Mosheim, *de Rebus christ. ante Constant.*, p. 235.

sion, de la couronne du martyre, quand il sera exposé dans l'amphithéâtre ; et il déclare que son intention est d'irriter et de provoquer les bêtes sauvages qui doivent être l'instrument de sa mort (1). On rapporte plusieurs traits de courage de quelques martyrs, qui exécutèrent réellement ce que saint Ignace avait résolu, qui irritèrent la fureur des lions; qui, exhortant les bourreaux à se hâter, s'élancèrent avec joie dans les flammes allumées pour les consumer, et qui donnèrent des marques de plaisir et de satisfaction au milieu des tourmens les plus cruels. On vit souvent le zèle impatient des chrétiens forcer les barrières que le gouvernement avait posées pour la sûreté de l'Église ; ils suppléaient, par leurs déclarations volontaires, au manque d'accusations; ils troublaient, sans ménagement, le service public du paganisme (2); et, se précipitant en foule autour du tribunal des magistrats, ils les sommaient de prononcer la sentence de condamnation, et de leur in-

---

(1) Voyez *Epist. ad Roman.*, c. 4, 5, ap. *Patres Apost.*, t. II, p. 27. Il convenait au but que se proposait l'évêque Pearson (voyez ses *Vindiciæ Ignatianæ*, part. 2, c. 9) de justifier les sentimens de saint Ignace par une foule d'exemples et d'autorités.

(2) L'histoire de Polyeucte, qui a fourni au grand Corneille le sujet d'une belle tragédie, est un des exemples les plus célèbres de ce zèle outré, quoiqu'il ne soit peut-être pas des plus authentiques. Il faut observer que le soixantième canon du concile d'Elvire refuse le titre de martyrs à ceux qui s'exposaient à la mort en détruisant publiquement les idoles.

haut prix qu'on attachait au mérite des martyrs, de pareilles distinctions décèlent le petit nombre de ceux qui souffrirent et qui moururent pour la profession du christianisme.

<small>Ardeur des premiers chrétiens.</small> Aujourd'hui que l'enthousiasme a fait place à une circonspection réservée, on serait plutôt disposé à critiquer qu'à louer, mais plus encore à louer qu'à imiter la ferveur des premiers chrétiens qui, selon la vive expression de Sulpice-Sévère, désiraient le martyre avec plus d'ardeur que ses contemporains ne sollicitaient un évêché (1). Les épîtres composées par saint Ignace, tandis que, chargé de chaînes, il traversait les villes de l'Asie, respirent les sentimens les plus opposés aux sensations ordinaires de l'homme. Il dédaigne la pitié des Romains; il les conjure instamment de ne point le priver, par leur interces-

---

(1) *Certatim gloriosa in certamina ruebatur, multisque avidius tum martyria gloriosis mortibus quærebantur, quàm nunc episcopatus pravis ambitionibus appetuntur.* Sulpice-Sévère, l. II. Il aurait pu omettre le mot *nunc*.

<small>avec eux pour baiser ces mains si pures, ces lèvres qui ont glorifié le Seigneur. Il leur dit qu'il faut mépriser toutes les souffrances de cette vie, dans l'espoir d'une gloire éternelle, etc. La septième est adressée à ses diacres et à ses prêtres; il les exhorte, en peu de mots, à secourir tous les pauvres. La vingt-deuxième est de Lucianus à Celerinus; elle est écrite avec la plus grande modestie: Lucianus s'y dit indigne des éloges de son ami, et s'afflige avec lui de la mort de ses sœurs, victimes de la persécution. La vingt-quatrième est de Caldonius à saint Cyprien et aux prêtres de Carthage, pour les consulter sur la réadmission de ceux qui sont tombés en faute. Ce n'est que dans le Traité de *Unitate Ecclesiæ* que l'on trouve des reproches faits aux confesseurs. (*Note de l'Éditeur.*)</small>

ques de respect, comparés à la gratitude, à la dévotion ardente avec laquelle la primitive Église célébrait les glorieux champions de l'Évangile. L'anniversaire de leurs vertus et de leurs souffrances était regardé comme une fête sacrée, qui fut convertie, dans la suite, en un culte religieux. Il arrivait fréquemment que les magistrats païens ne punissaient pas du dernier supplice ceux qui avaient confessé publiquement la foi; après être sortis de leurs prisons, ces chrétiens obtenaient les honneurs que méritaient leur martyre imparfait et leur généreuse résolution. Les femmes pieuses sollicitaient la permission d'appliquer leurs bouches sur les fers qu'ils avaient portés, sur les blessures qu'ils avaient reçues. Leurs personnes étaient réputées sacrées, leurs décisions admises avec déférence. Ils n'abusèrent que trop souvent, par leur orgueil spirituel et par leurs mœurs licencieuses, de la prééminence qu'ils devaient à leur zèle et à leur intrépidité (1). En faisant connaître le

---

(1) Saint Cyprien, *Epist.* 5, 6, 7, 22, 24, et le Traité *de Unitate Ecclesiæ* (*). Le nombre des prétendus martyrs a été fort multiplié par la coutume qui s'introduisit de donner aux confesseurs ce nom honorable.

(*) Les lettres de saint Cyprien, auxquelles renvoie Gibbon, ne prouvent pas ce qu'il dit sur l'*orgueil spirituel* et les *mœurs licencieuses* des confesseurs. Dans la cinquième lettre, écrite pendant sa retraite, saint Cyprien exhorte les diacres et les prêtres à le remplacer, à ne pas permettre que les confesseurs ou les pauvres manquent de quelque chose, et à visiter les premiers dans leur prison. Dans la sixième, adressée à Sergius, à Rogatianus et à d'autres confesseurs, il les encourage au martyre, et se plaint de ne pas être

Cyprien avait pour base la conviction sincère de la vérité des dogmes qu'il prêchait; loin de contempler avec effroi la couronne du martyre, il devait la regarder comme l'objet de ses désirs. Les déclamations vagues, quoique éloquentes, des pères de l'Église, ne nous présentent aucune idée distincte; et il serait difficile d'assigner le degré de gloire et de bonheur immortel qu'ils promettaient avec assurance aux chrétiens assez heureux pour répandre leur sang dans la cause de la religion (1). Ils avaient soin d'inculquer que le feu du martyre tenait lieu de tout, et qu'il expiait tous les péchés; que, bien différens des chrétiens ordinaires dont les âmes sont obligées de subir une purification lente et pénible, les martyrs triomphans entraient immédiatement dans le séjour du bonheur éternel, où, jouissant de la société des patriarches, des apôtres et des prophètes, ils régnaient avec Jésus-Christ, et assistaient au jugement universel du genre humain. L'assurance d'une réputation durable sur la terre, motif si propre à flatter la vanité de l'homme, animait souvent le courage des martyrs. Les honneurs que Rome et Athènes accordaient aux citoyens morts pour la patrie, n'étaient que de froides démonstrations, que de vaines mar-

---

(1) *Voyez* en particulier le traité de saint Cyprien, *de Lapsis*, 87-98, édit. Fell. L'érudition de Dodwell (*Dissert. Cypr.*, XII, XIII) et la sagacité de Middleton (*Free Inquiry*, p. 162, etc.) ne nous laissent presque rien à ajouter concernant le mérite, les honneurs et les motifs des martyrs.

Cyprien ait été le premier jugé digne d'obtenir la couronne du martyre (1).

Il avait le choix de mourir martyr ou de vivre apostat; mais c'était avoir à choisir de l'honneur ou de l'infamie. Quand nous pourrions même supposer que l'évêque de Carthage eût fait servir son zèle pour la foi chrétienne d'instrument à son avarice ou à son ambition, il lui importait toujours de soutenir le rôle qu'il avait pris (2); et s'il possédait le moindre degré de courage, il devait s'exposer aux plus cruels tourmens, plutôt que de changer, par une seule action, la réputation d'une vie entière contre l'horreur de ses frères chrétiens, et contre le mépris du monde idolâtre. Mais si le zèle de saint

Divers motifs qui portaient les chrétiens à rechercher le martyre.

---

(1) Pontius, c. 19. M. de Tillemont (*Mém. ecclés.*, t. IV, part. 1, p. 450, note 50) est fâché de voir assurer si positivement qu'il n'y ait point eu un seul évêque parmi les martyrs des premiers siècles. (*)

(2) Quelque opinion que l'on puisse se former du caractère ou des principes de Thomas Becket, nous devons avouer qu'il souffrit la mort avec une constance digne des premiers martyrs. *Voyez* l'*Hist. de Henri II*, par lord Littleton, v. II, p. 592, etc.

(*) M. de Tillemont, en homme de bonne foi, expose les difficultés que lui offre le texte de Pontius, et finit par dire positivement qu'il est hors de doute qu'il y a là quelque méprise, et qu'il faut que Pontius n'ait voulu parler que de l'Afrique-Mineure ou de Carthage; car saint Cyprien, dans sa cinquante-sixième lettre, adressée à Pupianus, parle expressément de plusieurs évêques ses collègues, *qui proscripti sunt, vel apprehensi in carcere et catenis fuerunt; aut qui in exilium relegati, illustri itinere ad Dominum profecti sunt; aut qui quibusdam locis animadversi, cœlestes coronas de Domini clarificatione sumpserunt.* (Note de l'Éditeur.)

permis aux diacres et aux prêtres d'accompagner leur saint évêque (1); ils lui aidèrent à défaire le haut de sa robe, et ils étendirent des linges sur la terre pour recevoir les gouttes précieuses de son sang. Le martyr, après leur avoir commandé de donner au bourreau vingt-cinq pièces d'or, se couvrit le visage avec ses mains, et d'un seul coup la tête fut séparée.

Son corps resta, durant quelques heures, exposé à la curiosité des gentils; mais on l'enleva pendant la nuit, et une procession pompeusement éclairée le porta, comme en triomphe, au cimetière des chrétiens. Les funérailles de saint Cyprien furent célébrées publiquement, sans aucune opposition de la part des magistrats. Ceux d'entre les fidèles qui avaient rendu ces derniers honneurs à sa personne et à sa mémoire, ne furent ni recherchés ni punis. Il est singulier que de tous les évêques qui étaient en si grand nombre dans la province d'Afrique, saint

---

(1) On ne voit rien dans la *Vie de saint Cyprien*, par Pontius, ni dans les anciens manuscrits, qui puisse faire supposer que les diacres et les prêtres aient eu, en leur qualité de diacres et de prêtres, et connus pour tels, le droit d'accompagner leur saint évêque. Toute idée religieuse à part, il est impossible de ne pas trouver étrange l'espèce de complaisance avec laquelle l'historien insiste ici, en faveur des persécuteurs, sur quelques adoucissemens apportés à la mort d'un homme dont tout le tort était de tenir avec franchise et courage à ses opinions.

(*Note de l'Éditeur.*)

de saint Cyprien, lui ordonna de sacrifier aux dieux et l'avertit de réfléchir sur les suites de sa désobéissance. Le refus de saint Cyprien fut ferme et décisif ; et le magistrat, lorsqu'il eut pris l'avis de son conseil, prononça, quoique avec quelque répugnance, la sentence de mort : elle portait « que Thascius-Cyprianus serait immédiatement décapité, comme l'ennemi des dieux de Rome et comme chef d'une association criminelle, qu'il avait entraînée dans une résistance sacrilége aux lois des très-sacrés empereurs Valérien et Gallien (1). » Le genre de son supplice était le plus doux et le moins douloureux que l'on pût infliger à un homme convaincu d'un crime capital ; et l'on n'employa point la torture pour forcer l'évêque de Carthage à renoncer à ses principes ou à découvrir ses complices.

Dès que la sentence eut été proclamée, les chrétiens, qui s'étaient assemblés en foule devant les portes du palais, s'écrièrent tous : *Nous mourrons avec lui*. Les effusions généreuses de leur zèle et de leur affection furent sans utilité pour saint Cyprien, et sans inconvénient pour eux-mêmes. Il fut mené sans résistance, sans insulte, sous une escorte de tribuns et de centurions, dans une plaine vaste et unie, située près de la ville, et qui était déjà remplie d'un grand nombre de spectateurs. On avait

Son martyre.

---

(1) *Voyez* la sentence originale dans les *Actes*, c. 4 ; et dans Pontius, c. 17. Celui-ci la rend d'une manière plus déclamatoire.

tôt la fermeté qui convenait à son caractère, il retourna dans ses jardins, où il attendit patiemment les ministres de la mort. Deux officiers de marque, qui avaient été chargés de cette commission, placèrent saint Cyprien au milieu d'eux sur un char; et comme le proconsul avait alors d'autres occupations, ils le conduisirent, non en prison, mais dans une maison particulière de Carthage qui appartenait à l'un d'entre eux. On servit un repas élégant à l'évêque, et ses amis eurent la permission de jouir encore une fois de sa société, tandis que les rues étaient remplies d'une multitude de chrétiens inquiets et alarmés du sort prochain de leur père spirituel (1). Le matin, il parut devant le tribunal du proconsul, qui, après s'être informé du nom et de la situation

---

qu'il avait dirigés pendant sa vie. C'est ainsi, du moins, qu'il explique lui-même sa conduite dans une de ses lettres : *Cùm perlatum ad nos fuisset, fratres carissimi, frumentarios esse missos qui me Uticam perducerent, consilioque carissimorum persuasum esset, ut de hortis interim secederemus, justâ interveniente causâ, consensi; eo quod congruat episcopum in eâ civitate in quâ Ecclesiæ dominicæ præest; illic Dominum confiteri et plebem universam præpositi præsentis confessione clarificari.* Ep. 81, p. 238. (*Note de l'Éditeur.*)

(1) Pontius (c. 15) reconnaît que saint Cyprien, avec lequel il soupa, passa la nuit *custodiâ delicatâ*. L'évêque exerça un dernier acte de juridiction très-convenable, en ordonnant, fort à propos, que les jeunes femmes qui veillaient dans la rue au milieu de la foule, ne restassent point exposées pendant la nuit aux dangers et aux tentations. *Actes procons.*, c. 22.

visites et les félicitations des fidèles. A l'arrivée d'un nouveau proconsul dans la province, la fortune parut, pendant quelque temps, encore plus favorable à saint Cyprien : il fut rappelé de l'exil; et quoiqu'on ne lui permit pas d'abord de retourner à Carthage, les jardins qu'il possédait aux environs de cette capitale lui furent assignés pour le lieu de sa résidence (1).

Enfin, précisément une année (2) après que saint Cyprien avait comparu pour la première fois devant le magistrat, Galère-Maxime, proconsul d'Afrique, reçut l'ordonnance impériale pour procéder à l'exécution de ceux qui prêchaient la religion chrétienne. L'évêque de Carthage savait qu'il serait immolé des premiers, et la faiblesse de la nature humaine le porta à se dérober, par une fuite secrète, au danger et à l'honneur du martyre (3); mais, rappelant bien-

Et condamné à mort.

---

(1) Lorsque saint Cyprien s'était converti, il avait vendu ses jardins pour le soutien des pauvres. La bonté de Dieu (probablement la libéralité de quelque ami chrétien) les lui rendit. *Voyez* Pontius, c. 15.

(2) Quand saint Cyprien, un an auparavant, fut envoyé en exil, il songea qu'il serait mis à mort le jour suivant. L'événement a obligé d'expliquer ce mot de jour et de lui faire signifier une année. (Pontius, c. 12.)

(3) Ce ne fut point là, à ce qu'il paraît, le motif qui porta saint Cyprien à se cacher quelques momens : il était menacé d'être emmené à Utique; il voulut rester à Carthage, afin de souffrir le martyre au milieu même de son troupeau, et de faire servir sa mort à l'édification de ceux

Saint Cyprien répliqua qu'il était chrétien et évêque, et qu'il resterait attaché au culte du Dieu véritable et unique qu'il priait tous les jours pour la sûreté et pour la prospérité des deux empereurs ses légitimes souverains. Réclamant avec une confiance modeste le privilége d'un citoyen, il refusa de répondre à quelques questions captieuses et même illégales, que lui avait adressées le proconsul. Saint Cyprien fut condamné au bannissement comme coupable de désobéissance. On le mena sans délai à Curubis, ville libre et maritime de la Zeugitane, agréablement située dans un terrain fertile, et à quarante milles environ de Carthage (1). L'évêque exilé y jouissait de toutes les commodités de la vie et de la conscience de sa vertu. Sa réputation était répandue en Afrique et en Italie. On publia une relation de sa conduite pour l'édification du monde chrétien (2), et sa solitude fut souvent interrompue par les lettres, les

---

(1) *Voyez* Pline, *Hist. nat*, v, 3; Cellarius, *Géog. anc.*, part. III, p. 96; *Voyages* de Shaw, p. 90; et pour le pays adjacent (qui est terminé par le cap Bona ou promontoire de Mercure), voyez l'*Afrique* de Marmol, t. II, p. 474. Il existe des restes d'un aqueduc près de Curubis ou Curbis, changé aujourd'hui en Gurbes; et le docteur Shaw a lu une inscription où cette ville est nommée *Colonia Fulvia*. Le diacre Pontius (*Vie de saint Cyprien*, c. 12) l'appelle *Apricum et competentem locum, hospitium pro voluntate secretum; et quidquid apponi eis ante promissum est, qui regnum et justitiam Dei quærunt.*

(2) *Voyez* saint Cyprien, *epist.* 77, édit. Fell.

avec laquelle, huit ans après, il souffrit la mort, en défendant la cause de la religion. L'histoire authentique de son martyre a été écrite avec une sincérité et une impartialité peu ordinaires ; nous en rapporterons les circonstances les plus intéressantes, persuadé qu'elles donneront les plus grands éclaircissemens sur l'esprit et sur la forme des persécutions des Romains (1).

Sous le troisième consulat de Valérien et le quatrième de Gallien, saint Cyprien eut ordre de se rendre dans la chambre du conseil privé de Paternus, proconsul d'Afrique. Ce magistrat lui fit part de l'ordre impérial qu'il venait de recevoir (2), et par lequel il était enjoint à tous ceux qui avaient abandonné la religion romaine, de reprendre immédiatement la pratique des cérémonies de leurs ancêtres.

Il est exilé. Ann. 257.

---

(1) Nous avons une vie originale de saint Cyprien, faite par le diacre Pontius, qui l'accompagna dans son exil, et qui assista à sa mort. Nous possédons aussi les anciens actes proconsulaires de son martyre. Ces deux relations s'accordent l'une avec l'autre ; elles paraissent toutes les deux vraisemblables ; et, ce qui est en quelque sorte remarquable, elles ne sont défigurées par aucune circonstance miraculeuse.

(2) Il semblerait que l'on avait envoyé dans le même temps des ordres circulaires à tous les gouverneurs. Saint Denys (*ap. Euseb.*, l. vii, c. 11) rapporte, presque de la même manière, l'histoire de son bannissement, lorsqu'il fut obligé de sortir d'Alexandrie. Mais comme il échappa, et qu'il survécut à la persécution, nous devons le trouver plus ou moins heureux que saint Cyprien.

grands cris que saint Cyprien, ce chef des chrétiens, fût jeté aux lions. La prudence lui conseillait de se mettre à couvert pendant quelque temps : la voix de la prudence fut écoutée. Il se retira dans une solitude obscure, d'où il pouvait entretenir une correspondance suivie avec le clergé et avec le peuple de Carthage; et, se dérobant à la fureur de la tempête jusqu'à ce qu'elle fût dissipée, il conserva sa vie, sans cependant renoncer à sa réputation ni à son pouvoir. Malgré toutes ces précautions, il ne put éviter les reproches de ses ennemis personnels, qui insultaient à sa conduite, ni la censure des chrétiens plus rigides qui la déploraient. On l'accusa d'avoir manqué lâchement, et par une désertion criminelle, aux devoirs les plus sacrés (1). Saint Cyprien allégua, pour sa justification, la nécessité de se réserver pour les besoins futurs de l'Église, l'exemple de plusieurs saints évêques (2), et les avertissemens divins, qui lui avaient souvent été communiqués, comme il le déclare lui-même, dans des visions et dans des extases (3). Mais sa meilleure apologie est la fermeté

---

(1) *Voyez* la lettre polie, mais sévère, écrite par le clergé de Rome à l'évêque de Carthage. (Saint Cyprien, *epist.* 8, 9.) Pontius met tout en œuvre et prend les plus grands soins pour défendre son maître contre la censure générale.

(2) En particulier, l'exemple de saint Dénys d'Alexandrie, et de saint Grégoire le Thaumaturge de Néo-Césarée. *Voy.* Eusèbe, *Hist. eccles.*, l. VI, c. 40; et *Mémoires* de Tillemont, t. IV, part. 2, p. 685.

(3) *Voyez* saint Cyprien, *epist.* 16, et sa *Vie* par Pontius.

çons et le ressentiment des magistrats païens. Le caractère de ce saint prélat, et le poste qu'il occupait, semblaient le désigner à l'envie comme la victime la plus digne de tomber sous ses coups (1). Cependant l'histoire de la vie de saint Cyprien prouve assez que notre imagination a exagéré la situation périlleuse dans laquelle se trouvait un évêque chrétien (2), et que, s'il était exposé à des dangers, l'ambition en court de plus grands dans la poursuite des honneurs temporels. Quatre empereurs romains avec leurs familles, leurs amis et leurs partisans, furent massacrés dans l'espace de dix années, pendant lesquelles saint Cyprien guida, par son autorité et par son éloquence, les conseils de l'Église de Carthage. Ce fut la troisième année seulement de son administration qu'il eut lieu de redouter, pendant quelques mois, les édits sévères de Dèce, la vigilance des magistrats et les clameurs de la multitude qui demandait à

<small>Danger qu'il court. Sa fuite.</small>

---

(1) Les *Lettres* de saint Cyprien sont une peinture originale et très-curieuse de l'*homme* et des *temps*. *Voyez* aussi les deux *Vies* de saint Cyprien, composées avec une égale exactitude, quoique avec des vues bien différentes : l'une par Le Clerc, *Biblioth. univ.*, t. XII, p. 208-378 ; l'autre par Tillemont, *Mém. ecclésiast.*, t. IV, part. 1, p. 76-459.

(2) *Notre imagination n'a point exagéré la situation périlleuse dans laquelle se trouvait un évêque chrétien*, puisqu'au dire de Gibbon lui-même « les mines de Numidie renfermaient (en même temps) *neuf évêques*, avec un nombre proportionné d'ecclésiastiques et de fidèles de leurs diocèses » (p. 197, note 1), et il renvoie à saint Cyprien, *ép.* 76-77. (*Note de l'Éditeur.*)

l'assertion générale d'Origène est expliquée et confirmée par le témoignage particulier de saint Denys, son ami, qui, dans la ville immense d'Alexandrie, et du temps de la persécution rigoureuse de l'empereur Dèce, compte seulement dix hommes et sept femmes exécutés pour avoir professé la religion chrétienne (1).

Exemple de saint Cyprien évêque de Carthage.

Pendant cette même persécution, le zélé, l'éloquent, l'ambitieux Cyprien gouvernait l'Église, non-seulement de Carthage, mais encore de l'Afrique ; il possédait toutes les qualités qui pouvaient lui attirer le respect des fidèles, ou exciter les soup-

---

bornerons aux dix mille soldats chrétiens crucifiés dans un seul jour sur le mont Ararat, par ordre de Trajan ou d'Adrien. (*Voyez* Baronius, *ad Martyrologium romanum*; Tillemont, *Mém. ecclésiast.*, t. II, part. 2, p. 438 ; et Geddes, *Mélang.*, vol. II, p. 203.) L'abréviation de MIL., qui peut signifier ou *soldats* ou *mille*, a occasioné, dit-on, quelques méprises extraordinaires.

(1) Saint Denys, *ap. Euseb.*, l. VI, c. 41. Un de ces dix-sept fut aussi accusé de vol (*).

(*) Gibbon aurait dû dire : *fut* FAUSSEMENT *accusé de vol* ; car tel est le texte grec. Ce chrétien, nommé Némésion, *faussement* accusé de vol devant le centurion, fut acquitté d'un crime auquel il était tout-à-fait étranger (αλλοτριωτατην) ; mais il fut conduit devant le gouverneur comme coupable d'être chrétien, et le gouverneur lui fit infliger une double torture. (Saint Denys, *ap. Euseb.*, l. VI, c. 41-45.) Il fallait dire aussi que saint Denys ne fait une mention particulière que des principaux martyrs, et qu'il dit en général que la fureur des païens contre les chrétiens donnait à Alexandrie l'apparence *d'une ville prise d'assaut*. Enfin, il fallait remarquer qu'Origène écrivait avant la persécution de l'empereur Dèce. (*Note de l'Éditeur.*)

autorité suffirait seule pour détruire cette armée innombrable de confesseurs dont les reliques, tirées pour la plupart des catacombes de Rome, ont rempli tant d'églises (1), et dont les aventures merveilleuses ont été le sujet de tant de romans sacrés (2). Mais

---

(1) Si nous nous rappelons que *tous* les plébéiens de Rome n'étaient pas chrétiens, et que tous les chrétiens n'étaient pas des saints et des martyrs, nous pourrons juger des honneurs religieux que méritent les os et les urnes qui ont été tirés indifféremment des cimetières publics. Après dix siècles d'un commerce libre et ouvert, quelques soupçons se sont élevés parmi les catholiques instruits. Ils exigent maintenant, pour preuve de sainteté et de martyre, les lettres B. M., une fiole remplie de liqueur rouge, que l'on suppose être du sang, ou la figure d'un palmier. Mais les deux premiers signes sont de peu de poids; et à l'égard du dernier, les critiques ont observé, 1° que ce que l'on appelle la figure d'un palmier, pourrait bien être celle d'un cyprès: Peut-être aussi n'est-ce qu'un de ces points dont on se servait dans les inscriptions des tombeaux pour orner une virgule; 2° que le palmier était le symbole de la victoire chez les païens; 3° que parmi les chrétiens il était l'emblème, non-seulement du martyre, mais en général d'une résurrection glorieuse. *Voy.* la Lettre du P. Mabillon sur le culte des saints inconnus; et Muratori, *sopra le Antichità italiane*, Dissert. LVIII.

(2) Pour donner une idée de ces légendes, nous nous

que toute cette classe d'hommes fût anéantie; » ce qui semble indiquer qu'Origène ne trouvait le nombre des morts peu considérable, qu'en le comparant au nombre de ceux qui avaient survécu: il parlait d'ailleurs, de l'état de la religion sous Caracalla, Élagabale, Alexandre-Sévère et Philippe, qui n'avaient pas persécuté les chrétiens; c'est sous le règne de ce dernier qu'Origène écrivit ses livres contre Celsus. (*Note de l'Éditeur.*)

plus vils d'entre les chrétiens, et particulièrement des esclaves, dont on estimait peu la vie, et dont les anciens contemplaient les maux avec trop d'indifférence (1). Le savant Origène, qui avait étudié et qui connaissait par expérience l'histoire de l'Église, déclare, dans les termes les plus formels, que le nombre des martyrs était peu considérable (2). Son

---

trouve dans le second volume des pères apostoliques), cependant nous pouvons citer cet évêque d'Antioche comme un de ces martyrs qu'on choisissait pour exemple. Il fut envoyé chargé de chaînes à Rome, pour y être donné publiquement en spectacle; et lorsqu'il arriva à Troas, il reçut la nouvelle agréable que la persécution d'Antioche était déjà finie.

(1) Parmi les martyrs de Lyon (Eusèbe, l. v, c. 1), l'esclave Blandine est remarquable par les tourmens inouïs qu'on lui fit subir. Des cinq martyrs, qui ont été célébrés dans les actes de sainte Félicité et de sainte Perpétue, deux étaient esclaves, et il y en avait deux autres d'une très-basse condition.

(2) Origène, *advers. Celsum*, l. III, p. 116 : ses expressions méritent d'être transcrites :

Ολιγοι κατα καιρους, και σφοδρα ευαριθμητοι περι των χριστιανων θεοσεβειας τεθνηκασι.

« Ceux qui sont morts pour la religion chrétienne sont en petit nombre, et faciles à compter (*). »

part. 2, t. 1, p. 152; Less, *über die religion*, t. 1, p. 529; Usserii, *Dissert. de Ignatii epistolis*; Pearson, *Vindiciæ ignatianæ*.) Il est à remarquer que ce fut sous le règne de Trajan que l'évêque Ignace fut amené d'Antioche à Rome, pour être livré aux lions dans l'amphithéâtre; l'an de Jésus-Christ 107 selon les uns, et 116 selon les autres. (*Note de l'Éditeur.*)

(*) Il faut citer aussi les mots suivans : « Dieu ne permettant pas

de condamner tous les chrétiens accusés devant leur tribunal, et de punir du dernier supplice tous ceux qui étaient convaincus d'un attachement opiniâtre à la nouvelle superstition. Se contentant d'infliger des châtimens plus doux, tels que les emprisonnemens, l'exil ou l'esclavage dans les mines (1); ils laissaient aux victimes infortunées de leur justice, quelque possibilité d'espérer qu'un événement heureux, l'élévation, le mariage ou le triomphe d'un empereur, les rendrait peut-être bientôt, en vertu d'un pardon général, à leur premier état. Ceux que le magistrat dévouait immédiatement à la mort, semblent avoir été tirés des rangs les plus opposés; ces martyrs étaient ou des évêques et des prêtres, les personnages les plus distingués par leur rang et par leur influence, et dont l'exemple pouvait imprimer la terreur à toute la secte (2), ou bien on sacrifiait les derniers et les

Nombre peu considérable des martyrs.

---

(1) *In metalla damnamur, in insulas relegamur.* (Tertull., *Apolog.*, c. 13.) Les mines de Numidie renfermaient neuf évêques, avec un nombre proportionné d'ecclésiastiques et de fidèles de leurs diocèses. Saint Cyprien les loue et les console dans une pieuse épître qu'il leur adresse. *Voy.* saint Cyprien, *epist.* 76, 77.

(2) Quoique nous ne puissions admettre avec une entière confiance les épîtres et les actes de saint Ignace (*) (on les

(*) Les actes de saint Ignace sont généralement reçus comme authentiques: sept de ses lettres le sont aussi. Eusèbe et saint Jérôme en font mention; il en existe deux éditions; dans l'une les lettres sont plus longues, et plusieurs passages paraissent y avoir été interpolés: l'autre édition est celle qui renferme les véritables lettres de saint Ignace; telle est du moins l'opinion des critiques les plus sages et les plus éclairés. (*Voyez* Lardner, *Cred. of the Gosp. hist.*,

peut-être quelques-uns qui avaient adopté les préjugés de la populace. La cruauté des autres pouvait être aigrie par des motifs d'avarice ou de ressentiment personnel (1). Mais on ne saurait en douter, et les déclarations que la reconnaissance a dictées aux premiers chrétiens en sont un sûr garant, les magistrats qui exerçaient dans les provinces l'autorité de l'empereur ou du sénat, et auxquels seuls on avait confié le droit de vie et de mort, se conduisirent, en général, comme des hommes qui joignaient à une excellente éducation, des mœurs honnêtes, qui respectaient les règles de la justice, et qui avaient étudié les préceptes de la philosophie ; la plupart refusaient le rôle odieux de persécuteur ; souvent ils rejetaient les accusations avec mépris, ou ils suggéraient aux chrétiens les moyens d'éluder la sévérité des lois (2). Toutes les fois qu'on leur remettait un pouvoir illimité (3), ils s'en servaient moins pour opprimer l'Église que pour la protéger et pour la secourir dans son affliction. Ils étaient bien éloignés

---

(1) Claudius-Herminianus, gouverneur de la Cappadoce, irrité de la conversion de sa femme, traita les chrétiens avec une sévérité extraordinaire. Tertullien, *ad Scapulam*, c. 3.

(2) Tertullien, dans sa lettre au gouverneur d'Afrique, parle de plusieurs exemples remarquables d'indulgence et de douceur qui étaient venus à sa connaissance.

(3) *Neque enim in universum aliquid quod quasi certam formam habeat, constitui potest :* ces paroles de Trajan donnaient un pouvoir très-étendu aux gouverneurs des provinces.

ses de Jésus-Christ de la honte d'une défaite même involontaire. Il ne faut pas, à la vérité, négliger d'observer que les mémoires les plus anciens et les plus authentiques de l'Église (1) sont rarement défigurés par des fictions si folles et si indécentes (2).

C'est par une méprise bien naturelle que l'on a si peu respecté la vérité et la vraisemblance dans le tableau des premiers martyrs. Les écrivains ecclésiastiques du quatrième et du cinquième siècle, animés d'un zèle implacable et inflexible contre les hérétiques ou les idolâtres de leur temps, ont supposé que les magistrats de Rome avaient été dirigés par les mêmes sentimens. Parmi ceux qui étaient revêtus de quelques dignités dans l'empire, on en voyait

Humanité des magistrats romains.

---

(1) *Les mémoires les plus anciens et les plus authentiques de l'Église* rapportent plusieurs exemples de ce fait, que rien ne contredit d'ailleurs. Tertullien dit entre autres : *Nam proximè ad lenonem damnando christianam, potiusquàm ad leonem, confessi estis labem pudicitiæ apud nos atrociorem omni pœnâ et omni morte reputari.* (Apol., cap. ult., p. 40.) Eusèbe dit aussi : « D'autres vierges traînées dans des lieux infâmes, ont perdu la vie plutôt que de souiller leur vertu. » Eusèbe, *Hist. ecclés.*, l. VIII, c. 14, p. 235.

(*Note de l'Éditeur.*)

(2) *Voyez* deux exemples de cette espèce de torture dans les *Acta sincera martyrum*, publiés par Ruinart, p. 160, 399. Saint Jérôme, dans sa légende de saint Paul l'ermite, rapporte une étrange histoire d'un jeune homme que l'on avait enchaîné nu sur un lit de fleurs, et qui était exposé aux assauts d'une courtisane aussi belle que voluptueuse. Il réprima la tentation en se coupant la langue avec les dents.

nelle, faisaient usage de la question pour arracher, non l'aveu, mais la dénégation du crime qui était l'objet de leurs recherches (1). Les moines des siècles suivans, qui, dans leurs solitudes paisibles, prenaient plaisir à diversifier la mort et les souffrances des premiers martyrs, ont souvent inventé des tourmens d'une espèce plus raffinée et plus ingénieuse. Il leur a plu, entre autres, de supposer que les magistrats romains, foulant aux pieds toute considération de vertu morale et de décence publique, s'efforçaient de séduire ceux qu'ils ne pouvaient vaincre; et que l'on exerçait, par leurs ordres, la violence la plus brutale contre ceux qui avaient résisté à la séduction. Des femmes, que la religion avait préparées à mépriser la mort, subissaient quelquefois une épreuve plus dangereuse, et se trouvaient réduites à la nécessité de décider si elles mettaient leur foi à un plus haut prix que leur chasteté. Le juge les livrait aux embrassemens impurs de quelques jeunes gens, et il exhortait solennellement ces ministres de sa violence à maintenir de toutes leurs forces l'honneur de Vénus contre une vierge impie qui refusait de brûler de l'encens sur ses autels. Au reste, ils ne parvenaient presque jamais à leur but, et l'interposition de quelque miracle venait à propos délivrer les chastes épou-

---

(1) En particulier voyez Tertullien (*Apolog.*, c. 2, 3), et Lactance (*Inst. div.*, v. 9). Leurs raisonnemens sont presque les mêmes; mais il est facile d'apercevoir que l'un de ces apologistes avait été jurisconsulte, et l'autre rhéteur.

de la conviction ; et lorsque le crime avait été clairement prouvé par les témoins ou même par la confession volontaire du coupable, on lui laissait toujours l'alternative de la vie ou de la mort. Ce qui excitait l'indignation du magistrat, c'était moins l'offense passée que la résistance actuelle. Il croyait offrir un pardon facile à mériter, puisqu'en consentant à jeter quelques grains d'encens sur l'autel, l'accusé se retirait tranquille et approuvé. On croyait qu'un juge humain devait chercher à détromper plutôt qu'à punir ces aveugles enthousiastes. Prenant un ton différent, selon l'âge, le sexe ou la situation des prisonniers ; il daignait souvent exposer à leurs yeux tout ce que la vie avait de plus agréable, tout ce que la mort avait de plus terrible ; souvent il les sollicitait, il les conjurait même d'avoir quelque compassion pour leurs personnes, pour leurs familles et pour leurs amis (1). Si les menaces et les exhortations n'avaient aucun effet, il avait recours à la violence ; les fouets, les tortures, venaient suppléer au défaut d'argumens ; et l'on employait les supplices les plus cruels pour subjuguer une opiniâtreté si inflexible, et, selon les païens, si criminelle. Les anciens apologistes du christianisme ont censuré, avec autant de sévérité que de justice, la conduite irrégulière de leurs persécuteurs, qui, contre tout principe de procédure crimi-

---

(1) *Voyez* le rescrit de Trajan et la conduite de Pline. Les actes les plus authentiques des martyrs sont remplis de ces exhortations.

n'était point dans un amphithéâtre teint du sang des bêtes sauvages et des gladiateurs, que la voix de la pitié aurait pu se faire entendre. Les clameurs impatientes de la multitude dénonçaient les chrétiens comme les ennemis des dieux et des hommes ; elles les condamnaient aux supplices les plus cruels ; et, poussant la licence jusqu'à désigner par leur nom les principaux chefs de la nouvelle secte, elles exigeaient impérieusement qu'ils fussent aussitôt saisis et jetés aux lions (1). Les gouverneurs et les magistrats des provinces, qui présidaient aux spectacles publics, étaient assez portés à satisfaire les désirs du peuple et à en apaiser la rage par le sacrifice d'un petit nombre de victimes odieuses. Mais la sagesse des empereurs mit l'Église à l'abri de ces cris tumultueux et de ces accusations irrégulières, qu'ils jugeaient indignes de la fermeté et de la justice de leur administration ; les édits d'Adrien et d'Antonin le Pieux déclarèrent expressément que la voix de la multitude ne serait jamais admise comme preuve légale pour convaincre ou pour punir ces infortunés livrés aux rêveries du christianisme (2).

Jugemens des chrétiens.

III. Le châtiment n'était pas une suite inévitable

---

(1) *Voyez* Tertullien (*Apolog.*, c. 40). On trouve dans les actes du martyre de saint Polycarpe une vive peinture de ces tumultes, qui étaient ordinairement fomentés par la méchanceté des Juifs.

(2) Ces réglemens sont insérés dans les édits d'Adrien et d'Antonin le Pieux, dont nous avons parlé ci-dessus. *Voyez* l'*Apologie* de Méliton *ap. Euseb.*, l. IV, c. 26.

hendait la couronne du martyre, attendait avec impatience ou avec terreur le retour des fêtes ou des jeux publics, célébrés en certains temps fixes. Dans ces occasions, les habitans des grandes villes de l'empire se rendaient en foule au cirque ou au théâtre : là, tous les objets qui frappaient leurs regards, toutes les cérémonies auxquelles ils assistaient, contribuaient à enflammer leur dévotion et à étouffer leur humanité. Tandis que de nombreux spectateurs, couronnés de guirlandes, parfumés d'encens, purifiés par le sang des victimes, et environnés des autels et des statues de leurs divinités tutélaires, se livraient aux plaisirs qu'ils regardaient comme une partie essentielle de leur culte religieux, ils se rappelaient que les chrétiens seuls avaient en horreur les dieux du genre humain, et que, par leur absence ou par leur sombre aspect au milieu de ces fêtes solennelles, ils semblaient insulter à la félicité publique ou ne l'envisager qu'avec peine. Si l'empire avait été affligé de quelque calamité récente, d'une peste, d'une famine ou d'une guerre malheureuse; si le Tibre avait débordé, ou que le Nil ne se fût point élevé au-dessus de ses rives ; si la terre avait tremblé, si l'ordre des saisons avait été interrompu, les païens superstitieux se persuadaient que les crimes et l'impiété des chrétiens, qu'épargnait la douceur excessive du gouvernement, avaient enfin provoqué la justice divine. Ce n'était point au milieu d'une populace turbulente et irritée, qu'il eût été possible d'observer les formes d'une procédure légale ; ce

et dans tous les pays, au caractère de délateur. Si au contraire ils n'apportaient pas de preuves suffisantes, ils encouraient la peine sévère, et peut-être capitale, décernée en vertu d'une loi de l'empereur Adrien, contre ceux qui attribuaient faussement à leurs concitoyens le crime de christianisme. La violence de l'animosité personnelle ou superstitieuse pouvait quelquefois l'emporter sur la crainte plus naturelle du danger et de l'infamie; mais on ne croira sûrement pas que les sujets idolâtres de l'empire romain aient formé légèrement ou fréquemment des accusations dont ils avaient si peu à espérer (1).

<small>Clameurs du peuple.</small> L'expédient que l'on employait pour éluder la prudence des lois peut servir à prouver combien elle se prêtait peu aux projets pernicieux de la haine personnelle, ou du zèle de la superstition; mais dans une assemblée tumultueuse, la crainte et la honte, qui agissent si puissamment sur l'esprit des individus, perdent la plus grande partie de leur influence. Le dévot chrétien, selon qu'il désirait ou qu'il appré-

---

(1) Eusèbe (*Hist. ecclésiast.*, l. IV, c. 9) a conservé l'édit d'Adrien. Il nous en a donné aussi un (c. 13) qui est encore plus favorable, sous le nom d'Antonin; l'authenticité de ce second édit n'est pas si universellement reconnue, (*). La seconde apologie de saint Justin renferme quelques particularités curieuses relatives aux accusations du christianisme.

(*) M. le professeur Hegelmayer a prouvé l'authenticité de l'édit d'Antonin dans ses *Comm. hist. theol. in edictum imp. Antonini.* P. Tubing, 1777, in-4°.(*Note de l'Éditeur.*)

d'un inquisiteur avide de découvrir les plus légères traces de l'hérésie, et se glorifiant dans le nombre de ses victimes, l'empereur prend bien plus de soin à protéger l'innocence qu'à empêcher le coupable de s'échapper. Il reconnaît combien il est difficile de former un plan général; mais il établit deux réglemens utiles, qui furent souvent l'appui et la consolation des chrétiens opprimés. Quoiqu'il ordonne aux magistrats de punir tout homme convaincu selon les lois, par une sorte de contradiction digne de son humanité, il leur défend de faire aucune perquisition contre ceux que l'on pourrait soupçonner de ce crime. Il ne leur est pas permis de recevoir toute espèce de dénonciation. L'empereur rejette les délations anonymes, comme trop opposées à l'équité de son gouvernement; et, pour convaincre les personnes auxquelles on impute le crime de christianisme, il exige expressément le témoignage positif d'un accusateur qui parle ouvertement et qui se montre en public. Ceux qui jouaient un rôle si odieux, étaient vraisemblablement obligés de motiver leurs soupçons, de spécifier, relativement au temps et au lieu, les assemblées secrètes qu'avaient fréquentées les chrétiens qu'ils accusaient, et de rapporter un grand nombre de circonstances que la plus inquiète vigilance dérobait à l'œil du profane. S'ils réussissaient dans leur poursuite, ils s'attiraient la haine d'un parti considérable et actif; ils s'exposaient aux reproches des gens honnêtes et éclairés, et ils se couvraient de l'opprobre attaché, dans tous les siècles

consul, il avait formé de nombreuses liaisons avec des hommes de tout état, soit dans l'Italie, soit dans les provinces. Cette ignorance dont il parle peut donc nous donner des éclaircissemens utiles. Nous ne craindrons pas d'avancer que, lorsqu'il accepta le gouvernement de la Bithynie, il ne se trouvait aucune loi générale, aucun décret porté par le sénat qui fût alors en vigueur contre les chrétiens; que ni Trajan, ni aucun de ses prédécesseurs vertueux, dont les édits avaient été reçus dans la jurisprudence civile et criminelle, n'avaient déclaré publiquement leurs intentions au sujet de la nouvelle secte; et que, quelles que pussent être les mesures employées précédemment contre les chrétiens, il n'y avait point encore eu de décision assez respectable ni assez authentique pour servir de modèle à un magistrat romain.

<small>Trajan et ses successeurs établissent une forme légale de procédure contre les chrétiens.</small>

La réponse de Trajan, à laquelle, dans les siècles suivans, les chrétiens en ont souvent appelé, renferme tous les égards pour la justice et pour l'humanité, qui pouvaient se concilier avec les notions erronées que suivait ce prince en matière de police religieuse (1). Au lieu de déployer le zèle implacable

---

(1) Pline, lett. x, 98; Tertullien (*Apolog.*, c. 5) regarde ce rescrit comme un adoucissement des anciennes lois pénales: *Quas Trajanus ex parte frustratus est*; et cependant Tertullien, dans un autre endroit de son Apologétique, montre l'inconséquence qu'il y avait à défendre les recherches et à prescrire des punitions.

II. Dix ans après environ, sous le règne de Trajan, Pline le Jeune fut nommé par ce prince, son maître et son ami, gouverneur de la Bithynie et du Pont. Pline se trouva bientôt dans un grand embarras, lorsqu'il fut question de déterminer quelle loi, quelle règle d'équité il devait suivre en exerçant des fonctions qui répugnaient à son humanité. Il n'avait jamais vu de procédure légale contre les chrétiens, dont il paraît que le nom seul lui était connu ; il n'avait pas la moindre idée de la nature de leur crime, de la manière de les convaincre, ni du genre de punition qu'ils méritaient : dans cette incertitude, il eut recours à son oracle ordinaire, la sagesse de Trajan. En envoyant à ce prince une peinture fidèle, et à certains égards favorable, de la nouvelle superstition, il le conjure de daigner résoudre ses doutes et éclairer son ignorance (1). Pline avait passé sa vie dans l'étude des lettres et au milieu des affaires du monde. Dès l'âge de dix-neuf ans, il avait plaidé avec distinction devant les tribunaux de Rome (2). Devenu ensuite membre du sénat, et revêtu de la dignité de

Ignorance de Pline au sujet des chrétiens.

---

(1) Pline, lett. x, 97. Le savant Mosheim, en parlant de Pline (p. 147, 232) donne les plus grands éloges à sa modération et à son impartialité. Malgré les soupçons du docteur Lardner (voyez *Témoignages*, vol. II, p. 46), je ne puis découvrir aucun fanatisme dans le langage ou dans la conduite de Pline.

(2) Pline, lett. v, 8. Il plaida sa première cause en 81, l'année d'après la fameuse éruption du mont Vésuve, dans laquelle son oncle perdit la vie.

était celui d'*athéisme* et de *mœurs judaïques* (1); association singulière d'idées, qui ne peut s'appliquer, avec quelque vraisemblance, qu'aux chrétiens, connus d'une manière obscure et fort imparfaite par les magistrats et par les écrivains de ce siècle. Sur la foi d'une interprétation si probable, l'Église, trop empressée d'admettre les soupçons d'un tyran comme une preuve du crime honorable des accusés, a placé Clemens et Domitilla parmi ses premiers martyrs, et la cruauté de Domitien a été flétrie du nom de seconde persécution; mais cette persécution, si on peut l'appeler ainsi, ne fut pas de longue durée. Peu de mois après la mort de Clemens et le bannissement de sa femme, Étienne, un des affranchis de Domitilla, et qui avait gagné la faveur de sa maîtresse, mais qui n'en avait sûrement pas embrassé la foi, assassina l'empereur dans son palais (2). Le sénat condamna la mémoire de Domitien; ses actes furent annulés, les exilés rappelés; sous l'administration douce de Nerva, les innocens furent rendus à leur rang et à leur fortune (3); et même les plus coupables obtinrent leur pardon ou échappèrent à la rigueur de la justice.

---

(1) Dion, l. LXVII, p. 1112. Si le Bruttius-Præsens, dont il a vraisemblablement tiré cette relation, est celui auquel Pline a écrit (*Epist.* VII, 3), on peut le regarder comme un auteur contemporain.

(2) Suétone, *Vie de Domitien*, c. 17; Philostrate, *Vie d'Apollonius*, l. VIII.

(3) Dion, l. LXVIII, p. 1118; Pline, lett. IV, 22.

mille. Des deux fils de Flavius-Sabinus (1) son oncle, l'aîné fut bientôt convaincu d'avoir eu intention de conspirer; le plus jeune, nommé Flavius-Clemens, dut quelque temps sa sûreté à son manque de courage et de talent (2). L'empereur accorda d'abord sa faveur et sa protection à un parent si peu dangereux. Après lui avoir fait épouser sa propre nièce, Domitilla, il désigna pour ses successeurs au trône les enfans nés de ce mariage. Leur père fut revêtu du consulat; mais Clemens avait à peine fini le terme de sa magistrature annuelle, que, sur un léger prétexte, il fut condamné et exécuté. Domitilla fut reléguée dans une île déserte sur la côte de Campanie (3); et l'on décerna la peine de confiscation ou même de mort contre plusieurs personnes enveloppées dans la même accusation. Le crime qu'on leur reprochait

---

(1) *Voyez* la mort et le caractère de Sabinus dans Tacite (*Hist.* III, 74, 75). Sabinus était le frère aîné; et jusqu'à l'avènement de Vespasien, on l'avait regardé comme le principal appui de la famille Flavienne.

(2) *Flavium Clementem patruelem suum, contemptissimæ inertiæ..... ex tenuissimâ suspicione interemit.* Suétone, *Vie de Domitien*, c. 15.

(3) L'île de Pandataria, selon Dion. Bruttius-Præsens (*ap. Euseb.*, III, 18) exile cette princesse dans celle de Pontïa, qui n'en était pas très-éloignée. Cette différence, et une méprise ou d'Eusèbe ou de ses copistes, ont fait imaginer qu'il avait existé deux Domitilla, l'une femme, l'autre nièce de Clemens. *Voyez* Tillemont, *Mém. ecclésiast.*, t. II, p. 224.

pouvoir de troubler la paix de l'empire. Ils avouèrent de bonne foi qu'ils descendaient des anciens rois de la Palestine, et qu'ils étaient proches parens du Messie; mais, renonçant à toute vue temporelle, ils déclarèrent que le royaume dont ils attendaient pieusement la possession, était d'une nature purement spirituelle et angélique. Lorsqu'on les interrogea sur leur fortune et sur leurs occupations, ils montrèrent leurs mains endurcies par des travaux journaliers, et ils protestèrent qu'ils tiraient toute leur subsistance de la culture d'une ferme qui, située près du village de Cocaba, avait environ trente-neuf πλεθρα (vingt-quatre acres anglaises) d'étendue (1), et dont le produit se montait à neuf mille drachmes, environ trois cents livres sterling. Les petits-fils de saint Jude furent renvoyés avec compassion et avec mépris (2).

Exécution du consul Clemens.

L'obscurité de la maison de David pouvait la mettre à l'abri des soupçons d'un tyran; mais le lâche Domitien, toujours prêt à répandre le sang de ceux des Romains qu'il craignait, qu'il haïssait, ou qu'il estimait, fut alarmé de la grandeur de sa propre fa-

---

(1) Trente-neuf πλεθρα, carrés de cent pieds chacun, ce qui serait à peine neuf acres, en prenant cette mesure à la rigueur. Mais la probabilité des circonstances, la pratique des autres écrivains grecs et l'autorité de M. de Valois, me portent à croire qu'il faut entendre ici par πλεθρον le *jugerum* des Romains.

(2) Eusèbe, III, 20. Cette histoire est prise d'Hégésippe.

magistrats romains n'avaient pas assez de loisir, pour examiner la différence de leurs dogmes religieux. Au milieu des chrétiens qui furent amenés devant le tribunal de l'empereur, ou, ce qui semble plus probable, devant celui du procurateur de la Judée, on vit paraître plusieurs personnes distinguées par une naissance plus véritablement noble que celle des plus grands monarques. Ces accusés étaient les petits-fils de l'apôtre saint Jude, qui était lui-même frère de Jésus-Christ (1). Leur droit naturel au trône de David aurait pu leur attirer le respect du peuple et exciter la jalousie du gouverneur. Mais la bassesse de leur extérieur et la simplicité de leurs réponses lui persuadèrent bientôt qu'ils n'avaient ni le désir ni le

---

le tribunal du procurateur. C'est ce que Martial appelle *mentula tributi damnata*.

(1) Cette dénomination fut d'abord prise dans le sens le plus ordinaire, et l'on supposa que les frères de Jésus-Christ étaient les enfans légitimes de Joseph et de Marie. Un respect religieux pour la virginité de la mère de Dieu suggéra aux gnostiques, et dans la suite aux Grecs orthodoxes, l'expédient de donner une seconde femme à saint Joseph. Les latins (depuis le temps de saint Jérôme) ont encore été plus loin : prétendant que saint Joseph garda toujours le célibat, ils ont avancé que saint Jude, aussi bien que saint Simon et saint Jacques, qui étaient appelés les frères de Jésus-Christ, étaient seulement ses cousins germains ; et ils ont justifié cette nouvelle interprétation, par plusieurs exemples semblables. *Voyez* Tillemont, *Mémoir. ecclésiast.*, t. 1, part. 3; et Beausobre, *Histoire critique du Manichéisme*, l. II, c. 2.

pitation générale sur le peuple juif; et quoique chaque individu payât une très-petite somme, l'usage que l'on faisait du produit de cette taxe, et la sévérité avec laquelle elle était levée, parurent une oppression intolérable (1). Les officiers du fisc soumettant à leurs exactions plusieurs personnes qui n'étaient ni du sang ni de la religion des Juifs, les chrétiens, qui avaient été cachés à l'ombre de la synagogue, ne purent alors échapper à la sévérité de ces vexations. Évitant avec soin tout ce qui portait le caractère de l'idolâtrie, leur conscience ne leur permettait pas de contribuer à la gloire du démon, que l'on adorait sous le nom de Jupiter-Capitolin. Comme il existait encore, parmi les chrétiens, un parti nombreux, quoique diminuant sans cesse, qui suivait toujours la loi de Moïse, en vain s'efforçaient-ils de déguiser leur origine : la marque de la circoncision (2) prouvait d'une manière décisive qu'ils étaient Juifs; et les

---

tone, *Vie de Domitien*, c. 5; Plutarque, *Vie de Publicola*, tome 1, p. 230, édit. Bryan. Il en coûta, seulement pour le dorer, douze mille talens, environ deux millions et demi sterling. Martial prétendait (l. ix, *Epigram*. 3) que, si l'empereur eût voulu retirer son argent, Jupiter lui-même, quand il aurait mis tout l'Olympe en vente, n'aurait pas été en état de payer deux schellings par livre.

(1) Au sujet du tribut, voyez Dion-Cassius, l. LXVI, p. 1082, avec les notes de Reimar. Spanheim, *de Usu numism.*, t. II, p. 571; et Basnage, *Hist. des Juifs*, l. VII, c. 2.

(2) Suétone (*Vie de Domitien*, c. 12) avait vu un vieillard de quatre-vingt-dix ans, examiné publiquement devant

au-delà de l'enceinte de Rome (1). Les dogmes religieux des galiléens ou des chrétiens ne furent alors ni punis ni même recherchés. Et comme l'idée de leurs souffrances se trouva liée pendant long-temps à celle de la cruauté et de l'injustice, la modération porta les princes suivans à épargner une secte opprimée par un tyran qui avait coutume de tourner sa fureur contre la vertu et contre l'innocence..

Il est assez remarquable que, presque dans le même temps, le temple de Jérusalem et le Capitole de Rome aient été en proie aux flammes qu'avait allumées la guerre (2). Par une circonstance non moins singulière, le tribut que la dévotion aurait voulu consacrer au premier de ces édifices, fut employé par un ennemi victorieux à la construction et à l'ornement du second (3). Les empereurs établirent une ca-

Les chrétiens et les Juifs opprimés par Domitien.

---

dans les provinces. *Nero christianos suppliciis ac mortibus affecit, ac per omnes provincias pari persecutione excruciari imperavit.* L. VIII, *Hist.*, c. 5. (*Note de l'Éditeur.*)

(1) *Voyez* Dodwell, *Paucitat. mart.*, l. XIII. L'inscription espagnole dans Gruter (p. 238, n° 9) est évidemment fausse et reconnue telle. Elle est de l'invention de l'insigne imposteur Cyriaque d'Ancône, qui voulait flatter l'orgueil et les préjugés des Espagnols. *Voyez* Ferreras, *Hist. d'Espagne*, tome I, p. 192.

(2) Le Capitole fut brûlé durant la guerre civile entre Vitellius et Vespasien, le 19 décembre de l'année 69; le 10 août 70, le temple de Jérusalem fut détruit par les mains des Juifs eux-mêmes, plutôt que par celles des Romains.

(3) Le nouveau Capitole fut dédié par Domitien. Sué-

plus célèbre de chrétiens, se répandirent dans toutes les parties de l'empire. Quoi de plus naturel que du temps d'Adrien, Tacite ait rapporté exclusivement à ces mêmes chrétiens un crime et une punition qu'il aurait pu attribuer avec bien plus de vérité et de justice à une secte dont la mémoire odieuse avait été presque anéantie (1)? 4° Quelque opinion que l'on puisse se former de cette conjecture (car nous ne donnons que comme une conjecture ce que nous venons d'avancer), il est évident que la cause et les effets de la perfection de Néron (2) ne s'étendirent pas.

---

(1) Cette conjecture est entièrement dénuée de vraisemblance, et même de possibilité. Tacite n'a pu se tromper en *rapportant* aux chrétiens de Rome *un crime et une punition qu'il aurait pu attribuer, avec bien plus de vérité,* aux partisans de Judas le Gaulonite ; car ces derniers n'allèrent jamais jusqu'à Rome. Leur révolte, leurs tentatives, leurs opinions, leurs guerres, leur châtiment, n'ont eu pour théâtre que la Judée. (Basnage., *Hist. des Juifs*, t. 1, p. 491.) D'ailleurs, le nom de *chrétiens* était donné depuis long-temps à Rome ; aux disciples de Jésus ; et Tacite l'affirme trop positivement, en rapporte trop clairement l'étymologie, pour qu'on puisse soupçonner une méprise de sa part. (*Note de l'Éditeur.*)

(2) Cette assertion est loin d'être évidente. Sulpice-Sévère parle d'édits rendus par Néron contre les chrétiens, postérieurement à l'incendie de Rome : *Post etiam, datis legibus religio vetabatur palamque edictis propositis christianum esse non licebat* (lib. II, c. 37). Nous n'avons aucune autorité qui prouve que ces persécutions ne s'étendirent pas au-delà de l'enceinte de Rome ; et rien n'affaiblit l'autorité d'Orose, qui dit expressément que Néron fit persécuter les chrétiens

aux véritables Israélites, mais qu'il s'était élevé parmi eux une secte nouvelle et dangereuse de *galiléens*, capables des crimes les plus horribles. Sous le nom de *galiléens*, on confondait deux classes d'hommes bien différentes et entièrement opposées l'une à l'autre dans leurs mœurs et dans leurs principes : les disciples qui avaient embrassé la foi de Jésus de Nazareth (1), et les enthousiastes qui avaient suivi l'étendard de Judas le Gaulonite (2). Les premiers étaient les amis, les autres les ennemis du genre humain ; et s'il se trouvait entre eux quelque ressemblance, elle consistait dans la même constance opiniâtre qui les rendait insensibles aux supplices et à la mort, quand il s'agissait de défendre leur cause. Les partisans de Judas, qui avaient soufflé le feu de la rebellion parmi leurs compatriotes, furent bientôt ensevelis sous les ruines de Jérusalem, tandis que les disciples de Jésus-Christ, après avoir reçu le nom

---

(1) Le savant docteur Lardner (*Témoignages juifs et païens*, vol. II, 102, 103.) a prouvé que le nom de *galiléens* fut donné très-anciennement aux chrétiens, et que ce fut peut-être leur dénomination primitive.

(2) Josèphe, *Antiq.*, XVIII, 1, 2; Tillemont, *Ruine des Juifs*, p. 742. Les fils de Judas furent crucifiés du temps de Claude. Après la prise de Jérusalem, Éléazar, son petit-fils, défendit un château très-fort avec neuf cent soixante de ses compagnons les plus désespérés. Lorsque le bélier eut fait une brèche, ils massacrèrent leurs femmes et leurs enfans, et ils se percèrent enfin eux-mêmes. Ils périrent tous jusqu'au dernier.

il juge à propos de supprimer. Il nous est donc permis d'imaginer quelque cause probable qui ait produit l'animosité de Néron contre les chrétiens, que leur obscurité et leur innocence semblaient devoir mettre à l'abri de son indignation et même soustraire à ses regards (1). Les Juifs qui, opprimés dans leur propre patrie, formaient un peuple nombreux au milieu de la capitale, paraissaient bien plus exposés aux soupçons de l'empereur et de ses sujets. Une nation vaincue, déjà connue par son horreur pour le joug romain, pouvait, sans beaucoup d'invraisemblance, être soupçonnée d'avoir recours aux moyens les plus atroces, dans la vue de satisfaire sa vengeance implacable. Mais les Juifs avaient de puissans défenseurs dans le palais, et même dans le cœur du tyran. La belle Poppée, sa femme et sa maîtresse, et un comédien de la race d'Abraham, qui avait gagné sa faveur, avaient déjà intercédé pour des sujets persécutés (2). Il fallait offrir à leur place d'autres victimes; et l'on pouvait facilement insinuer que l'incendie de Rome ne devait pas être attribué

---

(1) La lecture seule du passage de Tacite suffit, comme je l'ai déjà dit, pour faire voir que la secte des chrétiens n'était pas si obscure qu'elle n'eût déjà été réprimée (*repressa*), et qu'elle ne passait point pour *innocente* aux yeux des Romains. (*Note de l'Éditeur.*).

(2) Le nom du comédien était Aliturus. C'était par le même canal, qu'environ deux ans auparavant, Josèphe (*de Vitâ suâ*, c. 3) avait obtenu le pardon et la liberté de quelques prêtres juifs qui étaient prisonniers à Rome.

qui n'existaient plus, que de célébrer les vertus d'un prince vivant, il aima mieux rapporter en forme d'annales les actions des quatre premiers successeurs d'Auguste. Rassembler les événemens qui s'étaient passés durant une période de quatre-vingts ans, les disposer, les peindre dans un ouvrage immortel dont chaque phrase renferme les observations les plus profondes et les images les plus brillantes, c'était une entreprise qui devait suffire pour exercer le génie de Tacite lui-même, pendant la plus grande partie de sa vie. Dans les dernières années du règne de Trajan, tandis que le monarque victorieux étendait la puissance de Rome au-delà de ses anciennes limites, l'historien peignait, dans le second et dans le quatrième livre de ses Annales, la tyrannie de Tibère (1); et l'empereur Adrien monta probablement sur le trône avant que Tacite, selon la marche de son ouvrage, pût parler de l'incendie de Rome, et de la cruauté de Néron envers les malheureux chrétiens. A soixante ans de distance, l'annaliste se trouvait forcé d'adopter les relations des contemporains; mais le philosophe, en exposant l'origine, les progrès et le caractère de la nouvelle secte, devait naturellement se conformer moins aux idées du siècle de Néron qu'aux notions ou aux préjugés du temps d'Adrien. 3° Tacite laisse très-souvent à la curiosité ou à la pénétration du lecteur, le soin de suppléer ces pensées et ces circonstances intermédiaires que, dans son style concis,

---

(1) *Voyez* Tacite, *Annal.*, II, 61; IV, 4.

2º Cependant Tacite n'était né probablement que quelques années avant l'incendie de Rome (1); et ne pouvait connaître que par la lecture et par la conversation un fait arrivé dans son enfance. Avant de se montrer en public il attendit tranquillement que son génie fût parvenu à toute sa maturité; et il avait plus de quarante ans, lorsqu'un tendre respect pour la mémoire du vertueux Agricola lui arracha la première de ces productions historiques qui feront les délices et l'instruction de la postérité la plus reculée. Dès qu'il eut essayé ses forces dans la vie de son beau-père et dans la description de la Germanie, il conçut et il exécuta enfin un ouvrage plus difficile, l'histoire de Rome en trente livres, depuis la chute de Néron jusqu'à l'avénement de Nerva: l'administration du dernier de ces princes ramenait un âge de justice et de prospérité, dont Tacite réservait le tableau pour l'occupation de sa vieillesse (2). Mais lorsqu'il eut envisagé son sujet de plus près, jugeant peut-être qu'il était à la fois plus honorable et moins dangereux de décrire les vices des tyrans

---

anc. et mod., tome VII, p. 237, 288) d'un critique anonyme, qui est, je crois, le savant abbé de Longuerue.

(1) *Voyez* la *Vie de Tacite*, par Juste-Lipse et par l'abbé de La Bletterie; le *Dictionnaire* de Bayle à l'article *Tacite*, et la *Bibliothèque latine* de Fabricius, t. II, p. 386, ed. Ernest.

(2) *Principatum divi Nervæ, et imperium Trajani, uberiorem securioremque materiam senectuti seposui.* Tacite, *Hist.*; 1.

1° Le scepticisme le plus hardi est forcé de respecter la vérité de ce fait extraordinaire et l'intégrité de ce passage célèbre de Tacite. La vérité en est attestée par le témoignage de Suétone. Cet auteur exact et soigneux parle des châtimens que Néron infligea aux chrétiens, secte d'hommes qui avaient embrassé une superstition nouvelle et malfaisante (1). La pureté du texte de Tacite se trouve garantie par la conformité des plus anciens manuscrits, par le caractère inimitable du style de ce grand écrivain, par sa réputation, qui préserva ses ouvrages des interpolations d'une pieuse fraude, et par la substance de sa narration, où il accuse les chrétiens des crimes les plus atroces, sans donner à entendre que le don des miracles, ou même l'art de la magie, les élevât au-dessus des autres hommes (2).

---

(1) Suétone, *Vie de Cicéron*, c. 16. Quelques ingénieux commentateurs ont rendu l'épithète de *malefica* par *magique*; mais Mosheim la regarde seulement, à bien plus juste titre, comme synonyme du mot de Tacite *exitiabilis*.

(2) Le passage concernant Jésus-Christ, qui fut inséré dans le texte de Josèphe, entre le temps d'Origène et celui d'Eusèbe, peut fournir un exemple d'une falsification peu commune: L'accomplissement des prophéties, les vertus de Jésus-Christ, ses miracles et sa résurrection, y sont distinctement rapportés. Josèphe reconnaît qu'il était le Messie, et ne sait s'il doit l'appeler un homme. S'il pouvait rester encore quelque doute sur ce célèbre passage, le lecteur peut examiner les objections frappantes de Le Fèvre (Havercamp, Josèphe, tome II, p. 267-273), les savantes réponses de Daubuz (p. 187-232), et l'excellente réplique (*Biblioth.*

châtimens, on ne pouvait s'empêcher de les plaindre, parce qu'ils n'étaient pas immolés à l'utilité publique, mais à la cruauté d'un seul (1). » Ceux qui contemplent d'un œil curieux les révolutions du genre humain, peuvent observer que les jardins et le cirque de Néron sur le Vatican, qui furent arrosés du sang des premiers chrétiens, sont devenus bien plus fameux encore par le triomphe de la religion persécutée, et par l'abus qu'elle a fait de ses victoires. Sur le même terrain (2), les pontifes chrétiens ont élevé dans la suite un temple qui surpasse de beaucoup les antiques monumens de la gloire du Capitole. Ce sont eux qui, tirant d'un humble pêcheur de Galilée leurs prétentions à la monarchie universelle, ont succédé au trône des Césars; et qui, après avoir donné des lois aux conquérans barbares de Rome, ont étendu leur juridiction spirituelle depuis la côte de la mer Glaciale jusqu'aux rivages de l'océan Pacifique.

Remarques sur le passage de Tacite concernant la persécution des Chrétiens par Néron.

Avant de perdre entièrement de vue la persécution de Néron, nous croyons devoir ajouter un petit nombre de remarques qui pourront servir à lever les difficultés que présente le récit de cet événement et à jeter quelque lumière sur l'histoire postérieure de l'Église.

---

(1) Tacite, *Annal.*, xv, 44. La traduction est du père Dotteville.

(2) Nardini, *Roma antica*, p. 387; Donatus, *de Româ antiquâ*, l. III, p. 449.

multiplier tout ce que les passions inventent d'ailleurs d'infâme et de cruel. On arrêta d'abord des gens qui s'avouaient coupables; et, sur leur déposition, une multitude de chrétiens, que l'on convainquit moins d'avoir brûlé Rome que de haïr le genre humain (1). On joignit les insultes aux supplices : les uns, enveloppés de peaux de bêtes féroces, furent dévorés par des chiens; d'autres attachés en croix; plusieurs brûlés vifs; on allumait leurs corps sur le déclin du jour pour servir de flambeaux. Néron prêta ses jardins à ce spectacle, auquel il ajouta les jeux du cirque, mêlé parmi la populace en habit de cocher, ou conduisant lui-même un char. Ainsi, quoique les chrétiens fussent des scélérats dignes des plus rigoureux

---

des apôtres reçoivent de ces mots de Tacite, *Repressa in præsens*, et *rursus erumpebat*. (Note de l'Éditeur.)

(1) *Odio humani generis convicti.* Ces mots peuvent signifier ou la haine du genre humain contre les chrétiens, ou la haine des chrétiens contre le genre humain. J'ai préféré le dernier sens, comme le plus conforme au style de Tacite et à l'erreur populaire, dont un précepte de l'Évangile (*voyez* saint Luc, XIV, 26) avait peut-être été l'occasion innocente. Mon interprétation est justifiée par l'autorité de Juste-Lipse; des traducteurs de Tacite, italiens, français et anglais; de Mosheim (p. 102); de Le Clerc (*Hist. ecclésiast.*; 427); du docteur Lardner (*Témoignages*, vol. I, p. 345); et de l'évêque de Glocester (*Divine Légation*, vol. III, p. 38). Mais comme le mot *convicti* ne se joint pas fort bien avec le reste de la phrase, Jacques Gronovius a préféré de lire *conjuncti*; ce qui est autorisé par le précieux manuscrit de Florence.

soupçon que toute la puissance du despotisme n'aurait point été en état d'étouffer, l'empereur prit le parti de substituer à sa place de prétendus criminels.

Punition cruelle infligée aux chrétiens comme incendiaires de la ville.

« Dans cette vue, dit Tacite, il fit périr, par les plus cruels supplices, des hommes détestés à cause de leurs infamies, nommés vulgairement chrétiens. Christ, de qui vient leur nom, avait été puni de mort sous Tibère par l'intendant Ponce-Pilate (1). Cette pernicieuse superstition, réprimée pour un temps, reprenait vigueur (2), non-seulement dans la Judée, source du mal, mais à Rome, où vient aboutir et se

---

avec une défiance et une incertitude très-convenables. Suétone, au contraire, s'empresse de le rapporter, et Dion le confirme solennellement.

(1) Ce témoignage est seul suffisant pour prouver l'anachronisme des Juifs, qui placent près d'un siècle trop tôt la naissance de Jésus-Christ (Basnage, *Hist. des Juifs*, l. v, c. 14, 15). Josèphe nous apprend (*Antiquités*, XVIII, 3) que Ponce-Pilate fut procurateur de la Judée dans les dix dernières années de Tibère. A. D. 27-37. Pour ce qui est du temps particulier de la mort de Jésus-Christ, une très-ancienne tradition la fixe au 25 mars de l'année 29, sous le consulat des deux Geminus. (Tertullien, *adv. Judæos*, c. 8.) Cette date, qui est adoptée par Pagi, le cardinal Norris et Le Clerc, semble au moins aussi probable que l'ère vulgaire, que l'on place (par je ne sais quelles conjectures) quatre années plus tard.

(2) Cette seule phrase : *Repressa in præsens exitiabilis superstitio rursus erumpebat*, prouve que les chrétiens avaient déjà attiré l'attention du gouvernement, et que Néron n'était pas le premier à les persécuter. Je suis surpris que l'on n'ait pas insisté sur la confirmation que les Actes

consolation au milieu d'une calamité si terrible. Les jardins du prince furent ouverts à la multitude des infortunés ; des bâtimens construits à la hâte leur servirent d'asile, et l'on distribua en grande abondance du blé et des vivres à un prix très-modéré (1). Il paraît que la politique la plus généreuse dicta les édits qui réglaient la disposition des rues et la construction des maisons particulières ; et, comme il arrive ordinairement dans un siècle de prospérité, l'embrasement de Rome produisit en peu d'années une nouvelle ville, plus régulière et plus belle que la première. Mais toute la prudence de Néron, et toute l'humanité qu'il affecta, ne purent le mettre à l'abri du soupçon public : il n'était point de crime que l'on ne pût imputer à l'assassin de sa femme et de sa mère; et le prince qui avait prostitué sa personne et sa dignité sur le théâtre paraissait capable de la folie la plus extravagante. On accusait hautement l'empereur d'avoir mis le feu à sa capitale ; et comme les histoires les plus incroyables sont celles qui conviennent le mieux à un peuple en fureur, on avançait sérieusement et on croyait avec certitude, que Néron, jouissant d'un désastre qu'il avait causé, s'amusait dans ce moment cruel à chanter sur sa lyre la destruction de l'ancienne Troie (2). Pour détourner un

---

(1) Le prix du blé (probablement du *modius*) fut réduit à *terni nummi* ; ce qui pourrait faire environ quinze schellings le *quarter* anglais (quarante-deux sous le boisseau).

(2) Nous pouvons observer que Tacite parle de ce bruit

de la guerre furieuse, allumée par le mécontentement des Juifs, et qui ne fut terminée que par la ruine de Jérusalem. Durant le long intervalle qui s'écoula entre la mort de Jésus-Christ et cette rebellion mémorable, nous ne découvrons aucune trace de l'intolérance des Romains, si ce n'est dans cette persécution subite, momentanée, mais cruelle, que souffrirent sous Néron les chrétiens de Rome, trente-cinq ans après le premier de ces grands événemens, et deux ans seulement avant le second. Le caractère de l'historien philosophe qui nous a transmis la connaissance de ce fait singulier, suffirait seule pour le rendre digne de toute notre attention.

Incendie de Rome sous le règne de Néron.

Dans la dixième année du règne de Néron, le feu ravagea la capitale de l'empire avec une fureur dont il n'y avait point encore eu d'exemple (1). Les monumens des arts de la Grèce et des exploits du peuple romain, les trophées des guerres puniques et les dépouilles de la Gaule, les temples les plus sacrés et les plus superbes palais, furent enveloppés dans une destruction commune. Des quatorze quartiers que comprenait Rome, quatre seulement demeurèrent entiers, trois furent détruits de fond en comble, et les sept autres, après l'incendie, ne présentaient qu'un triste spectacle de ruines et de désolation. La vigilance du gouvernement semble n'avoir négligé aucun des moyens qui pouvaient apporter quelque

---

(1) Tacite, *Annal.*, xv, 38-44; Suétone, *Vie de Néron*, c. 38; Dion-Cassius, l. LXII, p. 1014; Orose, VII, 7.

suré contre la fureur de la synagogue (1). Si nous adoptions les traditions d'une antiquité trop crédule, nous pourrions rapporter les longs voyages, les faits merveilleux, et les différens genres de mort des douze apôtres; mais des recherches plus exactes nous portent à douter qu'il ait jamais été possible à aucun de ceux qui avaient vu les miracles de Jésus-Christ, d'aller hors de la Palestine, sceller de leur sang (2) la vérité de leur témoignage (3). Si l'on considère le terme ordinaire de la vie humaine, on présumera naturellement que la plupart n'existaient plus lors

---

(1) *Voyez* dans le dix-huitième et dans le vingt-cinquième chapitre des *Actes des apôtres*, la conduite de Gallion, proconsul d'Achaïe, et celle de Festus, procurateur de la Judée.

(2) Cette assertion me paraît trop positive, d'autant que Gibbon ne l'appuie sur aucune preuve, quoique l'opinion contraire en ait de très-fortes en sa faveur. Les voyages de saint Paul en Pamphylie, en Pisidie, en Macédoine, à Rome, sa mort, les voyages de saint Pierre, etc.; ont été examinés avec beaucoup de soin par le docteur Benson, dans son ouvrage intitulé: *An History of the first planting of Christianity*, part. II; *voyez* aussi Lardner, *Credibility of the Gospel history*, part. I, c. 8. (*Note de l'Éditeur.*)

(3) Du temps de Tertullien et de saint Clément d'Alexandrie, la gloire du martyre était accordée seulement à saint Pierre, à saint Paul et à saint Jacques. Dans la suite, les Grecs l'accordèrent insensiblement au reste des apôtres; et l'on choisit prudemment pour le théâtre de leurs prédications et de leurs souffrances, quelque contrée éloignée, située au-delà des limites de l'empire romain. *Voyez* Mosheim, p. 81; et Tillemont, *Mém. ecclés.*, t. I, part. 3.

culte extérieur, la nouvelle secte, qui cachait avec soin ou n'annonçait que faiblement sa grandeur et son ambition futures, profita de la tolérance universelle que les Romains accordaient depuis long-temps à un peuple ancien et célèbre de leur empire. Peut-être les Juifs, plus jaloux de leur foi et animés d'un zèle plus violent, ne tardèrent-ils pas à s'apercevoir que leurs frères nazaréens se séparaient de plus en plus de la synagogue; ils auraient volontiers éteint cette hérésie dans le sang de ceux qui l'avaient embrassée. Mais les décrets du ciel avaient déjà ôté toute arme à leur haine; on leur avait enlevé l'administration de la justice criminelle; et quoiqu'ils se portassent quelquefois à la sédition, il ne leur était pas facile d'inspirer à l'esprit calme d'un magistrat romain l'aigreur de leur zèle et de leurs préjugés. Les gouverneurs des provinces prêtaient l'oreille à toutes les accusations qui pouvaient concerner la sûreté publique; mais dès qu'ils apprenaient qu'il s'agissait de mots, non de faits, et que l'on disputait seulement sur l'interprétation des lois et des prophéties juives; une discussion sérieuse des différends obscurs qui pouvaient s'élever au milieu d'un peuple barbare et superstitieux, leur paraissait indigne de la majesté de Rome. L'ignorance et le mépris protégèrent l'innocence des premiers chrétiens; et le tribunal des magistrats idolâtres devint souvent leur asile le plus as-

---

pourrait prouver combien les Juifs et les chrétiens de Rome étaient singulièrement confondus les uns avec les autres.

les affaires des chrétiens (1), nous pouvons encore appuyer chacune de ces suppositions probables par des faits authentiques.

I. La sagesse de la Providence jeta sur le berceau de l'Église un voile mystérieux qui servit non-seulement à défendre les chrétiens de la malignité d'un monde idolâtre, mais encore à les dérober aux yeux des profanes, jusqu'à ce qu'ils eussent été multipliés, et que leur foi fût parvenue à sa maturité. Les cérémonies de Moïse ne furent abolies que lentement et par degrés; tant qu'elles subsistèrent, les chrétiens trouvèrent un moyen sûr et innocent d'échapper aux regards de leurs ennemis. Les plus anciens prosélytes de l'Évangile, presque tous de la race d'Abraham, étaient distingués par la marque particulière de la circoncision. Ils offrirent leurs vœux dans le temple de Jérusalem jusqu'à la ruine totale de cette ville, et ils recevaient la loi et les écrits des prophètes comme les inspirations véritables de la Divinité. Les païens convertis, qui, par une adoption spirituelle, avaient été associés à l'espérance d'Israël, furent aussi confondus avec les Juifs (2); et comme les polythéistes faisaient moins d'attention aux articles de foi qu'au

Les chrétiens sont négligés comme une secte de Juifs.

---

(1) Dans les mélanges qui forment la compilation connue sous le nom de l'*Histoire Auguste*, dont une partie fut composée sous le règne de Constantin, on ne trouve pas six lignes qui regardent les chrétiens; et le soigneux Xiphilin n'a point découvert leur nom dans la grande histoire de Dion-Cassius.

(2) Un passage obscur de Suétone (*Vie de Claude*, c. 25)

cience, de l'obligation de la foi, et de l'innocence de l'erreur. Mais les princes et les magistrats de l'ancienne Rome ne connaissaient point les principes qui inspiraient et qui autorisaient l'opiniâtreté inflexible des chrétiens dans la cause de la vérité; ils ne découvraient en eux-mêmes aucun motif qui les eût portés à refuser une soumission légale, et pour ainsi dire naturelle, aux institutions sacrées de la patrie. La même raison qui rend leur conduite moins odieuse, contribua, selon toutes les apparences, à ralentir la rigueur de leurs persécutions. Comme ils étaient animés, non par le zèle furieux du fanatisme, mais par la politique modérée qui convenait à des législateurs, le mépris dut souvent relâcher, et l'humanité suspendre l'exécution des lois qu'ils avaient établies contre les humbles et obscurs disciples de Jésus-Christ. Si l'on considère en général le caractère et les motifs de empereurs, on conclura naturellement, 1° qu'il dut s'écouler un temps considérable avant que la nouvelle secte leur parût un objet digne de l'attention du gouvernement; 2° qu'ils agirent avec précaution et avec répugnance, quand il fut question de condamner ceux de leurs sujets qui avaient été accusés d'un crime si extraordinaire; 3° qu'ils furent modérés en infligeant des punitions; 4° que l'Église affligée goûta plusieurs intervalles de paix et de tranquillité. Quoique les auteurs païens, qui ont traité l'histoire de leur temps avec le plus d'étendue et avec les plus grands détails, aient montré une extrême indifférence pour

et la dépravation hérétique, pouvait aisément imaginer qu'une animosité mutuelle leur avait arraché l'aveu d'un crime commun. Heureusement pour le repos, ou du moins pour l'honneur des premiers fidèles, les magistrats se conduisirent quelquefois avec une prudence et une modération rarement compatibles avec le zèle religieux; et le résultat impartial de leurs recherches fut que les sectaires qui avaient abandonné le culte établi leur paraissaient sincères dans leur croyance et irréprochables dans leurs mœurs; quoique d'un autre côté, par l'excès et par l'absurdité de leur superstition, ils pussent encourir toute la rigueur des lois (1).

Idée de la conduite des empereurs envers les chrétiens.

L'histoire, qui entreprend de rapporter les événemens passés pour l'instruction des siècles futurs, serait indigne de cet honorable emploi, si elle s'abaissait à plaider la cause des tyrans ou à justifier les maximes de la persécution. Cependant, il faut l'avouer, la conduite des empereurs qui parurent le moins favorables à la primitive Église, n'est certainement pas aussi criminelle que celle des souverains modernes, qui ont employé l'arme de la terreur et de la violence contre les opinions religieuses d'une partie de leurs sujets. Un Charles-Quint et un Louis XIV pouvaient puiser dans leurs réflexions, ou même dans leur propre cœur, une juste idée des droits de la cons-

---

(1) Tertullien (*Apologet.*, c. 2) s'étend sur ce témoignage public et honorable de Pline, avec beaucoup de raison et avec quelque déclamation.

mêmes sacrifices sanglans, les mêmes fêtes incestueuses, si faussement attribués aux vrais fidèles; cependant tous ces hérésiarques, quoique égarés dans les sentiers de l'erreur, pensaient toujours en hommes, et se gouvernaient selon les préceptes du christianisme. (1). Les schismatiques faisaient retomber de pareilles accusations sur l'Église dont ils avaient abandonné la communion (2), et l'on reconnaissait de tous côtés que la licence la plus scandaleuse régnait parmi un grand nombre de ceux qui affectaient le nom de chrétiens. Un magistrat idolâtre, qui n'avait ni le loisir ni le talent nécessaires pour discerner la nuance presque imperceptible entre la foi orthodoxe

---

(1) *Voyez* saint Justin martyr, *Apolog.*, 1, 35; saint Irénée, *adv. Hæres.*, 1, 24; saint Clément d'Alexandrie, *Stromat.*, l. III, p. 438; Eusèbe, IV, 8. Nous serions forcés d'entrer dans des détails ennuyeux et dégoûtans, si nous voulions rapporter tout ce que les écrivains des temps suivans ont imaginé, tout ce que saint Épiphane a adopté, tout ce que M. de Tillemont a copié. M. de Beausobre (*Hist. du Manich.*, l. IX, c. 8, 9) a exposé avec beaucoup de force les moyens détournés et artificieux qu'ont employés saint Augustin et le pape Léon I.

(2) Lorsque Tertullien devint montaniste, il diffama la morale de l'Église, qu'il avait si courageusement défendue. *Sed majoris est agape, quia per hanc adolescentes tui cum sororibus dormiunt, appendices scilicet gulæ lascivia et luxuria. De Jejuniis*, c. 17. Le trente-cinquième canon du concile d'Elvire prend des mesures contre les scandales qui souillaient trop souvent les veilles de l'Église, et qui déshonoraient le nom chrétien aux yeux des incrédules.

défient la preuve : ils avancent en même temps, avec autant de raison que de vérité, que l'accusation n'est pas moins dépourvue de probabilité que dénuée de preuves : ils insistent sur la sainteté et sur la pureté de l'Évangile, qui souvent met un frein aux plaisirs les plus légitimes. « Peut-on croire sérieusement, s'écrient-ils, que ces divins préceptes ordonnent la pratique des crimes les plus atroces, qu'une grande société consente à se déshonorer aux yeux de ses propres membres, et qu'une foule de personnes de tout état, de tout âge, de tout sexe, devenues tout à coup insensibles à la crainte de la mort ou de l'infamie, osent violer ces principes que la nature et l'éducation ont imprimés si profondément dans leurs âmes (1) ? » Il eût été impossible de répondre à cette justification, et rien ne pouvait en affaiblir la force ou en détruire l'effet, que la conduite peu judicieuse des apologistes eux-mêmes, qui trahissaient la cause commune de la religion pour satisfaire leur pieuse haine contre les ennemis domestiques de l'Église. Tantôt ils insinuaient faiblement, tantôt ils soutenaient à haute voix que les marcionites, les carpocratiens et les autres sectes des gnostiques, célébraient réellement les

---

(1) Dans la persécution de Lyon, quelques esclaves païens furent forcés, par la crainte de la torture, d'accuser leur maître chrétien. Les fidèles de l'Église de Lyon, en écrivant à leurs frères d'Asie, parlent de ces horribles accusations avec toute l'indignation et tout le mépris qu'elles méritent. Eusèbe, *Hist. ecclésiast.*, v. 1.

time de son erreur, lui porte un grand nombre de blessures secrètes et mortelles. Aussitôt que le crime est consommé, les sectaires boivent le sang, et dans leurs transports furieux ils déchirent les membres palpitans. Tous également coupables du même forfait, ils s'engagent mutuellement à un secret éternel. A ce sacrifice inhumain, ajoutait-on avec la même assurance, succède un festin digne de cette horrible scène, et dans lequel l'intempérance excite la débauche la plus révoltante. Au moment désigné, les lumières sont tout à coup éteintes, la honte est bannie, la nature est oubliée; et, selon les effets du hasard, les ténèbres de la nuit sont souillées par le commerce incestueux des frères et des sœurs, des mères et de leurs fils (1). »

Leur défense imprudente.

Mais la lecture des anciennes apologies ne laissera pas même le plus léger soupçon dans l'esprit d'un adversaire de bonne foi. Les chrétiens, avec la sécurité intrépide de l'innocence, appelaient de ces bruits vagues et populaires à l'équité des magistrats. Ils avouent que si l'on peut prouver les crimes qui leur sont imputés par la calomnie, ils méritent les plus sévères punitions : ils provoquent le châtiment, ils

---

(1) *Voyez* saint Justin martyr, *Apolog.*, 1, 35; 11, 14; Athénagoras, *in Legation.*, c. 27; Tertullien, *Apologet.*, c. 7, 8, 9; Minucius-Felix, c. 9, 10, 30, 31. Le dernier de ces écrivains rapporte l'accusation d'une manière très-élégante et très-circonstanciée. La réponse de Tertullien est la plus hardie et la plus vigoureuse.

Les précautions avec lesquelles les disciples de Jésus-Christ remplissaient les devoirs de la religion, avaient d'abord été dictées par la nécessité et par la crainte ; ce fut ensuite par choix qu'ils les employèrent. En imitant le secret auguste qui régnait dans les mystères d'Éleusis, les fidèles se flattèrent de rendre leurs institutions sacrées plus respectables aux yeux du monde païen (1). Mais l'événement, comme il est souvent arrivé dans les opérations d'une politique subtile, trompa leurs vœux et leur attente. On conclut qu'ils cachaient seulement ce qu'ils auraient rougi de montrer. Leur fausse prudence donna lieu à des contes horribles, inventés par la malignité, et que la crédulité soupçonneuse s'empressa d'adopter. On peignait les chrétiens comme les plus scélérats de tous les hommes, qui pratiquaient dans leurs sombres retraites toutes les abominations que peut enfanter un esprit corrompu, et qui, pour obtenir la faveur de leur Dieu inconnu, sacrifiaient toutes les vertus morales. Plusieurs même prétendaient avouer ou rapporter les cérémonies de cette secte abhorrée. « Un enfant nouveau-né, entièrement couvert de farine, est présenté, disaient-ils, comme un symbole mystique d'initiation, au couteau du prosélyte, qui, sans connaître la malheureuse vic-

Leurs mœurs sont calomniées.

Pline) *quodcumque esset quod faterentur, pervicaciam certè et inflexibilem obstinationem debere puniri.*

(1) Voyez l'*Hist. ecclésiast.* de Mosheim, vol. 1, p. 101; et Spanheim, *Remarques sur les Césars* de Julien, p. 468, etc.

ressé à l'exécution de leurs ordres ; et ils essayèrent plus d'une fois de subjuguer, par des châtimens rigoureux, cet esprit indépendant qui reconnaissait hautement une autorité supérieure à celle du magistrat. L'étendue et la durée de cette conspiration spirituelle semblait la rendre de jour en jour plus digne d'attirer les regards du prince. Nous avons déjà observé que le zèle actif et triomphant des chrétiens les avait insensiblement répandus dans toutes les provinces et dans presque toutes les villes de l'empire. Les nouveaux convertis paraissaient renoncer à leur patrie, à leur famille, afin de s'unir par des liens indissolubles à un corps particulier, qui prenait partout un caractère différent de celui du genre humain. Leur aspect sombre et austère, leur horreur pour les affaires et pour les plaisirs de la vie, leurs prédictions fréquentes des calamités qui menaçaient l'univers (1), causaient la plus vive inquiétude ; les païens craignaient qu'il ne s'élevât quelque danger du sein de cette secte, d'autant plus redoutée qu'elle était plus obscure. « Quelle que puisse être leur conduite, dit Pline en parlant des chrétiens, leur opiniâtreté inflexible paraît mériter d'être punie (2). »

---

(1) Comme les prophéties concernant l'antechrist, l'embrasement prochain, etc., irritaient ceux des païens qu'elles ne convertissaient pas, les fidèles n'en parlaient qu'avec précaution et avec réserve ; et les montanistes furent blâmés pour avoir divulgué trop librement ce dangereux secret. *Voyez* Mosheim, p. 413.

(2) *Neque enim dubitabam.* (telles sont les expressions de

Un chrétien, en préférant ainsi ses sentimens particuliers à la religion nationale, commettait un crime personnel, qu'aggravaient l'union et le nombre des coupables. On sait, et nous avons déjà dit, que toute association entre les sujets de l'empire alarmait la politique de Rome : toujours défiante et soupçonneuse, elle n'accordait qu'avec la plus grande réserve des priviléges aux sociétés particulières, même à celles qui avaient été formées dans les vues les moins nuisibles et les plus avantageuses (1). Les assemblées religieuses des chrétiens, qui s'étaient séparés du culte public, parurent bien moins innocentes. Illégales dans leur principe, elles pouvaient avoir des suites très-dangereuses; et les empereurs ne croyaient pas violer les lois de la justice, lorsque, dans la vue d'entretenir la paix de l'État, ils défendaient ces assemblées secrètes et quelquefois nocturnes (2). La pieuse désobéissance des chrétiens faisait paraître leur conduite et peut-être leurs desseins sous un jour beaucoup plus sérieux et bien plus criminel. Les souverains de Rome, qu'une prompte soumission aurait pu désarmer, crurent leur honneur inté-

L'union et les assemblées des chrétiens regardées comme une conspiration dangereuse.

---

(1) Trajan refusa d'établir à Nicomédie une communauté de cent cinquante pompiers pour l'usage de la ville. Ce prince avait de la répugnance pour toute espèce d'association. *Lettres de Pline*, x, 42, 43.

(2) Pline, étant proconsul, avait publié un édit général contre les assemblées illégitimes. La prudence engagea les chrétiens à suspendre leurs agapes; mais il ne leur était pas possible d'interrompre l'exercice du culte public.

établi des lois, et vaincu les monstres ou les tyrans de la terre ; et qu'ils eussent choisi pour objet exclusif de leur culte religieux un prédicateur obscur, qui, dans un siècle moderne et chez un peuple barbare, avait été victime de la méchanceté de ses compatriotes, ou des soupçons du gouvernement romain. La multitude des idolâtres, sensible seulement aux avantages temporels, rejetait le présent inestimable de la vie et de l'immortalité que Jésus de Nazareth offrait au genre humain. Ces hommes charnels le voyaient sans renommée, sans empire, sans succès : et ils ne pensaient pas que de pareilles privations fussent compensées par sa constance et par sa douceur au milieu des maux cruels qu'il avait soufferts volontairement, par sa bienveillance universelle, par la simplicité sublime de ses actions et de son caractère ; et en même temps qu'ils refusaient de reconnaître le triomphe étonnant du divin auteur de la vraie religion sur les puissances des ténèbres et du tombeau, ils représentaient sous de fausses couleurs, ou avec dérision sa naissance équivoque, sa vie errante, et sa mort ignominieuse (1).

---

(1) Dans le premier et le second livre d'Origène, Celsus parle avec l'irrévérence la plus impie de la naissance et du caractère de notre Sauveur. L'orateur Libanius loue Porphyre et Julien de ce qu'ils ont réfuté les extravagances d'une secte qui donnait à un homme mort de la Palestine les noms de Dieu et de Fils de Dieu. Socrate, *Hist. ecclés.*, III, 23.

Il aurait paru moins surprenant que le fondateur du christianisme eût été non-seulement révéré par ses disciples, comme un sage et comme un prophète, mais encore adoré comme un dieu. Les polythéistes étaient disposés à recevoir tout article de foi qui semblait se rapprocher de la mythologie du peuple, quelque éloignée ou quelque imparfaite que fût la ressemblance. Les légendes de Bacchus, d'Hercule et d'Esculape, les avaient en quelque façon préparés à voir paraître le fils de Dieu sous une forme humaine (1); mais ils s'étonnaient que les chrétiens abandonnassent les temples de ces anciens héros, qui, dans l'enfance du monde, avaient inventé les arts,

---

chrétiens comme d'une société d'enthousiastes visionnaires, δαιμονιοι, αιθεριοι, αιθεροβατουντες, αεροβατουντες, etc. Il y a un passage où il fait évidemment allusion à la vision dans laquelle saint Paul fut transporté au troisième ciel. Dans un autre endroit, Triéphon, qui fait le personnage d'un chrétien, après s'être moqué des dieux du paganisme, propose un serment mystérieux :

Υψιμεδοντα Θεον, μεγαν, αμβροτον, ουρανιωνα,
Υιον πατρος, πνευμα εκ πατρος εκπορευομενον
Εν εκ τριον, και εξ ενος τρια.

Αριθμεειν με διδασκεις (telle est la réponse profane de Critias) και ορκος η αριθμητικη· ουκ οιδα, γαρ τι λεγεις· εν τρια, τρια εν !

(1) Selon saint Justin martyr (*Apolog. major*, c. 70-85), le démon, qui avait acquis quelque connaissance imparfaite des prophéties, se serait à dessein revêtu de cette ressemblance, qui pouvait empêcher, quoique par des moyens différens, et le peuple et les philosophes d'embrasser la foi de Jésus-Christ.

disciples choisis le privilége de cette dévotion philosophique (1). Ils étaient bien loin d'admettre les préjugés du genre humain comme la règle de la vérité ; mais ils croyaient que ces préjugés tenaient à la disposition primitive de notre nature ; et, selon eux, toute forme de foi et de culte qui, faite pour le peuple, prétendait n'avoir pas besoin de l'assistance des sens, devait, à mesure qu'elle s'éloignait de la superstition, devenir plus incapable de réprimer les écarts de l'imagination et les visions du fanatisme. Le coup d'œil d'indifférence que les gens d'esprit et les savans daignaient jeter sur la révélation chrétienne, ne servait qu'à les confirmer dans cette opinion précipitée ; ils se persuadaient que le principe d'unité divine, qui aurait pu leur inspirer de la vénération, s'y trouvait dégradé par l'enthousiasme extravagant des nouveaux sectaires, et anéanti par leurs spéculations chimériques. Dans un célèbre dialogue attribué à Lucien, on affecté de tourner en ridicule et de traiter avec mépris le dogme mystérieux de la Trinité. Cet ouvrage prouve combien l'auteur connaissait peu la faiblesse de la raison humaine et la nature impénétrable des perfections divines (2).

---

(1) Il est difficile, dit Platon, de s'élever à la connaissance du vrai Dieu, et il est dangereux de publier cette découverte. *Voyez* la *Théologie des philosophes*, par l'abbé d'Olivet, dans sa traduction de *la Nature des dieux*, t. 1, p. 275.

(2) L'auteur du *Philopatris* parle perpétuellement des

à l'injuste, mais dangereuse accusation d'impiété. La malignité et le préjugé se réunirent pour représenter les chrétiens comme une société d'athées, qui avaient osé attaquer la constitution religieuse de l'empire, et dont l'audace méritait que le magistrat civil sévît contre eux selon toute la rigueur des lois. Ils s'étaient séparés (et ils se glorifiaient de l'avouer) de toutes les superstitions adoptées dans les différentes parties du globe par le génie inventif du polythéisme; mais on ne voyait pas aussi évidemment quelle divinité ou quelle forme de culte ils avaient substituée aux dieux et aux temples de l'antiquité. L'idée pure et sublime qu'ils se formaient de l'Être suprême, échappait à l'intelligence grossière du peuple. La multitude des païens ne pouvait concevoir un dieu spirituel et unique, qui n'était représenté sous aucune figure corporelle ni sous aucun symbole visible, et que l'on n'adorait point avec la pompe ordinaire des libations et des fêtes, des autels et des sacrifices (1). La raison ou la vanité engageait les sages de la Grèce et de Rome, qui avaient élevé leur esprit à la contemplation de l'existence et des attributs d'une cause première, à réserver pour eux-mêmes et pour leurs

---

(1) *Cur nullas aras habent? templa nulla? nulla nota simulacra?... Undè autem, vel quis ille, aut ubi, Deus unicus, solitarius, destitutus?* Minúcius-Felix, c. 10. L'interlocuteur païen fait ensuite une distinction en faveur des Juifs, qui avaient autrefois un temple, des autels, des victimes, etc.

révéré comme sacré. Une pareille apostasie (si l'on peut se servir de cette expression) ne tenait pas seulement à quelque objet ou à quelque lieu particulier : en effet, le pieux déserteur qui fuyait les temples de l'Égypte ou de la Syrie, aurait également dédaigné de chercher un asile dans ceux d'Athènes ou de Carthage. Tout chrétien rejetait avec mépris les superstitions de sa famille, de sa ville, de sa province. Le corps entier des chrétiens refusait unanimement de reconnaître les dieux de Rome, de l'empire et de l'univers. En vain le fidèle opprimé réclamait-il le droit inaliénable que tout homme a de disposer de sa conscience et de son jugement particulier ; sa situation pouvait bien exciter la pitié des philosophes ou des polythéistes de l'univers païen, mais ses argumens ne touchaient jamais leur esprit. Ils ne concevaient pas que l'on balançât à se conformer au culte établi ; et de pareils scrupules ne leur causaient pas moins d'étonnement que si l'on eût conçu une soudaine horreur pour les mœurs, l'habillement et le langage de sa patrie (1).

À la surprise des païens succéda bientôt le ressentiment ; et les plus pieux des hommes furent exposés

Les philosophes accusent les chrétiens d'athéisme et ont une fausse idée de leur religion.

---

(1) D'après les argumens de Celsus, qui ont été exposés et réfutés par Origène (l. v, p. 247-259), on peut apercevoir clairement la distinction qui fut faite entre le *peuple juif* et la *secte chrétienne*. *Voyez* dans le *Dialogue* de Minucius-Félix (c. 5, 6), une peinture exacte et assez élégante des sentimens du peuple par rapport à la désertion du culte établi.

de l'antiquité, elle paraissait de la plus grande importance. Les Juifs étaient une *nation*, les chrétiens une *secte*; et l'on croyait que si tout corps politique est obligé de respecter les institutions religieuses de ses voisins, il est de son devoir de conserver celles de ses ancêtres. La voix des oracles, les préceptes des philosophes, et l'autorité des lois, concouraient unanimement à fortifier cette obligation nationale. Les prétentions hautaines des Juifs, qui vantaient leur sainteté supérieure, pouvaient porter les polythéistes à les regarder comme une race odieuse et impure. En dédaignant de se mêler avec les autres peuples, les descendans d'Abraham pouvaient s'attirer leur mépris. Les lois de Moïse pouvaient être, pour la plupart, frivoles ou absurdes ; cependant, puisque durant plusieurs siècles elles avaient été reçues par une grande société, ceux qui les pratiquaient alléguaient pour leur justification l'exemple du genre humain ; et l'on convenait universellement qu'ils avaient le droit d'exercer un culte qu'il ne leur aurait pas été possible de négliger sans être criminels. Mais ce principe, qui devenait la sauvegarde de la synagogue des Juifs, ne pouvait servir à protéger ni à favoriser la primitive Église. Les chrétiens, en embrassant la foi de l'Évangile, étaient supposés coupables d'un crime impardonnable et inouï. Ils rompaient les liens sacrés de la coutume et de l'éducation ; ils violaient les institutions religieuses de leur pays ; et ils méprisaient orgueilleusement tout ce que leurs ancêtres avaient cru comme vrai, avaient

si doux modéra par degrés l'obstination des Juifs. Ils ne se laissèrent plus entraîner par de vaines prédictions; et, renonçant à toute idée de conquêtes, ils se conduisirent en sujets paisibles et industrieux. La haine qu'ils nourrissaient contre le genre humain, au lieu de les porter à des actes de cruauté et de violence, se déploya d'une manière moins dangereuse. Ils saisirent avidement toutes les occasions de tromper les idolâtres dans le commerce, et ils prononcèrent en secret des imprécations équivoques contre le superbe royaume d'Édom (1).

<small>Les Juifs étaient un peuple qui suivait la religion de leurs ancêtres; les chrétiens étaient une secte qui l'abandonnait.</small>

Puisque les Juifs, qui rejetaient avec horreur les divinités adorées par leurs souverains et par les autres sujets de l'empire, jouissaient cependant du libre exercice de leur religion insociable, il a donc existé quelque autre cause qui exposait les disciples de Jésus-Christ à des rigueurs que n'éprouvait pas la postérité d'Abraham. La différence qui se trouvait entre eux est simple et facile à saisir; mais aux yeux

---

avaient instituée en mémoire de ce qu'ils avaient été délivrés de la rage d'Aman. Jusqu'au règne de Théodose ils célébrèrent cette fête avec une joie insolente, et avec une licence tumultueuse. Basnage, *Hist. des Juifs*, l. VI, c. 17; l. VII, c. 6.

(1) Selon le faux Josèphe, Tsephón, petit-fils d'Ésaü, conduisit en Italie l'armée d'Énée, roi de Carthage. Une autre colonie d'Iduméens, fuyant l'épée de David, se réfugia sur les terres de Romulus. C'est par ces raisons, ou par d'autres d'une égale force, que les Juifs ont appliqué le nom d'Édom à l'empire romain.

leurs enfans. On leur imposa seulement la condition facile de ne jamais conférer à un prosélyte étranger cette marque distinctive de la race hébraïque (1). Les restes nombreux de ce peuple, quoique toujours exclus de l'enceinte de Jérusalem, eurent la permission de former et d'entretenir des établissemens considérables en Italie et dans les provinces, d'acquérir le droit de bourgeoisie romaine, de jouir des honneurs municipaux, et de pouvoir en même temps être exempts des charges pénibles et dispendieuses de la société. La modération ou le mépris des Romains donna une sanction légale à la forme d'administration ecclésiastique qui fut instituée par la secte vaincue. Le patriarche, qui avait fixé sa résidence à Tibériade, nommait les ministres et les apôtres inférieurs; il exerçait une juridiction domestique, et ses frères dispersés lui payaient une contribution annuelle (2). De nouvelles synagogues furent souvent élevées dans les principales villes de l'empire. Enfin, on observait publiquement, et avec la plus grande solennité, les sabbats, les jeûnes et les fêtes qui avaient été ordonnés par la loi de Moïse ou prescrits par les traditions des rabbins (3). Un traitement

---

(1) C'est à Modestinus, jurisconsulte romain (l. VI, *Regul.*), que nous devons une connaissance distincte de l'édit d'Antonin. *Voyez* Casaubon, *ad Hist. Aug.*, p. 27.

(2) *Voyez* Basnage, *Hist. des Juifs*, l. III; c. 2, 3. La dignité de patriarche fut supprimée par Théodose le Jeune.

(3) Il suffit de parler du Purim, ou fête que les Juifs

humain (1). L'enthousiasme des Juifs avait pour base l'opinion que la loi leur défendait de payer des taxes à un maître idolâtre; et ils avaient puisé dans leurs anciens oracles l'espérance flatteuse qu'il s'élèverait bientôt un Messie conquérant, envoyé pour briser leurs chaînes, et pour donner aux favoris du ciel l'empire de la terre. Ce fut en s'annonçant comme le libérateur si long-temps attendu, et en exhortant tous les descendans d'Abraham à soutenir l'espoir d'Israël, que le fameux Barchochebas trouva le moyen de rassembler une armée formidable, avec laquelle il résista pendant deux ans à la puissance de l'empereur Adrien (2).

<small>La religion juive tolérée.</small>

Malgré tant d'insultes réitérées, le ressentiment des princes romains ne s'étendit point au-delà de leurs victoires, et leurs alarmes se dissipèrent avec la guerre et les dangers. L'indulgence générale du polythéisme et la douceur naturelle d'Antonin le Pieux rendirent aux Juifs leurs anciens priviléges. Ils obtinrent encore une fois la liberté de circoncire

---

(1) Sans parler des faits bien connus rapportés par Josèphe, on peut voir dans Dion (l. LXIX; p. 1162), que durant la guerre d'Adrien, cinq cent quatre-vingt mille Juifs périrent par l'épée, outre une multitude innombrable qui fut emportée par la famine, par les maladies et par le feu.

(2) Pour la secte des zélateurs, voyez Basnage, *Hist. des Juifs*, l. I, c. 17; pour le caractère du Messie, selon les rabbins, l. V, c. 11, 12, 13; pour les actions de Barchochebas, l. VII, c. 12.

pagnée et suivie de toutes les circonstances capables d'aigrir l'esprit des conquérans, et d'autoriser la persécution religieuse par les argumens les plus spécieux de justice, de politique et de sûreté publique. Depuis le règne de Néron jusqu'à celui d'Antonin le Pieux, les Juifs ne supportèrent la domination de Rome qu'avec une violente impatience qui les précipita dans de fréquentes révoltes, et produisit souvent les plus furieux massacres. L'humanité est révoltée au récit des cruautés horribles qu'ils commirent dans les villes d'Égypte, de Chypre et de Cyrène, où, sous le voile d'une amitié perfide, ils abusèrent de la confiance des habitans (1); et nous sommes tentés d'applaudir à la vengeance sévère que les armes des légions tirèrent d'une race de fanatiques qu'une superstition barbare et crédule semblait rendre les ennemis implacables, non-seulement du gouvernement de Rome, mais encore de tout le genre

---

(1) Dans Cyrène, ils massacrèrent deux cent vingt mille Grecs; deux cent quarante mille dans l'île de Chypre, et en Égypte une très-grande multitude d'habitans. La plupart de ces malheureuses victimes furent sciées en deux, conformément à l'exemple que David avait autorisé par sa conduite. Les Juifs victorieux dévoraient les membres, léchaient le sang, et enlaçaient les entrailles autour de leurs corps en forme de ceinture. *Voyez* Dion-Cassius, l. LXVIII, p. 1145 (*).

(*) Plusieurs commentateurs, entre autres Reimarus, dans ses notes sur Dion-Cassius, pensent que la haine des Romains contre les Juifs a porté l'historien à exagérer les cruautés que ces derniers avaient commises. Dion-Cass., l. LXVIII, p. 1146. (*Note de l'Édit.*)

la distance met à l'abri des flammes de la persécution. On a expliqué d'une manière probable la conduite des empereurs envers les premiers chrétiens; et la raison qui en a été donnée paraît d'autant plus spécieuse, qu'elle est tirée de la nature du polythéisme. Nous avons déjà observé que l'harmonie religieuse de l'ancien monde était principalement soutenue par la déférence implicite et mutuelle que conservaient les nations de l'antiquité pour leurs cérémonies et pour leurs traditions respectives; on devait donc s'attendre qu'elles s'uniraient avec indignation contre une secte ou un peuple qui se séparerait de la communion du genre humain, et qui, prétendant posséder seul la science divine, traiterait orgueilleusement d'idolâtre et d'impie toute forme de culte différente du sien. Les droits de la tolérance s'appuyaient sur une indulgence mutuelle; on ne pouvait plus les réclamer dès qu'on refusait le tribut accoutumé. Comme les Juifs, et les Juifs seuls, persistèrent opiniâtrément à refuser ce tribut, considérons le traitement qu'ils éprouvèrent de la part des magistrats de l'empire; un pareil examen pourra servir à expliquer jusqu'à quel point ces principes sont justifiés par les faits, et nous découvrirons peut-être en même temps les véritables causes de la persécution qu'a éprouvée le christianisme.

Esprit rebelle des Juifs.

Sans répéter ce que l'on a déjà dit de la vénération des princes et des gouverneurs romains pour le temple de Jérusalem, nous observerons seulement que la destruction du temple et de la ville fut accom-

un petit nombre de faits authentiques et intéressans, d'une masse informe de fictions et d'erreurs, et d'exposer avec ordre et avec clarté les causes, l'étendue, la durée et les circonstances les plus importantes des persécutions souffertes par les premiers chrétiens (1).

Opprimés par la crainte, animés par le ressentiment, et peut-être échauffés par l'enthousiasme, les sectateurs d'une religion persécutée sont rarement dans une disposition d'esprit capable d'examiner tranquillement ou d'apprécier de bonne foi les motifs de leurs ennemis, puisque ces motifs échappent souvent à l'œil pénétrant et impartial de ceux que

Examen de leurs motifs.

---

(1) L'histoire des premiers temps du christianisme ne se trouve que dans les Actes des apôtres, et pour parler des premières persécutions qu'essuyèrent les chrétiens, il faut nécessairement y avoir recours; ces persécutions, alors individuelles et bornées à un petit espace, n'intéressaient que les persécutés, et n'ont été rappelées que par eux. Gibbon, en ne faisant remonter les persécutions que jusqu'à Néron, a entièrement omis celles qui ont précédé cette époque, et dont saint Luc a conservé le souvenir. Le seul moyen de justifier cette omission était d'attaquer l'authenticité des Actes des apôtres; car, s'ils sont authentiques, il faut nécessairement les consulter et y puiser: or, les temps anciens ne nous ont laissé que peu d'ouvrages dont l'authenticité soit aussi bien constatée que celle des Actes des apôtres. *Voyez* Lardner's *Credibility of the Gospel's history*, part. 2. C'est donc sans motifs suffisans que Gibbon a gardé le silence sur les récits de saint Luc; et cette lacune n'est pas sans importance. (*Note de l'Éditeur.*)

rence de l'antiquité, et avait pu provoquer les princes romains, jusqu'alors insensibles à la vue de toutes les formes variées de la religion qui subsistait en paix sous leur gouvernement modéré; quels nouveaux motifs enfin les portèrent tout à coup à infliger des châtimens cruels à quelques-uns de leurs sujets qui avaient adopté une forme de foi et de culte singulière, mais innocente.

La politique religieuse de l'ancien monde semble avoir pris un caractère plus sévère et plus intolérant pour s'opposer aux progrès du christianisme : quatre-vingts ans environ après la mort de Jésus-Christ, ses innocens disciples furent condamnés à mort par la sentence d'un proconsul humain et philosophe, et en vertu des lois d'un empereur distingué par la sagesse et par la justice de son administration générale. Les apologies qui furent souvent adressées aux successeurs de Trajan sont remplies des plaintes les plus touchantes : elles peignent le sort infortuné des chrétiens, qui, obéissant aux mouvemens de leur conscience, sollicitaient la permission d'exercer librement leur religion, et qui, seuls parmi les sujets de l'empire romain, se trouvaient exclus des avantages de leur sage gouvernement. On a rapporté avec soin la mort de quelques martyrs éminens, et depuis que le christianisme a été revêtu du pouvoir suprême, les supérieurs de l'Église ne se sont pas moins appliqués à étaler la cruauté de leurs adversaires idolâtres, qu'à imiter leur conduite. Notre intention, dans ce chapitre, est de séparer, s'il est possible,

CHAPITRE XVI.

Conduite du gouvernement romain envers les chrétiens, depuis le règne de Néron jusqu'à celui de Constantin.

En considérant la pureté de la religion chrétienne, la sainteté de sa morale, la vie innocente et austère du plus grand nombre de ceux qui, durant les premiers siècles, embrassèrent la foi de l'Évangile, nous devrions naturellement supposer qu'une doctrine si bienfaisante aurait été reçue, même par un monde idolâtre, avec tout le respect qu'elle méritait; que les personnes les plus distinguées par leurs connaissances et par la politesse de leurs mœurs, auraient bien pu tourner en ridicule les miracles de la nouvelle secte, mais qu'elles en auraient estimé les vertus; que, loin de la persécuter, les magistrats auraient protégé une classe d'hommes qui rendaient une obéissance passive aux lois, quoiqu'ils se refusassent aux soins actifs de la guerre et du gouvernement. D'un autre côté, si on se rappelle la tolérance universelle du polythéisme, invariablement soutenue par la croyance du peuple, par l'incrédulité des philosophes et par la politique du sénat et des empereurs romains, il est difficile de découvrir quelle nouvelle offense les chrétiens avaient commise, quelle nouvelle injure avait aigri la douce indiffé-

Le christianisme persécuté par les empereurs romains.

commune (1); mais il n'y parle que de ce singulier obscurcissement que l'on remarqua dans le ciel après la mort de César, lorsque, durant plus d'une année, l'orbe du soleil parut pâle et sans éclat. Ce temps d'obscurité, qui ne peut certainement être comparé avec les ténèbres surnaturelles de la passion, avait déjà été célébré par la plupart des poëtes (2) et des historiens de ce siècle mémorable (3).

---

regarder comme d'un sinistre présage. *Voyez* Michaëlis, *Notes sur le Nouveau-Testament*, tome I, p. 299; Paulus, *Commentaire sur le Nouveau-Testament*, tome III, p. 762.

(*Note de l'Éditeur.*)

(1) Pline, *Hist. nat.*, II, 30.

(2) Virgile, *Géorg.*, 1, 466; Tibulle, l. I, *Élég.* v, vers 75; Ovide, *Métam.*, xv, 782; Lucain, *Pharsale*, 1, 540. Le dernier de ces poëtes place ce prodige avant la guerre civile.

(3) *Voyez* une Lettre publique de Marc-Antoine dans les *Antiquités* de Josèphe, xiv, 12; Plutarque, *Vie de César*, p. 471; Appien, *Bell. civil.*, l. IV; Dion-Cassius, l. XLV, p. 431; Julius Obsequens, c. 128. Son petit Traité est un extrait des prodiges de Tite-Live.

sacre un chapitre particulier aux éclipses d'une nature extraordinaire, et dont la durée avait été peu

fatigué tant de laborieux commentateurs, bien qu'Origène eût déjà pris soin de la prévenir. L'expression σκοτος εγενετο (saint Matth., c. 27, v. 45) n'indique point, disent-ils, une éclipse, des ténèbres extraordinaires et complètes; mais une obscurité quelconque, occasionée dans l'atmosphère soit par des nuages, soit par toute autre cause. Comme cet obscurcissement du soleil arrivait rarement en Palestine, où, dans le milieu d'avril, le ciel était ordinairement pur, il prit aux yeux des Juifs et des chrétiens un caractère d'importance conforme, d'ailleurs, à l'idée reçue parmi eux, que le soleil se cachant à midi était un présage sinistre. (*Voyez* Amos., c. 8, v. 9 et 10.) Le mot σκοτος est pris souvent dans ce sens par les écrivains contemporains; l'Apocalypse dit εσκοτισθη ο ηλιος, *le soleil fut caché*, en parlant d'un obscurcissement causé par la fumée et la poussière. (*Ap.*, c. 9, v. 2.) D'ailleurs, le mot hébreu *ophel*, qui, dans les Septante, répond au mot grec σκοτος, désigne une obscurité quelconque, et les évangélistes, qui ont modelé le sens de leurs expressions sur celui des expressions des Septante, ont dû lui donner la même latitude. Cet obscurcissement du ciel précède ordinairement les tremblemens de terre. (Saint Matth., c. 27, v. 51.) Les auteurs païens nous en offrent une foule d'exemples, dont on donnait dans le temps une explication miraculeuse. (*Voyez* Ovid., l. II, v. 33; l. xv, v. 785; Pline, *Hist. nat.*, l. II, c. 30.) Wetstein a rassemblé tous ces exemples dans son édition du Nouveau-Testament, t. 1, p. 537.

On peut donc ne pas s'étonner du silence des auteurs païens sur un phénomène qui ne s'étendit pas au-delà de Jérusalem, et qui pouvait n'avoir rien de contraire aux lois de la nature, bien que les chrétiens et les Juifs dussent le

Silence général des anciens concernant les ténèbres de la passion.

vince célèbre de l'empire romain (1), fut enveloppée pendant trois heures dans des ténèbres surnaturelles. Cet événement miraculeux, si propre à exciter la surprise, la curiosité et la dévotion du genre humain, a été passé sous silence dans un siècle fécond en historiens célèbres, et où l'on cultivait les sciences avec succès (2). Il arriva du temps de Sénèque et de Pline l'Ancien, qui ont dû éprouver les effets immédiats de ce prodige ou en être des premiers informés. Ces deux philosophes ont, chacun dans un ouvrage plein de recherches, parlé de tous les grands phénomènes de la nature, des tremblemens de terre, des météores, des comètes, des éclipses, qu'a pu recueillir leur infatigable curiosité (3); ils ont omis l'un et l'autre le plus grand phénomène dont l'homme ait jamais été témoin depuis la création du globe (4). Pline con-

---

p. 295-308), paraissent couvrir toute la terre de ténèbres; en quoi ils sont suivis par la plupart des modernes.

(1) Origène, *ad Matth.* (c. 27) et un petit nombre de critiques modernes, Bèze, Le Clerc, Lardner, etc., ne voudraient point étendre ces ténèbres au-delà des limites de la Judée.

(2) On a sagement abandonné aujourd'hui le passage célèbre de Phlegon. Lorsque Tertullien dit aux païens : « Il est parlé du prodige *in arcanis* (non pas *archivis*) *vestris*, » il en appelle probablement aux vers sibyllins, qui le rapportent exactement dans les termes de l'Évangile.

(3) Sénèque, *Quæst. natur.*, I, 1; 15; VI, 1; VII, 27; Pline, *Hist. natur.*, l. II.

(4) Le texte de l'Évangile mal compris a, selon de savans théologiens, donné lieu à cette méprise, qui a occupé et

similait aux inspirations célestes. Cet assemblage de fraudes et de sophismes, que l'on adoptait pour appuyer la révélation, nous rappelle trop souvent la conduite peu judicieuse de ces poëtes qui chargent leurs héros *invulnérables* du poids inutile d'une armure embarrassante et fragile.

Mais comment expliquer ou excuser l'indifférence profonde des païens et des philosophes à la vue de ces témoignages que le Tout-Puissant présentait, non à leur raison, mais à leurs sens? Durant le siècle de Jésus-Christ, de ses apôtres, et de leurs premiers disciples, la doctrine qu'ils prêchaient fut confirmée par une foule innombrable de prodiges : le boiteux marchait, l'aveugle voyait, le malade recouvrait la santé, les morts sortaient de leurs tombeaux ; les démons étaient chassés, et la nature, en faveur de l'Église, suspendait perpétuellement ses lois. Mais les sages de la Grèce et de Rome détournèrent leurs regards de ce spectacle auguste : livrés à l'étude et aux occupations ordinaires de la vie, ils ne paraissent pas avoir remarqué aucune altération dans le gouvernement physique ou moral de l'univers. Sous le règne de Tibère, toute la terre (1), ou du moins une pro-

---

triomphant. Lorsque les vers sibyllins eurent rempli leur tâche, ils furent abandonnés, comme l'avait été le système des millenaires. La sibylle chrétienne avait malheureusement fixé la ruine de Rome pour l'année 195. A. U. C. 948.

(1) Les pères, rangés en ordre de bataille, comme ils le sont par D. Calmet (*Dissertation sur la Bible,* tome III,

rigine céleste du christianisme, ils insistent bien plus fortement sur les prédictions qui ont annoncé le Messie, que sur les miracles qui ont accompagné sa venue. Leur argument favori peut édifier un chrétien ou convertir un Juif, puisque l'un et l'autre reconnaissent l'autorité de ces prophéties, et qu'ils sont obligés de les étudier avec vénération et avec piété, pour en trouver le sens et l'accomplissement; mais cette manière de raisonner perd beaucoup de sa force et de son influence, dès qu'il s'agit de convaincre ceux qui ne comprennent ni ne respectent les institutions de Moïse et le style prophétique (1). Entre les mains peu habiles de saint Justin martyr, et des apologistes suivans, l'esprit sublime des oracles hébreux, s'évapore en types éloignés, en pensées remplies d'affectation et en froides allégories. Leur authenticité même devait paraître suspecte à un païen peu éclairé, par le mélange de pieuses impostures que, sous les noms d'Orphée, d'Hermès et des sibylles (2), on as-

---

(1) Si la fameuse prophétie des soixante-dix semaines avait été alléguée à un philosophe romain, n'aurait-il pas répondu comme Cicéron : *Quæ tandem ista auguratio est, annorum potiùs quàm aut mensium aut dierum?* **De Divinatione**, II, 30. Remarquez avec quelle irrévérence Lucien (*in Alexandro*, c. 13) et son ami Celsus (*ap. Origen.*, l. VII, p. 327) parlent des prophètes hébreux.

(2) Les philosophes qui se moquaient des plus anciennes prédictions des sibylles, auraient facilement découvert les fraudes soit juives, soit chrétiennes, que les pères, depuis saint Justin martyr jusqu'à Lactance, ont citées d'un air si

comme des enthousiastes opiniâtres et pervertis, qui exigeaient une soumission implicite à leurs dogmes mystérieux, sans pouvoir produire un seul argument capable de satisfaire un homme sensé et instruit (1).

Il est au moins douteux qu'aucun de ces philosophes ait jamais lu les apologies multipliées que les premiers chrétiens ont publiées en leur faveur et pour la défense de leur religion (2); mais on voit avec peine qu'une pareille cause n'ait pas été soutenue par des défenseurs plus habiles. Ils exposent, avec un esprit et une éloquence superflus, l'extravagance du polythéisme; ils cherchent à émouvoir notre compassion en développant l'innocence et les maux de leurs frères maltraités; mais lorsqu'ils veulent démontrer l'o-

Leur peu d'égard pour les prophéties.

---

(1) Le docteur Lardner, dans son premier et dans son second volume des *Témoignages juifs et païens*, rassemble et éclaircit ceux de Pline le Jeune, de Tacite, de Galien, de Marc-Aurèle, et peut-être d'Épictète (car il est douteux que ce dernier philosophe ait voulu parler des chrétiens). Sénèque, Pline l'Ancien et Plutarque, ont entièrement passé sous silence la nouvelle religion.

(2) Les empereurs Adrien, Antonin, etc., lurent avec surprise les apologies de saint Justin martyr, d'Aristide, de Méliton, etc. (*Voyez* saint Jérôme, *ad mag. orat.*; Orose, l. VIII, c. 13, p. 488.) Eusèbe dit expressément que la cause du christianisme fut défendue devant le sénat dans un discours très-élégant, par Apollonius le martyr. *Cùm judex multis eum precibus obsecrasset petiissetque ab illo uti coram senatu rationem fidei suæ redderet, elegantissimâ oratione pro defensione fidei pronuntiatâ*, etc. *Vers. lat.* d'Eusèbe, l. V, c. 21, p. 154. (*Note de l'Éditeur.*)

cieux a été promis aux pauvres d'esprit, et que les âmes affligées par les calamités et par le mépris du genre humain, écoutent avec transport la promesse divine d'un bonheur éternel, tandis qu'au contraire les heureux du siècle se contentent de la possession de ce monde, et que les sages, livrés à leurs doutes, ou entraînés dans des disputes inutiles, abusent d'une vaine supériorité de raison et de savoir.

<small>Rejeté par quelques personnages éminens du premier et du second siècle.</small>

Sans des réflexions si consolantes, nous gémirions sur le sort de quelques personnages illustres, qui nous auraient semblé mériter plus que le reste des hommes de recevoir le présent céleste. Les noms de Sénèque, des deux Pline, de Tacite, de Plutarque, de Galien, de l'esclave Épictète et de l'empereur Marc-Aurèle, honorent le siècle où ils ont fleuri; et leurs caractères élèvent la dignité de la nature humaine. Soit dans la vie active, soit dans la vie contemplative, ils remplirent avec gloire leurs postes respectifs; leur jugement excellent fut perfectionné par l'étude. La philosophie avait dégagé leur esprit des préjugés de la superstition, et ils passèrent leurs jours dans la poursuite de la vérité et dans la pratique de la vertu. Cependant (ce qui ne cause pas moins de surprise que de douleur) tous ces sages négligèrent ou rejetèrent la perfection de la doctrine chrétienne. Leur langage ou leur silence montre également leur très-profond mépris pour la secte naissante qui, de leur temps, s'était répandue dans l'empire romain. Ceux d'entre eux qui ont daigné parler des chrétiens, les regardent seulement

caient de concilier les intérêts du monde présent avec ceux d'une vie future.

Cependant ces exceptions sont en trop petit nombre, elles ont eu lieu dans des temps trop éloignés de la naissance du christianisme pour détruire entièrement l'imputation d'ignorance et d'obscurité que l'on a jetée avec tant d'arrogance sur les premiers fidèles (1). Au lieu de faire servir à notre défense des fictions inventées dans un âge postérieur, il sera plus prudent de convertir l'occasion du scandale en un sujet d'édification. Des réflexions sérieuses nous apprendront que les apôtres eux-mêmes furent choisis par la Providence, au milieu des pêcheurs de la Galilée, et que plus nous abaissons la condition temporelle des premiers chrétiens, plus nous aurons de raisons d'admirer leur mérite et leurs succès. Il nous importe surtout de ne pas oublier que le royaume des

Le christianisme très-favorablement reçu par les pauvres et par les simples.

---

(1) Cette énumération incomplète doit être augmentée des noms de plusieurs païens convertis dès l'aurore du christianisme; et dont la conversion atténue le reproche que l'historien semble appuyer. Tels sont le proconsul Sergius-Paulus, converti à Paphos (*Act. des ap.*, c. 13, v. 7 et 12); Denys, membre de l'aréopage, converti à Athènes par saint Paul, avec plusieurs autres (*Act. des ap.*, c. 17, v. 34); plusieurs personnes de la cour de Néron (*Ép. aux Philipp.*, c. 4, v. 22); Éraste, receveur de Corinthe (*Ép. aux Rom.*, c. 16, v. 23); quelques asiarques (*Act. des ap.*, c. 19, v. 31); etc. Quant aux philosophes, on peut ajouter Tatien, Athénagore, Théophile d'Antioche, Hégésippe, Méliton, Miltiade, Pantænus, Ammonius, etc., tous distingués par leur esprit et leur savoir. (*Note de l'Éditeur.*)

citoyens romains furent amenés devant le tribunal de Pline, et il découvrit bientôt que, dans la Bithynie, une foule de personnes, *de tout état*, avaient abandonné la religion de leurs ancêtres (1). Ce témoignage, qui ne peut être suspect, est ici d'un plus grand poids que le défi téméraire de Tertullien, lorsqu'il excite à la fois les craintes et l'humanité du proconsul d'Afrique, en l'assurant que s'il persiste dans ses cruelles intentions, il doit décimer Carthage; qu'il trouvera parmi les coupables plusieurs personnes de son rang, des sénateurs et des dames de la plus noble extraction; et qu'il sera forcé de punir les amis et les parens de ses amis les plus intimes (2). Il paraît cependant qu'environ quarante ans après, l'empereur Valérien ne doutait pas de la vérité d'une pareille assertion, puisque, dans un de ses rescrits, il suppose évidemment que des sénateurs, des chevaliers romains et des femmes de qualité étaient entrés dans la secte des chrétiens (3). L'Église continua toujours à augmenter sa grandeur extérieure, à mesure qu'elle perdait de sa pureté intérieure; et sous le règne de Dioclétien, le palais, les tribunaux, l'armée même, recélaient une multitude de chrétiens, qui s'effor-

---

(1) Pline, *Lettre* x, 97. *Fuerunt alii similis amentiæ, cives Romani..... Multi enim omnis ætatis, omnis ordinis, utriusque sexûs, etiam vocantur in periculum et vocabuntur.*

(2) Tertullien, *ad Scapulam*. Cependant, même dans ses figures de rhétorique, il se borne à un *dixième* de Carthage.

(3) Saint Cyprien, *Epist.* 79.

différent de celui de Lactance, on croit s'apercevoir que ces deux écrivains avaient enseigné publiquement la rhétorique. L'étude même de la philosophie s'introduisit enfin parmi les chrétiens; mais elle ne produisit pas toujours les effets les plus salutaires, et les lettres enfantèrent aussi souvent l'hérésie que la dévotion. Ce que l'on disait des sectateurs d'Artémon peut s'appliquer, avec une égale justesse, aux différentes sectes qui s'élevèrent contre les successeurs des apôtres. « Ils osent altérer les saintes Écritures; ils osent abandonner l'ancienne règle de la foi, et former leurs opinions sur les préceptes subtils de la logique. Ils négligent la science de l'Église pour l'étude de la géométrie, et ils perdent le ciel de vue, s'occupant à mesurer la terre. Euclide est perpétuellement dans leurs mains; Aristote et Théophraste sont les objets de leur admiration; et les ouvrages de Galien leur inspirent une vénération extraordinaire. L'abus des arts et des sciences des gentils est la source de leurs erreurs; ils corrompent la simplicité de l'Évangile, en y mêlant les raffinemens de la raison humaine (1). »

Relativement au rang et à la fortune.

On ne peut pas dire non plus que les avantages de la naissance ou de la fortune aient toujours été séparés de la profession du christianisme. Plusieurs

---

(1) Eusèbe, v. 28. On peut espérer que les hérétiques seuls donnèrent lieu à ce reproche de Celsus (*ap. Origen.*, l. II, p. 77), que les chrétiens étaient continuellement occupés à corriger et à altérer leurs Évangiles.

tion ont surtout disposés à recevoir l'impression des terreurs superstitieuses (1).

<small>Quelques exceptions relativement aux connaissances.</small>

Les couleurs sombres et les contours forcés de ce portrait, quoiqu'il ne soit pas tout-à-fait dénué de ressemblance, décèlent le pinceau d'un ennemi. Lorsque l'humble foi de Jésus-Christ se répandit dans le monde, elle fut embrassée par plusieurs personnes qui jouissaient de la considération attachée aux talens ou aux richesses. Aristide, qui adressa une apologie éloquente à l'empereur Adrien, était un philosophe d'Athènes (2). Saint Justin martyr avait cherché la vérité dans les écoles de Zénon, d'Aristote, de Pythagore et de Platon, avant le moment heureux où il fut abordé par le vieillard, ou plutôt par l'ange, qui tourna tout à coup son attention vers l'étude des prophéties des Juifs (3). Saint Clément d'Alexandrie était très-versé dans la connaissance de la langue grecque, et Tertullien dans celle de la langue latine. Jules-Africain et Origène avaient embrassé presque toutes les sciences connues de leur temps; et quoique le style de saint Cyprien soit très-

---

(1) Minucius-Felix, c. 8, avec les notes de Wower; Celsus, *ap. Origen.*, l. III, p. 138, 142; Julien, *ap. Cyril.*, l. VI, p. 206, édit. Spanheim.

(2) Eusèbe, *Hist. ecclésiast.*, IV, 3; saint Jérôme, *Ep.* 83.

(3) L'histoire est agréablement contée dans les dialogues de saint Justin. Tillemont (*Mém. ecclésiast.*, t. II, p. 334), qui la rapporte d'après lui, est sûr que le vieillard était un ange déguisé.

tie sous la bannière de la croix avant la conversion importante de Constantin. Mais la nature de leur foi, de leur zèle et de leur union, semblait les multiplier ; et les mêmes causes qui devaient contribuer à leur accroissement futur, servirent à rendre leur force actuelle plus apparente et plus formidable.

Dans toute société civile, tandis que les richesses, les honneurs et la science, sont le partage d'un petit nombre de personnes, le corps du peuple est condamné à l'obscurité, à l'ignorance et à la pauvreté. La religion chrétienne, qui s'adressait à tous les hommes, devait par conséquent tirer beaucoup plus de prosélytes des derniers rangs que des classes supérieures de la société. Cette circonstance simple et naturelle a été représentée sous un jour très-odieux ; et les moyens de défense employés par les apologistes de la foi, ne semblent pas aussi forts que les attaques de leurs adversaires. On a prétendu que la nouvelle secte était presque entièrement composée de la plus vile populace, de paysans et d'ouvriers, de femmes et d'enfans, de mendians et surtout d'esclaves dont elle se servait quelquefois pour s'introduire dans les maisons nobles et opulentes auxquelles ils appartenaient. Ces prédicateurs obscurs (telles étaient les injustes imputations de la malignité), qui paraissent si muets en public, ne sont occupés en particulier qu'à parler et à dogmatiser ; évitant avec précaution la rencontre des philosophes, ils s'attachent à une multitude grossière et ignorante, et ils s'insinuent dans l'esprit de ceux que l'âge, le sexe ou l'éduca-

<small>S'il est vrai que les premiers chrétiens aient été ignorans et de basse condition.</small>

christianisme passèrent aisément d'Édesse dans les villes grecques et syriennes, qui obéissaient aux successeurs d'Artaxercès; mais il paraît qu'ils ne firent jamais une impression profonde sur l'esprit des Perses, dont le système religieux, ouvrage d'un ordre de prêtres bien disciplinés, avait été construit avec beaucoup plus d'art et de solidité que la mythologie incertaine de la Grèce et de Rome (1).

Proportion générale des chrétiens et des païens.

En jetant les yeux sur ce tableau fidèle, quoique imparfait, des progrès du christianisme, il paraîtra peut-être probable que, d'un côté la crainte, et de l'autre la dévotion, ont singulièrement exagéré le nombre des prosélytes. Selon le témoignage irréprochable d'Origène (2), la multitude des fidèles était fort peu considérable, comparée à celle des idolâtres; mais, comme on ne nous a laissé aucun monument certain, il est impossible de fixer avec précision, et il serait même très-difficile de déterminer par conjecture, le véritable nombre des premiers chrétiens. Le calcul le plus favorable cependant qu'on puisse tirer des exemples d'Antioche et de Rome ne nous permet pas de supposer que, de tous les sujets de l'empire, il s'en soit enrôlé plus de la vingtième par-

---

(1) Selon Bardésanes (*ap. Euseb. præpar. Evangel.*), il y avait quelques chrétiens en Perse avant la fin du second siècle. Du temps de Constantin (voyez la lettre à Sapor, *vitâ*, l. IV, c. 13), ils formaient une Église florissante. Voyez Beausobre, *Histoire critique du Manich.*, tome I, p. 180, et la *Bibliotheca orientalis* d'Assemani.

(2) Origène, *contra Celsum*, l. VIII, p. 424.

des succès marqués que quand le sceptre fut entre les mains d'un empereur orthodoxe (1). Avant cette époque, la guerre ou le commerce pouvait bien avoir répandu une connaissance imparfaite de l'Évangile parmi les tribus de la Calédonie (2) et parmi celles qui demeuraient sur les bords du Rhin, du Danube et de l'Euphrate (3). Au-delà du dernier de ces fleuves, Édesse se distingua dès les premiers temps, par un ferme attachement à la foi (4). Les principes du

---

(1) *Voyez* le quatrième siècle de l'*Histoire de l'Église*, de Mosheim. On peut trouver dans Moïse de Chorène plusieurs circonstances, à la vérité très-confuses, qui ont rapport à la conversion de l'Ibérie et de l'Arménie, l. II, c. 78-89.

(2) Selon Tertullien, la foi chrétienne avait pénétré dans des parties de la Bretagne inaccessibles aux armes romaines. Environ un siècle après, Ossian, fils de Fingal, disputa, dit-on, dans un âge très-avancé, avec un des missionnaires étrangers, et la dispute existe encore en vers et en langue erse. *Voyez* la *dissertat*. de M. Macpherson sur l'antiquité des poésies d'Ossian, p. 10.

(3) Les Goths, qui ravagèrent l'Asie sous le règne de Gallien, emmenèrent avec eux un grand nombre de captifs, dont quelques-uns étaient chrétiens, et devinrent des missionnaires. *Voyez* Tillemont, *Mém. ecclésiast.*, tome IV, p. 44.

(4) La légende d'Abgare, toute fabuleuse qu'elle est, prouve, d'une manière décisive, que la plus grande partie des habitants d'Édesse avaient embrassé la religion chrétienne plusieurs années avant qu'Eusèbe écrivît son histoire. Au contraire, leurs rivaux, les citoyens de Carrhes, restèrent attachés à la cause du paganisme jusque dans le sixième siècle.

Au-delà des limites de l'empire romain.

Les progrès du christianisme ne furent pas bornés à l'empire romain; et, selon les premiers pères, qui expliquent les faits par les prophéties, la nouvelle religion, un siècle après la mort de son divin auteur, avait déjà visité toutes les parties du globe. « Il n'existe pas, dit saint Justin martyr, un peuple, soit grec ou barbare, ou de toute autre race d'hommes, quelles que soient leurs dénominations ou leurs mœurs distinctives, quelle que puisse être leur ignorance des arts ou de l'agriculture, soit qu'ils habitent sous des tentes, ou qu'ils errent dans des chariots couverts, chez lesquels on n'ait offert, au nom de Jésus crucifié, des prières au père et au créateur de toutes choses (1). » Cette exagération pompeuse, que même à présent il serait bien difficile de concilier avec l'état réel du genre humain, doit être regardée comme la saillie d'un écrivain pieux, mais peu exact, qui réglait sa croyance sur ses désirs. Mais ni la croyance ni le désir des pères ne sauraient altérer la vérité de l'histoire; il sera toujours incontestable que les Barbares de la Scythie et de la Germanie, qui renversèrent la monarchie romaine, étaient plongés dans les ténèbres du paganisme, et que même en Ibérie, en Arménie et en Éthiopie, la religion n'eut

---

du docteur Geddes, où il dévoile avec tant de bonne foi la fausseté de la légende de saint Jacques, vol. II, p. 221.

(1) Saint Justin martyr, *Dialog. cum Tryphon.*, p. 341; saint Irénée, *advers. Hæres.*, l. 1, c. 10; Tertullien, *advers. Jud.*, c. 7; voyez Mosheim, p. 203.

gistrats de l'empereur Sévère (1). Mais il ne nous est resté sur l'origine des Églises occidentales de l'Europe que des monumens obscurs et imparfaits; et, si nous voulions rapporter l'époque et les circonstances de leur fondation, pour suppléer au silence de l'antiquité, nous serions forcés d'avoir recours à ces légendes que l'avarice ou la superstition dicta long-temps après à des moines fainéans dans la solitude de leurs cloîtres (2). Parmi toutes ces fictions sacrées, les aventures romanesques de l'apôtre saint Jacques méritent seules, par leur extravagance singulière, que l'on en fasse mention. Un pêcheur paisible du lac de Genézareth est transformé en valeureux chevalier : à la tête de la cavalerie espagnole, il charge les Maures dans plusieurs batailles. Les plus graves historiens ont célébré ses exploits. La châsse miraculeuse de Compostelle a déployé toute sa puissance; et le tribunal terrible de l'inquisition, assisté de l'épée d'un ordre militaire, suffit pour éloigner toutes les objections d'une critique profane (3).

---

(1) La date de l'Apologétique de Tertullien est fixée, dans une dissertation de Mosheim, à l'année 198.

(2) Dans le quinzième siècle, il y avait peu de personnes qui eussent l'envie ou le courage de mettre en question si Joseph d'Arimathie avait fondé le monastère de Glastenbury, et si saint Denys l'aréopagite préférait le séjour de Paris à celui d'Athènes.

(3) Cette étonnante métamorphose a eu lieu dans le neuvième siècle. *Voyez* Mariana (*Histoire d'Espagne*, v, 10, 13), qui, en tout sens, imite Tite-Live, et les *Mélanges*

que les faibles congrégations de Lyon et de Vienne réunies en une seule. On assure même que jusqu'au règne de l'empereur Dèce, quelques Églises éparses dans les villes d'Arles, de Narbonne, de Toulouse, de Limoges, de Clermont, de Tours et de Paris, se soutinrent seulement par la dévotion d'un petit nombre de chrétiens (1). Le silence, il est vrai, convient bien à la dévotion ; mais, comme il est rarement compatible avec le zèle, on peut juger et s'affliger de l'état languissant et déplorable du christianisme dans les provinces qui avaient abandonné le celtique pour le latin, puisque, durant les trois premiers siècles, elles ne produisirent aucun écrivain ecclésiastique. De la Gaule, contrée florissante qui l'emportait, par la supériorité du rang et par ses succès dans les lettres, sur tous les pays situés en-deçà des Alpes, la lumière de l'Évangile se réfléchit plus faiblement sur l'Espagne et sur la Bretagne. S'il faut en croire les assertions véhémentes de Tertullien, ces provinces avaient déjà été éclairées des premiers rayons de la foi, lorsqu'il adressa son Apologétique aux ma-

---

(1) *Raræ in aliquibus civitatibus Ecclesiæ paucorum christianorum devotione resurgerent*, Acta sincera, p. 130 ; Grégoire de Tours, l. 1, c. 28 ; Mosheim, 207, 449. Il y a quelque raison de croire que, dans le commencement du quatrième siècle, les diocèses étendus de Liége, de Trèves, et de Cologne, formaient un seul évêché, qui avait été fondé très-récemment. Voyez *Mémoires* de Tillemont, tome VI, part. 1, p. 43, 411.

la mer où les Alpes (1); et l'on ne peut apercevoir dans ces vastes contrées aucune trace sensible de foi et de persécution avant le règne des Antonins (2). Les progrès lents du christianisme, sous le climat froid de la Gaule, sont bien différens de l'ardeur avec laquelle la prédication de l'Évangile paraît avoir été reçue au milieu des sables brûlans de l'Afrique. Les chrétiens de cette dernière province formèrent bientôt un des corps les plus considérables de la primitive Église. Ils envoyaient des évêques dans les plus petites villes, et très-souvent dans les villages les plus obscurs ? cette pratique augmenta la splendeur et l'importance de leurs communautés religieuses, qui, durant le cours du troisième siècle, furent animées par le zèle de Tertullien, dirigées par les talens de saint Cyprien, et illustrées par l'éloquence du célèbre Lactance. D'un autre côté, si nous jetons les yeux sur la Gaule, nous ne voyons sous Marc-Aurèle

---

(1) *Seriùs trans Alpes, religione Dei susceptâ.* Sulpice-Sévère, l. II. *Voy.* Eusèbe, v, 1; Tillemont, *Mém. ecclés.*, tome II, p. 316. Selon les donatistes, dont l'assertion est confirmée par l'aveu tacite de saint Augustin, l'Afrique fut la dernière province qui reçut l'Évangile. Tillemont, *Mém. ecclésiast.*, tome I, p. 754.

(2) *Tum primùm intra Gallias martyria visa.* Sulpice-Sévère, l. II. Ce sont les fameux martyrs de Lyon. Au sujet de l'Afrique, voyez Tertullien, *ad Scapulam*, c. 3. On imagine que les martyrs Scyllitains furent les premiers (*Acta sincera*, Ruinart, p. 34). Un des adversaires d'Apulée paraît avoir été chrétien. *Apolog.*, p. 496, 497, édit. Delph.

acolytes, et de cinquante lecteurs, exorcistes et portiers. Le nombre des veuves, des malades et des pauvres soutenus par les offrandes publiques, se montait à quinze cents (1). D'après la raison et d'après la proportion que nous donnent les calculs faits sur l'Église d'Antioche, nous devons croire que Rome renfermait environ cinquante mille chrétiens. On ne saurait fixer avec exactitude la population de cette immense capitale; mais le calcul le plus modéré ne la réduira certainement pas à moins d'un million d'habitans, dont les chrétiens pouvaient former tout au plus la vingtième partie (2).

En Afrique et dans les provinces occidentales.

Les provinces occidentales paraissent avoir tiré la connaissance du christianisme de la même source qui leur avait porté le langage, les sentimens et les mœurs de Rome. Dans cette révolution bien plus importante, l'Afrique et la Gaule suivirent insensiblement l'exemple de la capitale. Cependant, malgré plusieurs occasions favorables qui pouvaient engager les missionnaires romains à visiter leurs provinces, il s'était écoulé plus d'un siècle lorsqu'ils passèrent

_____

(1) Eusèbe, l. vi, c. 43. Le traducteur latin, M. de Valois, a jugé à propos de réduire le nombre des prêtres à quarante-quatre.

(2) Cette proportion des prêtres et des pauvres au reste du peuple a été d'abord établie par Burnet (*Voyages en Italie*, p. 168), et approuvée par Moyle (vol. II, p. 151). Ils ne connaissaient ni l'un ni l'autre ce passage de saint Chrysostôme, par lequel leur conjecture est presque changée en fait.

tude (1); et le langage de ce grand historien est presque semblable à celui de Tite-Live, quand celui-ci rapporte l'introduction et l'abolition des cérémonies de Bacchus. Lorsque les bacchanales eurent réveillé la sévérité du sénat, on craignit pareillement qu'une très-grande multitude, et pour ainsi dire, un peuple entier n'eût été initié dans ces horribles mystères. Des recherches plus exactes montrèrent bientôt que les coupables n'excédaient pas sept mille; nombre à la vérité effrayant quand on le considère comme l'objet de la justice publique (2). C'est avec la même modification que nous devons interpréter les expressions vagues de Tacite, et en premier lieu de Pline, lorsque ces deux auteurs parlent avec exagération de cette foule de fanatiques séduits qui avaient abandonné le culte des dieux. L'Église de Rome était sans doute la première et la plus nombreuse de l'empire, et nous avons encore un registre très-authentique qui atteste l'état de la religion dans cette ville, vers le milieu du troisième siècle, après une paix de trente-huit ans. A cette époque, le clergé était composé d'un évêque, de quarante-six prêtres, de sept diacres, d'autant de sous-diacres, de quarante-deux

---

(1) *Ingens multitudo*: telle est l'expression de Tacite, xv, 44.

(2) Tite-Live, xxxix, 13, 15, 16, 17. Rien ne peut surpasser l'horreur et la consternation du sénat, lorsqu'il découvrit les bacchanales, dont la licence effrénée est décrite et peut-être exagérée par Tite-Live.

par une farouche inflexibilité de caractère (1), reçurent la nouvelle doctrine avec froideur et avec répugnance : du temps même d'Origène, il était rare de trouver un Égyptien qui eût surmonté ses anciens préjugés en faveur des animaux sacrés de sa patrie (2). A la vérité, dès que le christianisme monta sur le trône, le zèle de ces Barbares obéit à l'impulsion dominante. Les villes de l'Égypte furent remplies d'évêques, et les déserts de la Thébaïde peuplés d'ermites.

A Rome. Les étrangers et les habitans des provinces affluaient sans cesse dans la vaste enceinte de Rome. Tout ce qui était singulier ou odieux, coupable ou suspect, pouvait espérer, à la faveur de l'obscurité qu'on trouve aisément dans une immense capitale, d'éluder la vigilance des lois. Dans ce concours perpétuel de tant de nations, un ministre de la vérité ou du mensonge, le fondateur d'une association criminelle ou d'une société vertueuse, trouvait facilement les moyens d'augmenter le nombre de ses disciples ou de ses complices. Selon Tacite, les chrétiens de Rome, lors de la persécution momentanée de Néron, compposaient déjà une très-grande multi-

---

rieuse est conservée par le patriarche Eutychius (*Annal.*, tome 1, p. 334, vers. Pocock.), et l'évidence intérieure de ce fait suffirait seule pour répondre à toutes les objections qui ont été avancées par l'évêque Pearson dans les *Vindiciæ ignatianæ*.

(1) Ammien-Marcellin, XXII, 16.
(2) Origène, *contra Celsum*, l. 1, p. 40.

nauté de biens, le goût du célibat, leur zèle pour le martyre, et la chaleur, non la pureté de leur foi, offraient déjà une vive image de la discipline primitive des chrétiens (1). C'est dans l'école d'Alexandrie que la théologie chrétienne semble avoir pris une forme régulière et scientifique; lorsque Adrien visita l'Égypte, il y trouva une Église composée de Juifs et de Grecs, et assez importante pour attirer l'attention de ce prince curieux (2). Mais pendant longtemps les progrès du christianisme ne s'étendirent pas au-delà des limites d'une seule ville, qui était elle-même une colonie étrangère; et jusque vers la fin du second siècle, les prédécesseurs de Démétrius ont été les seuls prélats de l'Église égyptienne. Trois évêques furent consacrés par la main de Démétrius; Héraclas, son successeur, en porta le nombre jusqu'à vingt (3). Les naturels du pays, peuple remarquable

---

(1) Basnage (*Histoire des Juifs*, l. 21, c. 20, 21, 22, 23) a examiné, avec la critique la plus exacte, le curieux traité de Philon, qui fait connaître les thérapeutes. En prouvant qu'il fut composé dès le temps d'Auguste, Basnage a démontré, en dépit d'Eusèbe (l. II, c. 17), et d'une foule de catholiques modernes, que les thérapeutes n'étaient ni chrétiens ni moines. Il reste encore probable qu'après avoir changé de nom, ils conservèrent leurs mœurs, qu'ils adoptèrent quelques nouveaux articles de foi, et qu'ils devinrent insensiblement les fondateurs des ascétiques égyptiens.

(2) *Voyez* une lettre d'Adrien dans l'*Histoire Auguste*, p. 245.

(3) Pour la succession des évêques d'Alexandrie, *voyez* l'*Histoire* de Renaudot, p. 24, etc. Cette particularité cu-

triomphante, l'Occident avec l'Orient, des villages obscurs avec des villes populeuses, et des contrées nouvellement converties, avec le lieu où les fidèles ont reçu, pour la première fois, le nom de chrétien! Cependant, il ne faut pas le dissimuler, saint Chrysostôme, à qui nous devons la connaissance d'un fait si précieux, avance dans un autre passage, que la multitude des fidèles surpassait même le nombre des Juifs et des païens (1). Mais la solution de cette difficulté apparente est facile et se présente naturellement : l'éloquent prédicateur met en parallèle la constitution civile et ecclésiastique d'Antioche ; il oppose aux chrétiens qui ont acquis le ciel par le baptême, les citoyens qui avaient le droit de partager la libéralité publique : la première liste comprenait les esclaves, les étrangers et les enfans ; ils étaient exclus de la seconde.

En Égypte.   Le commerce étendu d'Alexandrie et sa situation près de la Palestine, facilitèrent l'introduction du christianisme dans cette ville ; la nouvelle religion fut d'abord embrassée par un grand nombre de thérapeutes ou esséniens du lac Maréotis, secte juive qui avait perdu beaucoup de son respect pour les cérémonies mosaïques. La vie austère des esséniens, leurs jeûnes et leurs excommunications, la commu-

---

(1) Saint Chrysostôme, tome I, p. 592. Je dois ces passages, mais non l'introduction que j'en tire, au savant docteur Lardner. *Credibility of the Gospel history*, vol. XII, page 370.

leuse les expressions et les motifs des écrivains qui ont célébré ou déploré les progrès du christianisme en Orient, nous observerons en général que l'on ne trouve rien dans leurs ouvrages qui puisse nous donner une idée juste du véritable nombre des fidèles de ces provinces. Cependant il nous est heureusement parvenu une circonstance qui semble jeter un plus grand jour sur ce sujet obscur, mais intéressant. Sous le règne de Théodose, après que le christianisme eut brillé, pendant plus de soixante ans, de l'éclat de la faveur impériale, l'ancienne et illustre Église d'Antioche consistait en cent mille habitans, dont trois mille étaient soutenus par les offrandes publiques (1). La splendeur et la dignité de la reine de l'Orient; la population connue de Césarée, de Séleucie, et d'Alexandrie; et la perte de deux cent cinquante mille personnes qui périrent dans le tremblement de terre dont Antioche fut affligée du temps de Justin l'ancien (2), sont autant de preuves convaincantes que cette dernière ville renfermait au moins cinq cent mille habitans, et que les chrétiens, quoique extrêmement multipliés par l'autorité et par le zèle, n'en formaient pas plus de la cinquième partie. Combien la proportion sera-t-elle différente, si l'on compare l'Église persécutée avec l'Église

---

(1) Saint Chrysostôme, *Opera*, tome VII, p. 658, 810, édit. Savil.

(2) Jean Malala, tome II, p. 144. Il tire la même conclusion par rapport à la population d'Antioche.

ces témoignages rendus par les fidèles, nous pouvons ajouter l'aveu, les plaintes et les alarmes des gentils eux-mêmes. Lucien, écrivain philosophe qui avait étudié les hommes, et qui a peint leurs mœurs avec les couleurs les plus vives, nous apprend que le Pont, son pays natal, était rempli, sous le règne de Commode, d'épicuriens et de *chrétiens* (1). Quatre-vingts ans après la mort de Jésus-Christ (2), l'humanité de Pline le porte à déplorer la grandeur du mal qu'il s'est en vain efforcé de déraciner. Dans cette lettre curieuse, adressée à l'empereur Trajan, il assure que les temples sont presque déserts, que les victimes sacrées trouvent à peine des acheteurs, et que la superstition a non-seulement infecté les villes, mais qu'elle s'est aussi répandue dans les villages et dans les campagnes du Pont et de la Bithynie (3).

L'Église d'Antioche.

Sans vouloir peser avec une exactitude scrupu-

---

(1) Lucien *in Alexandro*, c. 25. Le christianisme, cependant, doit avoir été répandu très-inégalement dans le Pont, puisqu'au milieu du troisième siècle il n'y avait pas plus de dix-sept fidèles dans le diocèse étendu de Néo-Césarée. *Voyez* M. de Tillemont, *Mém. ecclésiast.*, tome IV., p. 675. Cette particularité est tirée de saint Basile et de saint Grégoire de Nysse, qui étaient eux-mêmes natifs de Cappadoce.

(2) Selon les anciens, Jésus-Christ souffrit la mort sous le consulat des deux Geminus, en l'année 29 de notre ère. Pline (selon Pagi) fut envoyé en Bithynie dans l'année 110.

(3) *Lettres de Pline*, x, 97.

établies en Syrie, il n'en existait pas de plus ancienne ni de plus illustre que celle de Damas, de Bœrée ou Alep, et d'Antioche. L'introduction prophétique de l'Apocalypse a décrit et immortalisé les sept Églises de l'Asie, Éphèse, Smyrne, Pergame, Thyatire (1), Sardes, Laodicée et Philadelphie; leurs colonies se répandirent bientôt dans ce pays si peuplé. Dès les premiers temps, les îles de Crète et de Chypre, les provinces de Thrace et de Macédoine, avaient favorablement accueilli la nouvelle religion; bientôt les villes de Corinthe, de Sparte et d'Athènes (2), virent s'élever dans leur sein des républiques chrétiennes. Comme la fondation des Églises grecques et asiatiques remonte à une époque très-reculée, elles eurent tout le temps nécessaire pour leur accroissement et pour leur multiplication; et même les essaims de gnostiques et d'autres hérétiques qui en sortirent servent à montrer l'état florissant de l'Église orthodoxe, puisque la dénomination d'hérétiques a toujours été appliquée au parti le moins nombreux. A.

---

(1) Les alogiens (saint Épiphane, *de Hœres.*, 51) attaquaient la vérité de l'Apocalypse, parce que l'Église de Thyatire n'était pas encore fondée. Saint Épiphane, qui convient du fait, se débarrasse de la difficulté par la supposition ingénieuse que saint Jean écrivait avec l'esprit de prophétie. *Voyez* Abauzit, *Discours sur l'Apocalypse*.

(2) Les Épîtres de saint Ignace et de Denys (*ap. Euseb*, IV, 23) désignent un grand nombre d'Églises dans la Grèce et en Asie. Celle d'Athènes semble avoir été une des moins florissantes.

été construits pour l'usage des légions, ouvraient aux missionnaires de l'Évangile une route facile depuis Damas jusqu'à Corinthe, depuis les confins de l'Italie jusqu'aux extrémités de l'Espagne et de la Bretagne; et ces conquérans spirituels ne rencontrèrent aucun des obstacles qui retardent ordinairement ou qui empêchent l'introduction d'une religion étrangère dans un pays éloigné. Tout nous porte à croire que la foi avait été prêchée dans toutes les provinces et dans toutes les grandes villes de l'empire, avant les règnes de Dioclétien et de Constantin. Mais l'établissement des différentes congrégations, le nombre des fidèles qui les composaient, et leur proportion avec la multitude des idolâtres, sont maintenant ensevelis dans l'obscurité, ou déguisés par la fiction et par la déclamation. Nous allons cependant rassembler les notions incomplètes qui nous sont parvenues touchant l'accroissement du nom chrétien en Asie et dans la Grèce, en Égypte, en Italie et dans l'Occident; nous les rapporterons sans négliger les acquisitions réelles ou imaginaires de la foi au-delà des limites de l'empire romain.

Vue historique des progrès du christianisme.

En Orient. Les riches provinces qui s'étendent de l'Euphrate à la mer d'Ionie furent le principal théâtre sur lequel l'apôtre des gentils déploya son zèle et sa piété. Les semences de l'Évangile, qu'il avait jetées dans un sol fertile, furent cultivées avec soin par ses disciples; et il paraît que, durant les deux premiers siècles, ces contrées étaient celles qui renfermaient le corps le plus considérable de chrétiens. Parmi les sociétés

authentiques de la vie et des actions de Jésus-Christ furent composées en grec, à une distance considérable de Jérusalem, et après que le nombre des païens convertis eut été extrêmement multiplié (1). Dès que ces histoires eurent été traduites en latin, elles furent à la portée de tous les sujets de Rome, excepté seulement des paysans de la Syrie et de l'Égypte, en faveur desquels on fit dans la suite des versions particulières. Les grands chemins qui avaient

---

(1) Sous les règnes de Néron et de Domitien, et dans les villes d'Alexandrie, d'Antioche, de Rome et d'Éphèse. Voyez Mill. *Prolegomena ad Novum Testament.*, et la grande et belle collection donnée par le docteur Lardner, vol. xv.

avait écrit les discours de Jésus-Christ en hébreu, et que chacun les interprétait comme il le pouvait. Cet hébreu était le dialecte syro-chaldaïque, alors en usage à Jérusalem. Origène, saint Irénée, Eusèbe, saint Jérôme, saint Épiphane, confirment ce récit : Jésus-Christ prêchait lui-même en syro-chaldaïque; c'est ce que prouvent plusieurs mots dont il s'était servi, et que les évangélistes ont pris soin de traduire. Saint Paul, haranguant les Juifs, se servit de la même langue. (*Act. des ap.*, c. 20, v. 2; c. 17, v. 4; c. 26, v. 14.) Les opinions de quelques critiques prouvent peu contre des témoignages incontestables. D'ailleurs, leur principale objection est que saint Matthieu cite le vieux Testament d'après la version grecque des Septante, ce qui est inexact; car des dix citations que l'on trouve dans son Évangile, sept sont visiblement prises dans le texte hébreu, et les trois autres n'offrent rien qui en diffère; d'ailleurs, ces dernières ne sont pas des citations littérales. Saint Jérôme dit positivement, d'après une copie de cet Évangile, qu'il avait vue dans la bibliothèque de Césarée, que les citations étaient faites en hébreu. (*In Catal.*) Des critiques plus modernes, entre autres Michaëlis, ne font pas un doute sur cette question. La version grecque paraît avoir été faite du temps des apôtres, comme l'affirment saint Jérôme et saint Augustin, peut-être même par l'un d'eux. (*Note de l'Éditeur.*)

étendue, loin de s'étonner des progrès rapides du christianisme, on sera peut-être surpris que ces succès n'aient pas encore été plus rapides et plus universels.

<small>Aussi bien que la paix et l'union de l'empire romain.</small> On a observé, avec vérité et avec justesse, que les conquêtes de Rome préparèrent et facilitèrent celles du christianisme. Dans le second chapitre de cet ouvrage, nous avons essayé d'expliquer comment les nations les plus civilisées de l'Europe, de l'Asie et de l'Afrique, furent réunies sous la domination d'un même souverain, et se trouvèrent insensiblement liées entre elles par les rapports les plus intimes des lois, des mœurs et du langage. Les Juifs de la Palestine, qui avaient attendu avec une ferme confiance un libérateur temporel, parurent si insensibles aux miracles du divin prophète (1), que l'on ne crut pas nécessaire de publier, ou du moins de conserver aucun Évangile hébreu (2). Les histoires

---

(1) Cette insensibilité ne fut pas si grande que Gibbon paraît le croire. Un grand nombre de Juifs se convertirent; huit mille furent baptisés en deux jours. (*Act. des ap.*, c. 2, v. 37-40; c. 4, v. 4.) Ils formèrent la première Église chrétienne. (*Note de l'Éditeur.*)

(2) Les pères prétendaient presque unanimement, mais les critiques modernes ne sont pas disposés à croire que saint Matthieu composa un Évangile hébreu, dont il ne reste que la traduction grecque. Il paraît cependant dangereux de rejeter le témoignage des pères (*).

(*) De fortes raisons paraissent confirmer ce témoignage. Papias, contemporain de l'apôtre saint Jean, dit positivement que *Matthieu*

scepticisme et d'incertitude peut amuser quelques esprits curieux et réfléchis ; mais la pratique de la superstition est si naturelle à la multitude que, le charme rompu, elle regrette toujours la perte d'une illusion agréable. L'amour que les hommes ont si généralement pour le merveilleux et pour les choses surnaturelles, la curiosité qui les porte à connaître l'avenir, leur penchant invincible à étendre leurs espérances et leurs craintes bien au-delà des bornes du monde visible, furent les principales causes qui favorisèrent l'établissement du polythéisme. La nécessité de croire presse si fortement le vulgaire, qu'à la chute d'un système de mythologie on verra probablement s'élever quelque autre superstition. Des divinités, formées sur un modèle plus nouveau et plus conforme au goût du siècle, auraient peut-être bientôt occupé les temples abandonnés d'Apollon et de Jupiter, si, dans ce moment décisif, la sagesse de la Providence n'eût envoyé sur la terre une révélation pure et sainte, propre à inspirer l'estime et la conviction la plus raisonnable, et ornée en même temps de tout ce qui pouvait exciter la curiosité, l'étonnement et la vénération des peuples. Dans la disposition où ils se trouvaient alors, dégagés presque entièrement de leurs préjugés artificiels, mais également susceptibles et avides d'un attachement religieux, un objet bien moins digne de leur culte aurait suffi pour remplir le vide de leur cœur et pour satisfaire l'ardeur inquiète de leurs passions. Si l'on veut suivre cette réflexion dans toute son

Le scepticisme du monde païen devient favorable à la nouvelle religion.

Lorsque le christianisme parut sur la terre, ces impressions faibles et imparfaites avaient même déjà perdu une partie de leur ancien pouvoir. La raison humaine qui, abandonnée sans secours à sa propre force, est incapable de concevoir les mystères de la foi, avait déjà remporté une victoire facile sur les folies du paganisme. Quand Tertullien et Lactance voulurent en démontrer l'extravagance ou la fausseté, ils furent obligés d'emprunter l'éloquence de Cicéron, ou la plaisanterie de Lucien. La contagion du scepticisme répandu dans ses écrits s'était étendue bien au-delà du cercle de leurs lecteurs. L'incrédulité avait gagné la plus grande partie de la société, depuis le philosophe jusqu'à l'homme livré aux plaisirs ou aux affaires; depuis le noble jusqu'au plébéien; depuis le maître jusqu'à l'esclave domestique qui servait à sa table, et qui écoutait avec plaisir la libre conversation des convives. En public, tous ces philosophes affectaient de traiter avec vénération et avec décence les institutions religieuses de leur patrie; mais leur mépris intérieur perçait à travers le voile léger dont ils savaient à peine se couvrir. Le peuple même, lorsqu'il voyait ses divinités rejetées et tournées en ridicule par ceux dont il avait coutume de respecter le rang et les talens, se formait des doutes et des soupçons sur la vérité de la doctrine qu'il avait adoptée avec la foi la plus implicite. La destruction des anciens préjugés laissait une portion très-nombreuse du genre humain dans une situation pénible et accablante. Un état de

braient avec une froide indifférence les anciennes cérémonies, selon les lois et la coutume de leur patrie. Comme ils étaient livrés aux occupations ordinaires de la vie, il arrivait rarement que l'esprit ecclésiastique ou un sentiment d'intérêt animât leur zèle et leur dévotion. Bornés à leurs villes et à leurs temples respectifs, ils n'avaient entre eux aucun rapport de gouvernement ou de discipline; et ces magistrats civils, en reconnaissant la juridiction suprême du sénat, du collége des pontifes et de l'empereur, se contentaient de la tâche facile qui leur avait été imposée, de soutenir en paix et avec dignité le culte établi dans l'État. Nous avons déjà remarqué combien les sentimens religieux du polythéiste étaient variés, vagues et incertains; ils étaient abandonnés presque sans réserve aux opérations naturelles de son imagination superstitieuse. Les circonstances particulières de sa situation ou de sa vie déterminaient l'objet aussi bien que le degré de sa dévotion; et, lorsqu'il prostituait ainsi son encens à une foule innombrable de dieux, il ne pouvait guère être susceptible d'une passion bien vive ou bien sincère pour quelqu'une de ces divinités.

Cette dignité était annuelle et élective. Il n'y avait que le plus vain des citoyens qui pût désirer cet honneur: le plus opulent pouvait seul en supporter la dépense. *Voyez*, dans les *Patres apostol.* (tome 2, p. 200), avec quelle indifférence Philippe l'asiarque se conduisit dans le martyre de saint Polycarpe. Il y avait aussi des bithyniarques, des lyciarques, etc.

daignait de capituler avec l'ennemi dont ils avaient juré la perte. Les trois suivantes fournirent à leur valeur les armes les plus formidables. La dernière enfin affermit leur courage par l'union, dirigea leurs armes, et donna à leurs efforts cette impétuosité irrésistible, qui a souvent rendu une petite bande de volontaires intrépides et bien disciplinés victorieuse d'une multitude confuse et indifférente sur l'événement d'une guerre dont elle ignore le sujet. Dans les différentes religions du polythéisme, quelques fanatiques errans de l'Égypte et de la Syrie, occupés à surprendre la superstition crédule de la populace, formaient peut-être le seul ordre de prêtres (1) qui tirassent toute leur existence, toute leur considération de l'état sacerdotal, et qui fussent sensiblement touchés d'un intérêt personnel pour la sûreté ou pour la prospérité de leurs divinités tutélaires. Les ministres du polythéisme à Rome et dans les principales provinces, étaient, pour la plupart, des citoyens d'une naissance illustre et d'une fortune honnête; ils acceptaient, comme une distinction honorable, l'office de grand-prêtre dans un temple célèbre ou dans quelque sacrifice public. Souvent ils solennisaient les jeux sacrés (2) à leurs propres dépens, et ils célé-

Faiblesse du polythéisme.

---

(1) Les artifices, les mœurs et les vices des prêtres de la déesse syrienne, sont très-agréablement dépeints par Apulée, dans le huitième livre de ses Métamorphoses.

(2) L'office d'asiarque était de cette espèce. Il en est fait souvent mention dans Aristide, dans les inscriptions, etc.

si absolue sur les consciences et sur les esprits d'une congrégation, tout obscure, toute méprisable qu'elle paraît aux yeux du monde, satisfait plus véritablement l'orgueil du cœur humain que la possession du pouvoir le plus despotique auquel la force des armes et le droit de conquête obligent un peuple à se soumettre.

Dans le cours de cet examen important, quoique peut-être d'une nature peu attrayante, j'ai essayé de développer les causes secondes qui ont si efficacement aidé à la vérité de la religion chrétienne. Si parmi ces causes nous avons aperçu quelques ornemens artificiels, quelques circonstances étrangères, ou quelque mélange d'erreur et de passion, il n'est pas étonnant que les hommes aient été si vivement affectés par des motifs conformes à leur nature imparfaite. Un zèle exclusif, l'attente immédiate d'un autre monde, le don prétendu des miracles, la pratique d'une vertu rigide, et la constitution de la primitive Église, telles sont les causes qui ont assuré les succès du christianisme dans l'empire romain. Les chrétiens durent à la première cette valeur invincible qui dé-

<small>Récapitulation des cinq causes.</small>

<small>oratoriæ professione clarus, magnam sibi gloriam, opes, honores, acquisivit, epularibus cœnis et largis dapibus assuetus, pretiosâ veste conspicuus, auro atque purpurâ fulgens, fascibus oblectatus et honoribus, stipatus clientium cuneis, frequentiore comitatu officii agminis honestatus, ut ipse de se loquitur in epistolâ ad Donatum. Voyez : Dr Cave, Hist. litterar., tome 1, p. 87. (Note de l'Éditeur.)</small>

prévenir la désertion des troupes qui s'étaient enrôlées sous la bannière de la croix, et dont le nombre devenait de jour en jour plus considérable. Les déclamations impérieuses de saint Cyprien nous porteraient naturellement à supposer que la doctrine de l'excommunication et de la pénitence formait la partie la plus essentielle de la religion, et que les disciples de Jésus-Christ couraient moins de dangers en négligeant d'observer les devoirs de la morale, que s'ils eussent méprisé les censures et l'autorité de leurs évêques. Tantôt nous imaginerions entendre la voix de Moïse, lorsqu'il commandait à la terre de s'ouvrir et d'engloutir dans des flammes dévorantes la race impie qui résistait au sacerdoce d'Aaron; tantôt nous croirions voir un consul romain soutenant la majesté de la république, et déclarant sa résolution inflexible de faire exécuter les lois dans toute leur rigueur. « Si l'on souffre impunément de pareilles irrégularités (c'est ainsi que l'évêque de Carthage blâme la douceur de son collègue), c'en est fait de la *vigueur épiscopale* (1); c'en est fait de la puissance sublime et divine qui gouverne l'Église; c'en est fait même du christianisme. » Saint Cyprien avait renoncé à ces honneurs temporels que probablement il n'aurait jamais obtenus (2); mais l'acquisition d'une autorité

---

(1) Saint Cyprien, *Epist.* 69.

(2) Cette supposition paraît peu fondée; la naissance et les talens de saint Cyprien doivent faire présumer le contraire : *Thascius Cœcilius Cyprianus, Carthaginensis, artis*

de sept ans; et s'il avait séduit quelques-uns de ses frères, on ajoutait seulement trois années de plus au terme de son exil. Le malheureux Espagnol, au contraire, qui avait commis la même offense, ne pouvait espérer de réconciliation, même à l'article de la mort. Son idolâtrie se trouve placée à la tête d'une liste de dix-sept autres crimes, contre lesquels est prononcée une sentence non moins terrible. La calomnie envers un évêque; un prêtre ou même un diacre, était au nombre de ceux que rien ne pouvait expier (1).

Un mélange heureux de clémence et de rigueur, une sage dispensation de punitions et de récompenses, conforme aux maximes de la politique aussi bien que de la justice, constituaient la force de l'Église sur la terre. Les évêques, dont le soin paternel s'étendait sur le gouvernement des deux mondes, sentaient l'importance de ces prérogatives; ils prétendaient n'être animés que du désir d'entretenir l'ordre et la paix; et, cachant leur ambition sous ce noble prétexte, ils souffraient avec peine qu'un rival partageât l'exercice d'une discipline si nécessaire pour

Dignité du gouvernement épiscopal.

---

(1) *Voyez* dans Dupin, (*Biblioth. ecclés.*, t. II, p. 304-313) une exposition courte, mais raisonnée, des canons de ces conciles, qui furent tenus dans les premiers momens de tranquillité après la persécution de Dioclétien. Cette persécution avait été bien moins sévère en Espagne qu'en Galatie; différence qui peut, en quelque sorte, expliquer le contraste des réglemens établis dans ces provinces.

et dont l'appareil imposant devait en même temps empêcher les spectateurs d'imiter son exemple. Humilié par une confession publique, macéré par les jeûnes, couvert d'un sac, le pénitent se tenait prosterné à l'entrée de l'assemblée. Là, il implorait, les larmes aux yeux, le pardon de ses offenses, et sollicitait les prières des fidèles (1) : si la faute était très-grave, des années entières de pénitence ne paraissaient pas une satisfaction proportionnée à la justice divine. Le pécheur, l'hérétique ou l'apostat, n'étaient admis de nouveau dans le sein de l'Église qu'après avoir passé par des épreuves lentes et pénibles. On réservait cependant la sentence d'excommunication perpétuelle pour les crimes énormes, et surtout pour les rechutes inexcusables de ces pénitens, qui, ayant déjà éprouvé la clémence de leurs supérieurs ecclésiastiques, en avaient abusé. Les évêques, maîtres absolus de la discipline chrétienne, l'exerçaient diversement, selon les circonstances du crime, ou selon le nombre des coupables. Les conciles d'Ancyre et d'Elvire furent tenus à peu près dans le même temps, le premier en Galatie, l'autre en Espagne ; mais l'esprit de leurs canons respectifs, qui existent encore aujourd'hui, semble bien différent. Le Galate qui, après son baptême, avait plus d'une fois sacrifié aux idoles, obtenait son pardon par une pénitence

<small>Pénitence publique.</small>

---

(1) Cave, *Christianisme primitif*, part. III, c. 5. Les admirateurs de l'antiquité regrettent la perte de cette pénitence publique.

l'état d'abaissement où ils étaient tombés ; et, tremblant sur leur sort, ils désiraient être rendus à la communion des fidèles.

Quant au traitement qu'il fallait infliger à ces pénitens, deux sentimens opposés, l'un de justice, l'autre de compassion, divisèrent la primitive Église. Les casuistes les plus rigides et les plus inflexibles leur refusaient à jamais, et sans exception, la dernière même des places dans la communauté sainte, qu'ils avaient déshonorée ou abandonnée, et, les livrant aux remords d'une conscience coupable, ils ne leur laissaient qu'un faible rayon d'espoir, en leur insinuant que leur contrition pendant leur vie et au moment de leur mort pourrait être acceptée par l'Être suprême (1). Mais la partie la plus saine et la plus respectable de l'Église chrétienne (2) adopta une opinion plus douce dans la théorie aussi bien que dans la pratique. Les portes de la réconciliation et du ciel furent rarement fermées au pécheur touché de repentir ; on institua seulement une forme sévère et solennelle de discipline destinée à expier son crime,

---

(1) Les montanistes et les novatiens, qui tenaient à cette opinion avec la plus grande rigueur et la plus ferme opiniâtreté, se trouvèrent enfin eux-mêmes au nombre des hérétiques excommuniés. *Voyez* le savant Mosheim, qui a traité ce sujet avec beaucoup d'étendue, second et troisième siècle.

(2) Denys, apud Euseb., IV, 23 ; saint Cyprien, *de Lapsis*.

quelque acte de culte rendu aux idoles. L'excommunication influait sur le temporel aussi bien que sur le spirituel. Le chrétien qui l'avait encourue était privé de toute portion dans la distribution des offrandes. Il voyait se briser tous les liens de l'amitié religieuse et particulière. Les personnes qu'il estimait le plus, et dont il avait été le plus tendrement aimé, ne l'envisageaient qu'avec horreur, comme un être souillé ; et son exclusion d'une société respectable, en imprimant à sa réputation une espèce de flétrissure, le désignait à tout le genre humain comme un objet d'aversion et de méfiance. Quelque triste, quelque pénible que la situation de ces malheureux exilés pût être en elle-même, leurs appréhensions, comme il est assez ordinaire, surpassaient de bien loin leurs souffrances. Les avantages de la communion chrétienne étaient ceux de la vie éternelle ; et les excommuniés ne pouvaient effacer de leur esprit l'idée terrible que ces gouverneurs ecclésiastiques, qui avaient prononcé leur sentence de condamnation, avaient reçu des mains de la Divinité les clefs de l'enfer et du paradis. Les hérétiques, soutenus peut-être par la conscience de leurs intentions et par l'espérance flatteuse qu'ils avaient seuls découvert le véritable chemin du salut, s'efforçaient, il est vrai, de recouvrer dans leurs assemblées séparées ces avantages spirituels et temporels qu'ils ne retiraient plus de la grande société des chrétiens ; mais tous ceux qui n'avaient succombé qu'avec peine sous les efforts du vice ou de l'idolâtrie, sentaient

l'avenir, attirait dans son sein charitable une foule de malheureux que la négligence des hommes aurait laissés en proie aux horreurs de la pauvreté, des maladies et de la vieillesse. On peut croire aussi que la plupart des enfans exposés au moment de leur naissance, selon la pratique inhumaine de ces temps, furent souvent sauvés, baptisés, élevés et entretenus par la piété des chrétiens et aux dépens du trésor public (1).

II. Toute société a le droit incontestable d'exclure de sa communion et de ne plus admettre à la participation de ses avantages, ceux de ses membres qui rejettent ou qui violent les réglemens établis d'un consentement général. En exerçant ce pouvoir, l'Église chrétienne dirigea principalement ses censures contre les pécheurs scandaleux, et surtout contre les personnes coupables de meurtre, de fraude et d'incontinence; contre les auteurs ou les sectateurs de quelque opinion hérétique condamnée par le jugement de l'ordre épiscopal, et contre ces infortunés qui, de leur propre mouvement, ou cédant à la force, s'étaient souillés, après leur baptême, par

Excommunication.

---

lement les pauvres de leur religion, mais encore ceux des païens.

(1) Telle a été du moins, dans de pareilles circonstances, la louable conduite des missionnaires modernes. On expose tous les ans dans les rues de Pékin plus de trois mille enfans nouveau-nés. *Voyez* Lecomte, *Mémoires sur la Chine*; et les *Recherches sur les Chinois et les Égyptiens*, t. 1, p. 61.

qu'exigeait le culte public, dont les repas de fraternité, les *agapes*, comme on les appelait alors, constituaient une partie très-agréable. Le reste était le patrimoine sacré des pauvres. On s'en remettait à la discrétion de l'évêque pour ouvrir le trésor de l'Église aux veuves, aux orphelins, aux boiteux, aux malades et aux vieillards de la communauté, pour soulager les étrangers et les pélerins, et pour adoucir les maux des prisonniers et des captifs, surtout lorsque leurs souffrances avaient été occasionées par un ferme attachement à la cause de la religion (1). Un commerce généreux de charité unissait les provinces les plus éloignées, et de petites congrégations trouvaient des ressources abondantes dans les aumônes des sociétés plus opulentes, qui subvenaient avec joie aux besoins de leurs frères (2). Cette noble institution, qui avait moins d'égard au mérite qu'à la misère de l'objet, contribua beaucoup aux progrès du christianisme. Ceux des païens qu'animait un sentiment d'humanité, en ridiculisant la doctrine de la nouvelle secte, rendaient justice à sa bienfaisance (3). L'espérance d'un prompt secours contre les besoins du moment, et d'une protection pour

---

(1) *Voyez* les *Apologies* de saint Justin, de Tertullien, etc.

(2) Denys de Corinthe (*ap. Euseb.*, l. IV, 23) célèbre avec reconnaissance les richesses des Romains et leur générosité envers leurs frères les plus éloignés.

(3) *Voyez* Lucien, *in Peregrin.* Julien (lettre 49) semble mortifié de ce que la charité des fidèles maintient non-seu-

thage, d'Antioche, d'Alexandrie, et des autres grandes villes de l'Italie et des provinces.

L'évêque était l'intendant naturel de l'Église : il disposait du trésor public à sa volonté et sans être obligé de rendre compte. Ne laissant aux prêtres que leurs fonctions spirituelles, il confiait seulement à l'ordre plus subordonné des diacres la direction et la distribution du revenu ecclésiastique (1). Si nous pouvons ajouter foi aux déclamations véhémentes de saint Cyprien, l'Afrique ne renfermait qu'un trop grand nombre de prélats qui, dans l'exercice de leurs fonctions, violaient non-seulement tous les préceptes de la perfection évangélique, mais encore ceux de la morale. Quelques-uns de ces intendans infidèles dissipaient les richesses de l'Église pour satisfaire à leurs plaisirs sensuels; d'autres les faisaient indignement servir à leur profit particulier, à des marchés frauduleux et à des usures exorbitantes (2). Mais tant que les contributions du peuple chrétien furent libres et volontaires, l'abus de leur confiance ne pouvait être bien fréquent; les usages auxquels on consacrait généralement leur libéralité, honoraient la société religieuse. L'évêque et son clergé avaient une part convenable pour leur entretien. On réservait une somme suffisante pour les dépenses

Distribution du revenu.

---

(1) *Constitut. apostol.*, II, 35.
(2) Saint Cyprien, *de Lapsis*, p. 89; *Epistol.* 65. L'accusation est confirmée par le dix-neuvième et par le vingtième canon du concile d'Elvire.

Ces offrandes, pour la plupart, consistaient en argent; les chrétiens n'avaient ni le désir ni le pouvoir de se charger d'une acquisition un peu considérable en terres. Il avait été décidé par plusieurs lois, publiées dans le même esprit que nos réglemens concernant les gens de main-morte, que l'on ne pourrait donner ni léguer à une société formant corps dans l'État, aucun bien réel sans un privilége spécial ou sans une dispense particulière du sénat ou de l'empereur (1), et ceux-ci furent rarement disposés à favoriser une secte qui, après avoir été l'objet de leur mépris, avait enfin excité leur crainte et leurs soupçons. Cependant un fait arrivé sous le règne d'Alexandre-Sévère prouve que ces réglemens furent quelquefois éludés ou suspendus, et que les chrétiens eurent la permission de réclamer et de posséder une pièce de terre située dans les limites de Rome elle-même (2). Les progrès du christianisme et les discordes civiles de l'empire contribuèrent à tempérer la sévérité des lois; et avant la fin du troisième siècle, plusieurs terres considérables avaient passé aux Églises opulentes de Rome, de Milan, de Car-

---

(1) Dioclétien donna un rescrit qui n'est qu'une déclaration de l'ancienne loi : *Collegium, si nullo speciali privilegio subnixum sit, hæreditatem capere non posse, dubium non est.* Fra Paolo (c. 4) pense que ces réglemens avaient été très-négligés depuis le règne de Valérien.

(2) *Histoire Auguste*, p. 131. Le terrain avait été public; il était alors disputé entre la société des chrétiens et celle des bouchers.

général, il faut se méfier des soupçons formés par des étrangers et par des ennemis : ici cependant ils sont colorés de preuves spécieuses et probables ; et ils semblent justifiés par les deux faits suivans, qui seuls, de tous ceux dont nous avons connaissance, parlent de sommes précises, où peuvent nous donner des idées distinctes. Sous le règne de l'empereur Dèce, l'évêque de Carthage, dès sa première invitation aux fidèles pour les engager à racheter leurs frères de Numidie qui avaient été emmenés captifs par les Barbares du désert, tira sur-le-champ d'une société moins opulente que celle de Rome, cent mille sesterces, environ huit cent cinquante livres sterling (1). Cent ans auparavant, une somme de deux cent mille sesterces avait été présentée en un seul don à l'Église romaine par un étranger du Pont, qui demandait à fixer sa résidence dans la capitale (2).

Hæc occuluntur abditis
Ecclesiarum in angulis:
Et summa pietas creditur
Nudare dulces liberos.
Pruden., περὶ Στεφανων, Hymn. 2.

La conduite subséquente du diacre Laurent prouve seulement l'usage convenable que l'on faisait des richesses de l'Église romaine. Elles étaient sans doute très-considérables : mais Fra Paolo (c. 3.) paraît exagérer, lorsqu'il suppose que ce fut l'avarice des successeurs de Commode, ou celle de leurs préfets du prétoire, qui porta ces princes à persécuter les chrétiens.

(1) Saint Cyprien, *Epistol.* 62.
(2) Tertullien, *de Præscriptione*, c. 30.

flus qui devaient bientôt périr avec le monde lui-même (1). Il n'est pas nécessaire de remarquer que le revenu incertain et si peu assuré de chaque Église particulière devait varier en raison de la pauvreté ou de l'opulence des fidèles, selon qu'ils étaient dispersés dans d'obscurs villages, ou rassemblés dans les grandes villes de l'empire. Du temps de l'empereur Dèce, l'opinion des magistrats était que les chrétiens de Rome possédaient des richesses considérables ; que dans leur culte religieux ils se servaient de vases d'or et d'argent ; et que plusieurs de leurs prosélytes avaient vendu leurs terres et leurs maisons pour augmenter les fonds publics de la société, aux dépens, à la vérité, de leurs malheureux enfans, qui se trouvaient réduits à la mendicité, parce que leurs pères avaient été des saints (2). En

---

intéressant, Prideaux, *Histoire des Dixmes*, et Fra Paolo, *delle Materie beneficiarie* : deux écrivains d'un caractère très-différent.

(1) La même opinion qui prévalut vers l'année 1000, produisit des effets semblables. Dans la plupart des donations, le motif est exprimé : *appropinquante mundi fine.* Voyez Mosheim, *Histoire générale de l'Église*, volume 1, page 457.

(2) *Tum summa cura est fratribus*
(Ut sermo testatur loquax)
Offerre, fundis venditis,
Sestertiorum millia ;
Addicta avorum prædia
Fædis sub auctionibus,
Successor exhæres gemit
Sanctis egens parentibus.

l'homme. On permit aux nouveaux convertis de garder leur patrimoine, de recevoir les legs et les héritages, et d'augmenter leurs biens particuliers par toutes les voies légitimes du commerce et de l'industrie. Au lieu d'un sacrifice absolu, les ministres de l'Évangile acceptèrent un tribut modéré; et dans les assemblées qui se tenaient toutes les semaines ou tous les mois, chaque fidèle, selon les besoins du moment, et selon la mesure de ses richesses et de sa piété, remettait volontairement son offrande dans le trésor de la congrégation (1). On ne refusait aucun présent, quelque peu considérable qu'il fût; mais on enseignait avec soin que dans l'article des dixmes, la loi de Moïse n'avait pas cessé d'être d'obligation divine, et que, puisque sous une discipline moins parfaite les Juifs avaient reçu ordre de donner la dixième partie de tout ce qu'ils possédaient, il convenait aux disciples de Jésus-Christ de se distinguer par une plus grande libéralité (2), et d'acquérir quelque mérite en se détachant des trésors super-

---

(1) Saint Justin martyr, *Apolog. major*, c. 89; Tertullien, *Apologet.*, c. 39.

(2) Saint Irénée, *advers. Hæres.*, l. IV, c. 27, 34; Origène, *in Num. hom.*, II; saint Cyprien, *de Unitat. Eccles. constit. apostol.*, l. II, c. 34, 35, avec les notes de Cotelier. Les constitutions ecclésiastiques établissent ce précepte comme de droit divin, en déclarant que les prêtres sont autant au-dessus des rois que l'âme est au-dessus du corps. Parmi les objets sur lesquels on levait la dixme, elles comptent le blé, le vin, l'huile et la laine. *Voyez*, sur ce sujet

acquis, et employaient dans leur propre société les deux plus puissans ressorts du gouvernement, les récompenses et les punitions : la pieuse libéralité des fidèles fournissait le premier; on tirait l'autre de leurs appréhensions religieuses.

<small>Offrandes et revenu du clergé.</small>

I. La communauté des biens qui avait séduit l'imagination de Platon (1), et qui subsistait en quelque sorte dans la secte austère des esséniens (2), fut adoptée durant quelque temps par la primitive Église. La ferveur des premiers prosélytes les porta d'abord à vendre ces possessions mondaines qu'ils méprisaient, à en venir déposer le prix aux pieds des apôtres, et à se contenter d'une part égale dans la distribution commune (3). Les progrès du christianisme relâchèrent et abolirent par degrés une institution généreuse, qui, entre des mains moins pures que celles des apôtres, aurait été bientôt corrompue, et exposée aux abus que pouvait amener le retour de cet intérêt personnel inhérent au cœur de

---

(1) La communauté instituée par Platon est plus parfaite que celle que sir Thomas Morus a imaginée pour son Utopie. La communauté des femmes et celle des biens temporels peuvent être regardées comme des parties inséparables du même système.

(2) Josèphe, *Antiquit.*, XVIII, 2; Philon, *de Vitâ contemplativâ.*

(3) Voyez les *Actes des apôtres*, c. 2, 4, 5, avec le Commentaire de Grotius. Mosheim, dans une dissertation particulière, attaque l'opinion commune par des argumens très-peu concluans.

montreraient plus convenablement dans les camps ou dans le sénat (1).

Laïques et clergé.

Les progrès de l'autorité ecclésiastique donnèrent naissance à cette distinction remarquable de laïques et de clergé, qui avait été inconnue aux Grecs et aux Romains (2). Sous le premier de ces noms on comprenait le corps du peuple chrétien ; le second, selon la signification du mot, désignait la portion choisie, qui, séparée de la multitude, se consacrait au service de la religion : classe d'hommes à jamais célèbre ; qui a fourni les sujets les plus importans à l'histoire moderne, quoiqu'ils n'en soient pas toujours les plus édifians. Leurs hostilités réciproques troublèrent plus d'une fois la paix de l'Église dans son enfance ; mais leur zèle et leur activité se réunissaient pour la cause commune ; et l'amour du pouvoir, qui, sous les déguisemens les plus trompeurs, se glissait dans le sein des prélats et des martyrs, les animait du désir d'augmenter le nombre de leurs sujets, et d'agrandir les bornes de l'empire chrétien. Dépourvus de toute force temporelle, pendant long-temps ils furent découragés et opprimés, plutôt que soutenus par le magistrat civil ; mais ils avaient déjà

---

(1) Il s'agissait de savoir si l'on devait rebaptiser les hérétiques. Concernant cette dispute, *voyez* les *Épîtres de saint Cyprien*, et le septième livre d'Eusèbe.

(2) Pour l'origine de ces mots, voyez Mosheim, p. 141 ; Spanheim, *Hist. ecclésiastique*, p. 633. La distinction de *clerus* et *laicus* était établie avant le temps de Tertullien.

pouvoir d'un monarque fut rejeté avec horreur, et le génie entreprenant de Rome, qui voulait soumettre toute la terre à sa puissance spirituelle, éprouva en Afrique et en Asie une résistance que, dans des siècles plus reculés, leurs habitans n'avaient point opposée à sa domination temporelle. Saint Cyprien, qui gouvernait avec l'autorité la plus absolue l'Église de Carthage et les synodes provinciaux, s'éleva avec vigueur et avec succès contre l'ambition du pontife romain. Ce zélé patriote eut l'art de lier sa propre cause à celle des évêques d'Orient; et, comme Annibal, il chercha de nouveaux alliés dans le cœur de L'Asie (1). Si cette guerre punique fut soutenue sans aucune effusion de sang, ce fut bien moins l'effet de la modération que de la faiblesse des prélats rivaux. Les invectives, les excommunications, étaient leurs seules armes; et, durant tout le cours de cette controverse, ils les lancèrent les uns contre les autres avec une fureur égale et avec une égale dévotion. La dure nécessité de condamner la mémoire d'un pape, ou celle d'un saint ou d'un martyr, embarrasse aujourd'hui les catholiques, lorsqu'ils sont obligés de rapporter les particularités d'une dispute dans laquelle les défenseurs de la religion se laissèrent entraîner par ces passions qui se

---

(1) *Voyez* l'Épître véhémente de Firmilien, évêque de Césarée, à Étienne, évêque de Rome. *Apud Cyprian.*, *Epist.*, l. 75.

dait que les rives du Tibre avaient reçu un nouvel éclat par la prédication et par le martyre des deux plus grands apôtres (1). Son évêque avait soin de réclamer l'héritage de toutes les prérogatives que l'on attribuait à la personne ou à la dignité de saint Pierre (2). Les prélats de l'Italie et des provinces consentaient à lui accorder une primatie d'ordre et d'association (c'était avec cette précaution qu'ils s'exprimaient) dans l'aristocratie chrétienne (3). Mais le

---

(1) La plupart des anciens auteurs rapportent que saint Pierre vint à Rome (*voyez* Eusèbe, II, 25); tous les catholiques le prétendent, et quelques protestans en conviennent (*voyez* Pearson et Dodwell, *de Success. episcop. roman.*); mais ce voyage a été fortement attaqué par Spanheim (*Miscellanea sacra*, III, 3). Selon le P. Hardouin, les moines du treizième siècle, qui composèrent *l'Énéide*, représentèrent saint Pierre sous le caractère allégorique du héros troyen.

(2) C'est en français seulement que la fameuse allusion au nom de saint Pierre est exacte : « Tu es *Pierre*, et sur cette *pierre...* ». Cette allusion n'est pas tout-à-fait juste en grec, en latin, en italien, etc., et elle est absolument inintelligible dans les langues dérivées de l'allemand (*).

(3) Saint Irénée, *advers. Hæreses*, III, 3; Tertullien, *de Præscript.*, c. 36; et saint Cyprien, *Epistol.*, 27, 55, 71, 75. Le Clerc (*Hist. ecclesiast.*, p. 764), et Mosheim (p. 258, 578) travaillent à expliquer ces passages; mais le style vague et déclamatoire des pères paraît souvent favorable aux prétentions de Rome.

(*) Cette allusion est exacte en syro-chaldéen, et c'est dans cette langue que Jésus-Christ l'a faite. (*Évangile selon saint Matthieu*, c. 16, v. 17.) Pierre s'appelait *Céphas*, et le mot *cepha* signifie *base, fondement, rocher*. (Note de l'Éditeur.)

tres (1). Les métropolitains eux-mêmes se disputèrent bientôt la supériorité du rang et du pouvoir. Chacun d'eux affectait de déployer, dans les termes les plus pompeux, les avantages et les honneurs temporels de la ville à laquelle il présidait, le nombre et l'opulence des chrétiens soumis à ses soins paternels, les saints et les martyrs qui s'étaient élevés parmi eux; et, remontant jusqu'à l'apôtre ou au disciple qui avait fondé son Église, il insistait sur la pureté avec laquelle la tradition de la foi, transmise par une suite non interrompue d'évêques orthodoxes, avait été conservée dans son sein (2). Toutes les raisons de supériorité, soit civile, soit ecclésiastique, faisaient naturellement prévoir que Rome devait s'attirer le respect des provinces, et qu'elle exigerait bientôt leur obéissance. La société des fidèles dans cette ville était proportionnée à la capitale de l'empire. Son Église était la plus grande, la plus nombreuse, et, par rapport à l'Occident, la plus ancienne de tous les établissemens chrétiens dont la plupart avaient été formés par les travaux religieux des missionnaires de Rome. Les plus hautes prétentions d'Antioche, d'Éphèse ou de Corinthe, se bornaient à reconnaître un seul apôtre pour fondateur. Rome seule préten-

Ambition du pontife romain.

_____

(1) Mosheim, p. 269, 574; Dupin, *Antiquæ Eccles. discipl.*, p. 19, 20.

(2) Tertullien, dans un traité particulier, a fait valoir contre les hérétiques le droit de prescription, qui était soutenu par les Églises apostoliques.

sieurs prélats actifs, qui, semblables à saint Cyprien de Carthage, savaient concilier les artifices de l'homme d'État le plus ambitieux, avec les vertus chrétiennes les mieux adaptées au caractère d'un saint et d'un martyr (1).

Les mêmes causes qui avaient d'abord détruit l'égalité entre les prêtres, introduisirent parmi les évêques une prééminence de rang, et de là une supériorité de juridiction. Toutes les fois que, dans le printemps et dans l'automne, ils se trouvaient rassemblés au synode provincial, la différence de réputation et de mérite personnel se faisait sensiblement remarquer parmi les membres du concile. L'éloquence et la sagesse d'un petit nombre gouvernaient alors toute la multitude; mais l'ordre des délibérations demandait une distinction plus régulière et moins odieuse à l'amour-propre. L'office de président perpétuel dans le concile de chaque province fut conféré aux évêques de la principale ville; et ces prélats ambitieux, décorés des titres brillans de primats et de métropolitains, se préparèrent secrètement à usurper sur les autres évêques la même autorité que ceux-ci venaient d'enlever au collége des prê-

Prééminence des églises métropolitaines.

---

(1) Si Novatus, Felicissimus, etc., que l'évêque de Carthage chassa de son Église, n'étaient point les plus détestables des scélérats, il faut que le zèle de saint Cyprien l'ait emporté quelquefois sur sa véracité. On voit une relation très-exacte de ces querelles obscures dans Mosheim, p. 497-512.

et sur l'autre. Les évêques sont les vice-gérans de Jésus-Christ, les successeurs des apôtres, et les substituts mystiques du grand-prêtre de la loi mosaïque. Leur privilége exclusif de conférer les ordres sacerdotaux ôta la liberté des élections au clergé et au peuple, à qui elles appartenaient; et si, dans l'administration de l'Église, ils suivaient quelquefois l'avis des prêtres ou le désir des fidèles, ils avaient le plus grand soin de se faire un mérite de cette condescendance volontaire. Les évêques reconnaissaient l'autorité suprême qui résidait dans l'assemblée de leurs frères; mais chacun d'eux, dans le gouvernement de son diocèse particulier, exigeait de son *troupeau* une obéissance aussi implicite que si cette métaphore tant employée avait été littéralement juste, et que le *berger* eût été d'une espèce supérieure à celle de ses brebis (1)! Une pareille autorité cependant ne s'établit point sans quelques efforts d'un côté, et de l'autre sans quelque résistance. En plusieurs endroits, le bas clergé, animé par le zèle ou par l'intérêt, soutint avec chaleur la constitution démocratique; mais son patriotisme reçut les dénominations odieuses de faction et de schisme, et l'autorité épiscopale acquit de rapides accroissemens par les travaux de plu-

---

(1) Nous pouvons en appeler à toute la conduite de saint Cyprien, à sa doctrine, à ses épîtres. Le Clerc, dans une vie abrégée de ce prélat (*Bibliothèque universelle*, t. XII, p. 207-378), le montre à découvert avec beaucoup de liberté et d'exactitude.

bientôt la forme et acquit toute la force d'une grande république confédérée (1).

Comme l'usage des conciles abolit insensiblement l'autorité législative des Églises particulières, les évêques, par leurs liaisons, obtinrent une portion plus considérable de puissance exécutive et arbitraire. Réunis entre eux par leurs intérêts communs, ils furent en état d'attaquer avec vigueur les droits originaires de leur clergé et de leur peuple. Les prélats du troisième siècle changèrent imperceptiblement le langage de l'exhortation en celui du commandement; ils jetèrent les semences de leurs usurpations futures, et suppléèrent au défaut de la force et de la raison, par des allégories tirées de l'Écriture sainte, et par des déclamations de rhéteurs. Ils exaltèrent l'unité et le pouvoir de l'Église, tels qu'ils étaient représentés dans l'*office épiscopal* dont chaque évêque possédait une portion égale et indivisible (2). Les princes et les magistrats, répétait-on souvent, pouvaient s'enorgueillir de leurs droits à une domination terrestre et passagère; l'autorité épiscopale est seule dérivée de Dieu; elle s'étend sur ce monde

Progrès de l'autorité épiscopale.

---

(1) *Aguntur præterea per Græcias illas, certis in locis, concilia,* etc. Tertullien, *de Jejuniis,* c. 13. L'écrivain africain en parle comme d'une institution récente et étrangère. La manière dont les Églises chrétiennes se sont unies, est fort habilement expliquée par Mosheim, p. 164-170.

(2) Saint Cyprien, dans son fameux traité *de Unitate Ecclesiæ,* p. 75-86.

un conseil représentatif, ils prirent pour modèle les établissemens célèbres de leur pays, les amphictyons, la ligue achéenne, ou les assemblées des villes de l'Ionie. Les évêques des Églises indépendantes avaient coutume, et furent bientôt obligés par une loi, de se rendre dans la capitale de la province aux époques fixées du printemps et de l'automne (1). Ils prenaient dans leurs délibérations l'avis d'un petit nombre de prêtres distingués, et se trouvaient contenus par la présence de la multitude qui les écoutait. Leurs décrets, qui furent appelés canons, réglaient tous les points importans de la foi et de la discipline; on devait naturellement imaginer que le Saint-Esprit verserait ses dons en abondance sur l'assemblée réunie des représentans du peuple chrétien. L'institution des synodes convenait si bien à l'ambition particulière et à l'intérêt public, qu'en peu d'années elle fut reçue dans tout l'empire. Les conciles provinciaux, par le moyen d'une correspondance régulière, se communiquaient et approuvaient mutuellement leurs actes respectifs. L'Église catholique prit

Union de l'Église.

---

politain. Planck, *Hist. de la Const. de l'Église chrét.*, t. 1, p. 90. (*Note de l'Éditeur.*)

(1) *Acta concil. Carthag.*, apud Cyprian., edit. Fell., p. 158. Ce concile fut composé de quatre-vingt-sept évêques des provinces de Mauritanie, de Numidie et d'Afrique; quelques prêtres et quelques diacres assistèrent à l'assemblée; *præsente plebis maximâ parte*.

tuel qui servait à cimenter leur union, les différentes parties du monde chrétien ne reconnaissaient point encore d'autorité suprême, ni d'assemblée législative. A mesure que le nombre des fidèles augmenta, ils s'aperçurent combien il leur serait avantageux de lier plus étroitement leurs intérêts et leurs desseins. Vers la fin du second siècle, les Églises de la Grèce et de l'Asie adoptèrent l'institution utile des synodes provinciaux (1), et l'on peut supposer qu'en formant

---

(1) Les synodes ne furent pas le premier moyen que prirent les Églises isolées pour se rapprocher et faire corps. Les *diocèses* se formèrent d'abord de la réunion de plusieurs petites Églises de campagne avec une Église de ville : plusieurs Églises de ville, venant à se réunir entre elles ou avec une Église plus considérable, donnèrent naissance aux *métropoles*. Les diocèses ne durent se former que vers le commencement du deuxième siècle : avant cette époque les chrétiens n'avaient pas établi assez d'Églises de campagne pour avoir besoin de cette réunion. C'est vers le milieu de ce même siècle que l'on découvre les premières traces de la constitution métropolitaine.

Les synodes *provinciaux* ne commencèrent que vers le milieu du troisième siècle, et ne furent pas les premiers synodes. L'histoire nous donne des notions positives sur les synodes tenus vers la fin du deuxième siècle à Éphèse, à Jérusalem, dans le Pont et à Rome, pour terminer les différends qui s'étaient élevés entre les Églises latines et les Églises d'Asie sur l'époque de la célébration de la pâque. Mais ces synodes n'étaient assujettis à aucune forme régulière, à aucun retour périodique : cette régularité ne s'établit qu'avec les synodes provinciaux, qui se formaient de la réunion des évêques d'un district soumis à un métro-

les cérémonies religieuses, qui, devenant de jour en jour plus variées, se multipliaient imperceptiblement; la consécration des ministres ecclésiastiques auxquels l'évêque assignait leurs fonctions respectives; la direction des fonds de la communauté, et la décision de tous les différends que les fidèles ne voulaient pas porter au tribunal d'un juge idolâtre. Pendant un espace de temps assez court, l'évêque prit l'avis des autres prêtres, et l'exercice de ses pouvoirs fut soumis au consentement et à l'approbation de l'assemblée des chrétiens. On le regardait alors comme le premier d'entre ses égaux, et comme le serviteur honorable d'un peuple libre. Toutes les fois que, par sa mort, le siége épiscopal devenait vacant, un nouveau président, tiré du collége des prêtres, était élu par le suffrage libre de la congrégation entière, dont chaque membre se croyait revêtu d'un caractère sacré et sacerdotal (1).

Conciles provinciaux.

Telles furent la douceur et l'égalité du gouvernement des chrétiens pendant plus de cent ans après la mort des apôtres. Chaque société formait en elle-même une république séparée et indépendante; et, quoique les plus éloignés de ces petits États entretinssent par lettres et par députés un commerce mu-

---

(1) *Nonne et laici sacerdotes sumus?* Tertullien, *Exhortat. ad castitat*, c. 7. Comme le cœur humain est toujours le même, plusieurs des observations que M. Hume a faites sur l'enthousiasme (*Essais*, vol. 1, p. 76, in-4°) peuvent s'appliquer même aux inspirations réelles.

tance pour la grandeur future et pour la paix présente du christianisme, qu'il fût adopté sans délai par toutes les sociétés déjà répandues dans l'empire. Dès les premiers temps il avait acquis la sanction de l'antiquité (1); aujourd'hui les Églises les plus puissantes, tant de l'Orient que de l'Occident, le révèrent encore comme un établissement primitif et même divin (2). Il est inutile d'observer que les prêtres humbles et pieux qui furent d'abord revêtus de la dignité épiscopale, ne possédaient sûrement pas, et qu'ils auraient probablement rejeté le pouvoir et la pompe qui environnent maintenant la tiare du pontife romain ou la mitre d'un prélat allemand. Mais il est facile de tracer en peu de mots les limites étroites de leur juridiction, qui, principalement spirituelle dans son origine, était quelquefois aussi temporelle (3). Elle avait pour objet l'administration des sacremens et la discipline de l'Église ; l'inspection générale sur

―――――

(1) *Nulla ecclesia sine episcopo*, a été un fait aussi bien qu'une maxime depuis le temps de Tertullien et de saint Irénée.

(2) Après avoir passé les difficultés du premier siècle, nous trouvons le gouvernement épiscopal universellement établi, jusqu'à ce qu'il ait été renversé par le génie républicain des réformateurs suisses et allemands.

(3) *Voyez* Mosheim, premier et second siècles. Saint Ignace (*ad Smyrnæos*, c. 3, etc.) aime à relever la dignité épiscopale. Le Clerc (*Hist. ecclésiast.*, p. 569) censure rudement sa conduite. Mosheim, guidé par une critique plus saine (p. 161), soupçonne que même les petites épîtres ont été corrompues.

de recueillir les voix de l'assemblée, et d'en exécuter les résolutions. Les premiers chrétiens, persuadés que les élections annuelles, ou faites seulement quand l'occasion l'exigerait, troubleraient souvent la tranquillité publique, se déterminèrent à former une magistrature perpétuelle et honorable, et à choisir parmi les prêtres le plus renommé par sa sainteté et par sa sagesse, pour remplir, durant sa vie, les devoirs de gouverneur ecclésiastique. Ce fut alors que le titre pompeux d'évêque commença de s'élever au-dessus de l'humble titre de prêtre. Tandis que le dernier de ces noms continuait à distinguer les membres de chaque sénat chrétien, l'autre exprimait la dignité de son nouveau président (1). Les avantages de cette forme de gouvernement épiscopal, qui fut vraisemblablement institué avant la fin du premier siècle (2), parurent si frappans, et d'une telle impor-

---

(1) *Voyez* saint Jérôme, *ad Titum*, c. 1, et *epist.* 85 (dans l'édition des Bénédictins, 101), et l'apologie travaillée de Blondel, *pro sententiis Hieronymi*. L'ancien état de l'évêque et des prêtres d'Alexandrie, tel que l'a décrit saint Jérôme, se trouve confirmé d'une manière remarquable par le patriarche Eutychius (*Annal.*, tome 1, p. 330, vers. Pocock), dont je ne saurais rejeter le témoignage, en dépit de toutes les objections du savant Pearson, dans ses *Vindiciæ Ignatianæ*, part. 1, c. 11.

(2) *Voyez* l'introduction de l'Apocalypse. Les évêques, sous le nom d'anges, étaient déjà établis dans sept villes de l'Asie. Et cependant l'Épître de saint Clément (probablement d'aussi ancienne date) ne nous fait découvrir aucune trace d'épiscopat, soit à Corinthe, soit à Rome.

Le nom de *prêtre* exprimait leur âge, ou plutôt leur gravité et leur sagesse ; le titre d'*évêque* marquait leur inspection sur la foi et sur les mœurs des chrétiens commis à leurs soins paternels. Dans le premier âge du christianisme, ces *prêtres épiscopaux*, dont le nombre était plus ou moins grand en proportion du nombre respectif des fidèles, gouvernaient chaque congrégation d'un commun accord et avec la même autorité (1).

Mais la plus parfaite égalité de liberté exige la main d'un magistrat supérieur, qui la maintienne ; et l'ordre nécessaire dans les délibérations publiques crée bientôt un président, qui est au moins chargé

Institution des évêques comme présidens du collége des prêtres.

---

diacres, créés d'abord à Jérusalem au nombre de sept (*Act. des ap.*, c. 6, v. 1-7) : ils étaient chargés de la distribution des aumônes ; des femmes même eurent part à cet emploi. Après les diacres vinrent les *anciens* ou *prêtres* (πρεσβυτεροι), chargés de maintenir dans la communauté l'ordre, la décence, et d'agir partout en son nom. Les *évêques* furent ensuite chargés de veiller sur la foi et sur l'instruction des fidèles : les apôtres eux-mêmes instituèrent plusieurs évêques. Tertullien (*advers. Marc.*, c. 5), Clément d'Alexandrie et plusieurs pères des deuxième et troisième siècles, ne permettent pas d'en douter. L'égalité de rang qui régnait entre ces divers fonctionnaires n'empêchait pas que leurs fonctions ne fussent distinctes, même dans l'origine ; elles le devinrent bien plus dans la suite. *Voyez* Planck, *Hist. de la constitut. de l'Église chrét.*, tome 1, p. 24. *Geschichte der christlich-kirchlichen Verfassung*. (Note de l'Éditeur.)

(1) Hooker, *Ecclesiastical Policy*, l. VII.

pendance et l'égalité formaient la base de leur constitution intérieure. Pour suppléer au manque de discipline et au défaut de connaissances humaines, on avait recours à l'assistance des *prophètes* (1) : tout chrétien, sans distinction d'âge, de sexe ou de talens naturels, avait droit de remplir cette fonction sacrée ; et toutes les fois qu'il sentait l'impulsion divine, il répandait les effusions de l'Esprit-Saint au milieu de l'assemblée des fidèles. Mais souvent ces prophètes de l'Église primitive se permirent l'abus ou une fausse application de ces dons extraordinaires. Ils les déployaient mal à propos, se permettaient souvent de troubler le service de l'assemblée ; enfin, entraînés par l'orgueil ou par un faux zèle, ils introduisirent, particulièrement dans l'Église apostolique de Corinthe, une foule de désordres funestes (2). Comme l'institution des prophètes devenait inutile, et même pernicieuse, leurs pouvoirs leur furent retirés et leur office fut aboli. On ne confia les fonctions publiques de la religion qu'aux ministres établis de l'Église, les *évêques* et les *prêtres* : dénominations qui, dans leur première origine, paraissent avoir désigné la même dignité et le même ordre de personnes. (3).

---

(1) Pour les prophètes de la primitive Église, *voy.* Mosheim, *Dissertationes ad Hist. ecclesiast. pertinentes*, tome II, p. 132-208.

(2) *Voyez* les Épîtres de saint Paul et de saint Clément aux Corinthiens.

(3) Les premiers ministres établis dans l'Église furent les

turbulentes de la vie active, auxquelles le mélange du zèle religieux imprimait un nouveau degré d'amertume et d'opiniâtreté.

Le gouvernement de l'Église a souvent été le sujet aussi bien que le prix des disputes religieuses. Les docteurs de Rome, de Paris, d'Oxford et de Genève, perpétuellement divisés entre eux, se sont tous efforcés de réduire le modèle primitif et apostolique (1) aux systèmes respectifs de leur propre administration. Le petit nombre de ceux qui ont cherché à s'instruire avec plus de bonne foi et d'impartialité, pensent (2) que les apôtres évitèrent de s'ériger en législateurs, et qu'ils aimèrent mieux endurer quelques scandales et quelques divisions particulières, que d'ôter aux chrétiens des âges futurs la liberté de varier les formes du gouvernement ecclésiastique, selon les changemens des temps et des circonstances. La pratique de Jérusalem, d'Éphèse et de Corinthe, peut nous donner une idée du plan d'administration qui fut adopté, de leur consentement, pour l'usage des fidèles des premiers siècles. Les sociétés établies alors dans l'empire romain n'étaient unies entre elles que par les liens de la foi et de la charité. L'indé-

Liberté et égalité primitives de ce gouvernement.

---

(1) Le parti aristocratique, en France, aussi bien qu'en Angleterre, a maintenu avec vigueur l'origine divine du pouvoir des évêques. Mais les prêtres calvinistes ne pouvaient souffrir un supérieur, et le pontife romain refusait de reconnaître un égal. *Voyez* Fra Paolo.

(2) Dans l'histoire de la hiérarchie chrétienne, j'ai presque toujours suivi l'exact et savant Mosheim.

relatifs à la sûreté de cette société, à son honneur, à son agrandissement, produisirent, même dans les âmes les plus religieuses, un esprit de patriotisme semblable à celui qui enflammait les premiers Romains pour leur patrie, et quelquefois les fidèles ne furent pas plus délicats sur le choix des moyens qui pouvaient conduire à un but si désirable. Lorsqu'ils sollicitaient pour eux ou pour leurs amis les dignités de l'Église, ils déguisaient leur ambition sous le prétexte spécieux de consacrer à l'utilité générale le pouvoir et la considération que, dans cette vue seulement, il était de leur devoir de rechercher. En exerçant leurs fonctions ils avaient souvent occasion de dévoiler les erreurs de l'hérésie ou les artifices de la faction, de s'opposer aux desseins des faux frères, de les dévouer à l'opprobre qu'ils méritaient, et de les chasser du sein d'une société dont ils s'efforçaient de troubler la paix et le bonheur. On enseignait aux guides spirituels du christianisme à joindre la prudence du serpent à l'innocence de la colombe. Mais à mesure que l'habitude du commandement rendit leur conduite plus raffinée, insensiblement leurs mœurs se corrompirent. Dans l'Église aussi bien que dans le monde, ceux qui occupèrent quelque poste considérable se distinguèrent par leur éloquence et par leur fermeté, par la connaissance des hommes et par leur habileté dans les affaires. Et tandis qu'ils dérobaient aux autres, et qu'ils se cachaient peut-être à eux-mêmes les motifs secrets de leurs actions, ils retombaient trop souvent dans toutes les passions

qu'avant la conversion totale du genre humain, la guerre, le gouvernement, l'empire romain, le monde lui-même, ne seraient plus, ils ne voulaient pas révéler aux idolâtres cette cause secrète de leur sécurité. On peut encore observer ici que la situation des premiers chrétiens se rapportait fort heureusement à leurs scrupules religieux, et que leur aversion pour une vie active contribua plutôt à les détourner de servir l'État ou l'armée, qu'à les exclure des honneurs civils et militaires.

V. Mais l'esprit humain, quelque exalté ou quelque abattu qu'il puisse être par un enthousiasme passager, reprend par degrés son niveau naturel, et se remet sous l'empire des passions qui semblent le mieux adaptées à sa condition présente. Les premiers chrétiens étaient morts aux affaires et aux plaisirs du monde; mais cet amour de l'action qu'ils avaient reçu de la nature, et dont la trace n'avait jamais pu être entièrement effacée, reparut bientôt, et trouva de nouveaux alimens dans le gouvernement de l'Église. Une société séparée qui attaquait la religion dominante de l'empire, était obligée d'adopter quelque forme de police intérieure, et de créer un nombre suffisant de ministres chargés, non-seulement des fonctions spirituelles, mais encore de la direction temporelle de la république chrétienne. Les soins

Cinquième cause. Activité des chrétiens dans le gouvernement de l'Église.

---

vité que les païens. *Proindè*, dit saint Justin martyr, *nos solum Deum adoramus et vobis in rebus aliis læti inservimus*. Apol., p. 64. (*Note de l'Éditeur.*)

païens. On demandait aux partisans de la nouvelle secte quel serait le destin de l'empire, assailli par les Barbares, si tous les sujets adoptaient des sentimens si pusillanimes (1). A cette question insultante les apologistes du christianisme répondaient en mots obscurs et équivoques (2). Tranquilles dans l'attente

---

(1) Autant que nous en pouvons juger, d'après les fragmens de la représentation d'Origène (l. VIII, p. 423), il paraît que Celsus, son adversaire, avait insisté sur cette objection avec beaucoup de force et de bonne foi.

(2) Le refus de prendre part aux affaires publiques n'a rien qui doive étonner de la part des premiers chrétiens; c'était la suite naturelle de la contradiction qui existait entre leurs principes et les usages, les lois, l'activité du monde païen : comme chrétiens, ils ne pouvaient entrer au sénat, qui, selon Gibbon lui-même, s'assemblait toujours dans un temple ou dans un lieu consacré, et où chaque sénateur, avant de s'asseoir, versait quelques gouttes de vin et brûlait de l'encens sur l'autel : comme chrétiens, ils ne pouvaient assister aux fêtes et aux banquets, qui se terminaient toujours par des libations, etc. Enfin, comme « les divinités et les rites innombrables du polythéisme étaient étroitement liés à tous les détails de la vie publique ou privée, » les chrétiens ne pouvaient y participer sans se rendre, dans leurs principes, coupables d'impiété : c'était donc bien moins par un effet de leur doctrine que par une suite de leur situation qu'ils s'éloignaient des affaires; partout où cette situation ne leur était pas un obstacle, ils montraient autant d'acti-

p. 34.) A la vérité, Origène (*Cont. Cels.*, l. VIII) paraît être d'une opinion plus rigoureuse; mais il a renoncé souvent à ce rigorisme exagéré, peut-être nécessaire alors pour produire de grands effets; et il parle de la profession des armes comme d'une profession honorable, l. IV, c. 218, etc. (*Note de l'Éditeur.*)

pouvaient être nécessaires dans le système présent du monde, et ils se soumettaient sans répugnance à l'autorité d'un maître idolâtre. Mais en inculquant des maximes d'obéissance passive, ils refusaient de prendre part à l'administration civile ou à la défense militaire de l'empire. On pouvait avoir quelque indulgence pour ceux qui, avant leur conversion, s'étaient déjà trouvés engagés dans ces occupations violentes et sanguinaires (1); mais les chrétiens, à moins de renoncer à l'exercice d'un devoir plus sacré, ne pouvaient se soumettre aux fonctions de soldats, de magistrats ou de princes (2). Cette indifférence indolente ou même criminelle pour le bien public les exposait au mépris et aux reproches des

---

(1) Tertullien, *Apolog.*, c. 21, *de Idololatriâ*, c. 17, 18. Origène, *contra Celsum*, l. v, p. 253; l. vii, p. 348; l. viii, p. 423-428.

(2) Tertullien (*de Coronâ militis*, c. 11) leur suggéra l'expédient de déserter (*). Ce conseil, s'il eût été généralement connu, n'aurait pas été très-propre à concilier aux chrétiens la faveur des empereurs.

(*) Tertullien ne *suggère* point *aux soldats l'expédient de déserter*; il leur dit qu'ils doivent être sans cesse sur leurs gardes pour ne rien faire pendant leur service qui soit contraire à la loi de Dieu, et se résoudre à souffrir le martyre plutôt que d'avoir une lâche complaisance, ou renoncer *ouvertement* au service. (*Apolog.*, c. 2, p. 127, *in fine.*) Il ne décide point positivement que le service militaire ne soit pas permis aux chrétiens; il finit même par dire: *Puta denique licere militiam usque ad causam coronæ.* (*Ibid.*, c. 11, p. 128.) Plusieurs autres passages de Tertullien prouvent que l'armée était pleine de chrétiens: *Hesterni sumus et vestra omnia implevimus, urbes, insulas, castella, municipia, conciliabula,* CASTRA IPSA. (*Apol.*, c. 37, p. 30.) *Navigamus et nos vobiscum et militamus*, etc. (*Apol.*, c. 42,

cipes qui, dans les siècles suivans, ont contre-balancé les avantages temporels du christianisme (1).

<small>Leur aversion pour les objets de la guerre et du gouvernement.</small>

Les chrétiens ne fuyaient pas moins les affaires que les plaisirs de ce monde. Ils ne savaient comment concilier la défense de nos personnes et de nos propriétés avec la doctrine patiente qui prescrit le pardon illimité des injures reçues, et qui ordonne de rechercher de nouvelles insultes. Leur simplicité s'offensait de l'usage des sermens, de la pompe de la magistrature, et de l'activité des débats dont se compose la vie publique. Humains et ignorans, ils ne pouvaient se persuader qu'il fût légitimement permis de verser, par le glaive de la justice ou par l'épée de la guerre, le sang de ses semblables, même lorsque les forfaits des scélérats ou les attaques de l'ennemi menaçaient la paix et la sûreté de toute la société (2). On reconnaissait que parmi les Juifs, sous une loi moins parfaite, des prophètes inspirés et des rois qui avaient reçu l'onction sacrée, avaient, avec l'approbation divine, exercé tous les pouvoirs que leur donnait la constitution de leur pays. Les chrétiens sentaient et avouaient que de pareilles institutions

---

(1) Les ascétiques, dès le second siècle, faisaient publiquement profession de mortifier leurs corps et de s'abstenir de l'usage de la chair et du vin. Mosheim, p. 310.

(2) Voyez la Morale des pères. Les mêmes principes de patience ont été renouvelés depuis la réforme, par les sociniens, par les anabaptistes modernes et par les quakers. Barclay, l'apologiste des quakers, s'est servi, pour défendre ses frères, de l'autorité des premiers chrétiens (p. 542-549).

Quelques-uns se montraient insensibles, d'autres invincibles aux attaques de la chair. Dédaignant une fuite ignominieuse, les vierges nées sous le climat brûlant de l'Afrique ne craignaient pas de se mesurer avec l'ennemi, et de braver les plus grands dangers; elles permettaient aux diacres et aux prêtres de partager leur lit, et elles se glorifiaient d'une vertu qui échappait à tous les feux de l'impureté. Mais la nature insultée revendiquait souvent ses droits; et cette nouvelle espèce de martyre ne servit qu'à introduire un nouveau scandale dans l'Église (1). Parmi les chrétiens ascétiques (nom qu'ils tirèrent bientôt de ces pénibles exercices), plusieurs, moins présomptueux, obtinrent probablement plus de succès. L'orgueil spirituel suppléait aux plaisirs sensuels, et en compensait la perte. La multitude même des païens se trouvait disposée à apprécier le mérite du sacrifice par sa difficulté apparente; et c'est pour célébrer les louanges des chastes épouses de Jésus-Christ que les pères ont versé les flots impétueux d'une éloquence un peu confuse (2). Telles sont les premières traces des principes et des institutions de la vie monastique, prin-

---

(1) Saint Cyprien, lett. 4, et Dodwell, *dissert. Cyprianic.*, III. Long-temps après, on a imputé au fondateur de l'abbaye de Fontevrault quelque chose de pareil à cette entreprise téméraire. Bayle amuse ses lecteurs sur ce sujet délicat.

(2) Dupin (*Biblioth. ecclésiast.*, tome 1, p. 195) donne un détail particulier du dialogue des dix vierges, tel qu'il a été composé par Methodius, évêque de Tyr. Les louanges données à la virginité y sont excessives.

pables d'une offense si scandaleuse contre la pureté évangélique, furent bientôt exclus des honneurs et même des aumônes de l'Église. Dès que le désir eut été interprété comme un crime, et le mariage toléré comme une faiblesse, selon les mêmes principes, le célibat dut être considéré comme l'état qui approchait le plus de la perfection divine. C'était avec la plus grande difficulté que l'ancienne Rome avait pu soutenir l'institution de six vestales (1). L'Église primitive se trouva tout à coup remplie d'une foule de personnes de l'un et de l'autre sexe, qui se dévouaient à une chasteté perpétuelle (2). Un petit nombre, parmi lesquels nous pouvons compter le savant Origène, jugèrent plus prudent de désarmer le tentateur (3).

---

martyr, jusqu'à saint Jérôme, dans la *Morale des pères*, c. IV; 6-26.

(1) *Voyez* une dissertation très-curieuse sur les vestales, dans les *Mémoires de l'Académie des Inscriptions*, tome II, p. 161-227. Malgré les honneurs et les récompenses que l'on accordait à ces vierges; il était difficile d'en trouver un nombre suffisant; et la crainte de la mort la plus horrible ne pouvait pas toujours réprimer leur incontinence.

(2) *Cupiditatem procreandi aut unam scimus aut nullam.* Minucius-Fœlix, c. 31; saint Justin, *Apolog. maj.*; Athénagoras, *in Legat.*, c. 28; Tertullien, *de Cultù fœm*; l. II.

(3) Eusèbe, l. VI, 8. Avant que la réputation d'Origène eût excité l'envie et la persécution, cette action extraordinaire fut plutôt admirée que blâmée. Comme c'était en général son usage d'allégoriser l'Écriture, il est malheureux que, dans cette occasion seulement, il ait pris le sens littéral.

l'homme, et dégrader sa nature spirituelle. Ils aimaient à croire que, si Adam eût persévéré dans son obéissance au Créateur, il aurait toujours vécu dans un état de pureté virginale, et qu'alors quelque mode de végétation, exempt d'impureté, aurait peuplé le paradis d'êtres innocens et immortels (1). L'usage du mariage fut permis, après sa chute, à sa postérité; seulement comme un expédient nécessaire pour perpétuer l'espèce humaine, et comme un frein, toutefois imparfait, contre la licence naturelle de nos désirs. L'embarras des casuistes orthodoxes sur ce sujet intéressant décèle la perplexité d'un législateur qui ne voudrait point approuver une institution qu'il est forcé de tolérer (2). L'énumération des lois bizarres et minutieuses dont ils avaient entouré le lit nuptial, arracherait un sourire au jeune époux, et ferait rougir la vierge modeste. Ils prétendaient unanimement qu'un premier engagement suffisait à remplir toutes les fins de la nature et de la société. Le lien sensuel du mariage, épuré par la ressemblance qu'on y voulait trouver avec l'union mystique de Jésus-Christ et de son Église, fut déclaré ne pouvoir être dissous ni par le divorce ni par la mort. Un second mariage fut flétri du nom d'adultère légal (3), et les chrétiens cou-

---

(1) Beausobre, *Hist. critique du Manichéisme*, l. VII, c. 3. Saint Justin, saint Grégoire de Nysse, saint Augustin, etc., sont fortement portés pour cette opinion.

(2) Quelques-uns des gnostiques étaient plus conséquens; ils rejetaient l'usage du mariage.

(3) *Voyez* une chaîne de traditions depuis saint Justin

pieuse indignation; on peut compter les faux cheveux, les habits de toute espèce de couleur, excepté le blanc, les instrumens de musique, les vases d'or et d'argent, les oreillers de duvet (puisque Jacob reposa sa tête sur une pierre), du pain blanc, des vins étrangers, les salutations publiques, l'usage des bains chauds, et celui de se faire la barbe, pratique qui, selon l'expression de Tertullien, est un mensonge contre notre propre face, et une tentative impie pour perfectionner les ouvrages du Créateur (1). Lorsque le christianisme s'introduisit dans le monde opulent et élégant, l'observation de ces lois singulières fut laissée, comme elle le serait à présent, à un petit nombre de gens qui ambitionnaient une sainteté supérieure. C'est un mérite facile autant qu'agréable pour les derniers rangs de la société, que de mépriser la pompe et les plaisirs placés par la fortune au-dessus de leur portée. La vertu des premiers chrétiens, semblable à celle des premiers citoyens de la république romaine, fut très-souvent gardée par leur pauvreté et leur ignorance.

Leurs sentimens concernant le mariage et la chasteté. La chaste sévérité des pères, dans tout ce qui avait rapport au commerce des deux sexes, venait du même principe, de leur horreur pour toutes les voluptés qui pouvaient satisfaire les appétits sensuels de

---

intitulé le *Pédagogue*, et qui contient les élémens de morale enseignés dans les plus célèbres écoles des chrétiens.

(1) Tertullien, *de Spectaculis*, c. 23; saint Clément d'Alexandrie, *Pédag.*, l. III, c. 8.

abus criminel du don de la parole. Dans notre mode d'existence actuel, le corps est si étroitement uni avec l'âme, qu'il est de notre intérêt de jouir avec innocence et avec modération des plaisirs que peut goûter ce fidèle compagnon. Nos dévots prédécesseurs raisonnaient bien différemment : aspirant orgueilleusement à la perfection des anges, ils dédaignaient ou affectaient de dédaigner toute espèce de délices terrestres et corporelles (1). Nos sens servent à la vérité, les uns à notre conservation, les autres à notre subsistance ; et il en est qui nous ont été donnés pour nous instruire : il était donc impossible d'en condamner l'usage ; mais l'abus commençait avec la première sensation du plaisir. Le candidat qui aspirait au ciel, se dépouillant de toute sensibilité, apprenait non-seulement à résister aux attraits grossiers du goût et de l'odorat, mais encore à fermer l'oreille à la profane harmonie des sons, et à contempler avec indifférence les productions les plus achevées de l'industrie humaine. Des habits élégans, de superbes maisons, des meubles magnifiques, étaient supposés réunir le double crime de l'orgueil et de la sensualité. Un extérieur simple, un air mortifié, convenait mieux au fidèle, qui, certain de ses péchés, doutait de son salut. En condamnant le luxe, les pères sont extrêmement minutieux, et entrent dans les plus petits détails (2). Parmi les divers articles qui excitent leur

---

(1) Lactance, *Instit. div.*, l. VI, c. 20, 21, 22.
(2) *Voyez* un ouvrage de saint Clément d'Alexandrie,

espèce plus forte, et dont les effets ne sont pas si certains; souvent il mène à la colère, à l'ambition, à la vengeance; mais lorsqu'il est dirigé par un sentiment d'honnêteté et de bienfaisance, il enfante toutes les vertus; et si ces vertus sont accompagnées de talens capables de les développer, une famille, un État ou un empire devra sa sûreté et sa prospérité au courage infatigable d'un seul homme. Nous pouvons donc attribuer à l'amour du plaisir la plupart des qualités aimables, à l'amour de l'action la plupart des qualités respectables et utiles. Un caractère sur lequel ces deux puissans mobiles agiraient de concert et dans une juste proportion, semblerait constituer l'idée la plus parfaite de la nature humaine. L'âme insensible et inactive que l'on ne supposerait dirigée par aucun de ces principes, serait unanimement rejetée de la société, comme incapable de procurer aucun bonheur à l'individu, ou aucun avantage public au monde. Mais ce n'était pas dans ce monde que les premiers chrétiens désiraient de se rendre agréables ou utiles.

Les premiers chrétiens condamnent les plaisirs et le luxe.

L'homme dont l'esprit a été cultivé par l'éducation, peut, dans ses momens de loisir, acquérir de nouvelles connaissances, exercer sa raison ou son imagination, et se livrer sans défiance à tout l'abandon d'une conversation agréable. Les pères cependant avaient en horreur des occupations si contraires à la sévérité de leur conduite, ou ils ne les permettaient qu'avec la plus grande réserve. Ils méprisaient toutes les connaissances qu'ils jugeaient inutiles à l'œuvre du salut, et les discours frivoles leur paraissaient un

rains, avaient étudié les Écritures avec moins de sagacité que de dévotion; ils prenaient souvent dans le sens le plus littéral ces préceptes rigides, enseignés par Jésus-Christ et par ses apôtres, et que dans la suite des commentateurs prudens ont expliqués d'une manière moins stricte et plus figurée. Animés du désir d'élever la perfection de l'Évangile au-dessus de la doctrine de la philosophie, les pères ont porté dans leur zèle les devoirs de la mortification de soi-même, de la pureté et de la patience, à une hauteur où il nous est à peine possible d'atteindre, et bien moins encore de nous soutenir dans notre état présent de faiblesse et de corruption. Une doctrine si extraordinaire et si sublime ne pouvait manquer d'attirer la vénération du peuple; mais elle n'était nullement propre à gagner le suffrage de ces philosophes mondains, qui, dans le cours de cette vie passagère, ne consultent que les mouvemens de la nature et l'intérêt de la société (1).

Dans les caractères les plus vertueux et les plus honnêtes, il est facile de démêler deux penchans bien naturels : l'amour du plaisir et l'amour de l'action. Si l'amour du plaisir est épuré par l'art et par la science, s'il est embelli par les charmes de la société, et qu'il soit modifié par les justes égards qu'exigent la prudence, la santé et la réputation, il produit la plus grande partie du bonheur que l'homme goûte dans la vie privée. L'amour de l'action est un principe d'une

Principes de la nature humaine.

---

(1) *Voyez* un traité fort judicieux de Barbeyrac sur la morale des pères.

tirée, entièrement éloignée du luxe et des plaisirs du siècle, les endurcissait à la chasteté, à la tempérance, à l'économie, et à toute la modestie des vertus domestiques. Comme la plus grande partie d'entre eux exerçait quelque métier ou quelque profession, il leur importait d'agir avec la bonne foi la plus évidente et avec la plus scrupuleuse intégrité, pour éloigner tous les soupçons que les profanes sont trop disposés à concevoir contre les apparences de la sainteté. Le mépris du monde entretenait perpétuellement les fidèles dans des sentimens de patience, de douceur et d'humilité. Plus on les persécutait, plus ils s'attachaient les uns aux autres. Leur charité mutuelle et leur confiance généreuse n'ont point échappé aux regards des infidèles, et des amis perfides n'en ont que trop souvent abusé.(1).

Ce qui doit donner une haute idée de la morale des premiers chrétiens, c'est que leurs fautes même, ou plutôt leurs erreurs, venaient d'un excès de vertu. Les évêques et les docteurs de l'Église, dont le témoignage atteste et dont l'autorité pouvait diriger la foi, les principes et même la conduite de leurs contempo-

---

christianus : au reste, la restriction qu'il met lui-même à ces paroles, et que cite Gibbon dans la note précédente, diminue la force de cette assertion, et paraît prouver seulement qu'il n'en connaissait pas. (*Note de l'Éditeur.*)

(1) Le philosophe Peregrinus, dont la vie et la mort ont été décrites par Lucien d'une manière si agréable, abusa pendant long-temps de la simplicité crédule des chrétiens de l'Asie.

mais pure cependant et respectable, les empêchait de retomber dans leurs désordres passés. Toute société particulière qui s'est séparée du grand corps de la nation ou de la religion à laquelle elle appartenait, excite aussitôt une attention et une méfiance universelles. C'est surtout quand elle est composée d'un très-petit nombre de personnes, que leurs vertus ou leurs vices peuvent influer sur la réputation générale de la société. Chaque membre est obligé de veiller avec la plus exacte vigilance sur sa propre conduite et sur celle de ses frères, puisque, devant s'attendre à partager le déshonneur que quelques-uns répandraient sur tous, il espère participer à la réputation commune. Lorsque les chrétiens de Bithynie furent traduits devant le tribunal de Pline le Jeune, ils assurèrent le proconsul que, loin d'entrer dans aucune conspiration contraire aux lois de l'État, ils s'engageaient tous, par une obligation solennelle, à ne commettre aucun de ces crimes qui troublent la paix publique et particulière de la société, tels que le vol, le brigandage, l'adultère, le parjure et la fraude (1). Cent ans après environ, Tertullien pouvait se vanter, avec un noble orgueil, qu'excepté pour la cause de la religion, on avait vu périr très-peu de chrétiens (2) par la main du bourreau (3). Leur vie sérieuse et re-

---

(1). *Lettres de Pline*, x, 97.

(2) Tertullien ; *Apolog.*, c. 44. Il ajoute cependant, avec une sorte d'hésitation : *Aut si aliud, jam non christianus.*

(3) Tertullien dit positivement *aucun chrétien*, *nemo illic*

logistes du christianisme peuvent avouer, sans rougir, que la plupart des saints les plus éminens ont été, avant leur baptême, les plus scandaleux des pécheurs. Ceux qui dans le monde avaient suivi, quoique d'une manière très-imparfaite, les lois de la bienveillance et de l'honnêteté, se contentaient de l'opinion de leur propre droiture; et la satisfaction calme qu'ils éprouvaient les rendait bien moins susceptibles de ces émotions soudaines de honte, de douleur et d'effroi, qui ont enfanté tant de conversions merveilleuses. Guidés par l'exemple de leur divin maître, les missionnaires de l'Évangile ne dédaignaient pas la société des hommes, et surtout des femmes, qui, accablés du poids de leurs vices, en ressentaient souvent les effets. Comme ces prosélytes passaient tout à coup du péché et de la superstition à l'espérance glorieuse de l'immortalité, ils prenaient le parti de se consacrer non-seulement à l'exercice des vertus, mais encore à une vie de pénitence. Le désir de la perfection devenait la passion dominante de leur âme; et si la raison s'arrête dans une froide modération, on sait avec quelle rapidité, avec quelle violence nos passions nous font franchir l'espace qui se trouve entre les extrémités les plus opposées.

Soin qu'ils avaient de leur réputation.

Lorsque les nouveaux convertis avaient été enrôlés parmi les fidèles, et admis aux sacremens de l'Église, une autre considération d'une espèce moins relevée,

---

Spanheim dans son *Comm. sur les Césars* de Julien, page 468.

en même temps purifier le cœur du fidèle et diriger ses actions. Les plus anciens apologistes du christianisme, lorsqu'ils attestent l'innocence de leurs frères, et les écrivains d'un siècle moins reculé, qui célèbrent la sainteté de leurs ancêtres, représentent avec les couleurs les plus vives la réformation de mœurs que la prédication de l'Évangile opéra parmi les hommes. Comme mon intention est de remarquer seulement les causes humaines qui ont secondé l'influence de la révélation, j'exposerai légèrement deux motifs qui ont pu naturellement rendre la vie des premiers chrétiens plus pure et plus austère que celle de leurs contemporains idolâtres, ou de leurs successeurs dégénérés. L'un était le repentir de leurs fautes passées; l'autre, le désir louable qu'ils avaient de soutenir la réputation de la société dans laquelle ils avaient été admis.

Les chrétiens ont été autrefois accusés d'attirer dans leur parti les plus grands scélérats. S'il faut en croire des imputations suggérées par l'ignorance ou par la malignité des païens, le coupable, dès qu'il éprouvait quelques remords, se déterminait aisément à laver dans les eaux du baptême, des crimes pour lesquels les temples des dieux refusaient d'accorder aucune expiation. Mais ce reproche, exposé dans son véritable jour, honore autant l'Église qu'il a contribué à augmenter le nombre des fidèles (1). Les apo-

---

(1) Les imputations de Celsius et de Julien, et la défense des pères, sont exposées avec beaucoup d'impartialité par

s'était formé à l'habitude de croire les événemens les plus extraordinaires. Ils sentaient, ou ils se figuraient qu'assaillis de tous côtés par les démons, ils étaient sans cesse rassurés par les visions célestes, instruits par les prophéties, et miraculeusement délivrés des dangers, des maladies, de la mort même, par les supplications de l'Église. Les prodiges réels ou imaginaires dont ils se croyaient si souvent les objets, les instrumens ou les spectateurs, les disposaient fort heureusement à recevoir avec la même facilité, mais avec bien plus de raison, les merveilles authentiques de l'Évangile : ainsi, des miracles qui n'excédaient pas la mesure de leur expérience, ne leur permettaient pas de douter de la vérité de ces mystères, qui, de leur propre aveu, surpassaient les limites de leur entendement. C'est cette conviction intime des vérités surnaturelles, que l'on a tant célébrée sous le nom de foi : l'heureux état d'une âme sur laquelle elles avaient fait une impression profonde, paraissait le gage le plus assuré de la faveur divine et de la félicité future, et on le recommandait comme le premier et peut-être comme le seul mérite d'un chrétien. Selon les docteurs les plus rigides, les vertus morales qui peuvent être également pratiquées par les infidèles, ne sont d'aucune valeur ni d'aucune efficacité dans l'œuvre de notre justification.

Quatrième cause. Vertus des premiers chrétiens.

IV. Mais dans les premiers siècles de l'Église, le chrétien démontrait sa foi par ses vertus; et l'on avait raison de supposer que la persuasion divine, dont l'effet est d'éclairer ou de subjuguer l'intelligence, doit

L'exemple récent des véritables miracles aurait dû faire connaître à l'univers chrétien les voies de la Providence, et, si nous pouvons employer une expression très-imparfaite, habituer les yeux des fidèles à la manière du grand artiste. Si de nos jours le peintre le plus habile de l'Italie avait l'audace de décorer ses faibles copies des noms de Raphaël ou du Corrége, cette fraude insolente serait bientôt découverte, et elle exciterait la plus vive indignation.

Quelque opinion que l'on puisse avoir des miracles de la primitive Église depuis le temps des apôtres, cette docilité de caractère que l'on remarque parmi les chrétiens du second et du troisième siècle, procura quelques avantages à la cause de la vérité et de la religion. Aujourd'hui un scepticisme caché et même involontaire s'attache aux dispositions les plus religieuses. Le sentiment que l'on éprouve en admettant les vérités surnaturelles, est bien moins une croyance active qu'un acquiescement froid et passif. Accoutumés depuis long-temps à observer et à respecter l'ordre invariable de la nature, notre raison, ou du moins notre imagination, n'est pas suffisamment préparée à soutenir l'action visible de la Divinité. Mais à la naissance du christianisme le genre humain se trouvait dans une situation extrêmement différente. Les plus curieux, ou les plus crédules d'entre les païens, se déterminaient souvent à entrer dans une société qui se vantait de jouir du don des miracles. Les premiers chrétiens marchaient perpétuellement sur un terrain mystique, et leur esprit

Usage des premiers miracles.

quelques-uns de ces miracles est appréciée par leur utilité apparente, chaque siècle avait des incrédules à convaincre, des hérétiques à réfuter et des nations idolâtres à convertir. Il a toujours été possible de produire des motifs suffisans pour justifier l'intervention du ciel; et cependant, puisqu'on ne peut admettre de révélation sans être persuadé de la réalité des miracles, et que, de l'aveu de tout homme raisonnable, cette puissance surnaturelle a cessé, il a donc évidemment existé quelque période où le don des miracles a été enlevé subitement, ou par degrés, à l'Église chrétienne. Quelle qu'ait été l'époque choisie pour un pareil dessein, que cette révolution soit arrivée à la mort des apôtres, à la conversion de l'empire romain ou à l'extinction de l'hérésie arienne (1), l'insensibilité des chrétiens qui vécurent alors excitera toujours avec raison notre surprise. Ils conservèrent toujours leurs prétentions après avoir perdu leur pouvoir. La crédulité exerça les fonctions de la foi; il fut permis au fanatisme de prendre le langage de l'inspiration, et des effets du hasard ou les prestiges de l'imposture furent attribués à des causes divines.

---

ont pris soin à leur tour de célébrer. Dans toute la suite de l'histoire ecclésiastique, existe-t-il un seul exemple d'un saint qui se dise doué du don des miracles?

(1) La conversion de Constantin est l'époque le plus communément fixée par les protestans. Les théologiens raisonnables ne sont pas disposés à admettre les miracles du quatrième siècle, tandis que les théologiens crédules ne veulent pas rejeter ceux du cinquième.

dans une controverse si délicate et d'une telle importance; mais, d'un autre côté, il ne doit pas dissimuler la difficulté qu'il éprouve à trouver une théorie qui puisse concilier l'intérêt de la religion avec celui de la raison, à faire une application convenable de cette théorie, et à tracer avec précision les limites de cette période fortunée, exempte de fraude et d'erreur, à laquelle nous croyons pouvoir assigner le don des pouvoirs surnaturels. Depuis le premier des pères jusqu'au dernier des papes, il se présente une succession non interrompue d'évêques, de saints, de martyrs et de miracles; et en même temps les progrès de la superstition ont été si suivis et si imperceptibles, que nous ne savons dans quel anneau particulier la chaîne de la tradition doit être rompue. Chaque siècle atteste authentiquement les événemens merveilleux qui l'ont distingué; et son témoignage ne paraît d'abord ni moins puissant ni moins respectable que celui de la génération précédente. Si bien, qu'insensiblement nous sommes conduits à ne pouvoir, sans une inconséquence avouée, refuser, dans le huitième ou le douzième siècle, au vénérable Bède et à saint Bernard, le même degré de confiance que nous avons accordé si libéralement, dans le second, à saint Justin et à saint Irénée (1). Si la vérité de

---

(1) Il est assez singulier que saint Bernard, fondateur de Clairvaux, rapporte tant de miracles de son ami saint Malachie, et qu'il ne fasse aucune mention de ses propres miracles, que cependant ses compagnons et ses disciples

que d'Antioche, réduisit toute la dispute à un seul point, à la vérité très-important. Il promit que si on pouvait lui montrer une seule personne qui eût été tirée du sein des morts, il embrasserait aussitôt la religion chrétienne. Il est assez singulier que le prélat de la première Église de l'Orient, malgré son zèle pour la conversion de son ami, n'ait pas jugé à propos d'accepter ce défi simple et raisonnable (1).

Vérité des miracles contestée. Les miracles de la primitive Église, après avoir obtenu la sanction des temps, ont été dernièrement attaqués dans un ouvrage (2) rempli de recherches curieuses, mais hardies, et qui, malgré l'accueil favorable qu'il a reçu du public, paraît avoir excité un scandale général parmi les théologiens de toutes les Églises protestantes de l'Europe (3). En hasardant notre sentiment sur cette matière, nous serons bien moins déterminé par quelques argumens particuliers que par notre manière de voir et de réfléchir, et surtout par le degré d'évidence que nous avons coutume d'exiger quand il s'agit de prouver un événement miraculeux. Le devoir d'un historien ne l'oblige pas à s'ériger en juge de son autorité privée,

Notre embarras à déterminer la période où ils ont été opérés.

---

(1) Théophile, ad Autolycum, l. II, p. 77.

(2) Le docteur Middleton donna son introduction en 1747; deux ans après, il publia sa *Free Inquiry*; et avant sa mort, qui arriva en 1750, il avait préparé une défense de cet ouvrage contre ses nombreux adversaires.

(3) L'université d'Oxford conféra des degrés à ceux qui le combattirent. L'indignation de Mosheim (p. 221) peut nous faire connaître les sentimens des ministres luthériens.

nément en public devant un grand nombre de spectateurs. Le patient était délivré par le pouvoir ou par l'habileté de l'exorciste; et l'on entendait le démon vaincu avouer que sous le nom d'un faux dieu du paganisme, il avait usurpé pendant long-temps l'adoration du genre humain (1). Mais la guérison miraculeuse des maladies les plus invétérées, et même des maladies surnaturelles, ne causera plus de surprise, si l'on se rappelle que du temps de saint Irénée, vers la fin du second siècle, la résurrection des morts ne paraissait point un événement extraordinaire; que dans les occasions nécessaires, les longs jeûnes et les supplications réunies de tous les fidèles du lieu, suffisaient souvent pour opérer le miracle, et que les personnes ainsi rendues aux prières de leurs frères, avaient vécu plusieurs années parmi eux (2). Dans une période où la foi pouvait se vanter d'avoir remporté tant de victoires étonnantes sur la mort, il est difficile d'expliquer le scepticisme de ces philosophes qui rejetaient ou qui osaient tourner en ridicule la doctrine de la résurrection. Un Grec d'une naissance distinguée, défendant le parti de l'erreur contre Théophile, évê-

---

(1) Tertullien (*Apolog.*, c. 23) donne hardiment un défi aux magistrats païens. De tous les miracles primitifs, le pouvoir d'exorciser est le seul auquel les protestans aient jamais prétendu.

(2) Saint Irénée, *advers. Hæres.*, l. II, 56, 57; l. V, c. 6. M. Dodwell (*Dissertat. ad Irenæum*, II, 42) conclut que le second siècle a été encore plus fertile en miracles que le premier.

tion, se communiquait soit par des visions, soit par des songes. Les fidèles de tout rang, de tout état, les femmes et les vieillards, les enfans aussi bien que les évêques, avaient également part à cette faveur. Lorsque leurs âmes pieuses avaient été suffisamment préparées par les prières, les jeûnes et les veilles, à recevoir l'impulsion extraordinaire, ils entraient tout à coup dans un saint transport; et, ravis en extase, ils disaient ce qui leur était inspiré, simples instrumens de l'Esprit-Saint, comme la flûte est l'organe de celui qui en tire des sons (1). Nous pouvons ajouter que ces visions avaient principalement pour objet de dévoiler l'histoire future de l'Église, ou d'en régler l'administration présente. L'expulsion des démons que l'on contraignait d'abandonner le corps des malheureux qu'ils avaient eu la permission de tourmenter, était le triomphe ordinaire, mais en même temps le plus signalé de la foi; et les anciens apologistes ne cessent de répéter qu'une pareille victoire est la preuve la plus convaincante de la vérité du christianisme. Cette cérémonie imposante avait lieu commu-

---

Middleton (*Free Inquiry*, p. 96, etc.) observe que, comme cette prétention était de toutes la plus difficile à soutenir par des artifices, ce fut celle à laquelle on renonça le plus tôt. Cette observation convient à son hypothèse.

(1) Athénagoras, *in Legatione*; saint Justin martyr, *Cohort. ad gentes*; Tertullien, *advers. Marcion*, l. iv. Ces descriptions ne sont pas très-différentes de celles de la fureur prophétique, pour laquelle Cicéron (*de Divinatione*, II, 54) montre si peu de respect.

aux progrès de sa foi et de sa raison; et s'il parvenait une fois à soupçonner que la religion chrétienne pouvait bien être véritable, il devenait facile de lui persuader qu'il n'avait point de parti plus sage ni plus prudent à embrasser.

III. Les dons surnaturels que le chrétien, disait-on, recevait même durant cette vie, devaient, en l'élevant au-dessus des autres hommes, le consoler de leurs injustices, et contribuer à convaincre les infidèles. Outre les prodiges qui, dans différentes occasions, ont pu être opérés par l'intervention immédiate de Dieu, lorsque, pour le service de la religion, il suspendait les lois de la nature, l'Église chrétienne, depuis le temps des apôtres et de leurs premiers disciples, a prétendu à une succession non interrompue de pouvoirs miraculeux (1), tels que les dons des langues, des visions et des prophéties, le pouvoir de chasser les démons, de guérir les malades et de ressusciter les morts. La connaissance des langues étrangères fut souvent accordée aux contemporains de saint Irénée, quoique saint Irénée lui-même, en prêchant l'Évangile aux natifs de la Gaule (2), se soit trouvé obligé de lutter contre les difficultés d'un dialecte barbare. L'inspiration divine, suivant la tradi-

Troisième cause. Le don des miracles attribué à l'Église primitive.

---

(1) Malgré les subterfuges du docteur Middleton, il est impossible de fermer les yeux sur les traces frappantes de visions et d'inspirations que l'on trouve dans les pères apostoliques.

(2) Saint Irénée, *advers. Hæres. prem.*, p. 3. Le docteur

donnera de tirer un voile sur le reste de cette description révoltante, continuée par le zélé Africain avec une recherche d'esprit remplie d'affectation et de cruauté (1).

Sans doute parmi les premiers chrétiens il y en avait un grand nombre dont le caractère s'accordait mieux avec la douceur et la charité de leur profession de foi. Plusieurs d'entre eux ressentaient une compassion sincère à la vue des dangers de leurs amis et de leurs compatriotes; et, animés d'une ardeur bienfaisante, ils s'efforçaient de les arracher à une perte inévitable. L'indifférent polythéiste, qui se trouvait tout à coup assailli par des terreurs imprévues, dont ne pouvaient le garantir ses prêtres et ses philosophes, était souvent effrayé et subjugué par la menace d'un supplice éternel. Ses alarmes aidaient

---

de salute Cæsarum curare, dit-il dans son apologie, *inspice Dei voces, litteras nostras. — Scitote ex illis præceptum esse nobis ad redundationem benignitatis etiam pro inimicis Deum orare et persecutoribus bona precari. — Sed etiam nominatim atque manifeste orate, inquit (Christus), pro regibus et pro principibus et potestatibus, ut omnia sint tranquilla vobis.* Tertull., *Apolog.*, c. 31. (*Note de l'Éditeur.*)

(1) Tertullien, *de Spectaculis*, c. 30. Pour donner une idée du degré d'autorité qu'avait acquise le zélé Africain, il suffit de rapporter le témoignage de saint Cyprien, le docteur et le guide de toutes les Églises occidentales. (Voy. Pruden., *hymn.* XIII, 100.) Toutes les fois qu'il s'appliquait à son étude journalière des écrits de Tertullien, il avait coutume de dire : « *Da mihi magistrum*, donnez-moi le maître. » Saint Jérôme, *de Viris illustr.*, c. 53.

s'écrie le sévère Tertullien : attendez le plus grand de tous les spectacles, le jugement dernier, jugement universel de l'univers. Oh! combien j'admirerai, combien je rirai, combien je me réjouirai, combien je triompherai, lorsque je contemplerai tant de superbes monarques et de dieux imaginaires, poussant d'affreux gémissemens dans le plus profond de l'abîme ; tant de magistrats, qui persécutaient le nom du Seigneur, liquéfiés dans des fournaises mille fois plus ardentes que celles où ils ont précipité les chrétiens ; tant de sages philosophes rougissant au milieu des flammes avec les disciples qu'ils ont séduits ; tant de poëtes célèbres tremblans devant le tribunal, non de Minos, mais de Jésus-Christ ; tant d'acteurs tragiques élevant la voix avec bien plus de force pour exprimer leurs propres douleurs ; tant de danseurs!.....(1) » Mais l'humanité du lecteur me par-

_____

(1) Cette traduction n'est pas exacte ; la première phrase est tronquée. Tertullien dit : *Ille dies nationibus insperatus, ille derisus, cùm tanta seculi vetustas et tot ejus nativitates uno igne haurientur.* Le texte n'offre point ces exclamations exagérées *tant de magistrats, tant de sages philosophes, tant de poëtes,* etc. ; mais simplement *des magistrats, des philosophes, des poëtes,* etc., *præsides, philosophos, poetas,* etc. Tertull., *de Spectac.*, c. 30.

La véhémence de Tertullien dans ce traité avait pour but d'éloigner les chrétiens des jeux séculaires donnés par l'empereur Sévère ; elle ne l'a pas empêché de se montrer ailleurs plein de bienveillance et de charité envers les infidèles : l'esprit de l'Évangile l'a emporté quelquefois sur la violence des passions humaines : *Qui ergo putaveris nihil nos*

dont la foi portait sur une base bien plus ferme, livrait sans balancer aux supplices éternels la partie la plus considérable de l'espèce humaine. On pouvait se permettre une espérance charitable en faveur de Socrate ou de quelques autres sages de l'antiquité qui avaient consulté la lumière de la raison avant qu'on eût vu briller celle de l'Évangile (1); mais on assurait unanimement que les idolâtres qui, depuis la naissance ou la mort de Jésus-Christ, avaient opiniâtrément persisté dans le culte des démons, ne méritaient ni ne pouvaient attendre de pardon de la justice d'un Dieu irrité. Ces sentimens rigides, qui avaient été inconnus au monde ancien, paraissent avoir répandu de l'amertume dans un système d'amour et d'harmonie. Souvent la différence des religions rompit les nœuds du sang et de l'amitié. Les fidèles qui gémissaient dans ce monde sous la puissance tyrannique des païens, s'abandonnaient quelquefois à leur ressentiment; et, trompés par des mouvemens d'un orgueil spirituel, ils se plaisaient à comparer leur triomphe futur avec les tourmens réservés à leurs ennemis. « Vous aimez les spectacles,

---

est peut-être le seul chef de parti qui ait adopté une opinion plus modérée, et il n'a pas moins scandalisé les luthériens que les catholiques. *Voyez* Bossuet, *Histoire des Variations*, l. II, c. 19-22.

(1) Saint Justin et saint Clément d'Alexandrie conviennent que quelques-uns des philosophes furent instruits par le *Logos*; confondant la double signification de ce mot, qui exprime la raison humaine et le Verbe divin.

le plus intrépide, l'opinion que le système actuel de l'univers devait être détruit par le feu, paraissait extrêmement probable. Le chrétien, qui fondait bien moins sa croyance sur les argumens trompeurs de la raison que sur l'autorité de la tradition et sur l'interprétation de l'Écriture, attendait avec terreur et avec confiance cette destruction totale, persuadé qu'elle allait bientôt arriver; et comme cette idée remplissait perpétuellement son esprit, tous les désastres qui tombaient sur l'empire lui paraissaient autant de symptômes infaillibles de la décadence d'un monde expirant (1).

La réprobation des païens les plus sages et les plus vertueux, dont le crime était d'ignorer ou de ne pas croire la vérité divine, semble blesser la raison et l'humanité de notre siècle (2). Mais la primitive Église,

Les païens dévoués aux supplices éternels.

---

(1) Sur ce sujet, tout homme de goût lira avec plaisir la troisième partie de la théorie sacrée de Burnet. Cet auteur mêle ensemble la philosophie, l'Écriture et la tradition; il en compose un système magnifique, et, dans la description qu'il en donne, il déploie une force d'imagination qui ne le cède pas à celle de Milton lui-même.

(2) Et cependant, quel que puisse être le langage des individus, c'est encore la doctrine publique de toutes les Églises chrétiennes; l'Église anglicane même ne peut refuser d'admettre les conclusions que l'on doit nécessairement tirer du huitième et du dix-huitième de ses articles. Les jansénistes, qui ont étudié avec tant de soin les ouvrages des pères, maintiennent ce sentiment avec un zèle remarquable; et le savant M. de Tillemont ne parle jamais de la mort d'un vertueux empereur, sans prononcer sa damnation. Zwingle

noncés. Les discordes intestines, l'invasion des plus féroces Barbares accourus des extrémités du Nord, la peste et la famine, les comètes et les éclipses, les tremblemens de terre et les inondations, tout présageait une révolution terrible (1). Ces signes effrayans n'étaient que les avant-coureurs de la grande catastrophe: L'instant fatal approchait où la patrie des Scipions et des Césars devait être consumée par une flamme descendue du ciel; où la ville aux sept collines, ses palais, ses temples et ses arcs de triomphe, devaient être bientôt ensevelis dans un lac immense de feu et de bitume; et le monde, qui avait déjà péri par l'eau, devait éprouver une destruction plus prompte par le feu. Ce qui pouvait apporter quelque consolation à la vanité des Romains, c'est que le terme de leur empire devait être en même temps la fin de l'univers. Dans cette opinion d'un incendie général, la foi des chrétiens coïncidait heureusement avec la tradition de l'Orient, la philosophie des stoïciens, et les analogies naturelles. Le pays même où la religion plaçait l'origine et la principale scène de l'embrasement, avait été singulièrement disposé par la nature pour ce grand événement. Il renfermait dans son sein de profondes cavernes, des lits de soufre et de nombreux volcans que l'Etna, le Vésuve et les îles de Lipari, représentent d'une manière très-imparfaite. Aux yeux même du sceptique le plus calme et

---

(1) Lactance (*Institut. div.*, vii, 15, etc.) parle de cet affreux avenir avec beaucoup de feu et d'éloquence.

Tandis qu'on promettait aux disciples de Jésus-Christ le bonheur et la gloire d'un règne temporel, les calamités les plus terribles étaient annoncées à un monde incrédule. L'édification de la nouvelle Jérusalem devait être accompagnée de la destruction de la Babylone mystique; et, tant que les princes qui régnèrent avant Constantin persistèrent dans la profession de l'idolâtrie, le nom de Babylone fut appliqué à la ville et à l'empire de Rome. Tous les maux que les causes physiques et morales peuvent produire pour affliger une nation florissante, lui avaient été an-

Conflagration de Rome et du monde.

---

calypse fut tacitement exclue des canons sacrés, par les mêmes Églises de l'Asie auxquelles elle est adressée; et les plaintes de Sulpice-Sévère nous apprennent que leur sentence avait été ratifiée par le plus grand nombre des chrétiens de son temps. Pourquoi donc l'Apocalypse est-elle maintenant si généralement reçue par les Églises grecque, romaine et protestante? On peut en donner les raisons suivantes : 1° les Grecs furent subjugués par l'autorité d'un imposteur, qui, dans le sixième siècle, prit le nom de Denys l'Aréopagite. 2° La crainte bien fondée que les grammairiens ne devinssent plus importans que les théologiens, engagea les pères du concile de Trente à poser le sceau de leur infaillibilité sur tous les livres de l'Écriture renfermés dans la Vulgate latine ; et heureusement l'Apocalypse se trouva du nombre. (Fra Paolo, *Hist. du Concile de Trente*, l. II.) 3° L'avantage qu'avaient les protestans de tourner ces prophéties mystérieuses contre le siége de Rome, leur inspira une vénération extraordinaire pour un allié si utile. *Voyez* les discours ingénieux et élégans de l'évêque de Litchfield sur ce sujet, qui paraissait peu susceptible d'ornemens.

lièrement avec les disciples immédiats des apôtres, jusqu'à Lactance, précepteur du fils de Constantin(1), tous les pères de l'Église ont eu soin d'annoncer ce millénaire : quoique cette idée pût n'être pas universellement adoptée, elle paraît avoir été dominante parmi les chrétiens orthodoxes; et elle semble si bien adaptée aux désirs et aux craintes du genre humain, qu'elle a dû contribuer beaucoup au progrès de la religion chrétienne. Mais lorsque l'édifice de l'Église eut été presque entièrement achevé, on mit de côté les instrumens qui avaient servi à sa construction. La doctrine du règne de Jésus-Christ sur la terre, traitée d'abord d'allégorie profonde, parut par degrés incertaine et inutile; elle fut enfin rejetée comme l'invention absurde de l'hérésie et du fanatisme (2) : une prophétie mystérieuse, qui forme encore une partie du canon sacré, mais que l'on croyait favorable à l'opinion du moment, n'échappa qu'avec peine à la sentence de l'Église (3).

---

(1) Que saint Justin et ses frères orthodoxes aient ajouté foi à la doctrine d'un millénaire, c'est ce qui est prouvé de la manière la plus claire et la plus solennelle. (*Dialog. cum Tryph. Jud.*, p. 177, 178, édit. Benedict.) Si, dans le commencement de cet important passage, on aperçoit quelque chose qui ait l'apparence de l'inconséquence, nous pouvons en accuser, selon que nous jugerons à propos, soit l'auteur, soit ses copistes.

(2) Dupin, *Biblioth. ecclésiast.*, tome I, p. 223; tome II, p. 366; et Mosheim, p. 720; quoique le dernier de ces savans théologiens ne soit pas ici tout-à-fait impartial.

(3) Dans le concile de Laodicée (vers l'an 360), l'Apo-

la vie, régnerait sur la terre jusqu'au temps désigné pour la dernière et générale résurrection. Cet espoir flattait tellement l'esprit des fidèles, que la *nouvelle Jérusalem*, siége de ce royaume de félicité, fut bientôt ornée de toutes les peintures les plus séduisantes de l'imagination. Dans ce séjour délicieux, où les habitans devaient conserver leurs sens et toutes les facultés de la nature humaine, un bonheur qui aurait consisté seulement dans des plaisirs purs et spirituels, aurait paru trop raffiné. Le jardin d'Éden et les amusemens de la vie pastorale ne convenaient plus aux progrès que la société avait faits sous l'empire romain. Une ville fut donc bâtie, brillante d'or et de pierres précieuses; partout aux environs la terre produisait d'elle-même avec une abondance surnaturelle; la vigne croissait sans culture, et le peuple, heureux et innocent, jouissait de tous ces biens sans être retenu par aucune de ces lois jalouses qui distribuent si inégalement les propriétés (1). Depuis saint Justin martyr (2), et saint Irénée, qui avait conversé fami-

---

(1) Une fausse interprétation d'Isaïe, de Daniel et de l'Apocalypse, a fait imaginer la plupart de ces tableaux. On peut trouver une des descriptions les plus grossières dans saint Irénée (liv. v, p. 455), disciple de Papias, qui avait vu l'apôtre saint Jean.

(2) *Voyez* le second dialogue de saint Justin avec Tryphon, et le septième livre de Lactance. Puisque le fait n'est pas contesté, il n'est pas nécessaire de citer tous les pères intermédiaires; cependant le lecteur curieux peut consulter Daillé, *de Usu patrum*, l. II, c. 4.

Doctrine des millenaires.

L'ancienne doctrine des millenaires, qui eut tant de partisans, tenait intimement à l'opinion de la seconde venue du Messie. Comme les ouvrages de la création avaient été finis en six jours, leur état actuel était fixé à six mille ans (1), selon une tradition attribuée au prophète Élie. Par la même analogie on prétendait qu'à cette longue période, alors presque accomplie (2), de travaux et de disputes, succèderait un joyeux sabbat de dix siècles, et que Jésus-Christ, suivi de la milice triomphante des saints et des élus échappés à la mort, ou miraculeusement rappelés à

---

(1) *Voyez* la *Théorie sacrée de Burnet*, part. III, c. 5. On peut faire remonter cette tradition jusqu'à l'auteur de l'épitre de saint Barnabé, qui écrivait dans le premier siècle, et qui paraît avoir été un de ces chrétiens judaïsans.

(2) L'Église primitive d'Antioche comptait près de six mille ans depuis la création du monde jusqu'à la naissance de Jésus-Christ ; Jules-Africain, Lactance et l'Église grecque ont réduit ce nombre à cinq mille cinq cents ; Eusèbe se contente de cinq mille deux cents années. Ces calculs étaient appuyés sur la version des *Septante*, qui fut universellement reçue durant les six premiers siècles. L'autorité de la Vulgate et du texte hébreu a déterminé les modernes, tant protestans que catholiques, à préférer une période de quatre mille ans environ, quoiqu'en étudiant l'antiquité profane, ils se trouvent souvent resserrés dans d'étroites limites.

vérité que la race d'hommes (que vous commencez) ne passera point que tout cela n'arrive ; » c'est-à-dire, que la succession des chrétiens ne cessera pas avant sa venue. *Voyez* le *Commentaire de M. Paulus sur le Nouveau-Testament*, édit. de 1802, t. III, p. 445 et 455. (*Note de l'Éditeur.*)

l'empereur Adrien. Dix-sept siècles révolus nous ont appris à ne pas trop presser le langage mystérieux des prophéties et de l'Apocalypse; mais cette erreur, tant que les sages décrets de la Providence ont permis qu'elle subsistât dans l'Église, produisit les effets les plus salutaires sur la foi et sur la conduite des chrétiens, qui vivaient dans l'attente auguste de ce moment où le globe lui-même et toutes les différentes races des mortels trembleraient à l'aspect de leur divin juge (1).

---

(1) Cette attente était fondée sur le vingt-quatrième chapitre de saint Matthieu, et sur la première épître de saint Paul aux Thessaloniciens. Érasme lève la difficulté à l'aide de l'allégorie et de la métaphore. Le savant Grotius se permet d'insinuer que de sages motifs autorisèrent cette pieuse imposture (*).

(*) Quelques théologiens modernes l'expliquent sans y voir ni allégorie ni imposture : ils disent que Jésus-Christ, après avoir annoncé la ruine de Jérusalem et du temple, parle de sa nouvelle venue et des signes qui doivent la précéder ; mais que ceux qui ont cru que ce moment était proche se sont trompés sur le sens de deux mots, erreur qui subsiste encore dans nos versions de l'Évangile selon saint Matthieu, c. 24, v. 29 et 34. Dans le verset 29, on lit : « Mais *aussitôt* après ces jours d'affliction, le soleil s'obscurcira, etc. » Le mot grec ευθεως signifie ici *tout d'un coup, brusquement*, et non *aussitôt*; de sorte qu'il ne désigne que l'apparition subite des signes que Jésus-Christ annonce, et non la brièveté de l'intervalle qui doit les séparer des *jours d'affliction* dont il vient de parler. — Le verset 34 est celui-ci : « Je vous dis en vérité que *cette génération* ne passera point que tout cela n'arrive. » Jésus, parlant à ses disciples, se sert de ces mots αυτη γενεα, que les traducteurs ont rendus par *cette génération*, mais qui veulent dire *la race, la filiation de mes disciples*; c'est d'une *classe d'hommes* et non d'une *génération* qu'il veut parler. Le vrai sens est donc, selon ces érudits : « Je vous dis en

dicté par la nature, approuvé par la raison, et adopté par la superstition, reçut de l'autorité et de l'exemple de Jésus-Christ la sanction de vérité divine.

<small>Parmi les chrétiens.</small>

Lorsque la promesse d'un bonheur éternel fut offerte aux hommes, sous la condition d'adopter la croyance et d'observer les préceptes de l'Évangile, il n'est pas étonnant qu'une proposition si avantageuse ait été acceptée par un grand nombre de personnes de toutes les religions, de tous les états, et de toutes les provinces de l'empire romain. Les premiers chrétiens avaient pour leur existence présente un mépris; et ils attendaient l'immortalité avec une confiance dont la foi douteuse et imparfaite des siècles modernes ne saurait donner qu'une bien faible idée. Dans la primitive Église, l'influence de la vérité tirait une force prodigieuse d'une opinion respectable par son utilité et par son ancienneté, mais qui n'a pas été justifiée par le fait. On croyait universellement que la fin du monde et le royaume des cieux étaient sur le point d'arriver. L'approche de ce merveilleux événement avait été prédite par les apôtres; leurs plus anciens disciples en avaient conservé la tradition; et ceux qui expliquaient littéralement les paroles de Jésus-Christ lui-même, étaient obligés de croire que le Fils de l'Homme allait bientôt paraître dans les nuages, et qu'il descendrait de nouveau sur la terre avec tout l'éclat de sa gloire, avant l'extinction totale de cette génération qui avait été témoin de son humble état dans ce monde, et qui pouvait attester les calamités des Juifs sous Vespasien et sous

<small>Fin prochaine du monde.</small>

Les premiers, qui formaient la classe la plus opulente et la plus distinguée de l'État, s'attachaient au sens littéral de la loi de Moïse, et ils rejetaient pieusement l'immortalité de l'âme comme une opinion qui n'avait point été consignée dans le livre divin, seule règle reconnue de leur foi. A l'autorité des écritures, les pharisiens ajoutaient celle de la tradition; et sous le nom de tradition ils comprenaient plusieurs dogmes spéculatifs tirés de la philosophie ou de la religion des Orientaux. Les doctrines de la fatalité ou de la prédestination, des anges et des esprits, et d'un état futur de récompenses et de punitions, étaient au nombre de ces nouveaux articles de leur croyance. Comme les pharisiens, par l'austérité de leurs mœurs, avaient attiré dans leur parti le corps de la nation juive, sous le règne des princes et des pontifes Asmonéens, l'immortalité de l'âme devint l'opinion dominante de la synagogue. L'humeur des Juifs n'était pas capable de se contenter de cet acquiescement froid et languissant qui aurait pu satisfaire l'esprit d'un polythéiste; dès qu'ils eurent admis l'idée d'une vie à venir, ils l'embrassèrent avec tout le zèle qui avait toujours caractérisé la nation. Au reste, leur zèle n'ajoutait rien à l'évidence ni à la probabilité de cette doctrine; et il était encore nécessaire que le dogme de la vie et de l'immortalité, qui avait été

---

des pharisiens. Le docteur Jortin raisonne d'après cette hypothèse, dans ses *Remarques sur l'Hist. ecclésiast.*, vol. II, page 103.

la captivité de Babylone, les espérances aussi bien que les craintes des Juifs paraissent avoir été resserrées dans le cercle étroit de la vie présente (1). Après que Cyrus eut permis à la nation exilée de retourner dans la terre promise, et qu'Esdras eut rétabli les anciens monumens de la religion, deux sectes célèbres, les sadducéens et les pharisiens, s'élevèrent à Jérusalem (2).

---

cipal but était d'établir une théocratie solide, de faire conserver à son peuple l'idée de *l'unité de Dieu*, base sur laquelle devait ensuite reposer le christianisme; tout ce qui pouvait obscurcir ou ébranler cette idée a été écarté avec soin. D'autres nations avaient étrangement abusé de leurs notions sur l'immortalité de l'âme; Moïse voulait empêcher ces abus: ainsi il défendit aux Hébreux *de consulter ceux qui évoquent les esprits ou les diseurs de bonne aventure, et d'interroger les morts*, comme le faisaient les Égyptiens. (Deut., c. 18, v. 11.) « Ceux qui réfléchiront à l'état des païens et des Juifs, à la facilité avec laquelle l'idolâtrie se glissait alors partout, ne seront pas étonnés que Moïse n'ait pas développé un dogme dont l'influence pouvait devenir plus funeste qu'utile à la nation. » Voyez *Orat. fest. de vitæ immort. spe, etc. auct. Ph. Alb. Stapfer*, p. 12, 13, 20. Berne, 1787. (*Note de l'Éditeur.*)

(1) Voyez Le Clerc (*Prolégom. à l'Hist. ecclésiast.*, c. 1, sect. 8). Son autorité paraît avoir d'autant plus de poids, qu'il a fait un commentaire savant et judicieux sur les livres de l'Ancien-Testament.

(2) Josèphe, *Antiq.*, l. XIII, c. 10, *de Bello judaico*, II, 8. Selon l'interprétation la plus naturelle des paroles de cet auteur, les sadducéens n'admettaient que le Pentateuque; mais il a plu à quelques critiques modernes d'ajouter les prophéties aux livres sacrés que cette secte reconnaissait, et de supposer qu'elle se contentait de rejeter les traditions

noncèrent obscurément; et durant la longue période qui s'écoula entre la servitude chez les Égyptiens et

---

mortalité de l'âme; les Égyptiens, chez lesquels il avait habité quarante ans, y croyaient à leur manière. Le récit de l'enlèvement d'Énoch, *qui marcha avec Dieu et puis ne parut plus, parce que Dieu le prit*, semble indiquer la notion d'une existence qui suit celle de l'homme sur la terre. (Genèse, c. 5, v. 24.) *Job*, que quelques savans attribuent à Moïse, offre à ce sujet des renseignemens plus clairs : *Après que ma peau aura été détruite, je verrai Dieu de mes yeux, je le verrai moi-même, mes yeux le verront, ce ne sera pas un autre que moi.* (Job, c. 19, v. 26, 27.) M. Pareau, professeur de théologie à Harderwyk, a fait paraître, en 1807, un volume in-8° sous ce titre : *Commentatio de immortalitatis ac vitæ futuræ notitiis ab antiquissimo Jobi scriptore*, où il fait voir, dans le 27° chapitre de Job, des indices de la doctrine d'une vie future. *Voyez* Michaelis, *Syntagma commentationum*, p. 80; *Coup d'œil sur l'état de la littérature et de l'histoire ancienne en Allemagne*, par Ch. Villers, p. 63. — 1809.

Ces notions d'immortalité ne sont pas assez claires, assez positives, pour être à l'abri de toute objection; ce qu'on peut dire, c'est que la succession des écrivains sacrés semble les avoir graduellement développées. On observe cette gradation dans Isaïe, David et Salomon, qui a dit : *La poudre retourne dans la terre comme elle y avait été, tandis que l'esprit retourne à Dieu qui l'avait donné.* (Ecclés., c. 12, v. 9.) J'ajouterai ici la conjecture ingénieuse d'un théologien philosophe sur les causes qui ont pu empêcher Moïse d'enseigner spécialement à son peuple la doctrine de l'immortalité. Il croit que, dans l'état de la civilisation à l'époque où vivait ce législateur, cette doctrine, rendue populaire parmi les Juifs, aurait nécessairement donné naissance à une foule de superstitions idolâtres qu'il voulait prévenir : son prin-

Parmi les Juifs.

On se serait naturellement attendu qu'un principe si essentiel à la religion aurait été révélé dans les termes les plus clairs au peuple choisi de la Palestine, et qu'il aurait pu être confié en toute sûreté à la race sacerdotale d'Aaron. Il est de notre devoir d'adorer les décrets mystérieux de la Providence (1) lorsque nous voyons la doctrine de l'immortalité de l'âme omise dans la loi mosaïque (2). Les prophètes l'an-

---

observer qu'ils confiaient, non-seulement leurs vies, mais leur argent même à l'assurance d'un autre monde. *Vetus ille mos Gallorum occurrit* (dit Valère-Maxime, l. II, c. 6, p. 10), *quos memoriâ proditum est, pecunias mutuas, quæ his apud inferos redderentur, dare solitos*. La même coutume est insinuée plus obscurément par Mela, l. III, c. 2. Il est presque inutile d'ajouter que les profits du commerce étaient exactement proportionnés au crédit du marchand, et que les druides tiraient de leur profession sacrée un crédit supérieur peut-être à celui qu'aurait pu prétendre toute autre classe d'hommes.

(1) L'auteur de la divine légation de Moïse donne une raison très-curieuse de cette omission; il rétorque très-ingénieusement contre les incrédules les argumens qu'ils en tirent.

(2) Cette omission n'est pas tout-à-fait démontrée : Michaelis croit que, le silence de Moïse fût-il complet, on ne pourrait en conclure qu'il ignorât ou qu'il n'admît pas le dogme de l'immortalité de l'âme : Moïse, selon lui, n'a jamais écrit comme théologien; il ne s'est point occupé d'instruire son peuple des vérités de la foi; nous ne voyons dans ses ouvrages qu'un historien et un législateur civil; il a plutôt réglé la discipline ecclésiastique que la croyance religieuse : même comme simple législateur humain, il ne pouvait pas ne pas avoir entendu parler souvent de l'im-

sières (1). 3.° A peine les polythéistes les plus religieux de la Grèce et de Rome envisageaient-ils la doctrine d'un état futur comme un article fondamental de foi. La providence des dieux avait plutôt rapport aux sociétés publiques qu'aux individus; et elle se développait principalement sur le théâtre visible de notre univers. Les vœux particuliers offerts devant les autels de Jupiter ou d'Apollon exprimaient le désir inquiet de leurs adorateurs pour la félicité temporelle, et marquaient en même temps leur ignorance ou leur insensibilité concernant une vie à venir (2). La vérité importante de l'immortalité de l'âme fut annoncée avec plus de soin et avec plus de succès dans l'Inde, en Assyrie, en Égypte et dans la Gaule; et puisque ce n'est point dans une supériorité de connaissances parmi ces Barbares que nous pouvons trouver la raison d'une différence si sensible, il faut l'attribuer à l'influence d'un ordre de prêtres établis dans ces contrées, et qui employaient les motifs de vertu comme des instrumens d'ambition (3).

Parmi les Barbares.

---

(1) Le onzième livre de l'*Odyssée* offre une désolante et incohérente description des régions infernales. Pindare et Virgile ont embelli le tableau; mais ces poëtes mêmes, quoique plus corrects que leur grand modèle, sont tombés dans des inconséquences bien étranges. *Voyez* Bayle, *Réponses aux questions d'un provincial*, part. III, c. 22.

(2) *Voyez* la seizième épître du premier livre d'Horace, la treizième satire de Juvénal, et la seconde satire de Perse. Ces discours populaires expriment le sentiment et le langage de la multitude.

(3) Si nous nous bornions aux Gaulois, nous pouvons

gnaient pas d'offenser leurs auditeurs (1) en représentant cette doctrine comme une opinion vaine et extravagante, que rejetait avec mépris tout homme dont l'esprit avait été cultivé par l'éducation.

Parmi les païens de la Grèce et de Rome

Puisque la philosophie, malgré les efforts les plus sublimes, ne peut parvenir qu'à indiquer faiblement le désir, l'espérance, ou tout au plus la probabilité d'une vie à venir, il n'appartient donc qu'à la révélation divine d'affirmer l'existence et de représenter l'état de ce pays invisible, destiné à recevoir les âmes des hommes après leur séparation d'avec les corps. Mais il est facile d'apercevoir dans les religions de la Grèce et de Rome plusieurs défauts inhérens, qui les rendaient incapables d'entreprendre une tâche si difficile. 1° Le système général de la mythologie ancienne ne portait sur aucune preuve solide; et les plus sages d'entre les païens avaient déjà secoué l'autorité qu'elle avait usurpée. 2° La description des régions infernales avait été abandonnée aux peintres et aux poëtes; et leur imagination les peuplait d'un si grand nombre de fantômes et de monstres, elle distribuait les punitions et les récompenses avec si peu d'équité, qu'une vérité auguste, la plus faite pour le cœur de l'homme, avait été insensiblement étouffée et dégradée par le mélange absurde des fictions les plus gros-

---

(1) *Voy.* Cicéron, pro Cluent., c. 61; César, *apud Sallust.,* de Belli catol., c. 50; Juvénal, sat. 11, 149.

Esse aliquos manes, et subterranea regna

Nec pueri credunt, nisi qui nondum ære lavantur.

plus parfait de bonheur et de vertu, après être sortie de sa prison corporelle. Les philosophes qui marchèrent sur les traces de Platon, tirèrent de ces principes nobles et spécieux une conclusion qu'il eût été très-difficile de justifier, puisque, non contens d'établir l'immortalité de l'âme, ils prétendaient prouver son éternité antérieure, et qu'ils penchaient à la regarder comme une portion de cet esprit infini, existant par lui-même, qui remplit et soutient l'univers (1). Un système si élevé au-dessus des sens et de l'expérience de tous les hommes pouvait amuser le loisir d'un philosophe; peut-être aussi, dans le silence de la solitude, cette doctrine consolante offrait-elle quelquefois un rayon d'espoir à la vertu découragée. Mais la faible impression qui avait été communiquée dans les écoles, se perdait bientôt au milieu du tumulte et des agitations de la vie active. Nous connaissons assez les actions, les caractères et les motifs des personnages éminens qui fleurirent du temps de Cicéron et des premiers Césars, pour être assurés que leur conduite dans cette vie ne fut jamais dirigée par aucune conviction sérieuse des punitions et des récompenses d'un état futur. Au barreau et dans le sénat de Rome, les orateurs les plus habiles ne crai-

---

(1) La préexistence de l'âme, en tant au moins que cette doctrine est compatible avec la religion, fut adoptée par plusieurs des pères de l'Église grecque et de l'Église latine. *Voy.* Beausobre, *Hist. du Manichéisme*, l. vi, c. 4.

simple, mais triste, que le coup fatal de notre dissolution nous délivre des calamités de la vie, et que ceux qui ont peu de temps à exister ont aussi peu de temps à souffrir. Rome et la Grèce renfermaient cependant un petit nombre de sages qui avaient conçu une idée plus relevée, et, à certains égards, plus juste de la nature humaine, quoique, dans leurs sublimes recherches, leur raison ait souvent pris pour guide leur imagination, et que leur imagination ait été dirigée par leur vanité. Lorsqu'ils contemplaient avec complaisance l'étendue de leurs puissances intellectuelles; lorsque dans les spéculations les plus profondes, ou dans les études les plus importantes, ils exerçaient les diverses facultés de la mémoire, de l'imagination et du jugement; lorsque enfin ils méditaient sur cet amour de la gloire, qui les transportait dans les siècles futurs, bien au-delà des limites de la mort et du tombeau, ils ne pouvaient consentir à se confondre avec les animaux des champs, ni se résoudre à supposer qu'un être dont la dignité leur inspirait l'admiration la plus vive, fût réduit à une petite portion de terre et à une durée de quelques années. Pour appuyer des sentimens si favorables à l'excellence de notre espèce, ils appelèrent à leur secours la science, ou plutôt le langage de la métaphysique. Ils découvrirent bientôt que, comme aucune des propriétés de la matière ne peut s'appliquer aux opérations de l'esprit, l'âme devait être une substance différente du corps, pure, simple et spirituelle, incapable de dissolution, et susceptible d'un degré

Tels étaient les soins pénibles qu'il fallait prendre pour garantir la pureté de l'Évangile du souffle empoisonné de l'idolâtrie. Les partisans de l'ancienne religion observaient avec indifférence les rites publics ou particuliers qu'ils tenaient de l'éducation et de l'habitude ; mais toutes les fois que ces cérémonies superstitieuses se présentaient, elles fournissaient aux chrétiens une occasion de s'opposer avec force aux anciennes erreurs, et de déclarer leurs sentimens. Ces protestations fréquentes affermissaient leur attachement à la foi ; et à mesure que leur zèle s'augmentait, ils soutenaient avec plus d'ardeur et avec des succès plus marqués cette guerre sainte qu'ils avaient entreprise contre l'empire des démons.

Zèle pour le christianisme.

II. Les écrits de Cicéron (1) peignent des couleurs les plus vives l'ignorance, les erreurs et l'incertitude des anciens philosophes, au sujet de l'immortalité de l'âme. Ils voulaient armer leurs disciples contre la crainte de la mort ; ils leur inculquaient cette idée

Seconde cause. La doctrine de l'immortalité de l'âme parmi les philosophes.

---

(1) En particulier, le premier livre des *Tusculanes*, le *Traité de la vieillesse* et le *Songe de Scipion*, contiennent, dans le plus beau langage, tout ce que la philosophie des Grecs ou le bon sens des Romains pouvait suggérer sur ce sujet obscur, mais important.

longue paix dont avait joui l'Église. On convient en général que Tertullien devint montaniste vers l'an 206 ; son ouvrage *de Coroná militis* paraît avoir été écrit au plus tôt vers l'an 202 avant la persécution de Sévère ; on peut donc soutenir qu'il est postérieur au montanisme de l'auteur. Voyez Mosheim, *Dissert. de Apolog. Tertull.*, p. 53 ; *Biblioth. rais.*, Amsterd., t. II, part. II, p. 292 ; docteur Cave, *Hist. litter.*, p. 92, 93. (*Note de l'Éditeur.*)

lampes et de branches de laurier, et de ceindre leurs têtes de guirlandes de fleurs. Cet usage innocent, qui formait un spectacle agréable, aurait pu être toléré comme une institution purement civile; mais il se trouvait malheureusement que les portes étaient sous la protection des dieux pénates, que le laurier était consacré à l'amant de Daphné, et que ces guirlandes de fleurs, quoique souvent le symbole de la joie ou de la tristesse, avaient été employées, dans leur première origine, au service de la superstition. Ceux des chrétiens qui se déterminaient à suivre, sur ce point, les coutumes de la patrie et les ordres du magistrat, éprouvaient de terribles agitations : en proie aux plus sombres alarmes, ils redoutaient les reproches de leur conscience, les censures de l'Église et l'annonce de la vengeance divine (1).

---

(1) Tertullien a composé un ouvrage pour défendre ou plutôt pour célébrer l'action téméraire d'un soldat chrétien, qui, en jetant sa couronne de laurier, avait exposé sa personne et celle de ses frères au danger le plus imminent (*). Comme il parle des *empereurs* (Sévère et Caracalla.), il est évident, quoi qu'en veuille penser M. de Tillemont, que Tertullien composa son traité *de Coroná* long-temps avant qu'il eût adopté les erreurs des montanistes (**). Voyez. *Mém. ecclésiast.*, tome III, page 384.

(*) Ce soldat n'arracha point la couronne de sa tête pour la jeter ignominieusement; il ne la *jeta* même point, il se contenta de la porter à la main, tandis que les autres s'en ceignaient le front. *Lauream castrensem quam cæteri in capite, hic in manu gestabat.* Argum. de Coroná militis. Tertull., p. 100. (*Note de l'Éditeur.*)

(**) Tertullien ne nomme point *expressément* les deux empereurs Sévère et Caracalla; il parle seulement *de deux empereurs et d'une*

Les tentations dangereuses, qui se tenaient de tous côtés en embuscade pour surprendre le fidèle, l'attaquaient les jours de fêtes publiques avec une violence redoublée. Ces institutions augustes avaient été disposées et arrangées, dans l'année, avec tant d'art, que la superstition prenait toujours le masque du plaisir et souvent celui de la vertu (1). Chez les Romains, quelques-unes des fêtes les plus sacrées avaient pour objet de célébrer les calendes de janvier, en prononçant solennellement des vœux pour la félicité publique et pour le bonheur des citoyens ; de rappeler le souvenir des morts, et d'attirer les regards des dieux sur la génération présente ; de poser les bornes invariables des propriétés ; de saluer, au retour du printemps, les puissances vivifiantes qui répandent la fécondité ; de perpétuer ces deux ères mémorables de Rome, la fondation de la ville et celle de la république, et de rétablir, durant la licence bienfaisante des saturnales, l'égalité primitive du genre humain. On peut juger quelle devait être l'horreur des chrétiens pour ces cérémonies impies, par la scrupuleuse délicatesse qu'ils avaient montrée dans une occasion moins alarmante. Aux jours d'allégresse publique, les anciens avaient coutume d'orner leurs portes de

<small>Fêtes.</small>

---

(1) *Voyez* l'ouvrage le plus travaillé d'Ovide, ses *Fastes*, qui sont restés imparfaits. Il n'a fini que les six premiers mois de l'année. La compilation de Macrobe est appelée *Saturnalia*; mais c'est une petite partie du premier livre seulement qui a quelque rapport à ce titre.

qu'elle dévouait aux tourmens éternels cette portion si considérable de la société qui exerce les arts libéraux et mécaniques. Si nous jetons les yeux sur les restes innombrables de l'antiquité, outre les images des dieux et les instrumens sacrés de leur culte, nous voyons que les maisons, les habits et les meubles des païens, devaient leurs plus riches ornemens aux formes élégantes et aux fictions agréables consacrées par l'imagination des Grecs (1). C'était aussi dans cette origine impure qu'avaient pris naissance la musique, la peinture, l'éloquence et la poésie. Dans le langage des pères de l'Église, Apollon et les Muses sont les organes de l'esprit infernal; Homère et Virgile en sont les principaux ministres; et cette mythologie brillante qui remplit, qui anime les productions de leur génie, est destinée à célébrer la gloire des démons. La langue même de la Grèce et celle de Rome abondaient en expressions familières, mais impies, que le chrétien imprudent courait le risque de prononcer trop légèrement ou d'entendre avec trop de patience (2).

---

(1). *Voyez* partout l'*Antiquité* de Montfaucon. Le revers même des monnaies grecques et romaines tenait souvent à l'idolâtrie. Ici, il est vrai, les scrupules des chrétiens étaient balancés par une passion plus forte.

(2) Tertullien, *de Idololatriâ*, c. 20, 21, 22. Si un ami païen (peut-être lorsqu'on éternuait) se servait de l'expression familière : *Jupiter vous bénisse*, le chrétien était obligé de protester contre la divinité de Jupiter.

chrétiens. Gibbon s'est permis assez souvent de faire envisager les idées particulières de tel ou tel père de l'Église comme inhérentes au christianisme; ce qui n'est pas exact. (*Note de l'Éditeur.*)

heur réciproque. Lorsque l'épouse, enlevée d'entre les bras de ses parens, franchissait, avec une répugnance affectée, le seuil de sa nouvelle demeure (1), accompagnée de tout le cortége de l'hymen ; lorsque la pompe funèbre s'avançait lentement vers le bûcher (2), dans ces importantes occasions, le chrétien, tremblant de se rendre coupable du crime attaché à des cérémonies impies, se trouvait forcé d'abandonner les personnes qu'il chérissait le plus. Toutes les professions, tous les métiers qui contribuaient à former ou à décorer les idoles, étaient déclarés infectés du poison de l'idolâtrie (3) : sentence sévère, puis-

Arts.

---

les anciens avaient coutume de terminer leurs repas par des libations. Socrate et Sénèque, dans leurs derniers momens, firent une belle application de cet usage : *Postremò stagnum calidæ aquæ introiit, respergens proximos servorum, additâ voce, libare se liquorem illum Jovi liberatori.* Tac., Annal., xv, 64.

(1) *Voyez* l'hymne élégant, mais idolâtre, que Catulle composa à l'occasion des noces de Manlius et de Julie :

  Io Hymen Hymenæe io...
    Quis huic Deo
  Compararier ausit?

(2) Virgile, en chantant la mort de Misène et de Pallas, a décrit avec exactitude les funérailles des anciens ; les éclaircissemens donnés par son commentateur Servius ne contribuent pas moins à faire connaître ces cérémonies. Le bûcher lui-même était un autel, le sang des victimes servait d'aliment aux flammes, et tous les assistans étaient arrosés de l'eau lustrale.

(3) Tertullien, *de Idololatriâ*, c. 11 (*).

(*) Les opinions exagérées et déclamatoires de Tertullien ne doivent pas toujours être prises comme l'opinion générale des premiers

Cérémonies.

semens de la société (1). Les actes les plus solennels de la guerre et de la paix étaient toujours préparés ou conclus par les sacrifices, auxquels le magistrat, le sénateur et le soldat, ne pouvaient se dispenser de présider ou de participer (2). Les spectacles publics formaient une partie essentielle de la dévotion riante des païens. Ils se persuadaient que leurs divinités acceptaient, comme l'offrande la plus agréable, ces jeux que le prince et le peuple célébraient dans les fêtes instituées en leur honneur (3). Le fidèle, qui fuyait avec une pieuse horreur les abominations du cirque ou du théâtre, se trouvait dans chaque repas exposé à des embûches infernales, toutes les fois que ses amis, invoquant les dieux propices, versaient des libations (4), et formaient des vœux pour leur bon-

---

(1) Tertullien a écrit un traité fort sévère contre l'idolâtrie, pour précautionner ses frères contre le danger où ils étaient à chaque instant de commettre ce crime. *Recogitâ sylvam et quantæ latitant spinæ*. De Idololatriâ, c. 19.

(2) Le sénat romain s'assemblait toujours dans un temple ou dans un lieu consacré (Aulu-Gelle, xiv ; 7.). Avant de s'occuper d'affaires, chaque sénateur était obligé de verser du vin et de brûler de l'encens sur l'autel. Suétone, *Vie d'Auguste*, c. 35.

(3) *Voyez* Tertull., *de Spectaculis*, c. 23. Ce réformateur rigide n'a pas plus d'indulgence pour une tragédie d'Euripide que pour un combat de gladiateurs. C'est surtout l'habillement des acteurs qui le choque : « En se servant de brodequins élevés, ces impies s'efforcent d'ajouter une coudée à leur taille. »

(4) On peut voir dans tous les auteurs de l'antiquité, que

les mettaient en état de remplir ces différens caractères avec une adresse et avec une dignité convenables. Cachés dans les temples, ils avaient institué les fêtes et les sacrifices ; ils avaient inventé les fables : les oracles étaient rendus par ces esprits infernaux, et il leur avait souvent été permis de faire des miracles. Les chrétiens, qui, par l'intervention des démons, pouvaient expliquer si facilement toutes les apparences surnaturelles, admettaient sans peine et même avec empressement les fictions les plus extravagantes de la mythologie païenne. Mais en ajoutant foi à ces fictions, le chrétien ne les envisageait qu'avec horreur. La plus petite marque de respect pour le culte national eût été à ses yeux un hommage direct rendu aux esprits infernaux, et un acte de rebellion contre la majesté de Dieu.

Par une suite de cette opinion, le devoir le plus essentiel, mais en même temps le plus difficile d'un chrétien, était de se conserver pur et exempt de toute pratique d'idolâtrie. La religion des anciens peuples ne consistait pas simplement en une doctrine spéculative, professée dans les écoles ou prêchée dans les temples. Les divinités et les rites innombrables du polythéisme étaient étroitement liés à tous les détails de la vie publique ou privée : les plaisirs, les affaires, rappelaient à chaque instant ces cérémonies ; et il était presque impossible de ne pas les observer, à moins de fuir en même temps tout commerce avec les hommes, et de renoncer aux devoirs et aux amu-

Horreur des chrétiens pour l'idolâtrie.

nisme. Les fidèles et les hérétiques s'accordaient à regarder les démons comme les auteurs, les patrons et les objets de l'idolâtrie (1). Ces esprits rebelles, qui avaient été dégradés de l'état d'ange, et précipités dans le gouffre infernal, avaient toujours la permission d'errer sur la terre, de tourmenter le corps des pécheurs et de séduire leurs âmes. Les démons s'aperçurent bientôt et abusèrent du penchant naturel de l'homme à la dévotion ; détournant adroitement les mortels de l'adoration qu'ils devaient à leur Créateur ; ils usurpèrent la place et les honneurs de l'Être suprême. Le succès de leurs détestables artifices satisfit à la fois leur vanité et leur vengeance ; ils goûtèrent la seule consolation dont ils pussent être susceptibles, l'espoir d'envelopper l'espèce humaine dans leur crime et dans leur misère. Il était reconnu, ou du moins on s'imaginait qu'ils s'étaient partagé entre eux les rôles les plus importans du polythéisme : l'un de ces démons prenait le nom et les attributs de Jupiter ; l'autre d'Esculape, un troisième de Vénus, et un quatrième peut-être d'Apollon (2). On ajoutait que leur longue expérience et leur nature aérienne

---

(1) Le sentiment unanime de l'Église primitive est très-clairement expliqué par saint Justin martyr. *Apolog. major*, par Athénagoras, *legat.*, c. 22, etc., et par Lactance, *Institut. divin.*, II, 14-19.

(2) Tertullien (*Apolog.*, c. 23) allègue la confession des démons eux-mêmes, toutes les fois qu'ils étaient tourmentés par les exorcistes chrétiens.

sans cesse la paix de l'Église, et qu'ils en avilissent souvent la dignité, ils contribuèrent plus à favoriser qu'à retarder les progrès du christianisme. Les païens convertis, dont les objections les plus fortes étaient contre la loi de Moïse, pouvaient être admis dans le sein de plusieurs sociétés chrétiennes, qui n'exigeaient pas de leur esprit, encore rempli de préjugés, la croyance d'une révélation intérieure; insensiblement leur foi s'étendit et se fortifia, de sorte qu'à la fin l'Église profita des conquêtes de ses ennemis les plus invétérés (1).

Au reste, quelle que pût être, entre les orthodoxes, les ébionites et les gnostiques, la différence d'opinion concernant la divinité ou la nécessité de la loi de Moïse, un zèle exclusif les animait tous également; et ils avaient pour l'idolâtrie la même horreur qui avait distingué les Juifs parmi les autres nations du monde ancien. Le philosophe, qui ne voyait dans le système du polythéisme qu'un mélange ridicule de fraude et d'erreur, pouvait librement sourire de pitié sous le masque de la dévotion, sans craindre que son mépris ou sa complaisance l'exposât au ressentiment de quelque puissance invisible, ou plutôt, selon lui, imaginaire. Mais les premiers chrétiens envisageaient avec bien plus d'effroi, et sous un jour beaucoup plus odieux, la religion du paga-

Les démons considérés comme les dieux de l'antiquité.

---

(1) Saint Augustin est un exemple mémorable de ce passage, qui mène par degrés de la raison à la foi. Il fut, durant plusieurs années, engagé dans la secte des manichéens.

cours de Jésus-Christ et de ses apôtres. Le succès des gnostiques fut rapide et fort étendu (1). Ils couvrirent l'Asie et l'Égypte, s'établirent à Rome et pénétrèrent quelquefois dans les provinces de l'Occident. Ils s'élevèrent, pour la plupart, dans le second siècle ; le troisième fut l'époque de leur splendeur ; ils furent entièrement terrassés dans le quatrième ou dans le cinquième, par l'influence supérieure de quelques nouvelles controverses, et par l'ascendant de la puissance dominante. Quoiqu'ils troublassent

---

maintenant, et dont plusieurs passages (particulièrement la résurrection de Jésus-Christ) attaquent directement leurs dogmes favoris, et sembleraient avoir été dirigés contre eux à dessein. Il est donc, en quelque sorte, singulier que saint Ignace (*Epist. ad Smyrn. Patr. Apostol.*, tome II, p. 34) ait préféré d'employer une tradition vague et douteuse, au lieu d'avoir recours au témoignage certain des évangélistes (*).

(1) *Habent apes favos ; habent ecclesias et marcionitæ.* Telle est l'expression forte de Tertullien, que je suis obligé de citer de mémoire. Du temps de saint Épiphane (*advers. hæreses*, p. 302), les marcionites étaient très-nombreux en Italie, en Syrie, en Égypte, en Arabie et dans la Perse.

(*) L'évêque Pearson a tenté assez heureusement d'expliquer cette singularité. « Les premiers chrétiens connaissaient une foule de mots de Jésus-Christ qui ne sont point rapportés dans nos évangiles, et n'ont même jamais été écrits. Pourquoi saint Ignace, qui avait vécu avec les apôtres ou leurs disciples, ne pouvait-il pas répéter en d'autres paroles ce que raconte saint Luc, surtout dans un moment où il n'avait peut-être pas les évangiles sous la main, étant déjà en prison? » *Voy.* Pearson, *Vindic. ignatianæ*, part. II, c. 9, p. 396, *in tom.* II; *Patr. apostol.* ed. Coteler. Clericus, 1724. *Voyez* aussi *Davis's reply*, etc., p. 31. (*Note de l'Éditeur.*)

élancés dans ce vaste abîme, ils prirent pour guide une imagination désordonnée ; et comme les sentiers de l'erreur sont variés et infinis, les gnostiques se trouvèrent imperceptiblement divisés en plus de cinquante sectes particulières (1), dont les principales paraissent avoir été les basilidiens, les valentiniens, les marcionites, et dans un temps moins reculé, les manichéens. Chacune de ces sectes pouvait se vanter d'avoir ses évêques et ses congrégations, ses docteurs et ses martyrs (2). Au lieu des quatre Évangiles adoptés par l'Église, les hérétiques produisaient une foule d'histoires dans lesquelles ils avaient adapté à leurs doctrines respectives (3) les actions et les dis-

---

un peu lourd, mais exact; Beausobre est presque toujours un apologiste; il est bien à craindre que les premiers pères de l'Église ne soient très-souvent des calomniateurs.

(1) *Voyez* les catalogues de saint Irénée et de saint Épiphane. Il faut avouer aussi que ces écrivains étaient portés à multiplier le nombre des sectes qui s'opposaient à l'*unité* de l'Église.

(2) Eusèbe, l. iv, c. 15. *Voyez* dans Bayle, à l'article *Marcion*, un détail curieux d'une dispute sur ce sujet. Il semblerait que quelques-uns des gnostiques (les basilidiens) évitaient et même refusaient l'honneur du martyre. Leurs raisons étaient singulières et abstruses. *Voyez* Mosheim, p. 359.

(3) *Voyez* un passage très-remarquable d'Origène (*proem. ad Lucan*). Cet infatigable écrivain, qui avait passé sa vie dans l'étude de l'Écriture sainte, en appuie l'authenticité sur l'autorité inspirée de l'Église. Il était impossible que les gnostiques pussent recevoir les Évangiles que nous avons

à la foi et à la pratique une latitude que ne se permirent jamais les fidèles des siècles suivans. A mesure que les limites de la communion se resserrèrent insensiblement, et que le parti dominant exerça son autorité spirituelle avec plus de rigueur, quelques-uns de ses membres les plus respectables, sommés de renoncer à leurs opinions particulières, n'en devinrent que plus hardis à les soutenir, à poursuivre les conséquences de leurs faux principes, et à lever ouvertement l'étendard de la révolte contre l'unité de l'Église. Les gnostiques se distinguèrent surtout par leur politesse, par leur savoir et par leur opulence. L'orgueil leur fit prendre la dénomination générale de *gnostiques*, qui exprimait une supériorité de connaissances : peut-être aussi ce nom leur fut-il donné ironiquement par des adversaires envieux. Cette secte, composée presque toute de familles païennes, paraît avoir eu principalement pour fondateurs des habitans de la Syrie ou de l'Égypte, contrées où la chaleur du climat dispose et l'esprit et le corps à une dévotion indolente et contemplative. Les gnostiques mêlaient à la foi de Jésus-Christ plusieurs dogmes sublimes, mais obscurs, tirés de la philosophie orientale et même de la religion de Zoroastre, concernant l'éternité de la matière, l'existence de deux principes, et la hiérarchie mystérieuse du monde invisible (1). Dès qu'ils se furent

---

(1) En peignant les gnostiques du second et du troisième siècle, Mosheim est ingénieux et de bonne foi ; Le Clerc ;

vait être adoré comme la première et la plus brillante émanation de la Divinité, et qu'il avait paru sur la terre pour dissiper les différentes erreurs des hommes, et pour révéler un *nouveau système* de vérité et de perfection. Par une condescendance très-singulière, les plus savans pères de l'Église ont eu l'imprudence d'admettre les sophismes de cette secte. Avouant que le sens littéral des divines Écritures répugne à tous les principes de la raison et de la foi, ils se croient en sûreté et invulnérables derrière le large voile de l'allégorie, qu'ils ont soin d'étendre sur toutes les parties délicates du système de Moïse (1).

On a observé d'une manière plus ingénieuse que vraie que la pureté primitive de l'Église n'avait jamais été violée par le schisme ni par l'hérésie, avant le règne de Trajan ou d'Adrien (2), cent ans environ après la mort de Jésus-Christ (3). Disons plutôt que, durant cette période, les disciples du Messie donnèrent

Leurs sectes, leurs progrès et leur influence.

---

(1) *Voyez* Beausobre, *Hist. du Manichéisme*, l. 1, c. 4. Origène et saint Augustin étaient du nombre des allégoristes.

(2) L'assertion d'Hégésippe n'est pas si positive : il suffit de lire le passage entier tel qu'il est dans Eusèbe, pour voir comment la première partie est modifiée par la dernière. Hégésippe ajoute que jusqu'à cette époque, *l'Église* était restée pure et intacte comme une vierge. *Ceux qui s'efforçaient de dénaturer les dogmes de l'Évangile ne travaillaient encore que dans l'obscurité*. Eusèbe, l. III, c. 32, p. 84. (*Note de l'Éditeur.*)

(3) Hégésippe, *apud Euseb.*, l. III, 32 ; IV, 22 ; Clément d'Alexandrie, *Stromat.*, VII, 17.

tion du monde et la chute de l'homme; ils traitaient avec une dérision profane le repos de la Divinité après six jours de travail, la côte d'Adam, le jardin d'Éden, les arbres de la vie et de la science, le serpent parlant, le fruit défendu, et la condamnation éternelle prononcée contre le genre humain pour l'offense légère de ses premiers parens (1). Les gnostiques osaient même représenter le Dieu d'Israël comme un être sujet à l'erreur et à la passion, capricieux dans sa faveur, implacable dans sa vengeance, bassement jaloux de son culte religieux, n'accordant ses bienfaits qu'à un seul peuple, et n'étendant point sa providence au-delà de cette vie passagère. Ils ne pouvaient apercevoir dans une pareille image aucun des traits qui caractérisent le père commun, le maître sage et tout-puissant de l'univers (2). Ils convenaient que la religion du peuple juif était, en quelque sorte, moins criminelle que l'idolâtrie des autres nations; mais leur doctrine avait pour base la mission de Jésus-Christ. Ils enseignaient qu'il de-

---

(1) Le docteur Burnet (*Archæologia*, l. II, c. 7) a discuté les premiers chapitres de la Genèse d'un ton trop piquant et avec trop de liberté.

(2) Les plus modérés d'entre les gnostiques considéraient Jéhovah, le Créateur, comme un être d'une nature mixte entre Dieu et le démon. D'autres le confondaient avec le mauvais principe. *Voyez* le second siècle de l'histoire générale de Mosheim. Cet auteur expose d'une manière distincte, quoique concise, les opinions étranges qu'ils s'étaient formées sur ce sujet.

gnostiques (1); et qu'ils insistaient vivement. Ennemis, pour la plupart, des plaisirs des sens, ces hérétiques censuraient avec aigreur la polygamie des patriarches, les galanteries de David et le sérail de Salomon. Comment concilier, disaient-ils, la conquête de la terre de Canaan, et la destruction d'un peuple sans défiance, avec les notions communes de la justice et de l'humanité? Lorsqu'ils jetaient ensuite les yeux sur la liste sanguinaire de meurtres, d'exécutions et de massacres qui souillent presque à chaque page les annales des Juifs, ils reconnaissaient que les Barbares de la Palestine n'avaient pas eu plus de compassion pour leurs amis et pour leurs compatriotes, que pour leurs ennemis idolâtres (2). Passant ensuite des sectateurs de la loi à la loi elle-même, ils prétendaient qu'une religion qui consistait seulement en sacrifices sanglans, en cérémonies puériles, et dont toutes les punitions et toutes les récompenses étaient temporelles, ne pouvait ni inspirer l'amour de la vertu, ni réprimer l'impétuosité des passions. Les gnostiques s'efforçaient de jeter un ridicule sur la narration de l'écrivain sacré, lorsqu'il décrit la créa-

---

(1) Beausobre (*Histoire du Manichéisme*, l. 1, c. 3) a rendu compte, avec la plus savante impartialité, de leurs objections, et particulièrement de celles de Faustus, l'adversaire de saint Augustin.

(2) *Apud ipsos fides obstinata, misericordia in promptu: adversus omnes alios hostile odium.* Tac., *Hist.*, v, 4. Certainement Tacite a vu les Juifs d'un œil trop favorable. La lecture de Josèphe aurait pu détruire l'antithèse.

Les gnostiques.

Tandis que l'Église orthodoxe tenait un juste milieu entre une vénération excessive et un mépris déplacé pour la loi de Moïse, les divers hérétiques prenaient les extrêmes opposés, et s'égaraient également dans les routes de l'erreur et de l'extravagance. La vérité reconnue de la religion juive avait persuadé aux ébionites qu'elle ne pouvait jamais être abolie ; ses imperfections prétendues donnèrent naissance à l'opinion non moins téméraire des gnostiques, qu'elle n'avait jamais été instituée par la sagesse de Dieu. Il est contre l'autorité de Moïse et des prophètes quelques objections qui se présentent trop facilement à l'esprit sceptique, quoiqu'elles n'aient pour principes que notre ignorance sur une antiquité reculée, et la faiblesse de notre esprit incapable de se former une idée juste de l'économie divine. C'était sur ces objections que s'appuyait la vaine science des

---

sinie est le seul qui tienne encore aux rites mosaïques (Gedde, *Histoire de l'Église d'Éthiopie*, et dissertations de Le Grand sur la relation du P. Lobo). L'eunuque de la reine Candace peut faire naître quelques soupçons ; mais comme on nous assure (Socrate, I, 19; Sozomène, II, 24; Ludolphe, p. 281.) que les Éthiopiens ne furent convertis que dans le quatrième siècle, il est plus raisonnable de croire qu'ils observaient le sabbat et qu'ils avaient aussi des mets défendus, en imitation des Juifs, qui, dans un temps très-reculé, étaient établis des deux côtés de la mer Rouge. Les plus anciens Éthiopiens ont pratiqué la circoncision par des motifs de santé et de propreté, qui semblent expliqués dans les *Recherches philosophiques sur les Américains*, t. II, p. 117.

Justin de déclarer le sentiment de l'Église, il avoua que plusieurs chrétiens orthodoxes, non-seulement privaient leurs frères judaïsans de l'espoir du salut, mais encore que, dans les devoirs ordinaires de l'amitié, de l'hospitalité et de la vie civile, ils refusaient d'avoir avec eux aucune communication (1). L'opinion la plus rigoureuse l'emporta sur la plus douce, comme on devait naturellement s'y attendre, et les disciples de Moïse furent à jamais séparés de ceux de Jésus-Christ. Les malheureux ébionites, rejetés d'une religion comme apostats, et de l'autre comme hérétiques, se trouvèrent forcés de prendre un caractère plus décidé; et, quoiqu'on puisse apercevoir jusque dans le quatrième siècle quelques traces de cette ancienne secte, elle se perdit insensiblement dans la synagogue ou dans l'Église (2).

---

seuls que saint Justin le martyr repousse de l'Église et blâme avec une grande sévérité ; il montre plus d'indulgence pour les nazaréens, qui, tout en observant encore à plusieurs égards la loi de Moïse, n'obligeaient pas les païens convertis à la suivre, tandis que les ébionites proprement dits voulaient les y contraindre : cette différence paraît avoir été la principale qui existât entre les opinions de ces deux sectes. *Voyez* Dœderl. précité, p. 25. (*Note de l'Éditeur.*)

(1) *Voyez* le curieux dialogue de saint Justin martyr avec le Juif Tryphon. La conférence qu'ils eurent ensemble se tint à Éphèse, sous le règne d'Antonin le Pieux, vingt ans environ après le retour de l'Église de Pella dans la ville de Jérusalem. *Consultez*, pour cette date, la note de l'exact Tillemont, *Mém. ecclésiast.*, tome II, p. 511.

(2) De tous les systèmes de christianisme, celui de l'Abys-

Peu d'années après le retour de l'Église de Jérusalem, il s'éleva une question qui devint un sujet de doute et de controverse : il s'agissait de décider si un homme qui reconnaissait sincèrement Jésus pour le Messie, mais qui persistait toujours à observer la loi de Moïse, pouvait espérer d'être sauvé. L'humanité de saint Justin martyr le faisait pencher pour l'affirmative; et, tout en s'exprimant avec la défiance la plus réservée, il osa prononcer en faveur de ces chrétiens imparfaits, pourvu qu'ils se contentassent de pratiquer les cérémonies de Moïse, sans prétendre que l'usage dût en être général ou nécessaire (1). Mais lorsqu'on pressa saint

---

Ép. aux Gal., c. 2, v. 10; — aux Rom., c. 15, v. 26.) Ce nom resta à ceux des Juifs chrétiens qui persistèrent dans leurs opinions judaïsantes, et demeurèrent à Pella : ils furent accusés, dans la suite, de nier la divinité de Jésus-Christ, et, comme tels, exclus de l'Église. Les sociniens, qui, plus récemment, niaient ce dogme, s'appuyèrent de l'exemple des ébionites pour montrer que les premiers chrétiens n'avaient pas à ce sujet d'autre opinion que la leur. Artémon entre autres développa cet argument dans toute sa force; Dœderlein et d'autres théologiens modernes se sont appliqués à prouver que les ébionites étaient faussement inculpés à cet égard. *Commentarius de ebionæis*, 1770, § 1-8. (*Note de l'Éditeur.*)

(1) Saint Justin le martyr fait une distinction importante, que Gibbon a négligé de rappeler. Les premiers Juifs chrétiens avaient été nommés ébionites, et s'étaient retirés à Pella ; ceux que l'évêque Marcus engagea à abandonner, du moins en partie, la loi mosaïque et à revenir à Jérusalem, s'appelèrent *nazaréens*; ceux qui persistèrent dans leur judaïsme conservèrent le nom d'*ébionites*. Ceux-ci sont les

Lorsque le nom et les honneurs de l'Église de Jérusalem eurent été rétablis sur le mont Sion, on accusa de schisme et d'hérésie les restes obscurs des nazaréens qui avaient refusé d'accompagner leur évêque latin. Ils conservèrent toujours leur première habitation de Pella, d'où ils se répandirent dans les villages situés aux environs de Damas; ils formèrent une petite Église à Bœrée, aujourd'hui Alep en Syrie (1). Le nom de nazaréen parut trop honorable pour ces juifs chrétiens; ils furent bientôt appelés *ébionites* (2), terme de mépris, qui marquait la pauvreté prétendue de leur esprit, aussi bien que de leur condition (3).

Les ébionites.

---

(1) Le Clerc (*Hist. ecclésiast.*, p. 477, 535) paraît avoir tiré d'Eusèbe, de saint Jérôme, de saint Épiphane et de quelques autres écrivains, toutes les circonstances principales qui ont rapport aux nazaréens ou ébionites. La nature de leurs opinions les divisa bientôt en deux sectes, l'une plus rigide, l'autre plus douce. Il y a quelques raisons de conjecturer que les parens de Jésus-Christ restèrent attachés, au moins comme membres, à ce dernier parti, qui était le plus modéré.

(2) Quelques écrivains se sont plu à créer un Ébion, auteur imaginaire du nom et de la secte des ébionites. Mais nous pouvons bien plus compter sur le savant Eusèbe, que sur le véhément Tertullien, ou sur le crédule Épiphane. Selon Le Clerc, le mot hébreu *ebjonim* peut être traduit en latin par celui de *pauperes*. Voyez *Hist. ecclésiast.*, p. 477.

(3) La dénomination d'*ébionites* est plus ancienne. Les premiers chrétiens de Jérusalem avaient été appelés *ébionites* à cause de la pauvreté à laquelle les avait réduits leur bienfaisance. (Voyez *Actes des Apôtres*, c. 4, v. 34; c. 11, v. 30;

ville sur le mont Sion (1), il lui donna le nom d'*OE-
lia Capitolina,* lui accorda les priviléges d'une colonie; et, décernant les châtimens les plus sévères
contre tout Juif qui oserait approcher de son enceinte, il y mit en garnison une cohorte romaine
pour assurer l'exécution de ses ordres. Les nazaréens ne pouvaient échapper que par une seule voie
à la proscription générale. La force de la vérité fut
alors secourue de l'influence des avantages temporels. Ils élurent pour leur évêque Marcus, prélat de
la race des gentils; et qui tirait probablement son
origine de l'Italie ou de quelque province latine (2).
A sa persuasion, la plus grande partie de la secte
abandonna la loi de Moïse, qu'elle avait suivie constamment pendant plus d'un siècle. En sacrifiant ainsi
leurs coutumes et leurs préjugés, les nazaréens obtinrent l'entrée libre de la colonie d'Adrien, et ci-
mentèrent plus fermement leur union avec l'Église
catholique (3).

---

(1) Dion-Cassius, l. LXXIX. Ariston de Pella (*apud* Euseb.,
l. IV, c. 6.) atteste que l'on interdit aux Juifs l'entrée de
Jérusalem : il en est parlé dans plusieurs écrivains ecclésiastiques. Quelques-uns d'entre eux cependant se sont trop
empressés d'étendre cette défense à tout le pays de la Palestine.

(2) Marcus était un prélat grec. *Voyez* Dœderlein, *Comment. de ebionæis*, p. 10. (*Note de l'Éditeur.*)

(3) Eusèbe, l. IV, c. 6; Sulpice-Sévère, II, 31. En comparant les narrations peu satisfaisantes de ces deux auteurs,
Mosheim (p. 327, etc.) a donné un exposé très-clair des
circonstances et des motifs de cette révolution.

rance qu'ils avaient d'abord humblement sollicitée pour eux-mêmes. Les nazaréens ressentirent vivement la ruine de la ville, du temple et de la religion nationale du peuple juif : en effet, quoiqu'ils eussent renoncé à la foi de leurs ancêtres, ils tenaient toujours intimement, par leurs mœurs, à des compatriotes impies, dont les malheurs, attribués par les païens au mépris de l'Être suprême, étaient, à bien plus juste titre, aux yeux des chrétiens, l'effet de la colère d'un Dieu vengeur. Après la destruction de Jérusalem, les nazaréens se retirèrent au-delà du Jourdain, dans la petite ville de Pella, où cette ancienne Église languit durant plus de soixante ans dans la solitude et dans l'obscurité (1). Ils avaient toujours la consolation de faire de pieuses visites à la *cité sainte;* et ils se nourrissaient de l'espoir qu'ils seraient un jour rendus à ces demeures chéries que la religion et la nature leur avaient appris à aimer et à respecter. Mais enfin, sous le règne d'Adrien, le fanatisme désespéré des Juifs combla la mesure de leurs calamités ; et les Romains, indignés des rebellions réitérées de ce peuple, usèrent avec rigueur des droits de la victoire. L'empereur bâtit une nouvelle

---

(1) Eusèbe, l. III, c. 6. Le Clerc, *Hist. ecclésiast.*, p. 605. Durant cette absence momentanée, l'évêque et l'Église de Pella retinrent toujours le titre de Jérusalem. C'est ainsi que les pontifes romains résidèrent pendant soixante-dix ans à Avignon, et que les patriarches d'Alexandrie ont transféré depuis long-temps leur siége épiscopal au Caire.

quarante jours seulement après la mort du Sauveur, et gouvernée pendant presque autant d'années sous l'inspection immédiate des apôtres, devait naturellement être reçue comme le modèle de la foi orthodoxe (1). Les Églises éloignées avaient souvent recours à l'autorité respectable de leur mère, dont elles s'empressaient de soulager les besoins par de généreuses contributions d'aumônes. Mais lorsque des sociétés nombreuses et opulentes eurent été établies dans les grandes villes de l'empire, Antioche, Alexandrie, Éphèse, Corinthe et Rome, on vit insensiblement diminuer la vénération que Jérusalem avait inspirée à toutes les colonies chrétiennes. Les Juifs convertis, ou, comme on les appela dans la suite, les nazaréens, qui avaient jeté les fondemens de l'Église, se trouvèrent bientôt accablés par la multitude des prosélytes, qui, de toutes les différentes religions du polythéisme, accouraient en foule se ranger sous la bannière de Jésus-Christ; et les gentils, autorisés par leur apôtre particulier à rejeter le fardeau insupportable des cérémonies mosaïques, voulurent aussi refuser à leurs frères plus scrupuleux la même tolé-

---

debant, Sulpice-Sévère, ii, 31. *Voyez* Eusèbe, *Hist. ecclésiastique*, t. iv, c. 5.

(1) Mosheim, *de Rebus christianis ante Constantinum magnum*, p. 153. Dans cet excellent ouvrage que j'aurai souvent occasion de citer, il traite de l'état de l'Église primitive avec bien plus d'étendue qu'il n'a été à portée de le faire dans son histoire générale.

ces cérémonies, désormais inutiles, étaient détruites, et ils n'auraient pas souffert que le christianisme restât pendant plusieurs années obscurément confondu parmi les sectes de l'Église juive. Tels furent, à ce qu'il paraît, les argumens employés pour défendre la cause expirante de la loi de Moïse; mais l'industrieuse érudition de nos théologiens a suffisamment expliqué les termes ambigus de l'Ancien-Testament, et la conduite équivoque des prédicateurs apostoliques. Il fallait développer par degrés le système de l'Évangile; il fallait user de la plus grande réserve et des ménagemens les plus délicats, en prononçant une sentence de condamnation si contraire aux inclinations et aux préjugés des Juifs convertis.

L'histoire de l'Église de Jérusalem fournit une preuve frappante de la nécessité de ces précautions, et de l'impression profonde que la religion juive avait faite sur l'esprit de ses sectateurs. Les quinze premiers évêques de Jérusalem furent tous des Juifs circoncis; et la congrégation à laquelle ils présidaient, unissait la loi de Moïse avec la doctrine de Jésus-Christ (1). La tradition primitive d'une Église fondée

Église nazaréenne de Jérusalem.

---

vestitu simili; purgatos scabie mittebat ad sacerdotes; paschata et alios dies festos religiosè observabat; si quos sanavit sabbato, ostendit non tantùm ex lege, sed et excerptis sententiis, talia opera sabbato non interdicta. Grotius, *de Verit. rel. Christ.*, l. v, c. 7. Peu après (c. 12), il s'étend sur la condescendance des apôtres.

(1) *Pænè omnes Christum Deum sub legis observatione cre-*

annoncé par les anciens oracles; ils le respectaient comme un divin prophète qui avait enseigné la religion et la vertu; mais ils restèrent opiniâtrément attachés aux cérémonies de leurs ancêtres, et ils voulurent les faire adopter aux gentils, qui augmentaient continuellement le nombre des fidèles. Ces chrétiens judaïsans semblent avoir trouvé des argumens assez plausibles dans l'origine céleste de la loi mosaïque, et dans les perfections immuables de son grand auteur. Ils prétendaient que si l'Être qui est le même dans toute l'éternité, avait eu dessein d'abolir ces rites sacrés qui avaient servi à distinguer son peuple choisi, ce second acte de sa volonté aurait été annoncé d'une manière aussi claire et aussi solennelle que le premier; que, dans ce cas, la religion de Moïse, au lieu de ces déclarations fréquentes qui en supposent ou qui en assurent la perpétuité, aurait été représentée comme un plan provisoire destiné à subsister seulement jusqu'à ce que le Messie fût venu enseigner aux hommes une foi et un culte plus parfaits (1). Le Messie lui-même et ses disciples qui conversèrent avec lui sur la terre, loin d'autoriser par leur exemple les petites observances de la loi mosaïque (2), auraient annoncé à l'univers que

---

(1) Ces argumens sont présentés avec beaucoup de sagacité par le juif Orobio; et réfutés avec la même sagacité et avec candeur par le chrétien Limborch. Voyez *Amica Collatio* (ouvrage qui mérite bien ce nom), ou relation de la dispute qui s'éleva entre eux.

(2) *Jesus...... circumcisus erat; cibis utebatur judaicis,*

temple furent à la fois consommés et abolis. A la loi ancienne, qui consistait seulement en types et en figures, succéda un culte pur, spirituel, également adapté à tous les climats et à tous les états du genre humain. On substitua à l'initiation par le sang l'initiation par l'eau. La faveur divine, au lieu de n'être accordée qu'à la postérité d'Abraham, fut universellement promise à l'homme libre et à l'esclave, au Grec et au Barbare, au Juif et au gentil. Les membres de l'Église chrétienne jouissaient pour toujours, sans partage, de tous les privilèges qui, en élevant le prosélyte jusqu'au ciel, pouvaient exalter sa dévotion, assurer son bonheur, ou même satisfaire cet orgueil secret, qui, sous l'apparence de la dévotion, s'insinue dans le cœur humain. Mais en même temps on permit à tous les hommes, on les sollicita même d'accepter une distinction glorieuse, que non-seulement on leur offrait comme une faveur, mais qu'ils étaient forcés d'accepter comme une obligation. Le devoir le plus sacré d'un nouveau converti fut de communiquer à ses amis et à ses parens le trésor inestimable qu'il avait reçu, et de les prévenir des suites funestes d'un refus qui serait sévèrement puni, comme une désobéissance criminelle à la volonté d'un dieu bienfaisant, mais dont la toute-puissance était redoutable.

Ce ne fut pas cependant sans peine que l'Église secoua le joug de la synagogue, et cet affranchissement exigea un temps assez long. Les Juifs convertis reconnaissaient dans la personne de Jésus le Messie

<small>Opiniâtreté et raisons des Juifs croyans.</small>

préjugés des autres peuples, pour ne pas exciter leur dégoût et leur aversion. La circoncision, pratique douloureuse, quelquefois même accompagnée de danger, était seule capable d'éteindre la ferveur du prosélyte (1) au moment où il se présentait à la porte de la synagogue.

<small>Zèle plus généreux des chrétiens.</small>

Ce fut dans ces conjonctures que le christianisme parut sur la terre, armé de toute la rigueur de la loi mosaïque, et débarrassé du poids de ses fers. Le nouveau système prescrivait, aussi formellement que l'ancien, un zèle exclusif pour la vérité de la révélation et l'unité de Dieu. Tout ce que la religion apprenait alors aux hommes concernant la nature et les desseins de l'Être suprême, servait à augmenter leur vénération pour cette doctrine mystérieuse. L'autorité divine de Moïse et des prophètes était admise, et même établie comme la base la plus solide du christianisme. Depuis le commencement du monde, une suite non interrompue de prédictions avait annoncé et préparé la venue si désirée du Sauveur, quoique, pour se conformer aux idées grossières des Juifs, le Messie eût plus souvent été représenté sous la forme d'un roi et d'un conquérant que sous celle d'un prophète, d'un martyr et du fils de Dieu. Par son sacrifice expiatoire, les sacrifices imparfaits du

---

(1) Un prosélyte samaritain ou égyptien était obligé de subir une seconde espèce de circoncision. On peut voir dans Basnage (*Hist. des Juifs*, l. vi, c. 6) l'indifférence opiniâtre des talmudistes, au sujet de la conversion des étrangers.

vah, il leur eût été impossible de se répandre au-delà de la terre promise (1). A la vérité, la destruction du temple de Jérusalem leva cet obstacle ; mais la plus grande partie de la religion mosaïque fut enveloppée dans ses ruines. Les païens avaient été étonnés pendant long-temps du bruit étrange qui s'était répandu que cet édifice ne renfermait qu'un sanctuaire vide (2). Lorsque la nation juive eut été dispersée, ils furent en peine de découvrir quel pouvait être l'objet, quels pouvaient être les instrumens d'un culte qui manquait de temples et d'autels, de prêtres et de sacrifices. Cependant les Juifs, dans l'état même d'abaissement où ils avaient été réduits, ne renoncèrent pas à des priviléges exclusifs et qui flattaient leur orgueil : loin de rechercher la société des étrangers, ils l'évitèrent soigneusement, et ils observèrent alors avec une rigueur inflexible les articles de la loi qu'il était en leur pouvoir de pratiquer. Des distinctions particulières de jours, d'alimens, et une foule d'observances habituelles, quoique pénibles, combattaient trop ouvertement les coutumes et les

---

(1) Voyez *Exode*, xxiv, 23 ; *Deuter*., xvi, 16 ; les commentateurs, et une note très-remarquable dans l'*Histoire universelle*, vol. 1, p. 603, édition *in-folio*.

(2) Lorsque Pompée, usant ou abusant du droit de conquête, entra dans le Saint des Saints, on observa avec étonnement, *nullâ intus deûm effigie, vacuam sedem et inania arcana*. (Tacite, *Hist*., v, 9.) C'était un dicton populaire, en parlant des Juifs, que

Nil præter nubes et cœli numen adorans.

autres nations ne leur étaient pas permis. Ils ne pouvaient recevoir les étrangers dans la congrégation ; et cette défense, quelquefois perpétuelle, s'étendait presque toujours à la troisième, à la septième, ou même à la dixième génération. L'obligation de prêcher aux gentils la foi de Moïse n'avait jamais été prescrite comme un précepte de la loi, et les Juifs ne pensèrent point à s'imposer volontairement un pareil devoir. Lorsqu'il s'agissait d'admettre de nouveaux citoyens, ce peuple insociable suivait plutôt l'orgueilleuse vanité des Grecs que la politique généreuse des Romains. Les descendans d'Abraham, fiers de l'opinion qu'ils avaient seuls hérité de l'alliance, craignaient de diminuer la valeur de leur patrimoine, en le partageant trop facilement avec les étrangers de la terre. Une plus grande communication avec le genre humain étendit leurs connaissances sans guérir leurs préjugés ; et toutes les fois que le dieu d'Israël acquérait de nouveaux adorateurs, il en était bien plus redevable à l'humeur inconstante du polythéisme qu'au zèle actif de ses propres missionnaires (1). La religion de Moïse semble avoir été instituée pour une contrée particulière, aussi bien que pour une seule nation. Si les Juifs eussent exécuté rigoureusement le précepte qui ordonnait à tous les mâles de se présenter trois fois dans l'année devant Jého-

---

(1) Tout ce qui a rapport aux prosélytes juifs a été traité avec beaucoup d'habileté par Basnage, *Hist. des Juifs*, l. vi, c. 6, 7.

promptitude les traditions de ses premiers pères que les témoignages de ses propres sens (1).

La religion juive renfermait tout ce qui pouvait servir à sa défense; mais elle n'était point destinée à faire des conquêtes, et probablement le nombre des prosélytes ne surpassa jamais beaucoup celui des apostats. Les promesses divines avaient été originairement faites à une seule famille; c'était à elle qu'avait été prescrite la pratique distinctive de la circoncision. Lorsque la postérité d'Abraham eut multiplié comme les sables de la mer, la Divinité qui lui avait dicté de sa bouche un système de lois et de cérémonies, se déclara le dieu propre, et en quelque sorte national d'Israël; et elle parut toujours extrêmement jalouse de séparer son peuple favori d'avec le reste des hommes. La conquête de la terre de Canaan fut accompagnée de tant de circonstances merveilleuses, et d'une si grande effusion de sang, que les Juifs restèrent dans un état d'inimitié irréconciliable avec tous leurs voisins. Les vainqueurs avaient reçu ordre d'exterminer quelques-unes des tribus les plus idolâtres : les faiblesses de l'humanité retardèrent rarement l'exécution des volontés de l'Être suprême. Les mariages et les alliances avec les

Leur religion plus propre à se défendre qu'à faire des conquêtes.

---

(1) *Usquequò detrahet mihi populus iste? quousque non credent mihi, in omnibus* signis *quæ feci coram eis?* (*Nomb.*, c. 14, v. 11.) Il serait facile, mais il serait peu convenable, de justifier, par le récit de Moïse, les reproches de la Divinité.

dulité opiniâtre de leurs ancêtres. Au temps où la loi avait été donnée sur le mont Sinaï, au milieu des éclats de la foudre, où les flots de l'Océan étaient devenus immobiles, où les corps célestes avaient suspendu leur cours pour favoriser les expéditions des Israélites ; au temps enfin où des récompenses et des punitions temporelles étaient les suites immédiates de leur piété ou de leur désobéissance, ils se révoltaient sans cesse contre la majesté visible de leur divin roi ; ils plaçaient les idoles des nations dans le sanctuaire de Jehovah ; enfin ils imitaient toutes les cérémonies fantastiques pratiquées sous les tentes des Arabes ou dans les villes de la Phénicie (1). A mesure que le ciel, justement irrité, retira sa protection à des ingrats, leur foi acquit un nouveau degré de vigueur et de pureté. Les contemporains de Moïse et de Josué avaient contemplé avec indifférence les miracles les plus étonnans : dans un temps moins reculé, sous le poids des calamités les plus cruelles, la foi des Juifs en ces mêmes prodiges, les préserva de la contagion universelle de l'idolâtrie ; et, ce qui est entièrement contraire à la marche générale de l'esprit humain, ce peuple singulier semble avoir cru plus fermement et avec plus de

---

(1) Au sujet de l'énumération des divinités syriennes et arabes, on peut observer que Milton a renfermé dans cent trente vers d'une grande beauté les deux traités considérables et remplis d'érudition que Selden a composés sur cette matière obscure.

pitole. La modération des vainqueurs ne fut pas capable d'apaiser les préjugés inquiets d'un peuple alarmé et scandalisé à la vue des enseignes du paganisme qui devaient nécessairement s'introduire dans une province romaine (1). En vain Caligula voulut-il placer sa statue dans le temple de Jérusalem; ce projet insensé fut déjoué par la résolution unanime des habitans, qui redoutaient bien moins la mort qu'une profanation si impie (2). Leur attachement à la loi de Moïse égalait leur aversion pour tout culte étranger. Leur zèle pieux, resserré et contrarié dans son cours, acquit la force et quelquefois l'impétuosité d'un torrent.

Cette persévérance inflexible, qui paraissait si odieuse ou si ridicule au monde ancien, prend un caractère plus auguste depuis que la Providence a daigné nous révéler l'histoire mystérieuse du peuple choisi; mais le respect et même le scrupule avec lesquels les Juifs du second temple conservèrent les institutions de Moïse, paraîtront encore plus étonnans, si l'on compare cet attachement avec l'incré-

Accroissement successif de ce zèle.

---

(1) *Voyez* en particulier Josèphe, *Antiq.*, XVII, 6; XVIII, c. 6, et *de Bello judaico*, I, 33, et II, 9.

(2) *Jussi à Caio Cæsare effigiem ejus in templo locare, arma potiùs sumpsere.* (Tacite, *Hist.*, V, 9.) Philon et Josèphe donnent avec beaucoup de détail, mais en style de rhéteur, le récit de ce fait, qui embarrassa extrêmement le gouverneur de la Syrie. La première fois que l'on fit cette proposition idolâtre, le roi Agrippa se trouva mal, et il ne revint de son évanouissement que le troisième jour.

violence d'Antiochus, ni les artifices d'Hérode, ni l'exemple des nations circonvoisines, ne purent jamais engager les Juifs à joindre aux institutions de Moïse la mythologie élégante des Grecs (1). Les Romains, attachés aux maximes d'une tolérance universelle, protégèrent une superstition qu'ils méprisaient (2). Auguste, si rempli de condescendance envers tous les sujets de son empire, daigna ordonner que l'on offrît des prières pour la prospérité de son règne dans le temple de Jérusalem (3); tandis que le dernier des enfans d'Abraham serait devenu un objet d'horreur à ses propres yeux et à ceux de ses frères, s'il eût rendu le même hommage au Jupiter du Ca-

---

avons des ouvrages de Moïse; mais le sage, l'humain Maimonide, enseigne ouvertement que si un idolâtre tombe dans l'eau, un Juif ne doit point l'empêcher de mourir. *Voyez* Basnage, *Histoire des Juifs*, livre VI, c. 28.

(1) Il parut, pendant quelque temps, parmi eux, une secte dans laquelle on pouvait remarquer une sorte de conformité entre les dogmes des deux religions. Ces Juifs furent appelés Hérodiens, du nom d'Hérode, dont l'autorité et l'exemple les avaient entraînés; mais leur nombre était si peu considérable, et la durée de cette secte fut si courte, que Josèphe ne l'a pas jugée digne de son attention. *Voyez* Prideaux, vol. II, p. 285.

(2) Cicéron, *pro Flacco*, c. 23.

(3) Philon, *de Legatione*. Auguste fonda un sacrifice perpétuel. Il approuva cependant le peu d'égards que Caïus, son petit-fils, marqua pour le temple de Jérusalem. *Voyez* Suétone, *Vie d'Auguste*, c. 93, et les notes de Casaubon sur ce passage.

des Perses, avaient langui pendant plusieurs siècles au rang des plus vils de leurs esclaves (1), sortirent tout à coup de l'obscurité lorsqu'ils furent soumis aux successeurs d'Alexandre; et comme leur nombre s'augmenta avec une rapidité étonnante en Orient, et dans la suite en Occident, ils excitèrent bientôt la surprise et la curiosité des autres nations (2). Leur opiniâtreté invincible à conserver leurs cérémonies particulières, et leurs mœurs insociables, semblaient indiquer une espèce d'hommes qui professaient hardiment ou qui déguisaient à peine une haine implacable (3) contre le reste du genre humain. Ni la

---

choses dangereuses dans une monarchie. » *Voyez* Dion-Cassius, l. LII, c. 36, p. 689.

« Les lois même que les philosophes d'Athènes et de Rome écrivirent pour des républiques imaginaires sont intolérantes. Platon ne laisse pas aux citoyens la liberté du culte, et Cicéron leur défend expressément d'avoir d'autres dieux que ceux de l'État. » *Lettres de quelques Juifs portugais à M. de Voltaire*, tome 1, p. 279. (*Note de l'Éditeur.*)

(1) *Dùm Assyrios penes Medosque et Persas Oriens fuit, despectissima pars servientium.* Tac., *Hist.*, v, 8.

Hérodote, qui visita l'Asie lorsqu'elle obéissait au dernier de ces peuples, parle en peu de mots des Syriens de la Palestine, qui, selon leur propre aveu, avaient tiré de l'Égypte la pratique de la circoncision.

(2) Diodore de Sicile, l. XL; Dion-Cassius, l. XXXVII, p. 121; Tac.; *Hist.* v, 1-9; Justin, XXXVI, 2, 3.

(3) *Tradidit arcano quæcumque volumine Moses,*
Non monstrare vias eadem nisi sacra colenti
Quæsitum ad fontem solos deducere verpas.

On ne trouve point précisément cette loi dans ce que nous

faire respecter. Une loi expresse y punissait sévèrement tout discours contre les dieux, et un décret rigoureux ordonnait de dénoncer quiconque oserait nier leur existence. » — « La pratique y répondait à la sévérité de la législation. Les procédures commencées contre Protagore, la tête de Diagore mise à prix, le danger d'Alcibiade, Aristote obligé de fuir, Stilpon banni, Anaxagore échappant avec peine à la mort, Périclès lui-même, après tant de services rendus à sa patrie, et tant de gloire acquise, contraint de paraître devant les tribunaux et de s'y défendre...; une prêtresse exécutée pour avoir introduit des dieux étrangers; Socrate condamné et buvant la ciguë, parce qu'on lui reprochait de ne point reconnaître ceux du pays, etc. : ces faits attestent trop hautement l'intolérance sur le culte, même chez le peuple le plus humain et le plus éclairé de la Grèce, pour qu'on puisse la révoquer en doute. » *Lettres de quelques Juifs portugais à M. de Voltaire*, t. 1, p. 273.

4° *Les Romains*. « Les lois de Rome n'étaient ni moins expresses ni moins sévères. L'intolérance des cultes étrangers remontait, chez les Romains, jusqu'aux lois des Douze Tables; les défenses furent renouvelées depuis à plusieurs reprises. L'intolérance ne discontinua point sous les empereurs; témoin les conseils de Mécène à Auguste. (Ces conseils sont si remarquables, que je crois devoir les insérer en entier.) « Honorez vous-même, dit Mécène à Auguste, honorez soigneusement les dieux selon les usages de nos pères, et *forcez* (αναγκαζε) les autres à les honorer. *Haïssez et punissez* les fauteurs des religions étrangères (τους δε δη ξενιζοντας... μισει και κολαζε), non-seulement à cause des dieux (qui les méprise, ne respecte personne); mais parce que ceux qui introduisent des dieux nouveaux, engagent une foule de gens à suivre des lois étrangères, et que de là naissent des unions par serment, des ligues, des associations,

de souscrire à cet accord universel du genre humain.

mort; mais si quelqu'un a tué, même involontairement, un chat ou un ibis, il ne peut éviter le dernier supplice; le peuple l'y traîne, et le traite d'une manière cruelle, et quelquefois sans attendre qu'il y ait eu un jugement rendu... Dans le temps même que le roi Ptolémée n'était point encore l'ami déclaré du peuple romain, qu'ils faisaient leur cour avec tout le soin possible aux étrangers qui venaient d'Italie..., un Romain ayant tué un chat, le peuple accourut à sa maison, et ni les prières des grands que le roi leur envoya, ni la terreur du nom romain, ne furent assez fortes pour arracher cet homme au supplice, quoiqu'il eût fait cette action involontairement. » Diodore de Sicile, l. 1, § 83, t. 1, p. 94. — Juvénal, dans la satire 15, décrit le combat sanglant que se livrèrent les Ombes et les Tentyrites, par haine religieuse. La fureur y fut portée au point que les vainqueurs y déchirèrent et dévorèrent les membres palpitans des vaincus.

> *Ardet adhuc Ombos et Tentyra summus utrinque*
> *Indè furor vulgo, quod numina vicinorum*
> *Odit uterque locus; quum solos credat habendos*
> *Esse deos quos ipse colit.* Sat. xv, v. 35.

3° *Les Grecs.* « Ne citons point ici, dit l'abbé Guenée, les villes du Péloponèse et leur sévérité contre l'athéisme; les Éphésiens poursuivant Héraclite comme impie; les Grecs armés les uns contre les autres par le zèle de religion dans la guerre des amphictyons. Ne parlons ni des affreuses cruautés que trois successeurs d'Alexandre exercèrent contre les Juifs, pour les forcer d'abandonner leur culte; ni d'Antiochus chassant les philosophes de ses États, etc., etc. Ne cherchons point des preuves d'intolérance si loin. Athènes, la polie et savante Athènes nous en fournira assez de preuves. Tout citoyen y faisait un serment public et solennel de se conformer à la religion du pays, de la défendre et de la

Première cause. Zèle des Juifs.

I. Nous avons déjà fait connaître l'harmonie religieuse du monde ancien, et la facilité avec laquelle tant de nations si différentes, et même ennemies, avaient adopté, ou du moins respecté les superstitions les unes des autres (1). Un seul peuple refusa

---

(1) Cette facilité n'a pas toujours empêché l'intolérance, qui semble inhérente à l'esprit religieux lorsqu'il a l'autorité en main. La séparation de la puissance ecclésiastique et de la puissance civile paraît être le seul moyen de maintenir à la fois et la religion et la tolérance; mais cette idée est très-moderne. Les passions, qui se mêlent aux opinions, rendirent souvent les païens intolérans ou persécuteurs; témoin les Perses, les Égyptiens, les Grecs et les Romains même.

1° *Les Perses.* Cambyse, vainqueur des Égyptiens, condamna à mort les magistrats de Memphis, parce qu'ils avaient rendu des honneurs à leur dieu Apis : il se fit amener le dieu, le frappa de son poignard, fit battre les prêtres de verges, et ordonna qu'on fît main-basse sur tous les Égyptiens que l'on trouverait célébrant la fête d'Apis : il fit brûler les statues de tous les dieux. Non content de cette intolérance, il envoya une armée pour réduire en esclavage les Ammoniens, et mettre le feu au temple où Jupiter rendait ses oracles. *Voyez* Hérodote, l. III, c. 25, 27, 28, 29, 37; trad. de M. Larcher, tome 3, p. 22, 24, 25, 33. — Xerxès, lors de son invasion dans la Grèce, agit d'après les mêmes principes : il démolit tous les temples de la Grèce et de l'Ionie, à l'exception de celui d'Éphèse. *Voyez* Pausanias, l. VII, p. 533 et l. X, p. 887; Strabon, l. XIV, p. 941.

2° *Les Égyptiens.* Ils se croyaient souillés lorsqu'ils avaient bu dans la même coupe ou mangé à la même table qu'un homme d'une croyance différente de la leur. « Celui qui a tué volontairement quelque animal consacré, est puni de

vers : il est facile de la satisfaire par une réponse naturelle et décisive. Sans doute cette victoire est due à l'évidence convaincante de la doctrine elle-même et à la providence invariable de son grand auteur. Mais ne sait-on pas que la raison et la vérité trouvent rarement un accueil aussi favorable parmi les hommes? Et puisque la sagesse de la Providence daigne souvent employer nos passions et les circonstances générales où se trouve le genre humain, comme des instrumens propres à l'exécution de ses vues, il peut aussi nous être permis de demander, avec toute la soumission convenable, non pas quelle fut la cause première des progrès rapides de l'Église chrétienne, mais quelles en ont été les causes secondes. Les cinq suivantes paraissent être celles qui ont favorisé son établissement de la manière la plus efficace. 1° Le zèle inflexible, et, s'il nous est permis de le dire, intolérant des chrétiens ; zèle puisé, il est vrai, dans la religion juive, mais dégagé de cet esprit étroit et insociable, qui, loin d'inviter les gentils à embrasser la loi de Moïse, les en avait détournés. 2° La doctrine d'une vie future, perfectionnée et accompagnée de tout ce qui pouvait donner du poids et de la force à cette vérité importante. 3° Le don des miracles attribué à l'Église primitive. 4° La morale pure et austère des fidèles. 5° L'union et la discipline de la république chrétienne, qui forma par degrés, dans le sein de l'empire romain, un État libre, dont la force devenait de jour en jour plus considérable.

le christianisme sur les rivages les plus reculés de l'Asie et de l'Afrique; et par le moyen de leurs colonies, il a été solidement établi depuis le Chili jusqu'au Canada, dans un monde inconnu aux anciens.

<small>Quelles en sont les difficultés.</small>

Un pareil examen serait sans doute utile et intéressant ; mais il se présente ici deux difficultés particulières. Les monumens suspects et imparfaits de l'histoire ecclésiastique nous mettent rarement en état d'écarter les nuages épais qui couvrent le berceau du christianisme. D'un autre côté, la grande loi de l'impartialité nous oblige trop souvent de révéler les imperfections de ceux des chrétiens qui, sans être inspirés, prêchèrent ou embrassèrent l'Évangile. Aux yeux d'un observateur peu attentif, leurs fautes sembleront peut-être jeter une ombre sur la foi qu'ils professaient; mais le scandale du vrai fidèle et le triomphe imaginaire de l'impie cesseront, dès qu'ils se rappelleront, non-seulement *par qui*, mais encore *à qui* la révélation divine a été donnée. Le théologien peut se livrer au plaisir de représenter la religion descendant du ciel dans tout l'éclat de sa gloire, et environnée de sa pureté primitive. Une tâche plus triste est imposée à l'historien : il doit découvrir le mélange inévitable d'erreur et de corruption qu'a dû contracter la foi dans un long séjour parmi des êtres faibles et dégénérés.

<small>Cinq causes d'accroissement du christianisme.</small>

La curiosité nous porte à vouloir démêler les moyens qui ont assuré les succès étonnans du christianisme sur les religions établies alors dans l'uni-

HISTOIRE

DE LA DÉCADENCE ET DE LA CHUTE

DE L'EMPIRE ROMAIN.

CHAPITRE XV.

Progrès de la religion chrétienne. Sentimens, mœurs, nombre et condition des premiers chrétiens.

Un examen impartial, mais raisonné, des progrès et de l'établissement du christianisme, peut être regardé comme une partie très-essentielle de l'histoire de l'empire romain. Tandis que la force ouverte et des principes cachés de décadence attaquent et minent à la fois ce grand corps, une religion humble et pure jette sans effort des racines dans l'esprit des hommes, croît au milieu du silence et de l'obscurité, tire de l'opposition une nouvelle vigueur, et arbore enfin sur les ruines du Capitole la bannière triomphante de la croix. Son influence ne se borne pas à la durée ni aux limites de l'empire ; après une révolution de treize ou quatorze siècles, cette religion est encore celle des nations de l'Europe qui ont surpassé tous les autres peuples de l'univers dans les arts, dans les sciences, aussi bien que dans les armes : le zèle et l'industrie des Européens ont porté

Importance de l'examen.

HISTOIRE

DE LA DÉCADENCE ET DE LA CHUTE

DE

L'EMPIRE ROMAIN,

TRADUITE DE L'ANGLAIS

D'ÉDOUARD GIBBON.

NOUVELLE ÉDITION,

ENTIÈREMENT REVUE ET CORRIGÉE, PRÉCÉDÉE D'UNE NOTICE SUR LA VIE ET LE CARACTÈRE DE GIBBON, ET ACCOMPAGNÉE DE NOTES CRITIQUES ET HISTORIQUES RELATIVES, POUR LA PLUPART, A L'HISTOIRE DE LA PROPAGATION DU CHRISTIANISME,

PAR M. F. GUIZOT.

TOME TROISIÈME.

A PARIS,

CHEZ LEDENTU, LIBRAIRE,

QUAI DES AUGUSTINS, N° 31.

MDCCCXXVIII.

PARIS.—IMPRIMERIE DE CASIMIR,
Rue de la Vieille-Monnaie, n° 12.

www.ingramcontent.com/pod-product-compliance
Lightning Source LLC
Chambersburg PA
CBHW050246230426
43664CB00012B/1849